歷史，要教什麼？

——英、美歷史教育的爭議

林慈淑 著

臺灣學生書局印行

自　序

　　說到這本書，身邊許多好友不知催過幾回了。數年來，我經常信誓旦旦：該是完成的時候了，結果卻是「猶抱琵琶半遮面，千呼萬喚不出來」。朋友們也從殷勤探問，到沒人敢再聞問。

　　或許是生性駑鈍，下筆遲緩。不過，這顯然也是沒有盡到最大努力的最好藉口。相對於許多人對自身志業的篤定和自信，我總是逡巡再三。從心理學家容格、文學史家卡萊爾、思想家以薩柏林，再到歷史教育，這條學術之路行來，感覺自己有如那個輾轉於途、不停翻滾、身有缺陷的「圓」，一意尋找自己失落的缺角，時而丟丟撿撿，時而坐嘆「日暮鄉關何處是，煙波江上使人愁」。

　　「歷史教育」究竟是不是失落的那塊缺角，不得而知（不都說：重要的是過程，而不是結果？何況，找到缺角的圓，最後也不那麼快樂）。至少，走走停停，有了這本書作為階段性的成果。當然，這一路上，多虧許多師長好友相陪。感謝恩師張元教授長期予我的鼓勵和肯定，他對於「歷史教育」的熱誠多少年來始終如一，我萬萬不及，只能仰望和學習。師大林麗月教授、成大劉靜貞教授、交大曾華璧教授、東吳黃兆強教授、中研院臺史所詹素娟教授等一干好友，不時加油和打氣，是我困頓中猶能向前的動力。此外也何其有幸，因歷史教育而結識了許多熱情有理想的中學老師：臺北市北一

女蔡蔚群老師，臺北縣林淑儀老師、黃淑芬老師、王曉玲老師、王台琴老師、李維哲老師、周毅怡老師、李金鳳老師，桃園的張愛倫老師，高雄的黃麗蓉老師、林純如老師……，我與他們既有師生之情，更有革命伙伴之誼。沒有他們義無反顧的支持，我只怕早就半途而廢了。

　　至於本書的書目編輯和校對雜務，則有賴兩位研究助理：許耀文先生、陳家瑩小姐的辛勞幫忙，在此一併致謝。

　　最要感謝的，自然是外子許雅棠教授。無論生活或做學問，他始終不悔不棄，相伴在旁。有時，他是聽眾，有時，他是垃圾桶，更多時候，是我的守護者。

　　最後，我還要把這本書獻給辛苦育我的父親和母親。尤其是父親，年少時隻身自廣東新會來臺，從此離家背井，回鄉路斷，連祖母過世都歸不得。父親一生獻給了臺灣的家庭和公務，如今已是八十有五、記憶衰退的耄耋老人。然而，每隔一段時間他總記得詢問：書甚麼時候寫完？父親心中，有份殷切的期望，或者有個未曾言明的夢想：我能像飽讀詩書的祖母那樣，春風化雨，在教育界、學術界立下一些成就。我自忖能力有限，難以完成父親的大願，還好有這本書，差可告慰他老人家，以及從未謀面、遠在天上的祖母。

林慈淑書于外雙溪

九十九年八月

歷史，要教什麼？
——英、美歷史教育的爭議

目　次

前　言

「爲什麼要學歷史？」

2007 年 3 月 7 日，我應單兆榮老師之邀，到北一女中的人文社會資優班去幫忙上一次歷史專題課。那天下午，春雨紛飛，天氣濕冷，我和 27 位對人文社會學科方面有特殊興趣的高三學生度過了三堂的「歷史：重新思考希臘文明」課程。我口沫橫飛，引領學生從修昔狄底斯（Thucydides）《婆羅奔尼撒戰爭史》的片段資料中，討論雅典文明燦爛與陰暗的兩面，藉此反照西方史學長期以來為希臘文明建構的歷史定位，最後並提醒學生重新思索學習希臘史、學習歷史的意義。

這個主題我曾多次在大學講堂、教師研習會等不同場合講演過，而且多半會如意料之內的引發程度不同的「震撼效果」，使聽者心中那美好光明的「希臘文明」形象為之破滅。因此這三堂課談來就算未必得心應手，至少是駕輕就熟。最終，在學生們似乎受到某種思考挑戰、有些疑慮又還無法即時回應的安靜空氣中，結束了課程。接著，我懷抱著輕鬆的心情，悠然回視這群臉上猶帶著稚氣的綠衣女孩，等待她們「劃破寧靜」，也等待即將來臨的下課鐘響。終於，一位選讀歷史組的學生舉起了她的手：

「老師，為什麼要學歷史？」

頓時，教室裡嗡聲四起，夾雜著淺笑和低語，原來凝結的氣氛有如解凍般的騷動起來，某種張力緊繃後的鬆弛瀰漫在小小的空間之內。或許，在某些學生心中，這才是最根本卻又難以啟齒的關鍵，同學的提問終於讓他們丟出了內心深處的大石塊。又或許，某些學生覺得，經過了三堂課的講說討論，臨至下課前才拋來如此基本問題，不免有些唐突，時機也似乎不對。

無論如何，重點是，就在全班數十雙投向我的晶亮眼眸下，我竟然……語塞，支支吾吾了起來。清晰的思路像突然「斷電」般的阻塞打結。在那個專題演講的最後數分鐘裡，我毫無邏輯的提到我大學時代的老師、我早期教學的痛苦煎熬，然後胡亂的結束了那個問題，以及那個演講，然後心虛的離開。

那天晚上，我始終因自己最後所表現的「凌亂」有些惆悵，有些困惑，卻又說不出所以然。不只是覺得辜負了學生的期待，而是教學經驗已達二十餘年，年年都得面對大一新鮮人侃侃而談，到底是個老問題了，為什麼在那一刻，我竟然還像初出茅廬的青澀學子那樣躊躇猶豫？話都說不清楚？

第二天早上，我又匆匆趕去臺北科技大學為該校「西方文明」通識課程講授兩個小時。春雨，仍然下著。我坐在計程車內，望向窗外雨中不斷交錯而去的車影、物景，心念一動，突然間我似乎明白了，也止不住微笑起來，同時，卻感覺到自己心中有股微微的酸麻。

三十年了，從十八歲那年踏入歷史系，至今整整三十年，這個

問題也陪伴了我如此之久。做研究，教歷史，「它」如影隨形，從未一刻離我而去。我也不斷的在各種場合，帶著預先準備好的答案，向學生、聽眾宣示「學歷史」所為何來。但是，真的，從來沒有人那樣直接而明白的問我：「為什麼要學歷史？」大多數的歷史系學生，都很「知趣」的不去正面質疑這個問題。而這年輕女孩，秋天來時就要飛進大學校園內，展開轟轟烈烈的大學生活了，那是如我三十年前走入歷史的年紀啊！卻那樣單刀直入的問出了我曾經深埋心中、不敢言明的話。我的手足無措，許是因為在這女孩身上恍然看到了當年困在「歷史」中無助徬徨的自己。

三十年前，我為這個問題迷惑不已，三十年後，年輕的學子依然為這個問題企求解答。三十年來，世界改變了許多，社會的樣貌大大不同，但是，「歷史」給出的難題依舊。為此困擾的不只那位女孩，還有我的學生：

「一開始很失望，以為上大學可以擺脫歷史……。」

「某些人對歷史可以說是完全沒有興趣，硬要那些人上課可能是一種煎熬，還是以選修方式為佳。」

「其實我覺得應該選一些比較有幫助的課，可以做為未來待人處事上應有的一些修養。」

面對大一「歷史」必修課同學這樣的問卷反應，身為任教者，豈能無動於衷？誠如我自嘲地向科技大學那些未來可能是「科技新貴」、「科技大亨」的學生說，當今有幾個人會問：「為什麼要學電腦？」可是，多少年來，「為什麼要學歷史？」卻不斷迴盪在許

許多多學子的心中。埋首「歷史」、耙梳「過去」之際，我無法假裝看不見那些環繞在身邊的種種問號。

可以說，本書是為三十年來的自己、為當年那位資優班女孩、為我的學生所做的一些探索，一些回答。

「歷史要教什麼？」

「為什麼要學歷史？」是個大哉問，它其實夾帶著一連串的問題：「為什麼在學校中要教歷史？」、「甚麼是歷史？」、「歷史要教甚麼？」、「歷史有甚麼用（價值）？」、「如何學歷史？」確實，這些不但是作為歷史成員之一的個人有必要置於心中、時時反芻咀嚼的要事，而且是許多人面對歷史時止不住的疑問。

從學術層面來談，上述問題容許客觀的探討和嚴肅的對待。但是，事情顯然並不是如此簡單。它們涉及的不只是個人、學校層面而已，還包括學校以外的社會、群體。人們帶著學術以外的各種期待來考量「歷史要教什麼？」的種種問題。這些考量彼此競爭衝突，最後，歷史成了社會爭議的焦點和延伸，成了政治權力和意識型態的戰場。在這些爭議中，歷史的專業形象往往模糊了，而各種政治力量謀略和算計的痕跡卻清晰可辨。

說到 2003 年至 2005 年之間，因高中歷史「95 暫綱」所引發的爭議，許多人或許記憶猶新。在那場「歷史」風暴裡，平日相熟的師友先後捲入其中，分裂為敵對雙方。無論是激烈的言詞交鋒，或者憤懣難平的批評，相信這一切都讓所有的經歷者在內心深處留下難以磨滅的刻痕。而那些紛擾，真正讓人見證了「歷史」的威力：「歷史」未必會促成團結，更可能帶來撕裂和傷痛。同樣讓人

瞠目結舌的是，在那些時日中，「歷史」何其重要，「歷史」又何其不重要！一向唾棄「歷史」老舊無用的人們，突然都發覺了，「歷史」事關重大。原來，教什麼樣的歷史，絕不只是課堂間師生之事，更是攸關公眾利益的問題。

感嘆此中弔詭之餘，不免要問：為什麼呢？出了學院大門，理性討論歷史的空間何以不再？「多元解釋」的原則難道只適用於看待「過去」，而不適用於思考「現在」？是否當大家帶著猜忌之心，懷疑別人把歷史當成政治工具操弄時，歷史真的就成了鬥爭的祭品，溝通討論的大門從此關閉？當人們斤斤計較於歷史如何作為傳播政治意識與理念的素材時，是否因此忘記了：歷史更是檢視各種主張和觀點的平臺？

歷史的震盪似乎還未過去。繼「95 暫綱」之後的「98 課綱」，至今仍無法拍案底定。所幸，這樣的情況，臺灣倒也不是第一個遇到。半世紀以來，英國的歷史教育同樣走過漫長的爭議和風波之路。美國也曾在二十世紀的最後二十年，因歷史課程標準的訂定掀起一場史無前例的「文化戰爭」。

這些發生於不同地區、時間約略重疊的歷史爭議，或許不能視為純粹的巧合。其中應有值得反省之處：關於歷史學的特質、關於歷史教育的歸屬和定位問題。

本書在探究英、美，尤其是英國歷史教育爭論中曾出現的幾個重大議題，不無希望藉此表達，對過去那場歷史課程綱要之爭、對臺灣歷史教育未來的一份關切與一點憂心。

「歷史教育」是學術研究嗎？

這本書探究「歷史教育」的一些相關爭議。任教於學院歷史系，而選擇此一研究課題，應該算得上有些特別。

那是 1997 年夏末秋初，我得國科會以及「英國貿易文化辦事處」（British Trade & Cultural Office）之資助，前往英國，代表張元、劉靜貞教授，與倫敦大學的李彼得（Peter Lee）、艾許碧（Ros Ashby）等學者，洽談臺、英雙方探究學生歷史認知的計畫事宜。我記得，正是這次的旅英之行，在倫敦「裘園」（Kew Garden）寬闊的草地上，第一次萌生了從事「歷史教育」研究的念頭。

1999 年至 2001 年，張元、劉靜貞教授和我共同主持「臺英兒童歷史認知模式的比較與分析──歷史敘述與歷史理解」計畫（簡稱 CHIN 計畫）。同樣的 1999 年，我發表了第一篇有關「歷史教育」的論文：〈歷史與歷史教育的目的──試析倫敦大學兩位學者的爭議〉。隨後幾年，又陸陸續續完成數篇談及英國與臺灣歷史教育改革問題以及學生歷史認知探究的文章。不過說實話，從 1999 年至今十年，我並未全心走向「歷史教育」。一方面，我始終放不下對英國史學的興趣，另一方面，令人遲疑的是，「歷史教育」研究並未得到臺灣學界普遍的認同。

長期以來，「歷史教育」多不被視為正統的「歷史」研究部門，歷史學者往往認為它應該歸屬「教育」更甚於「歷史」。而在教育學門內，經常可見，教育專家受限於歷史專業知識不足，不易勝任「歷史教育」這麼專精細緻的研究，於是「歷史教育」經常被納入範圍更廣的「社會科」教育或「人文學」教育領域下來談。一

言之，在現實中，「歷史教育」屈居兩大學門的邊緣地帶，身份未定。可想而知，這條研究之路必然有些寂寥。

　　除此之外，「歷史教育」的研究景況也不盡理想。在過去「歷史」與「政治」難分難捨的時代裡，「歷史教育」的意義相當窄隘。一般課堂內著重的是如何藉由歷史知識、發揮愛國功能並激發民族認同。當歷史教育被當成愛國教育的一環，所謂「歷史教育」研究，不外乎就是開發一些課堂中的教學技巧和教室氣氛掌控的策略，以增強學生記憶力，幫助學生記住國家發展大事和興衰沿革的年代，而所謂的「歷史」，同等於特定的、客觀的事實。這種情況下，歷史教研工作著實很難讓人聯想到「學術研究」。

　　無可諱言，上述因素一度成為我趑趄不前的源由。然而，隨著接觸中學歷史教師的機會日多，我愈來愈清楚的看到：許多教師懷有滿腔的熱情與理想，卻受困於現有的教學環境和觀念框架而動彈不得；許多歷史老師心中雪亮，若欲喚起學生「歷史的熱情」，唯有改變現有的教學取向，問題是，他們不確知要如何改變、改變的方向又是什麼？因為當前的學術研究並未提供可能的選擇和思考的機會。

　　上述感受日益加深，最終成了本書寫作的動力之一。畢竟自己有幸，能比一般的中學歷史教師更易接收到英、美的文化動態與各類文獻。我似乎責無旁貸的應該做個窗口，讓有志者藉這個窗口，看看窗外其它的藍天，也許有助於釐清當前的困境所在，甚至激盪出歷史教學的其他蹊徑。同樣有幸的，我在 2006 年至 2008 年獲得了國科會專書寫作的補助，從而開啟了本書的寫作之路。

　　藉由梳理英國、美國歷史教育的一些爭議要點，我期望在這本

書內呈現兩國歷史教育學者的新主張：「歷史教育」的思考決無法脫離「歷史學」而獨立；「歷史如何教」是「歷史是什麼」問題的延伸。翻看各種歷史教育的爭論，不難發現，人們堅持學校中的歷史該當如何時，背後隱藏的是他們對於「歷史」的不同認知。如何想像「歷史教育」，與如何想像「歷史」，實為一體兩面。本書意欲彰顯：「歷史教育」研究確有其學術價值，因為其中涉及了我們如何看待「歷史」以及「歷史教育」。不單如此，「歷史教育」的研究更有現實意義：它促發我們不斷省思歷史教學的方向與方法。

迄今為止，從歷史理論的角度，探勘英、美歷史教育發展的爭議，國內外相關的研究著作尚不多見。陳冠華的《追尋更有意義的歷史課：英國中學歷史教育改革》，❶探討 1960 年代以來英國歷史教育的改革發展。這本書引介英國歷史教改經驗及歷史教學觀念的翻新，對臺灣歷史教育界而言，甚有意義。該書與本書討論英國歷史教育爭議的時間範圍約略重疊，不過，陳冠華更側重的是追溯英國歷史教育改革的轉折與歷程，其中雖也觸及改革者與反對者之間的某些爭論，但畢竟不屬該書的重點，在議題的廣度和深度上自然還有探索的空間。另外，James Arthur 和 Robert Phillips 所合編的 *Issues in history teaching*，❷顧名思義，乃由歷史教育的各種議題切入成書。其中包含了三大部分：「教室中的議題」、「更廣泛的教育議題與歷史」以及「教師訓練方面的議題」。確實，這本論

---

❶ 陳冠華，《追尋更有意義的歷史課：英國中學歷史教育改革》（臺北：龍騰出版社，2001）。

❷ James Arthur and Robert Phillips, *Issues in history teaching* (London: Routledge, 2000).

文集內某些篇章論及歷史與政治的關係、歷史知識和歷史技能可否分立、以及「時序」概念的爭議等內容，提供了本書相當有用的參考。

　　另一方面，此論文集內處理的議題還涵蓋學生的歷史認知、歷史教師培訓管道，甚至也收錄了討論歐洲歷史教育的文章，範圍不可謂不廣。而最重要的，在 James Arthur 和 Robert Phillips 編輯的這本集子內，每個議題都由個別作者寫就，這種編排雖能收專精討論之效，但因此忽略了：許多歷史教育的觀念爭議其實環環相扣，各個議題之間往往相互關連，切割而談，可能失卻整體的觀照。譬如極力強調學校教導特定歷史知識者，對於歷史與社會、國家的關係必也有其相應的看法。就此而言，本書在探究英國歷史教育的爭議時，力求凸顯各個問題及其相關思考之間的密切連結，也許可以視為一點補強。

　　至於美國在 1980 年代至 1990 年代因歷史爭議而爆發的所謂「文化戰爭」，回顧這段對立過程的論著倒不缺乏，也對本書處理相關的課題時甚有助益，如 Gary B. Nash、、Charlotte Crabtree 和 Ross E. Dunn 所合著的 *History on Trial*，❸ Linda Symcox 的 *Whose History? The Struggle for National Standards in American Classrooms*，皆為其中重要之作。❹ 不過，這些研究主要刻畫 1990 年代美國「全國歷史科標準」訂定前後，社會各界對於歷史教育的

---

❸　Gary B. Nash, Charlotte Crabtree and Ross E. Dunn, *History on Trial* (New York: Vintage Books, 2000).

❹　Linda Symcox, *Whose History? The Struggle for National Standards in American Classrooms* (New York: Teachers College Press, 2002).

不同主張以及相互角力的影響，但關於歷史教育爭議所涉的理論探討，則著墨較少。事實上，有必要正視的一點是，由歷史教育政策而產生意見衝突，往往只是表面所見，更根本的歧異恐怕還在於各方對「歷史」以及「歷史教育」有著不同的期待與想法。

在本書中，我將歷來有關歷史教育的看法權分出兩種主張：「政治與社會觀點」以及「歷史學科觀點」，便於分析與討論。無獨有偶，2009 年荷蘭歷史教育學者 Arie Wilschut 在一篇文章內論及歷史課程大綱引來歷史教學的各種爭議時，把這些爭議歸為兩種觀點導向：「文化取向」（cultural approach）以及「教育取向」（educational approach）。❺ Wilschut 所謂的「文化取向」是指從政治和意識型態的角度去定位課程大綱的存在，此一思考取向最在意的是「教什麼」的問題。就 Wilschut 看來，這點很難獲得最後的解決，原因出在政治看法因時而異，對於歷史該教什麼內容，人們多半各有堅持。至於「教育取向」，Wilschut 特指那些著眼於思考哪些策略或助力能夠幫助學生學習歷史的主張。Wilschut 認同「教育取向」，並提出一個有用的工具：建立某些「參考架構」（frame of reference），使學習者能夠倚靠這些「條理」或「支柱」的引導，遨遊於浩瀚無涯的歷史知識中，而不致迷失。Wilschut 認為「教育取向」討論課程大綱的方式較易取得共識。無可諱言，這位荷蘭學者

---

❺　Arie Wilschut, "Canonical Standards or Orientational Frames of Reference? The Cultural and the Educational Approach to the Debate About Standards in History Teaching," in Linda Symcox and Arie Wilschut (eds.), *National History Standard: The Problem of The Canon and The Future of Teaching History* (North Carolina: Information Age Publishing, Inc., 2009), pp.117-139.

陳述的「文化取向」以及「教育取向」分類與我所談的「政治與社會觀點」和「歷史學科觀點」有若何符節之處，當然其間亦有差別所在，尤其 Wilschut 主要從觀察荷蘭的歷史課程爭議進行反思。不過，他的探究與本書的論述確實是個有趣的比較與對照。

　　本書章節安排上共分六章。第一章：「『歷史教育』成為社會之爭議」，以美國與英國分別在 1980 年代至 1990 年代所遭遇的歷史教育爭論為書寫主軸。美國自 1980 年代開始，受到多元文化思潮的衝擊，歷史教育的爭議頻生。1990 年代更因「全國歷史科標準」計畫的推行，引發了「文化戰爭」，「全國歷史科標準」最終甚至遭到國會否決資助。英國自 1970 年代啟開歷史教育改革的大門之後，歷史教育問題的爭論亦始終不斷，尤其在 1990 年初期，英國政府致力推展「歷史科國定課程」，規劃和訂定的過程中竟演成了激烈的「歷史戰爭」。本章分析美國和英國的歷史教育風波，並欲凸顯，近三十年來各國歷史教育爭議頻生，絕非偶然。其中可能有某些共通的背景，以及一些觀念上的根本癥結，值得進一步探究。此即以下各章所擬處理的重點。

　　第二章：「為什麼要教／學歷史？——『政治』與『社會』觀點」，探究的是歷史教育學界中由來已久、由政治與社會取向看待歷史教育的觀點。這種觀點強調學校歷史必須配合國家民族的需要，亦即塑造國民的政治意識、強化國家認同，或者能夠增進各社會群體成員之間的凝聚力、促進整體社會的和諧，並使現有的體制良好運作和長久維繫。在這樣的論點之下，歷史教育是愛國教育的一部份，也是傳達特定價值觀的媒介。自十九世紀迄今，抱持此一歷史教育主張者始終有之，甚至某些學界人士和學科專家，從歷史

與國家社會的關係、學校歷史科的地位等方向著眼，力圖伸張這類的觀點。

　　第三章：「為什麼要教／學歷史？──『歷史學科』觀點」，綜論近三十年來逐漸興起的學科取向的歷史教育觀點。有別於政治和社會觀點，支持學科觀點者主張教師所以教歷史、學生所以學歷史，其意義必須深入歷史學科特有的價值中尋求。他們深信，歷史這門知識領域的探知方式、探究成果，足以為個人的理解世界提供極其有益的參照。這些英、美的歷史教育研究者呼籲，思考歷史教學的目的不能訴諸政治和社會的作用；學校歷史若是依附於這些外在的目的下，歷史將淪為宣傳或意識型態的俘虜，而失去其學科的價值與誠信。學科觀點的出現無疑拜二十世紀以來，歷史學在學術定位上不斷自我反思，並且逐步建立「學科化」規範的趨向所賜。這種觀點適時並有力的抗衡了政治和社會取向的看法。

　　第四章：「歷史要教什麼？──『事實』與『思考』之爭」，討論有關歷史教學重心的爭議。從不同的目的審視歷史教育者，面對「歷史教甚麼？」的問題時，同樣各有己見。社會和政治取向的觀點，重視的是學校歷史藉由一套國家發展史以及特定的史事，達到傳承文化遺產、增強學生對於國家和社會認同的功能。他們在教「事實」與教「思考」、「能力」之間，毋寧傾向於前者。相反的，那些深信歷史學科自有的價值才是學校所以教導歷史之學者，則強調課堂中不僅要讓學生獲取有關過去的知識，也必須教導歷史學特有的思考與能力，亦即「事實」與「思考」及「能力」必須並進，兩者不可偏廢。本章即是針對這兩種看法所提出的各式說理，進行分析與比較。

　　第五章：「『編年體』該『存』或『廢』？——英國關於歷史教綱的爭議」，分析 1960 年代以來，英國歷史教育界對於歷史教學的內容編排，尤其是「編年體」架構應該存留或者揚棄的反省與思考。在英國歷史教育改革的歷程中，社會各界爭議的不僅有歷史教育的目的、歷史教學的重心，更延及所教和所學的內容問題。試圖使歷史教學擺脫過去窠臼的教改人士，由於看重教導思考和能力的重要，注重所授知識的「深度」更甚於「廣度」。他們起初一方面呼籲教師教學時應該捨棄「編年體」的敘述架構，一方面積極研究其它的課程編排模式以為取代，如：「發展史」、「斷代史」、「主題取向」等。但近幾年來，某些教研人士又進一步發現，一度流行的「主題取向」教學有其副作用：學生獲得的歷史知識經常是零碎、片斷的，缺乏貫通性，學生難以從中培養整體的概觀。這些學者因而重新檢視跨世紀、長時段架構的必要，賦予「編年體」不同於傳統的意義。本章試圖勾勒這段從全盤否定到再次肯定「編年體」課綱架構的思想轉折。

　　第六章：「歷史學科關鍵概念——時序、變遷、因果」，以三個歷史關鍵概念：「時序」概念、「變遷」概念、「因果」概念的意義為主軸。從前述幾章有關歷史教育的各種爭議中，不難看出，傳授歷史事實之外，教導思考和能力這點，已成為歷史教學的大勢所趨。但根本的問題在於：歷史學有哪些核心的概念？內涵又是如何？教師如果無法對此精確掌握，並在觀念上達成某些共識，恐怕很難奢望落實教導歷史思考的理想。本章選擇這三個歷史學的關鍵概念，說明它們重要性、基本意涵以及與歷史教學的關係。

　　本書最後兩篇附錄乃個人過去對臺灣歷史教育現況的一點思考

和研究，收入本冊，期望未來對臺灣本土歷史教育的發展能有更多的探究與思索。

　　本書性質上屬於歷史教育理論的專著；由英、美歷史教育問題引發爭議為始，接續歷史教育爭議所環繞的各個面向與問題，進行討論。因此，本書著力於歷史教育理念的思辨與論析，而不是教學實務的研發和實驗。但是，後者若欲發展順利，必然要以前者的研究為基礎、為優先。這正是個人期許本書能有的一點貢獻。

　　我更希望，這本書絕不會是最後一本討論歷史教育學術研究的專書，未來當有更多的相關著述此起彼落，因為歷史教師以及我們的社會需要不同的聲音與討論，俾激發大家好好坐下來思考：學習歷史以及教導歷史究竟所為何來。

第一章
「歷史教育」成為社會之爭議

　　近年來，臺灣因為歷史教育問題而引發社會爭論之例甚多。如 2003 年高中歷史科「九五課程暫行綱要草案」引發「中華民國不見了」的風波，至其後，教科書書寫也產生了「國父」不見了、武昌「起義」不再、「南京大屠殺」內容過少等爭議。上述曾經喧騰一時的「歷史事件」，不但當時成為不同立場者以及不同黨派的攻伐依據，更多少加深了社會大眾彼此的對立和衝突。而在這些有關「歷史教學」論爭的沸沸揚揚中，「去中國化」、「臺灣主體」、「意識型態」、「政治干預」……等激進之聲時有所聞，足可證明「歷史」不只是關乎「過去」，「歷史」總還牽扯到「現在」，甚至於影響到「未來」。

　　在這般「現實」與「歷史」的糾葛中，許多人或許會心生納悶或百思不解：為何「歷史」總是引發社會的震盪、甚至成為眾矢之的？「歷史教學」與社會的衝突癥結究竟來自何處？「歷史」在強大的外力之下有無可能找到生存或自保之道？

　　其實，因歷史教育問題而引發社會紛亂，臺灣並不是世界唯一。類似的戲碼在其他國家、地區的舞臺上早已搬演過，或還正在

上演當中。因此，省思上述問題，不妨先由其他國家曾有過的一場場「歷史戰爭」入手，從他者所經歷的「歷史」困境，也許可以尋覓出一些紊亂的頭緒，從中把梳出一些條理甚至應對之法。

　　以下將以美國和英國為例，試從這兩個國家在二十世紀下半葉由於擬定「全國」性歷史科標準，或進行歷史科課程改革，而引爆嚴重社會爭戰的鮮明經歷，逐一剖析。英、美兩國的沈重「歷史經驗」共同呈顯出：「歷史」如何從一個人們眼中可以鞏固社會的力量，最終成了撕裂社會的最大推手。

第一節　美國的「文化戰爭」

一、歷史科的困窘處境

　　十九世紀末，歷史在美國的中學教育中地位尊榮。當時的社會科目被統稱為「歷史及其同盟科目」（History and allied subjects），由此名稱，歷史受到重視的程度可見一二。❶

　　二十世紀之後，歷史於社會科課群內的獨霸地位卻逐漸不再。其中一個重要的轉捩點是 1916 年一份關鍵性報告的出爐──「中學社會學習教育」（The Social Studies in Secondary Education）。這份報告不但從此宣告新的課群名稱為「社會學習」，還明白揭示「社會學

---

❶　Hazel Whitman Hertzberg, "Are Method and Content Enemies?" in Bernard R. Gifford (ed.), *History in the School: What Shall We Teach?* (New York: Collier Macmillan Publishers, 1988), p.13.

習」課程的宗旨是：幫助學生養成民主社會所需要的公民能力，以促進民主政治的運作。這份報告並且建議，「社會學習」課程重心應該放在當代議題、社會問題以及近代歷史上，尤其必須重視學生的需要與興趣。❷如此強調「現實功能」的一份課程指引，可預料的是，將使專以研究「過去」為目的的歷史科，從此處境尷尬。亦即歷史必得在「社會效能」（social efficiency）的教育口號和目標下，努力證明「研究過去」的合理性。❸

事實上，「社會學習」的宗旨自二十世紀初期確立以來，迄二十世紀末幾乎未變。試看 1994 年美國「全國社會學習協會」（the National Council for the Social Studies, NCSS）制訂「社會學習國家標準」時，談及此一領域課程的定義依然是：

> 社會學習是社會科學和人文科學的統整性研究，旨在增進公民能力。……社會學習的基本目的，是要幫助年輕人在相互依賴、文化多元和民主的社會中，發展周全而合理決擇的能力，以增進公共福祉。❹

---

❷ Ronald W. Evans，陳巨擘譯，《社會科的戰爭：我們應該教孩子什麼內容？》（臺北：巨流圖書公司，2008），頁 29-30。R. W. Evans, *Social Studies War: What Should We Teach the Children?* (New York: Teachers College Press, 2004), p.21.

❸ Diane Ravitch, "From History to Social Studies: Dilemmas and Problems," in Bernard R. Gifford (ed.), *History in the School: What Shall We Teach?* pp.46-49.

❹ 陳麗華、王鳳敏譯，《美國社會科課程標準》（臺北：教育部，1996），頁 3。

　　這段簡短的說明，顯示「社會學習」課程與公民能力的培養，在美國教育者的眼中一向無法切割，而和未來公民的生活接軌，更經常被視為「社會學習」課程的基本目標。只是在這個長期一貫的趨向中，卻也衍生出一些爭議不斷的問題：「社會學習」課程所欲培養學生的「公民能力」究竟內涵為何？這樣的理想要藉由甚麼途徑、哪一些科目達成？一旦觸及「社會學習」課程目標的實踐，「歷史」或者其他學科，誰應該扮演主角、配角之爭，成了無可迴避的難題。

　　換言之，「社會學習」課程自始存在著一個難以化解的矛盾。這個課程實質上是由兩頭馬車雙拼而成：以歷史學為主的「人文學」，以及其他科目所組成的「社會科學」。就知識特質來說，這兩類科目並不相同。那麼，究竟該由誰統帥領軍、執掌「社會學習」目標實踐的兵符，各科學者的看法頗為分歧。

　　例如 1921 年，當主掌未來整個世紀「社會學習」課程走向的重要機構：「全國社會學習協會」成立時，「美國歷史協會」（American Historical Association，簡稱 AHA，成立於 1884）這個由專業史學家組成的團體還曾經予以支持贊助，亦即彼時某些歷史學者頗為樂見歷史和社會科學攜手並進。當然，這些歷史學者亦不忘強調，歷史科在「社會學習」課程中可以發揮如「皇后」般的統整和綜合功能，理應擁有獨特的地位。但相對的，也有一些教育專家不能認同歷史位居高位；他們聲稱，歷史只能讓學生習得某些事實而已，並無法幫助他們去面對當前的社會、經濟和政治問題。❺

---

❺　Gary B. Nash, Charlotte Crabtree, and Ross E. Dunn, *History on Trial* (New York:

　　歷史科或社會科學何者為重為輕的爭論，貫穿了整個二十世紀。❻而這股存在於「社會學習」課程內部的既有矛盾，又同時與外在的教育理論遞變和時代形勢的變化，共同捏塑出歷史科在美國學校教育中的面貌和命運。

　　研究美國課程發展的柯來博德（H. M. Kliebard）指出，對美國學校課程經常起重要作用的是兩股時相交纏的力量：意識型態與社會情勢。❼意識型態關乎教育的理論和學說，社會情勢則是各個時代的總體趨向和要求。柯來博德認為，這兩大因素的交互作用決定了學習的課表分佈以及所謂「重要」的知識科目。也就是說，任何科目無論被納入學校課程之中，或被排除於課程之外，基本上都是在知識和權力關係下衝突與妥協的結果。當然，「社會學習」課程和歷史科也無能倖免於這種課程生存競爭的衝擊。

　　論及意識型態，柯來博德以及一些美國教育和課程研究者多認為，支配美國近代課程發展的思想潮流可以歸納為兩大類別：「傳統人文主義的（humanistic）課程」，相對於「進步主義的

Vintage Books, 2000), pp.38-39.

❻　Peter N. Stearns 認為過去 50 年來，美國的「社會學習」課程專家始終意圖削弱歷史的學科性，偏好跨學科的社會科學和強調公民訓練。見 Peter N. Stearns, "Goals in History Teaching", in James F.Voss and Mario Carretero (eds.), *Learning and Reasoning in History* (London: Woburn Press, 1998), p.285.

❼　Herbert M. Kliebard, "The Effort to Reconstruct the Modern American Curriculum," in London E. Beyer and Michael W. Apple (eds.), *The Curriculum: Problems, Politics, and Possibilities* (Albany: State University of New York Press, 1988), p.30.

（progressive）課程」，❽或說「回歸基本的教育」相對於「進步取向的教育」。❾這兩種思想意識中，「傳統論者」（traditionalists）多半是出身於學院的學界人士，他們志在快速變遷的社會中透過學校，維護西方經典文化傳統於不墜，因此又有「人文主義者」之稱。而「進步論者」則堅信學校必須回應社會的需要，尤其是指那些隨著工業化和大量移民浪潮所產生的社會問題。當然，依目前的研究所見，所謂「進步論者」毋寧是一個籠統的代稱，學者所定義的派別、特質不盡相同。❿

但概括來說，「傳統論者」亟欲保守或者複製（reproduce）現有的社會秩序；「進步論者」則更有企圖心的要改變（transform）現有的社會秩序，也比較關注如何紓解現實壓力的問題。⓫當然，這些

---

❽　Herbert M. Kliebard, "The Effort to Reconstruct the Modern American Curriculum," pp.24-30.

❾　Kenneth A. Sirotnik, "What Goes On in Classrooms?: Is This the Way We Want It?" in London E. Beyer and Michael W. Apple (eds.), *The Curriculum: Problems, Politics, and Possibilities*, p.57.

❿　關於「進步論」教育觀點下包含哪些不同的改革派別，學者的說法不一。如邢克可絲（Linda Symcox）採取柯來博德之說，主張「進步論」者還可細分出三種改革團體，即：兒童中心派、社會效能派（efficiency）、社會改良派（meliorist）。但伊旺斯（Ronald W. Evans）認為「進步論」者至少包括了四種至五種的支派。參見 L. Symcox, *Whose History? The Struggle for National Standards in American Classrooms* (New York: Teachers College Press, 2002), pp.13-14. R. W. Evans, *Social Studies War: What Should We Teach the Children?* p.38.

⓫　L. Symcox, *Whose History? The Struggle for National Standards in American Classroom*, p.14.

教育思潮的轉向總不離時空環境的牽動，「進步」取向和「傳統」取向的消長既反映也受制於時代之風向。

　　大體而言，當國際情勢不穩定，國家安全意識抬高時，「傳統」取向的課程觀點較易獲得人心，而歷史科一向被視為傳統文化的傳遞媒介，地位也往往水漲船高。例如第一次和第二次世界大戰其間，由於戰爭與愛國主義的催發，歷史這個科目在學校以及社會上得到普遍的看重。但當社會內部問題成為大眾關注焦點的時代，「進步論」思潮常常隨之當道，歷史因此多被認為是無用、過時之學，社會科學的重要性則相對攀升。例如在講究教育與現實關連的 1960 和 1970 年代，歷史於當時人眼中是一個只重過去、無助於現在的科目，因而飽受「社會學習」課程的擠壓，地位低落。從 1970 年代和 1980 年代初期的一些調查發現，某些州擔任高中歷史課程的教師並不需要有歷史專業背景，而即使過半數的全美高中畢業生學過三年的「社會學習」課程，其中歷史課程所佔的比例甚低。❷

　　不過，二十世紀最末二十年，出現一波令人驚異的大反轉。約自 1980 年代開始，「傳統論」以及「回歸基本教育」的教育思想聲勢看漲，歷史科在學校中的地位也相應達到了世紀內前所未有之高。然而，歷史科的翻紅，帶來的卻是一場嚴重的文化衝突後果。

---

❷　Diane Ravitch, "From History to Social Studies: Dilemmas and Problems," pp.42-43.

二、1980 年代歷史科身價上揚

1980 年代，美國教育改革風起雲湧。隨著一波波高唱「回歸基本」（Back to Basics）的呼聲，籲求「回歸歷史」的熱潮也連帶而興，「歷史科」似乎有望就此揮別先前低迷的景況，前途看好。

關鍵或可回溯 1983 年，時值雷根總統主政，美國教育部發佈了一份專案研究報告：〈國家在危機之中〉（A Nation at Risk），由是掀起一股力無可擋的教育改革旋風。這份報告以某種聳動的語調警告美國正處危機之中，危機起因於美國的教育遭到日益明顯的「平庸化」（mediocrity）趨勢所侵蝕，而致國本動搖。❸此報告收集了數年來十多項各種調查數據，以「證明」美國公立學校教育確實問題叢生。報告最後並強調，唯有努力追求卓越和革新，才能壓抑平庸、將美國推向另一個成功的高峰。❹

不乏批評者看出，〈國家在危機之中〉把美國在 1980 年代面臨日本和德國等區域強權的威脅，以及工商業、科學和技術方面競爭力下降等憂患，全部歸咎中小學校教育，卻漠視政治問題、工商業的領導階層以及高等教育機構等因素的影響，著實不當，甚至有扭曲資料之嫌。❺儘管如此，如同當時的教育部長貝爾（Terrel Bell）

---

❸ 林寶山編譯，《國家在危機之中：美國的教育改革計畫》（高雄：復文出版社，1984），頁 7。

❹ 林寶山編譯，《國家在危機之中：美國的教育改革計畫》，頁 56。

❺ Daniel Tanner，林寶山編譯，〈徘徊在十字路口的美國中學〉，收於林寶山編譯，《國家在危機之中：美國的教育改革計畫》，頁 81-85。L. Symcox, *Whose History? The Struggle for National Standards in American Classrooms*, p.47. 美國課程研究者艾爾波（Michael W. Apple）亦抨擊政治右派時常將經

所說，這個報告有如「夏日風暴」般衝撞了整個國家，❶而此後一連串類似的教育調查報告更如雨後春筍般隨之湧現，並且都以同樣悲觀的論調作結。正是這種社會氛圍的凝聚下，教育改革的要求醞釀成形。

　　這波教育改革的衝力應是出自若干保守「右派」的憂慮。❶他們批判前此二十年學校教學太過偏向培養學生的社會參與感以及行動力，也抨擊多元文化主義所鼓吹的相對論價值觀，導致一般學生──即未來的勞動人口缺乏基本的文化素養和基礎學力。頗能代表這類思考、心態的是，1987 年時任芝加哥大學的布魯姆（Allan Bloom）所出版《美國精神的封閉》（*The Closing of American Mind*）一書。布魯姆以沈痛的語調道出，美國大學人文教育已經失去了最根本的價值準則，「文化相對主義成功的摧毀了西方的普世主張或知識帝國主義的主張……」❶其結果是：年輕人「對美國歷史和那些一向被視為美國英雄的歷史人物瞭解更少了。……除了學到一些有關其他民族和文化的零散事實和一些社會科學的套話之外，他們缺

　　濟危機的責任推給學校。參見艾爾波著，溫明麗譯，〈官方知識的政治運作策略：國定課程的意義何在？〉，收於楊思偉、溫明麗合譯，《課程‧政治──現代教育改革與國定課程》（臺北：師大書苑，1997），頁 15。

❶　轉引自 L. Symcox, *Whose History? The Struggle for National Standards in American Classrooms*, p.43.

❶　Gary B. Nash, Charlotte Crabtree, and Ross E. Dunn, *History on Trial*, p.105.

❶　Allan Bloom，戰旭英譯，《美國精神的封閉》（南京：譯林出版社，2007），頁 14。Allan Bloom, *The Closing of the American Mind* (New York: Simon and Schuster, 1987), p.39.

少任何系統的知識。」**⓳**

　　雖然布魯姆乃針對大學教育的變化而論，其文中所散發的價值崩壞意識，具體而微的反映許多美國人士心中普遍懷有的社會危機感。而他因相對主義而生的憂懼，也是諸多當代人的心境寫照。可想而知，興革教育成了部分美國人眼中，振衰起弊、「復興文化」的寄望所在。而除了數學、科學、英語等重點科目外，歷史科的教學也是當時輿論注目的焦點。

　　綜觀 1980 年代的美國社會，要求擴增學校歷史科課程份量的聲浪洶湧而來。這當中包括了某些極端的傳統立場者，他們非常在意學生應該學習政治事件、英雄偉人以及西方文明為主軸的歷史，希冀藉此抗衡社會史的過度發展。此外，尚有高舉「文化素養」（cultural literacy）旗幟的人士，力主所有公民都必須具備共同的基本知識，俾增強人們相互溝通的基礎，以防範相對主義對於社會凝聚可能帶來的威脅。譬如 1987 年時，有十餘名學院歷史家、現場教師、課程主導者共同組織了一個委員會，名為「學校歷史布萊德利委員會」（the Bradley Commission on History in School），專門探查歷史教學的現況。「學校歷史布萊德利委員會」經研究後提出一份重要的報告書：〈建構歷史課綱〉（Building a History Curriculum）。在這份報告書內，布萊德利委員會宣稱：「**從學習歷史而獲得的知識和思考習慣，是民主政治中的公民教育所不可或缺的……所有學生都**

⓳　　Allan Bloom，戰旭英譯，《美國精神的封閉》，頁 9。Allan Bloom, *The Closing of the American Mind*, p.34.

必得學習歷史……。」[20]報告書還鄭重建議：由幼稚園到小學的「社會學習」課程都該側重歷史，7 年級至 12 年級的課程中至少應安排四年的歷史課，而凡欲擔任初中和高中「社會學習」課程的教師，有必要修完某些基本的歷史課程。[21]

如上所見，1980 年代以還，歷史所以受到重視，端在它作為建構社會共同文化基礎的素材，是鞏固美國和西方文明地位的利器，也因而該是學生必備的基本知識之一。歷史突然竄紅的原因起源於此，無怪乎某些歷史學者目睹這樣的現象憂喜參半。他們一方面既樂見保守派人士強力主張增加歷史課的時數和學習份量，另一方面卻也擔心，在這波重返歷史的熱勁之下，歷史學習恐怕更將淪為記憶「客觀的事實」，至於歷史的解釋特質和思辨能力卻會在恢復文化傳統、建立共通文化基礎之名下被輕忽湮沒了。[22]

可以說，1980 年代護衛學校歷史科地位的強大推力中，事實上包含著數種對歷史不同的期待與主張。這些主張彼此間根本存在的歧異性或可部分解釋：何以當這股熱切具體轉化為訂定全國歷史課程標準的實際行動時，竟會引生巨大的社會震盪。

無論如何，上述 1980 年代的教育改革和回歸歷史的熱潮繼續延燒至 1990 年代。1992 年至 1993 年喬治布希和柯林頓總統任

---

[20]　The Bradley Commission on History in School, "Building a History Curriculum: Guidelines for Teaching History in School," *The History Teacher*, Vol.23, No. I (Nov., 1989), p.12.

[21]　The Bradley Commission on History in School, "Building a History Curriculum: Guidelines for Teaching History in School," pp.12-13.

[22]　Gary B. Nash, Charlotte Crabtree, and Ross E. Dunn, *History on Trial*, pp.106-108.

內，分別訂定出美國在 2000 年擬將達成的教育目標，其具體內容則展現於 1994 年國會通過的「目標兩千年：教育美國法案」（Goals 2000: Educate America Act）。這個法案明確要求青少年學生離開學校時，必須具備幾個重要科目的基本知識和能力，於是英文、數學、科學、歷史、地理所謂「五大核心課程」的價值由此明文立下。法案中同時認可研訂這些核心課程的全國性標準和評量法則有其必要，以確保核心課程於學校課程內的實施成效。

　　然而，當各個核心課程如火如荼進行全國課程標準規劃之際，歷史科課程標準的研擬工作卻成為一場場不同陣營之間的角力遊戲。而最後勉強問世的「全國歷史科標準」甚至在國會遭到杯葛和否決。「歷史科」邁向「全國標準」之路功敗垂成。

三、「全國歷史科標準計畫」的困境：「核心」或「多元」？

　　美國訂定歷史科標準的工作於 1990 年代初期啟動。1992 年時，得國會委託而組成的「歷史特派小組」（History Task Force）主持人琳恩錢尼（Lynne Cheney）首肯，由當時的加州大學洛杉磯分校「全國學校歷史科教學中心」（National Center for History in the School，設於 1988 年）負責執行「全國歷史科標準計畫」（National History Standards Project，一般簡稱 NHSP）。教學中心的主任，也是教育學者克拉伯瑞（Charlotte Crabtree）以及歷史學家納許（Gary B. Nash）則共同主持其事。此一計畫預定完成三套歷史科標準，包括幼稚園至四年級

的美國史、五年級至十二年級的美國史以及世界史。❷

　　「全國歷史科標準計畫」乃由包括三十二位成員在內的委員會
（council）擔負實際研擬事宜。然而打從籌畫開始，到 1994 年 1 月
歷史科標準草案完成的兩年當中，各種爭議未曾斷過。追究其因，
除了各個委員各有其意識型態之外，委員們還必需聽取來自各種歷
史的、教育的專業團體或民間團體的建議。這些所謂的「焦點團
體」（focus groups）不時針對歷史科標準的相關問題組成研究會
（forum）或群集討論，❷再向委員會提交各式意見和研究報告。可
以想見，委員會的成員彼此之間的觀點已非一致，焦點團體更是立
場各異，不同觀念上摩擦與衝突，勢所難免。如何加以協調與折
衷，成了撰寫課程標準期間，委員會必須面對的一大挑戰。

　　究竟是哪些議題讓訂定歷史科標準這一任務困難重重呢？或許
從編訂課程標準前後發生的兩起關於歷史教育的爭議案例，可以看
出些端倪。其中一起是加州奧克蘭（Oakland）地區，因教科書選用
而爆發的嚴重對立。

　　按加州的慣例，當地教科書每七年得評選一次，而且必須經過
層層關卡的汰選。一般說來，凡參選的教科書首先需得符合州教育
局所認可的課程「架構」（framework），之後再進行公聽會討論。
如果能獲得得教育局所屬課程委員會的通過，該教科書才能報請州
教育局核准。不過，評選程序並非就此結束。獲得州教育局核可的

---

❷　Gary B. Nash, Charlotte Crabtree, and Ross E. Dunn, *History on Trial*, p.156.

❷　L. Symcox, *Whose History? The Struggle for National Standards in American Classrooms*, p.98.

教科書接下來還要歷經地方學校理事會的評選階段,而且同樣得進行公聽會以及接受投票決選。❷⑤

問題在於,加州甫於 1987 年通過一套新的課程「架構」,時間如此緊迫之下,各書商根本準備不及,以致 1990 年夏天只有一個版本:胡登‧米福林 (Houghton Mifflin) 的歷史教科書系列,獲得州教育局委員會的認可決選。這套教科書的主編即是後來擔任「全國歷史科標準計畫」的主持人納許。❷⑥

納許專以研究美國社會史聞名,他受教於多元文化觀念勃興的 1960 年代,且長期致力於運用「由下而上」原則重建美國歷史的工作。根據紀德林 (Todd Gitlin) 的訪談可知,納許確實有心打破以白人、掌權者為敘述核心的美國史傳統,也期待這套教科書盡可能的展現「多元文化」觀點的理想。只是受限於寫作時間倉促,書中錯誤、不周全之處的確不在少數。❷⑦

事實上,打從一開始,某些激烈的左派團體就不斷批判這套教科書具有「種族主義」傾向、「歐洲中心」的論調。他們鉅細靡遺的搜索這套教科書內看來有問題的文句,聲稱作者只是一味的稱頌白人,對有色人種卻採取刻板的、扭曲的、誇張的立場。納許以及胡登‧米福林版的教科書作者群承認某些缺失,也針對一些具體的

---

❷⑤ Todd Gitlin, *The Twilight of Common Dreams: Why America Is Wracked by Culture War* (New York: Henry Holt and Company, 1995), p.8.

❷⑥ Todd Gitlin, *The Twilight of Common Dreams: Why America Is Wracked by Culture War*, p.9.

❷⑦ Todd Gitlin, *The Twilight of Common Dreams: Why America Is Wracked by Culture War*, pp.14-15.

批評作了修正，州教育局因此在 1990 年 10 月通過其修正版。❷只是紛爭並未就此停止。當這套教科書由州教育局進入各地學校委員會的票決程序時，在奧克蘭區引發一場大風暴。

奧克蘭是一個瀕臨海灣的大城市，居民以非洲裔居多，另如拉丁人、亞洲人居次，白人則占少數。當時奧克蘭區頗多老師歡迎納許主編的這套新的歷史教科書，但抨擊的聲浪同樣不小。於是1991 年 3 月 18 日，該區學校理事會特地邀請納許前來和反對者進行公開辯論並加強溝通。不料，當天「辯論」的場面火爆激烈，反對者一意主導發言權。那些在會中大肆鼓譟的聽眾不僅有非裔美人團體，還包括猶太人、伊斯蘭教徒、印地安人及其他族裔的激進分子。彼時情況之緊急，甚至得動用警力驅離抗議人士。❷

經此衝突事件之後，奧克蘭區學校理事會進行投票，結果否決了胡登·米福林系列的歷史教科書，同時也造成該區四年級、五年級和七年級沒有歷史教科書可用的窘況，而其他年級則另外選擇別版的教科書。最後理事會為當地六年級所選出的歷史教科書是一套舊的版本。

事情落幕之後，一位白人教師說道：那本最後雀屏中選的教科

---

❷ Todd Gitlin, *The Twilight of Common Dreams: Why America Is Wracked by Culture War*, pp.9-10.

❷ Shelly Weintraub, "What's This New Crap? What's Wrong with the Old Crap? Changing History Teaching in Oakland, California," in Peter N. Stearns, Peter Seixas, and Sam Wineburg (eds.), *Knowing, Teaching and Learning History* (New York: New York University Press, 2000), p.180. Shelly Weintraub, 蕭憶梅譯，〈「這是什麼新把戲？舊把戲有什麼問題？」──加州奧克蘭區的歷史教學改革〉，《清華歷史教學》第 14 期（2003）：頁 56-57。

書，「遠比胡登‧米福林的更傾向種族主義」、「我還沒聽過哪位老師說喜歡它。」❸歷史的演變的確充滿弔詭。具有新意的教科書因被抨擊觀點不夠平衡而敗北，取而代之的卻是一個立場更為保守的老舊本。

　　另一個案例是發生於美國紐約州。該州在 1980 年代晚期開始推動多元文化取向的「社會學習」課程，卻遭到強烈的抵制。自廿世紀下半葉以來，紐約州內人口中的非歐洲白人族群比重日增，且因多元文化觀念時興，該州教育廳為了符應現實與思想趨勢，鄭重著手修訂中小學歷史科及「社會學習」課程教材，試圖矯正現有教學內容忽略少數族裔之弊。

　　1989 年，紐約州即公布了一份「少數族裔工作小組報告」，其中直指歐洲中心論的歷史觀點是導致州內許多少數族裔學生自我評價低落的元凶。這份報告旋即引發一些學者的反擊，他們甚至組成「捍衛歷史之學者委員會」（Committee of Scholars in Defense of History），聲言抵制「歷史政治化（politicization）」趨向，並指責州報告中企圖把歷史當成社會和心理治療品的不當意圖。❸ 1991 年 6 月時，州教育廳又公布一份教材的修訂計畫。當這個名為「文化相倚」（A Declaration of Cultural Independence）的計畫草案一出爐，再度招致各方高度的關切，各種批評的聲音一一傾瀉而出，最後連美國

❸　轉引自 Todd Gitlin, *The Twilight of Common Dreams: Why America Is Wracked by Culture War*, p. 26.

❸　Peter Seixas, "Parallel Crises: History and the Social Studies Curriculum in the USA," *Journal of Curriculum Studies*, Vol.25, No.3 (1993), pp.244-245.

聯邦政府都藉機出手，反制多元文化的教育浪潮。㉜

　　由上述兩例可見，美國在擬定全國歷史科標準之前，歷史教育的爭議已經四起。而很顯然的，衝突的根由乃是二十世紀 60 年代新興起的多元文化主義（multiculturalism）。這股思潮撼動了美國歷史教學一向奉行不渝的價值信念，更具體的說，即是挑戰了過去美國史的主流敘述。那些長期在傳統「國史」內受到漠視的族群和階層，如今要求能夠在學生所讀的教本中據一席之地，激進者甚至意圖扭轉美國史的整體論述架構。

　　平心而論，上述所言的社會對立中涉及了文化「統一」或「多元」的爭論，此問題之複雜，不是一時能解。自然而然，這兩股力量的較勁衝撞也延伸到「全國歷史科標準」的研討過程中。

　　換言之，擔任擬定歷史科標準的委員們在多元文化之爭的背景下接手這份工作，他們首當其衝面臨的問題即是：未來美國史標準中，各種族、族群、女性、勞工階級的歷史經驗究竟應該得到多大程度的呈現，方為適宜。委員會內部對此意見並不一，尤其前已提及，許多護衛美國文化核心地位以及西方文明主流價值的保守派人士，始終無法苟同多元文化主義所隱含的相對論觀點。

　　除此之外，各委員之間謀合困難、共識難以達成的還有世界史的標準。至 1980 年代晚期，美國教育界一些人士已經體認：美國中小學生應該從更國際化的角度認識世界，學童所學習的內容不該只侷限於美國或歐洲的過去。然而，由於一般教師專業訓練的不足，上述主張多半流於口頭宣示，怯於實質上的施行，各級學校仍

㉜　鄭培凱，〈多元文化真難〉，《當代》第六十六期（1991）：頁 24-35。

然慣用以西方文明為主的世界史模式進行教學。❸❸另一方面，某些崇奉「人文學」理想的人士仍然一逕認定，人文學科的教育目標本該以傳授西方文明中的重要理念和智識成就為旨。持此主張者包括贊助「全國歷史科標準計畫」的上級組織「全國人文學科基金會」（National Endowment for the Humanities）的總裁琳恩錢尼、著名的歷史學者希梅法柏（Gertrude Himmelfarb）等人。❸❹

由上可知，如何界定「世界史」、應以西方文明為中心或以「世界」文明為主軸，是委員會有待解決的另一道難題。那些保守的焦點團體和委員，無不期望新的世界史標準能夠凸顯西方文明的優勢。在他們看來，美國既代表西方文明發展的高峰，自該保有核心地位。但同樣也是委員之一的世界史大家麥克尼爾（William H. McNeill）則嚴正聲明，他無法認同西方文明被過度誇顯的作法。麥克尼爾特別認為，論及西元 1500 年之前的世界歷史時，西方文明絕不能獨占鰲頭。在上述兩方觀點的激烈交鋒之中，贊同麥克尼爾的某些焦點團體甚至懷疑：擬定標準的委員會其實是新保守陣營試圖掌控學校課程的一顆棋子。❸❺

最後，委員會經過多次的協商，決議採用麥克尼爾的看法，亦即世界史標準不能獨尊西方，而應該廣納不同文明的特色與價值，更且要注重各文明之間的互動關係。當然，這並不代表委員會內、外部的歧見業已消除。事實是，委員會最為嚴酷的挑戰才要登場。

---

❸❸　Gary B. Nash, Charlotte Crabtree, and Ross E. Dunn, *History on Trial*, pp.164-165.

❸❹　Gary B. Nash, Charlotte Crabtree, and Ross E. Dunn, *History on Trial*, p.165.

❸❺　L. Symcox, *Whose History? The Struggle for National Standards in American Classrooms*, p.108.

也參與歷史標準計畫的邢克可絲（Linda Symcox）日後坦承，工作小組低估了反對者的潛在力量；他們更沒有想到，反對者在長達兩年以上的研訂時間裡不明白表態，卻是直到三套標準即將正式公告前才大舉出手，並接連製造出一場史無前例的歷史風暴。㊱

四、「全國歷史科標準」的震盪：叛國賊 v.s. 種族主義者

事實上，在美國的憲政體制中，教育政策和課程走向的主導權屬於每個州政府所有，而不在聯邦政府的手上。因此，包括歷史在內的五個核心科目的課程標準，根據當初倡議者的認知，應是「全國的」（national），而不是「聯邦的」（federal）；是「自由採用的」（voluntary），而不是來自華盛頓的「指令」（mandated）。㊲在

㊱ 邢克可絲提出三個可能的原因。第一，反對者在 1994 年夏天、也就是課程標準即將完成之前，並不很清楚世界史標準的細節，因而也未意識其中問題有多「糟糕」。不過，這個理由似乎不能適用美國史標準，因為此套標準早在 1992 年底已經完成。第二，反對者可能感覺，世界史標準長期受人爭議，而某些有影響力的焦點團體如「美國歷史協會」（American Historical Association）又如此強力批判歐洲中心論，於此氣氛下，實不宜出言反對。他們也可能希望歷史科標準計畫能順利推展，因此寧可首先保持靜默，等到風暴過去，再伺機行事。第三，反對者眼見柯林頓總統的內政改革於 1994 年夏天受挫，認為政治風向已經轉到有利於保守主義的一邊。他們欲藉由反對課程標準，趁勢彰顯自己的保守立場，提高影響力。L. Symcox, *Whose History? The Struggle for National Standards in American Classrooms*, pp.125-126.

㊲ Gary B. Nash, Charlotte Crabtree, and Ross E. Dunn, *History on Trial*, p.154. L. Symcox, "Internationalizing The U.S. History Curriculum: From Nationalism to

此認定下，「全國歷史科標準」竟然還是引發軒然大波，令不少人感到意外。或許，最讓克拉伯瑞、納許等人吃驚的，是那位率先下手重擊歷史標準草案者，並非別人，而是初期大力促成「全國歷史科標準計畫」的琳恩錢尼。

　　1994 年 10 月 20 日，亦即在歷史科標準正式公告的前六日，琳恩錢尼於美國擁有廣大讀者群的報紙《華爾街日報》（*The Wall Street Journal*）上發表〈歷史的末日〉（"The End of History"）一文，嚴詞撻伐課程標準的作者群是政治正確取向，歷史科課程標準是一樁政治陰謀的副產品。琳恩錢尼指斥即將公布的標準一面倒的傾向多元文化主義，漠視美國在歷史上的成就和英雄偉人事蹟。她舉例說：課程標準只是蜻蜓點水的提到華盛頓，而且從頭到尾都未說明華盛頓為美國第一任總統。琳恩錢尼還語帶譏諷的表示，課程標準企圖把南北戰爭中的李將軍（Robert E. Lee）以及發明飛機的萊特兄弟等這類美國人都一一剔除，只因為這些美國人很不幸的已經死了，更因為他們都是白人、是男性。❸琳恩錢尼疾呼，大眾必須馬上阻止這些歷史科標準，以防它們獲得官方的核可。若不如此，她聲稱，所有現存歷史中的重要內容將逐一消失於學校課程之中。❸

　　琳恩錢尼的文章刊出數天後，政治評論家也是電視脫口秀主持

Cosmopolitanism," in Linda Symcox and Arie Wilschut (eds.), *National History Standard: The Problem of The Canon and The Future of Teaching History* (North Carolina: Information Age Publishing, Inc., 2009), p.37.

❸　Sam Wineburg, *Historical Thinking and Other Unnatural Acts: Charting the Future of Teaching the Past* (Philadelphia: Temple University Press, 2001), p.4.

❸　Gary B. Nash, Charlotte Crabtree, and Ross E. Dunn, *History on Trial*, p.5.

人稜保（Rush Limbaugh）即在自己的電臺和電視節目中承接攻擊火力，繼續批判尚未正式面世的歷史科標準。稜保甚至在節目中公開撕毀教科書，欲藉此舉昭告新的歷史科標準根本不把教科書中原有的主題放在眼裡。❹

琳恩錢尼和稜保就在大眾尚未看到歷史科標準的情況下，大動作的聯手點燃烽火。他們的行動的確產生了強力的效應，許多媒體趁勢跟進，紛紛加入這場攻擊課程標準之戰，即使這些專欄作家或電視主持人大多未曾真正閱讀過課程標準內容。譬如 1992 年 11 月 8 日華爾街日報刊出一篇〈偷竊歷史的賊〉（The history thief），文中痛斥研擬標準的作者，挾著納粹和布爾什維克黨的意識型態，意圖消滅歷史事件和知識。❹當然，不能忽略的是，在一片喊殺聲中，紐約時報或時代雜誌上仍不乏某些較為正面的中肯之論。

總之，1994 年末和 1995 年初，關於歷史科標準的議論充斥於美國各大報紙雜誌的版面上，廣播和電視節目亦時見兩方人馬的攻詰與辯難，例如琳恩錢尼即曾和歷史學家、也是《歷史的真相》（*Telling The Truth About History*）作者之一的艾坡比（Joyce Appleby）在電視上就此爭鋒相對。❹

另一方面，擬定標準的工作團隊也並未示弱，若干成員積極撰寫各種回應報告自清，抗議對方的曲解。譬如納許等人表明，儘管

---

❹ L. Symcox, *Whose History? The Struggle for National Standards in American Classrooms*, pp.127-128.

❹ 轉引自 Gary B. Nash, Charlotte Crabtree, and Ross E. Dunn, *History on Trial*, pp.188-189.

❹ Gary B. Nash, Charlotte Crabtree, and Ross E. Dunn, *History on Trial*, p.193.

課程標準內沒有一處明白舉稱華盛頓為第一任總統，但這純粹是技術問題。因為課程標準內本就明明白白要求兒童：「考察華盛頓擔任總統期間，這個新生國家當時面臨的主要議題。」同時在四年級的課程標準中也有多次提到華盛頓為「國父」。❹依工作小組之見，華盛頓影響美國軍事、政治、外交的發展超過半世紀之久，歷史教科書或實際的歷史教學絕不可能略而不提。

無論如何，在支持與反對雙方你來我往的唇槍舌戰中，如史丹佛大學溫柏格（Sam Wineburg）所觀察，兩邊人馬的對峙竟至演變到以醜化對方為手段的地步。撰寫歷史科標準的人被斥為背叛者（betrayers），❹而那些反對者則在敵手口中成了擁護種族主義的分子（racists）。❹標準的支持者和反對者總是互批對方是企圖「政治化歷史」，「政治正確」弔詭的成了敵對雙方的共同語彙。❹

最終反對者的火力攻上了國會殿堂。1995 年 1 月，參議員勾登（Slate Gordon）在國會中提案，譴責「全國歷史科標準」。勾登的公開演說反映出他的抨擊模式循的依舊是琳恩錢尼的路子：「總統

---

❹ Gary B. Nash, Charlotte Crabtree, and Ross E. Dunn, *History on Trial*, p.197.

❹ Harvey J. Kaye, "Whose History Is It?" *Monthly Review*, (Nov., 1996), p.18.

❹ Sam Wineburg, *Historical Thinking and Other Unnatural Acts: Charting the Future of Teaching the Past*, p.4.

❹ 有關批判這份課程標準的主要觀點可以參見論文集：E. Fox-Genovese and E. Lasch – Quinn (eds.), *Reconstructing History: The Emergence of a New Historical Society* (New York: Routledge, 1999), p.281. 在這本集子中，收錄了 D. Revitch, "The Controversy over National History Standards," J. P. Diggins, "The National History Standard," S. Willentz, "Clio? Battles over History in the School," W. A. Mcdougall, "Whose History? Whose Standards,"等數篇站在批評立場的文章。

先生，我國學生所讀的歷史究竟什麼才是重要的，是華盛頓或辛普森（B. Simpson）？……根據最近公告的美國史全國標準所述，那決不是美國人想要的答案。……總統先生，這套標準必須馬上停止（stopped）、廢除（abolished）、予以駁斥（repudiated）、全面撤消（repealed）……。」❹這個防堵性議案最後在國會中以 99 對 1 票壓倒性的通過。勾登甚至乘勝追擊，要求政府不再提撥經費補助三套標準的後續修訂。

失去了來自政府的金援，研訂標準的委員們先前的努力眼看著就要功虧一簣，前功盡棄。幸好當時有數個民間基金會願意出面「搶救」。這些基金會不但提供歷史科標準後續研修所需財力，還支持辦理各式有關內容修訂的研討會。❹

在這般後繼維艱的情況下，1996 年 4 月，「全國歷史科標準」修訂版終告完成並出版。這套標準刪除了備受爭議的教學範例，也將華盛頓、傑弗遜、富蘭克林等美國知名人物的名字加入了標準之中，世界史的標準亦進行了類似的更動。由於前車之鑑，工作團隊此次公布課程標準之前作了萬全的準備，例如精算有利的發佈時間以及部署支持的力量等，再加上政治氣氛自 1994 年底以來已有所轉變，於是這一次課程標準的公告不見狂風巨浪，❹甚至某

---

❹　轉引自 L. Symcox, *Whose History? The Struggle for National Standards in American Classrooms*, p.138. 又，辛普森（Bart Simpson）是美國知名卡通劇「辛普森家庭」內的主角之一。

❹　L. Symcox, *Whose History? The Struggle for National Standards in American Classrooms*, pp.153-154.

❹　當然，對此修訂後的標準不滿者仍大有人在。參見 J. P. Diggins, "The National

些原來抱持批評態度的學者也公開予以讚揚。❺但是，這套「全國歷史科標準」畢竟只有「全國」之名，而未有「全國」之實，採用與否，全賴各州自定。至於先前訂定標準過程中的衝突與對立、喧囂與謾罵，多少讓這套歷史標準蒙上了一層難以揮去的陰影。

五、餘音

美國這場「文化戰爭」暫時落幕了，全美歷史教育依舊在形式上維持著各州自主的傳統。當然，美國地方分權的慣例由來已久，「全國一統」的教育政策本即很難在這片土地上生根萌芽，這也許是加州大學分校的歷史科標準無法獲得普遍支持的根本因素之一。

不過，對於曾經經歷此次「文化戰爭」者而言，回想之餘恐怕仍然心有餘悸。至於那些走過 1980 年代和 1990 年代，曾經眼見歷史由不受青睞的冷門課程，搖身一變為當代熱門議題的人們，心中可能更難理解：為何當歷史得到眾人護持之時，也是歷史變成眾人爭鬥的起始？

學者的解釋各有千秋。「全國歷史科標準計畫」的主持人之一納許認為，1990 年代的文化論戰其來有自，十年之前，爭戰的序

History Standard," p.281.

❺ 例如曾在老布希總統任內擔任聯邦教育部助理部長、後於哥倫比亞大學任職的雷菲曲（Diane Ravitch），與琳恩錢尼一樣最初都基於振興人文學（humanities）的目的而主張訂定歷史科全國標準，但後來也和琳恩錢尼同聲反對 1994 年加州大學分校「全國歷史科教學中心」所推出的歷史科標準。直至 1996 年，歷史科標準經過修訂後，她才在華爾街日報上表明認可之意，並鼓吹教育改革必須持續下去。參見 L. Symcox, *Whose History? The Struggle for National Standards in American Classrooms*, pp.155-156.

幕已然拉開。他指出，自 1980 年代中期之後，許多的歷史爭論就已接二連三的登場，而琳恩錢尼等人不過趁勢在這場早已開打的戰役中引入一批強悍的新軍而已。❺經歷過加州奧克蘭教科書事件的納許，看出 1990 年代的「文化戰爭」不能以偶然事件或單一個案視之，文化之戰的火藥線本已點燃，並且不斷的在不同的時機點上爆發開來。

左派史家愷業（Harvey J. Kaya）同樣從長期的角度觀察，視這段過程為 1970 年代以來「新右派」（The New Right）對「新左派」（The New Left）長期鬥爭的副產品。愷業相信，建立全國標準這件事原是出自新右派的保守動機；他們為了建造某種政治認同感，意欲重塑人民的歷史記憶和歷史想像，因而急需構築一部關於美國和世界發展的宏大且具支配性的敘述。只不過，據愷業分析，最後出爐的課程標準超出了他們保守的期望，加入了他們所害怕的多元和反思觀點，致生爭端。❺愷業以自由的左派觀點，甚至不認同全國性課程標準有建構之必要。在他看來，那是「新右派」玩的一套伎倆，卻因玩過頭而失了控制。愷業說，不能不問的一個問題是：「那是誰的歷史？」（Whose history is it?）❺

不過，紀德林（Todd Gitlin）否定此波文化戰爭是左、右兩派的長期爭鬥說，他更認為，這是 1960 年代以來左派分裂並產生內鬥

❺ Gary B. Nash, Charlotte Crabtree, and Ross E. Dunn, *History on Trial*, p.6.

❺ Harvey J. Kaye, "Whose History Is It?" pp.19-29

❺ Harvey J. Kaye, "Whose History Is It?" p.30.

的一個明證。**❺**但他也同意，加州大學的「全國歷史科標準」的確逾越了如琳恩錢尼這般人所能容忍的範圍，而生勃谿。紀德林研究納許等人的規劃後指出，那些綱要明顯的試圖打破從勝利者的角度看待歷史的常規，欲將歷史的重心從「社會一致性」轉到「社會的衝突」上；「全國歷史科標準」期待學生進行論辯（arguments），而不是一味慶祝（celebration）。**❺**紀德林讚譽這些標準有如「歷史教育上一場新的美國革命」，其中包涵兩個意義：第一，它們翻轉了美國歷史傳統中以權力為中心的歷史觀，認為歷史也是對抗權力的一場長期鬥爭，此所以標準內引入社會史和社會運動的內容，而不是只注意掌權的白人、男性、和菁英；第二，歷史科標準假定教導學生時不僅要讓他們知道*什麼*（what），也要知道*如何*（how）去思考歷史；不但要注重史事的傳授，還要培養學生的思維能力。紀德林總結說，加大分校所推出的這套歷史科標準並不是教學生要去頌揚偉大，而是要他們去質問那些事物有多偉大；標準擬定者希望學生成為批評者和歷史家，而不是萬神廟的崇拜者。這些取向正是琳恩錢尼以及許多保守人士大為憤怒和不滿之因。**❺**

從紀德林以及其他學者的闡釋中殆可歸納出一個重點：「文化戰爭」的背景和「多元文化主義」的時潮有關。受到這股日益興盛

---

❺ Todd Gitlin, *The Twilight of Common Dreams: Why America Is Wracked by Culture War*, pp.32-33, 133-150.

❺ Todd Gitlin, *The Twilight of Common Dreams: Why America Is Wracked by Culture War*, p.194.

❺ Todd Gitlin, *The Twilight of Common Dreams: Why America Is Wracked by Culture War*, pp.195-196.

的文化趨勢之影響，美國社會內部的緊張性相應增強。換言之，「多元文化主義」的力量衝開了歷史的「黑洞」，過去在主流史觀下受到「禁錮」或屈居邊陲的各種歷史經歷得到了露臉的機會，而相對的，傳統直線性、進步論的大敘述受到質疑。然而，開放也帶來各式不同的焦慮。一方面保守人士感受到傳統價值崩毀的威脅，一方面那些終於得到發聲機會的族群、團體憂急於算計多大程度的發言權、多少份量的地位始為合理。「全國歷史科標準」的研訂毋寧讓這些積蓄已久的情結找到了爆裂點。於是在歷史科標準訂定前後的紛爭中，美國朝野上下再三關切的是：課程標準應該放置哪些內容？歷史課應該教給學生的是哪些史事？

　　族群龐雜的美國社會特性無疑塑造了其歷史教育爭議的方向。那麼大洋的另一邊，英國歷史教育的發展又是循何途徑前進？

第二節　英國的「歷史戰爭」

一、英國歷史教學：自由中的一致性

　　二十世紀除了最末十年之外，英國的歷史教學就如同美國一般，沒有所謂的「國定」歷史課程綱要或歷史課程標準，**㊿**一切教學實務從教學內容到教學方法，都交由地方或教師自主決定。

㊿　英國自十九世紀中葉和二十世紀初期分別設立初等（elementary）和中等（secondary）學校後，歷史雖是學校中的必修科目，但並未相應的設置國家訂定、具規範性的課程綱要，亦即形式上，英國所有的教學事務皆由教師自理自主。

不過，自由自主未必同等於多元多樣。曾經擔任皇家督學的史雷特（John Slater）指出，❸雖然英國歷史教育長期以來權歸地方，一般教師的教學卻絕不是相差千里，而是呈現極為明顯的「一致性」（the consensus）。他在 1988 年的演講中，就對英國有關如何教歷史一事存在著長久不移的「傳統」，做過生動而貼切的回顧與描述：

> ……說到學習的內容，大半就是環繞著大不列顛，而且偏重英國南部；居爾特人（Celts）看起來總像是處於飢荒狀態，只想移民，或進行叛變；對英格蘭北部的印象則是發明織布機或是在工廠工作；英國之外，只有曾屬於大英帝國的國家才會受到注意；而外國人若不是知趣的同盟，就應該被征討。至於「技能」，主要是指能夠記住知名英國先人們的那些陳舊事實。❺

史雷特欲指出的是，英國歷史教學向來以培養「好公民」為目標，所教導的「歷史」是持久不變、僵化而偏頗的，同時也是「一

---

❸ 皇家督學（Her Majesty's Inspector，簡稱 HMI）由英國皇室任命，需具備專業學識資格，另外必得接受行政及指導方面的訓練以及具備豐富的學校實務經驗。皇家督學的工作有三：一是視察學校教育，二是代表國家教育部處理地方行政事務，三是提供教育大臣有關地方教育之業務報告。

❺ John Slater，吳雅婷、涂麗娟、蔣興儀譯，〈歷史教學中的權力競逐──一門背離人性的學科？〉，《東吳歷史學報》第 7 期（2001）：頁 174。John Slater, *The Politics of History: a Humanity Dehumanized?* (London: University of London, 1989), p.1.

個確定的、被公認的過去」，而學習歷史的方法不外乎就是記憶和背誦。

　　這並不是說，整個二十世紀前期，完全看不到任何教師積極突破窠臼，致力於提升教學效能。⑥事實上，某些教師確曾藉由問題的引導激發學生的歷史意識，或者將史料帶入課室之中引領學生閱讀與討論，活化歷史教學。這樣的例證時有所聞。⑥一些從事歷史教育研究的學者更曾積極呼籲：「記憶事實」不應再是學生接受歷史教育的充分理由，當前應該談的是如何讓學生培養「做事」的能力。⑥但整體來說，這些稀疏出現的雜音畢竟難以撼動根深蒂固的歷史教學的主調。只是，至 1960 年代末期，在那個被稱為「反叛的年代」裡，上述的「舊傳統」畢竟還是遭遇到前所未有的挑戰。

　　自二十世紀下半葉開始，英國社會經濟環境丕變，講究實效、質疑傳統的氣氛日益濃重，歷史的實用性因此成了英國社會大眾檢視質疑一切的焦點。影響所及，學生選考歷史以及未來繼續進修此科的意願明顯低落。⑥同時，更具現實感的社會科學如政治學、經

---

⑥　Alan Farmer and Peter Knight, *Active History in Key Stages 3 and 4* (London: David Fulton Publishers, 1995), p.2.

⑥　William Lamont, "William Lamont," in Juliet Gardiner (ed.), *History Debate* (London: Collins & Brown Limited, 1990), pp.30-33.

⑥　John Slater，吳雅婷、涂麗娟、蔣興儀譯，〈歷史教學中的權力競逐——一門背離人性的學科？〉，頁 175-176。John Slater, *The Politics of History: a Humanity Dehumanized?* pp. 2-3.

⑥　在 1950 年代之前，歷史科一向是英國中學生受歡迎的科目。根據英國公開會考各科考生選考統計，歷史科經常排列第三，僅次於英文、數學之後。但是自 1950 年代之後，歷史科的排名節節後退，至 1970 年代已經慘跌至第七

濟學逐漸在課程中佔有一席之位，甚且某些教界人士積極推動「社會學習」等綜合性課程，欲以此取代獨立的歷史。❻這些因素使得英國中學歷史科陷入前所未有的困局，地位危急。而在實際的教學現場，也有許多年輕的歷史老師對於自己所學的和現在所教之間完全不相干的情況，大失所望。他們若非全盤放棄教學專業或教學熱誠，要不即是「逃離歷史這個性質不一的科目，以某種卑屈的角色躲進……跨學科的人文課程中……。」❻

值此進退兩難之際，後來許多研究者共推 1966 年，一篇題為〈危機中的歷史〉（History in Danger）的文章，是促發歷史教學圈反省和改變現況的關鍵。該文作者蒲瑞絲（Mary Price）明白揭露，歷史科在學校中面臨「社會學習」課程異軍突起的威脅，以及學生興趣缺缺而致地位不穩的危機。❻這篇文章如暮鼓晨鐘般，激盪出一波又一波反思和討論歷史教育的浪潮，形成往後十餘年所謂的「新歷史科」（New History）運動，而英國歷史教育也由此開展出一番不同以往的新氣象。

位，遠遠不及英文、數學、文學、生物、地理、法語。參見周孟玲，〈知識與實際：英國歷史教學改革的成果與問題淺析〉，《清華歷史教學》第 5 期（1996）：頁 50-57。

❻ 周孟玲，〈英國近二十年中學歷史教育狀況及研究成果〉，《歷史教學》第 10 期（1988）：頁 45。

❻ William Lamont, "William Lamont," pp.28-29.

❻ Alan Farmer and Peter Knight, *Active History in Key Stages 3 and 4*, p.3.周孟玲，〈知識與實際：英國歷史教學改革的成果與問題淺析〉，頁 50-51。陳冠華，《追尋更有意義的歷史課：英國中學歷史教育改革》（臺北：龍騰文化，2001），頁 18-20。

二、「新歷史科」運動的改革：教導思考和能力

顧名思義，「新歷史科」應有其「新」於「舊」傳統之處。最要者，過去的歷史教學並未有任何理論為基礎，而一般人的眼中，關於歷史教學，那似乎是件想當然爾之事。「新歷史科」則重視理論、方法與歷史教學的結合，以此推動歷史教育的改革。❻

「新歷史科」的支持者主要從心理學和教育理論汲取改變現況的動力與概念。例如瑞士心理學家皮亞傑（Jean Piaget, 1896-1980）的兒童「認知理論」啟發許多教界人士注意學生歷史認知的發展和學習歷史的困難；❻美國教育哲學家布魯納（J. S. Bruner）的「學科結構」和「螺旋式」（spiral）學習理論，讓歷史教育研究者省視教導方法和技能的必要性，並帶動課程改革的風氣；布魯姆（B. S. Bloom, 1913-1999）在教學目標方面的分類主張，有助於重新思考和明確釐清歷史教學的目的。❻這些來自其他學門的研究供給了力求改革歷史教育者必要的思考養分。

大體上，「新歷史科」運動的特點可由 1973 年鍾恩斯（R. Ben Jones）的說明略知：❼

---

❻ Robert Phillips, *History Teaching, Nationhood and the State: A Study in Educational Politics* (London: Wellington House, 1998), p.15.

❻ 林慈淑，〈歷史教與學的鴻溝：英國近半世紀來兒童歷史認知的探究（1960's-1990's）〉，《東吳歷史學報》第 8 期（2002）：頁 156-163。

❻ SCHP, *A New Look at History* (Edinburgh: Holmes Mcdougall, 1976), pp.10-11.

❼ R. B. Jones, "Introduction: the New History," in R. B. Jones (ed.), *Practical Approaches to the New History* (London: Hutchinson, 1973), pp.14-16.

「新歷史科」較少強調內容，而更多強調學習的過程……。

「新歷史科」強調內容的選擇必須以所欲達到的教育目標、學生所應獲得的歷史技能為基礎……。

「新歷史科」的教學途徑是一般所稱的「探究方法」（enquiry method）。兒童因此會被教導歷史家的技能，而且會去用歷史的角度思考，而不只是背誦資料和已經有的結論。

「新歷史科」靈巧的改變了教師的地位……他不再是既定事實的貯存庫，而是具有更重要的地位如同指導者和幫助者，協助他的學生使用證據，並且去尋找更多的證據，藉此而能建立個人的假說（hypothesis）。**❼**

總結來說，「新歷史科」視歷史為一種「旨在探究」的知識活動，因此，歷史教學的目的、教學內容以及教學方法都必需相應於這個特質而變。

細看鍾恩斯的定義，「過程」、「技能」、「探究方法」等這些語詞，彰顯出「新歷史科」亟欲重塑歷史教學的方向和意義。這樣的主張在許多厭倦傳統教學之弊的人的眼中，無疑是一帖突破困境的良方。例如擔任歷史科皇家督學的魏克（R. Wake），在一篇文章：〈歷史為一門獨立的學科〉（History as a separate discipline: the case）內就表示，歷史最關切的是證據和時間，而證據是鑲鉗在時間之壁上，當學生學習使用證據時，他們就學習到歷史方法。魏克說：在學校中教師儘可以說故事、看圖片、談各種主題、鼓勵有想像力的

---

❼　R. B. Jones, "Introduction: the New History," p.4.

寫作,但是,「歷史最重視方法」。他呼籲:任何教學一開始就得納入方法這個要素。❼魏克之見可說是這個風潮的一份回應,一種展現。

「新歷史科」的理念在 1970 年代之後具體灌注於各種相繼出現的教學實驗上。其中被認為對後來歷史教育發展影響最鉅的是「學校委員會計畫歷史科 13-16」(Schools Council Project "History 13-16",後來這個委員會改名為 Schools History Project,簡稱 SHP,以下並簡稱他們進行的教學實驗為「歷史科 13-16」)。「歷史科 13-16」顯然受到 1960 和 1970 年代科技進步、能源危機、實用意識高漲的影響,故而以歷史必須具有「相關性」(relevance)為訴求。這個計畫研究者聲明,學生欲培養有用的認知能力,並能對當代世界的發展充分掌握,則理解過去與現在的關係如何被建立起來,亦即瞭解歷史知識建構的過程,殊為必要。計畫成員據此主張,學習歷史必須同時學習這個學科的四個基本概念:**證據、時間中的變化與延續、因果關係和動機、時代錯置**(anachronism),以及三項能力:**分析、判斷、和神入**(empathy)。❼

總的來看,1970 年代為了突破歷史科的困境,英國歷史教研人士從建立歷史教學理論、調整歷史教學方向的途徑入手,試圖由注重學科能力的培養和教學中,讓「歷史」與社會的脈動、學生的需要契合,以重現「歷史科」的榮光。

---

❼ R. Wake, "History as a Separate Discipline: the Case," *Teaching History*, Vol.1, No.3 (1970), p.155.

❼ SCHP, *A New Look at History*, pp. 38-41.

可以想見，這樣的新思維與不同於過往的教學規劃，在英國的文化圈內必然激起不小的震撼，額手稱慶的固然不乏，不以為然的眼光亦如影隨形。譬如有人質疑，「新歷史科」何「新」之有？其支持者所宣告的一切諸如：對資料的重視、歷史技能、學生參與、探究方法和學習「為什麼」等理念，早在「傳統的」教學時代已為人提倡，並不需要等待布魯納、皮亞傑的啟發；至於「新歷史科」支持者經常暗示所有先前的歷史教學一概以內容為中心，不過膚淺而煩悶，此種看法更是全盤抹煞過去許多大學教授和學校老師曾對歷史教學進行的嚴肅思考。批評者不客氣的指出，這種將傳統教學貶抑得一無是處的處理方式本身就是「非歷史的」（unhistorical）不良示範。**❼**

不過，「新歷史科」激發的爭論更嚴重的是落在有關學習歷史的最終目的上：究竟是要理解過去，或是學習歷史致知的程序？不可否認，「新歷史科」某些倡導者急於扭轉歷史教學的走向，過於標榜培養學生「作歷史」的能力，如此不免令人生疑：是否從此以後學習「歷史知識」（歷史事實）就不再重要了？

譬如湯普森（D. Thompson）即認為，學習歷史最重要就是去認識過去，學生在其間必須能對過去的一切深思熟慮、積極回應，並發展洞見和理解力，以適切評估過去之人的所作所為。然如「新歷史科」為了糾正教學舊習，過度強調學科「程序」而忽略學習歷史

---

❼ R. E. Aldrich, "New History: An Historical Perspective," in A. K. Dickinson, P. J. Lee and R. J. Rogers (eds.), *Learning History* (London: Heinemann Educational Books Ltd, 1984), pp.212-217.

這個要點,在他看來,這樣的作法是把嬰兒連同洗澡水都一起倒掉了。**⑦**湯普森甚至委婉的建議:「也許『新』歷史的觀念應該擴大,從只看重程序和方法,進而承認透過新的方式學習過去之重要性。而這些新方式主要關切的是推進兒童對過去之人的理解以及思考、反應能力。至於在這過程中,使用資料以為證據這點仍然不失為重要因素。」**⑦**

湯普森溫和批評的背後所設想的是,學習歷史本當以「認識過去」為目的,各種程序性的方法和思考都是為求落實和深化這個目的而來,改革者不宜本末倒置,或以手段取代了根本。但湯普森之外,有更多的人所以高調宣稱學生必須學習特定的歷史事實,並非從歷史教學本身的要旨加以考量,毋寧是出自其它的用意。他們難以容忍「新歷史科」所倡議的歷史教學「轉向」,不能接受能力取向的教學可能導致學生所該習得的「重要的」事實內容相對減少的結果。

確實,1970 年代「新歷史科」運動的昌行,也同時蓄積了一股強大的敵對暗潮。但直到 1980 年代後期,新考試制度「普通中等教育證書」(General Certificate of Secondary Education,簡稱 GCSE)的建立,反對的力道才趁勢迸發而出。

---

⑦ D. Thompson, "Understanding the Past: Procedures and Content," in A. K. Dickinson, P. J. Lee and R. J. Rogers, (eds.), *Learning History*, p.171.

⑦ D. Thompson, "Understanding the Past: Procedures and Content," pp.172-173.

三、1980 年代「普通中等教育證書」考制的爭議

儘管毀譽參半，**⑰**「歷史科 13-16」在 1980 年代具體可見的影響是改變了英國中學學力證書考試的走向，促成 1988 年「普通中等教育證書」考試新制的上路。但是，這個新的學力考核制度最終卻成了眾矢之的──反對歷史教學新理念者的箭靶。

英國學生從 5 歲開始接受國家義務教育至 16 歲止，當完成這個學習階段後，學生必須透過校外考試，取得中學學力證明。過去這類證書考試有兩種，分別是「普通教育證書」（CSE）以及「中等教育證書」（GCE）。1988 年時，英國政府將這兩種考試合而為一，即「普通中等教育證書」考試。**⑱**

---

⑰ SCHP, *A New Look at History*, p.3.關於「歷史科 13-16」在英國歷史教育上的影響，學者的評估不盡相同。例如該計畫主持人席維斯特（David Sylvester）甚為推崇這個研究計畫的重要性。他認為此計畫共有四點貢獻：㈠為歷史教學提供理論基礎，使教師相信歷史是一門有價值的科目。㈡使歷史的內容擴大，除了偉人和政治，還應該廣及歷史上的平民以及當代的歷史。㈢肯定歷史在年輕人的教育中有獨特的地位，並且符合他們的需要，非其他學科所能取代。㈣質疑皮亞傑理論，確定利用不同的教學法，任何階段都可有效教授學科的概念與技能。但是菲力普（Robert Phillip）對此有所保留：他認為席維斯特以及一些學者總是過於誇大「歷史科 13-16」計畫的成就；對很多教師而言，「歷史科 13-16」過於激進，而且不應該忽略也有學者證明此計畫在 1980 年代產生了負面影響。參見 David Sylvester, "Change and Continuity in History Teaching 1900-1993," in Hilary Bourdillon (ed.), *Teaching History* (London: Routledge, 1994), pp.16-17. Robert Phillips, *History Teaching, Nationhood and the State: A Study in Educational Politics*, pp.18-19.

⑱ 關於英國考試制度的發展請參考陳冠華，《追尋更有意義的歷史課：英國中學歷史教育改革》，頁 11-12。

　　英國歷史教學地方化和多元化的特色行之已久，即使是在「普通教育證書」、「中等教育證書」兩制並行的時代，政府也從未列舉、規範明確的考試範圍，反將這方面的權限交予全國各考試集團（examining groups）總理，由各地考試集團根據當地特色自訂範疇。新的「普通中等教育證書」考試承襲這一常規，同樣沒有列舉待考的史事明細，而是允許全國數個負責的考試集團各自訂出考試大綱，讓考生自由選考。

　　儘管不乏沿襲前例之處，這套新的考制仍展現出和以往考試極為不同的特色。最突出的變革在於它所提出的考試規準（criteria）中，納入了近二十年來「新歷史科」和 SHP 推行的各教學實驗的主張，如要求學生必須認識「原因和結果」、「變遷和延續」、「神入」、「相似和相異」等歷史科的概念，也必須學會運用各種性質不同的史料，以及發展基本的歷史研究能力。[79]顯然，這項新制意味著 1970 年代以來歷史教育改革者的理念終能開花結果，一朝落實於制度層面了。

　　長遠來看，「普通中等教育證書」制度無疑代表英國歷史教改向前邁進一大步，是「新歷史科」運動具體而微的展現，但不應忽略，前此二十年的歷史改革方向並未得到全民的認同。真正的情況是：自始至終，反對新歷史教學取向之聲未曾中斷，「普通中等教育證書」考制讓反對者的憂心找到了發洩的出口。

　　於是某些人的茅頭直接指向這套考綱對於學生學習英國史知識

---

[79]　Robert Phillips, *History Teaching, Nationhood and the State: A Study in Educational Politics*, p.20.

的影響。例如 1987 年 2 月，一位上院議員於每日郵報（Daily Mail）中發表長文批評「普通中等教育證書」考試綱要，不滿其中英國歷史的份量規定過少。該文說：「國家的民主如欲長存，在於選民必須瞭解我們的政治制度如何演進……。」⑧

　　但引發最激烈爭議的，乃是新考試制度中以「神入」作為考核學生的能力標準這一項。不可否認，就歷史教學概念（能力）而言，「神入」意義新穎而抽象，大多數人不易掌握其中真義，還經常會將「神入」和「歷史想像」混為一談。因此，如何透過考題測出學生是否具備考試規準所說：「從過去人們的觀點來看待當時之事物與言論的能力」，實為一大挑戰。例如許多考題要求學生必須假想自己為某個時代的某個人物，以說明當時決定的動機或理由。如此這般的測驗，在學生沒有足夠的回答時間和背景知識條件下，的確極易淪為天馬行空式的臆測，要不就是落入以現代特定的觀點曲解古人。

　　正因為「神入」概念不易為人瞭解，實施於考試時又有上述的問題，這個能力標準遂成為各種意見聚焦所在，反對新近歷史教學走向者尤其在此找到了可以使力的起點。批評者認為，「神入」概念不過是讓學生胡亂思考而已。他們說，學生「似乎還來不及搞清自己的觀點，就急急忙忙去同情他人的困境。」⑧更激烈的斥責則

---

⑧　轉引自 Terry C. Lewis, "The National Curriculum and History: Consensus or Prescription?" in Volker R.Berghahn and Hanna Schissler (eds.), *Perceptions of History: International Textbook Research on Britain, Germany, and the United States* (New York: St. Martin's Press, 1987), p.134.

⑧　Stewart Deuchar, *History and GCSE History: A Critique* (New York: The

如：「神入」是歷史「被政治目的劫持」的大好通路，以「神入」
為考題根本是蔑視基本的歷史知識，大開相對主義的方便之門。❷

「相對主義」、「被政治目的劫持」這些用詞的背後隱藏著一

Campaign for Real Education, 1989), p.15. Peter Lee, "Review and Comment to
Stewart Deuchar History and GCSE History," *History Teaching* 37 (1987), p.37.

❷　John Slater, 〈歷史教學中的權力競逐──一門背離人性的學科？〉，頁
182。關於「神入」，其實自從「歷史科 13-16」將其列為歷史基本學習能力
並廣為宣揚後，在英國歷史教育界中，環繞這個用詞的論爭始終不斷。依據
「歷史科 13-16」結案報告中的界定，神入是指能夠進入過去人們的心靈和感
受中，可以認識過去的人有不同的價值觀和態度，卻不必要認同他們的動機
行為。欲達此目的，「歷史科 13-16」研究員承認需得運用想像力，並依靠證
據的支持。但歷來反對這項能力者也有其重要理由如下：其一，既然神入境
界的達成，有賴想像力與證據，受證據規範的歷史「想像力」毋寧更適合列
為學生應該具備的能力，也因此，許多學者將神入與想像力並舉，甚至將
「神入」等同「想像力」。其二，學生要達到神入的境界，必須交織運用許
多歷史技能和觀念，對一般史家而已，這已是極為困難的工作，如何能強求
於學生達到？其三，神入強調須對他人的困境抱持同情的態度，此將助長有
害的文化相對主義，如此學生必然無法從歷史中學到真正的價值。其四，一
些後現代的史學家如詹京斯（K. Jenkins）認為，從認識論和方法論來看，史
家與古人的心靈之間橫亙著重重的障礙，根本無法做到真正的神入，頂多只
能得到「暫時的了解」罷了。從這些不同觀點中不難見出這個詞所引起的激
烈反應，或正因此，1990 年代英國新教育法案下所訂定的國家歷史科課程大
綱，即明顯避用神入一詞。有關論點參見：SCHP, *A New Look at History*, p.41.
Hilary Cooper, "Historical Thinking and Cognitive Development In the Teaching
of History," in Hilary Bourdillon (ed.), *Teaching History*, pp.107-109. Robert
Phillips, "Government Policies, the State and the Teaching of History," in James
Arthur and Robert Phillips, (eds.), *Issues in History Teaching* (London: Rutledge,
2000), pp.14-15. Keith Jenkins, *Rethinking History* (London: Routledge, 1991),
pp.39-47.

種危機意識，似乎唯恐某種「基本的、純粹的」的歷史行將消亡。確實，反對人士藉此大量而持續的在報章雜誌上投稿。他們透過傳播媒體，不時在論述中發出「危機」時代的警告。當時出版的一些小冊子中經常可見這類聳動性的篇名：《歷史的敗壞》（*History in Peril*）、《爛蘋果堆中的選擇》（*Choice in Rotten Apples*）、《新歷史科的錯誤和邪惡》（*The Errors and Evils of the New History*）。❽這些冊子內字裡行間更常以「政治化」（politicization）、「新馬克斯主義者」、「意識型態化」（the ideologisation）等嚴詞指控「新歷史科」支持者，❽甚至把「新歷史科」的支持者比擬為「共產黨」的同路人。❽

　　反對派大將之一的涂夏爾（Stewart Deuchar）其想法應有某種代表性。涂夏爾堅信：長期以來歷史的焦點就在英國歷史的核心（core）上，學生因此可以「得到廣泛的知識以及尊敬過去的態度，甚至一種對那些我們自他們手上承襲美好文明的先人由衷感激，……並且對我們的制度、傳統和價值有些瞭解。」❽在這些話中，涂夏爾意欲表明，培養共同的情感和態度才是學習歷史最主要

❽　Alan Beatlie, *History in Peril* (London: Centre for Policy Studies, 1987). Mervyn Hiskett, *Choice in Rotten Apples* (London: Centre for Policy Studies, 1988). Helen Kedourie, *Errors and Evils of the New History* (London: Centre for Policy Studies, 1988).

❽　Geoffrey Partington, "History: Re-written to Ideological Fashion," in D. O'Keeffe (ed.), *The Wayward Curriculum: A Case for Parents' Concern?* (London: Social Affairs Unit, 1986), pp.63-81.

❽　Stewart Deuchar, *The New History: A Critique* (York: The Campaign for Real Education, 1989), pp.7-8.

❽　Stewart Deuchar, *The New History: A Critique*, p.3.

的功能。至於思考和能力的培養，根本不在他的考量範圍內。持著這樣的看法，涂夏爾自然認定，歷史教改運動者倡議培養技能和思考，犧牲的是學生應該熟知的「重要」歷史知識。一旦如此，維繫英國整體性的「共同的過去」、「傳統的遺產」，將從此面臨崩裂的危機。**❽** 涂夏爾強烈的意識到，過去二十年內英國文化正在受到「大規模的貶損」（wholesale debasement）。

正由於反對派一波波凌厲的批評，以及咄咄逼人的攻勢，至 1980 年代後期，歷史教學的論辯方向竟然產生了微妙的轉變，「內容」問題逐漸成為人們口中的「政治正確」，「忽視內容」是當時許多人感到難以承擔的罪名，甚至過去某些支持「新歷史科」運動並且主張專業自主的教師，也不得不在那樣的氛圍下出面自清，或自我反省是否太過強調「能力」而忽視了「內容」的重要。輿論的焦點於是從先前高唱「能力」的一端，又盪回：「應該教導哪些歷史內容」的另一端了。

研究英國歷史教育和國家關係的菲力普（Robert Phillips），將 1980 年代反對歷史教育改革者統稱為「新右派」（New Right）。根據菲力普的分析，「新右派」包含了新保守主義者（neo-conservatives）與新自由主義者（neo-liberals），他們於 1970 年代和 1980 年代柴契爾主政下，聲勢逐日壯大。「新右派」基本上無法接受第二次世界大戰之後，新興的文化相對論和社會平等的主張，另一方面則心繫傳統的秩序、核心價值正不斷受到侵蝕與崩壞。「新右派」尤其對新近教育系統內的課程改革、教師課程自主現象

---

❽　Stewart Deuchar, *The New History: A Critique*, p.5.

或以兒童為中心的學習取向，不以為然，直指英國學生的基本程度因此日益降低，甚至落於其他國家之後。⑧⑧

依「新右派」的這番思考脈絡，他們格外重視歷史教學問題，實不難理解。他們以為理想的歷史教育應該有用於學生／國民培養自豪感和恭敬之心。因此，當目睹 1970 年代以來「歷史科 13-16」、「新歷史科」運動教導學生歷史思考和能力之訴求風行，「新右派」憑著撥亂反正的氣勢，將那些支持歷史教改人士視如寇讎，利用輿論媒體的力量大加撻伐。

菲力普總結「新右派」對 1980 年代歷史教育的發展，共帶來三方面的影響：第一，將歷史教學從專業領域拉高到公眾輿論和政治領域的層次，討論的場域也從教師、教師中心、考試局轉到了報章雜誌、政治會議廳甚至國會內。第二，由於不斷強化危機感，「新右派」在某些學院史家的協助下，成功的讓大眾對歷史教學的特有概念如「神入」心生懷疑、失去信心；而在 1970 年代生氣蓬勃的推動歷史教學實驗和課程改革的 SHP（學校歷史科計畫），至 1980 年代晚期被迫退守至必須自我辯解的尷尬處境。第三，也是最重要的一個影響是，「新右派」在媒體上論述歷史時，有意的將公共論辯引入兩極化的「內容／能力」之爭、「傳統／新式」教學的對立上。⑧⑨

一般而言，在各種社會爭議的過程中，使用是非分明、對錯二

---

⑧⑧　Robert Phillips, *History Teaching, Nationhood and the State: A Study in Educational Politics*, p.26.

⑧⑨　Robert Phillips, *History Teaching, Nationhood and the State: A Study in Educational Politics*, p.46

分的攻訐手法一向最能發揮恫嚇和噤聲的效果。菲力普眼中的「新右派」確實成功的達到這樣的目的。一個明顯的例證是，長期贊同「新歷史科」理念、具有官方團體性質的「皇家督學團」（HMI）於 1980 年代提到歷史教學的意義時，出現了前後態度不一的說辭。

　　「皇家督學團」在 1970 年代曾經頗為肯定歷史教學應該著重資料解析和歷史技能的培養。未料 1988 年時，「皇家督學團」公布《關於 5 至 16 歲的課程：歷史科》（*Curriculum Matters 5-16: History*）這本小冊，文中將「歷史」界定成同時包含「一套知識體」（a body of knowledge）以及「程序」與「觀念」，並且進一步聲言，歷史課既應鼓勵學生批判的解釋歷史，但也該關注歷史課在協助社會傳遞文化遺產的基本功能。最終「皇家督學團」還提到規劃一套歷史課程的必要。❾⓿或許，「皇家督導團」有意以此折衷之見調解歷史教學的「內容」和「能力」之爭，希望賦予兩者同樣的地位。但這也正顯示，他們在「情勢」壓迫下，無力迴避敏感的「內容」問題，而必得有所妥協。「新右派」文宣攻勢對英國整個社會意識的影響力，不容小覷。

　　當歷史教學在「能力」和「內容」兩極之間擺盪難定時，一個新的歷史教育議題漸次浮現，吸納了各方的眼光，此即國家核心課程的訂定。1987 年教育大臣貝克正式宣告：英國一向與歐陸國家所行的教育中央化政策不同，但長期讓各地學校和教師保有教學自主權的結果，卻導致問題叢生，而為了補偏救弊，英國政府打算引

---

❾⓿　Alan Farmer & Peter Knight, *Active History in Key Stages 3 and 4*, p.9.

入一套國家基本課程，建立國定標準，並將委由各科目的「工作小組」進行研究和籌畫。於是，1988 年英國政府公佈教育改革法案（The Education Reform Act of 1988），正式昭告英國教育方針的轉變，一套適用於英國和威爾斯初級和中等學校的「國定課程」，將取代過去教育地方化的舊制。❾❶

這個轉折，讓那些曾為歷史教學吵吵嚷嚷的聲音再度匯集；在「歷史科國定課程」的訂定過程中，它們找到了另一個競逐的戰場。

四、1990 年代「歷史科國定課程」的紛擾

事實上，自 1970 至 1980 年代，無論工黨或保守黨當政，英國政府已逐漸對長期以來教育維持地方自主的慣例感到不耐，對學校課程也愈來愈傾向採取更為中央化的管理策略。1980 年時，英國「教育與科學部」（the Department of Education and Science）發布〈學校課程架構〉（A Framework for the School Curriculum），申明規劃核心課程的構想，希望以此確保學生學習的品質。類似的主張也一再在 1980 年代官方出版的文件、以及代表政府立場的「皇家督學團」的出版品中出現。在這些討論中，歷史多被列為學生必須學習的核心科目之一。❾❷

由國家制訂「核心課程」這樣的論調，必然與英國教師長期以

---

❾❶　Robert Phillips, *History Teaching, Nationhood and the State: A Study in Educational Politics*, p.50.

❾❷　David Sylvester, "Change and Continuity in History Teaching 1900-1993," p.20.

來擁有教學自由權的習性扞格不入，某些教師的反彈可想而知。不過，英國最重要的歷史教師團體、且擁有約七千名教師會員的「歷史協會」（Historical Association），❾❸倒是對制訂國家課綱的提案樂觀其成，雖然「歷史協會」還因此招致保守落伍、甘為政府同路人之譏刺。❾❹當時「歷史協會」最關心的恐怕不是個別教師能夠保有多少教學自主性，而是更普遍的、更基本的如何去穩固學校歷史科地位的問題。

　　前此二十餘年來，英國熱心歷史教育發展的人士儘管接二連三推出各式改革理論和教學實驗，卻並未能完全挽救學校歷史科於不墜。至 1980 年代，英國的許多小學裡，歷史甚至消失於課表當中，或被混雜於統整性的課程內而失去自我獨特的面貌。❾❺中學方面，學生選考的比例繼續下降，尤其在 1983 年英國政府開辦「技職教育方案」（Technical Vocational Education Initiative）後，歷史科的狀況更是雪上加霜。❾❻或因這樣的現實，當保守黨政府拋出訂定國家

---

❾❸　Richard Aldrich and Dennis Dean, "The Historical Dimension," in Richard Aldrich (ed.), *History in the National Curriculum* (London: The Institute of Education, University of London, 1991), pp.100-101

❾❹　例如 1986 年 1 月 17 日「泰晤士報高等教育增刊」（The Time Higher Education Supplement）有篇社論批評：「歷史協會」已被一群眼中只有政治和經濟史、卻不喜社會和文化史的老派史家所掌控。轉引自 Terry C. Lewis, "The National Curriculum and History: Consensus or Prescription?" p.130. 另外，史雷特亦批評「歷史協會」已經失去了作為壓力團體應守的分際。參見 John Slater，〈歷史教學中的權力競逐──一門背離人性的學科？〉，頁 178。

❾❺　David Sylvester, "Change and Continuity in History Teaching 1900-1993," p.19.

❾❻　Terry C. Lewis, "The National Curriculum and History: Consensus or Prescription?" p.129.

核心課程的議題時，「歷史協會」自然視之為確保歷史命脈的轉機。而且，當時的幾位教育大臣也多允諾，歷史是學生必要學習的基本課程之一。

　　總的來看，1980 年代末英國政府宣告施行國定課程，此一措施堪稱為該世紀歷史教育政策的一大翻轉，但是，非常奇特的，反彈的聲音並不大。「新右派」或許基於確保傳統教育的價值、遏阻教師教學自由的動機，又或者欲藉由規範學生學習某些基本內容以加強學生讀、寫、算之能力，而靜觀其變；憂心歷史科未來的人士則抱著爭取歷史科課程空間之目的，順從其事。於是各方不同的期待最終都投注於國家核心課程的訂定上。

　　負責研擬「歷史科國定課程」的「歷史科工作小組」（History Working Group）成軍於 1989 年 1 月。這個工作團體是由教師、師培專家、學院研究者、地方權威代表所組成，預定在一年之內完成歷史課程的研訂事宜。然而此一任務之艱難，為 1990 年 4 月 20 日「泰晤士報教育增刊」（TES）上的一篇文章所道盡：

　　　　想像一下（用一種不合時宜的同理方式吧）你是歷史科工作小組的一員，你被選定要去認同歷史課，相信它可以對教學實務有效改善，能夠增加也維繫住教師、父母、政府官員、議會等各方的信心。然而，選擇你的政府是以其意識型態思想而出名，並且對現代專業之事厭惡至極，與此同時，教師們卻似乎一方面敏銳於維護自己的專業自主性，一方面又對學校中歷史科究竟該如何的問題激烈爭辯。在國定課程的所有主科中，歷史是最容易受到政治價值影響的科目。而你只有一

年時間去準備研究報告，卻得同時維持自己的日常本業。你
能想像還有比這更不討好的工作嗎？**❾**

「歷史科工作小組」於 1989 年 8 月 10 日公佈期中報告，1990
年 4 月 3 日公佈期末報告。在此期間，「歷史科工作小組」承受了
外界源源不斷的壓力。

「歷史科工作小組」在草擬期中報告時就把國定歷史課程分為
兩部分：一為「成就目標」（Attainment Targets），一為「學習大綱」
（Programs of Study）。「成就目標」包括四小項：「理解時空背景下
的歷史」（understanding history in its setting）、「理解各種歷史觀點與解
釋」（understanding points of views and interpretations in history）、「掌握並評
估歷史資料」（acquire and evaluating historical information）、「組織和表
達歷史研究成果」。四項成就目標主要環繞著歷史研究的方法和能
力而轉，這也是衡量學生學習成效的基本依據。

至於「學習大綱」方面，「歷史科工作小組」聲明：學生必須
要學習英國史，但也應該適度瞭解歐洲史和外國史，尤其不能只以
「英國價值」為準則，如只從和英國的關係深淺來衡量外國歷史的
重要與否。「歷史科工作小組」把歷史的「學習大綱」分成三個部
分：核心的英國和歐洲史／世界史單元、選擇性主題單元、學校自
訂單元。這些單元的選擇基本上是依據「寬鬆的時間架構，使歷史
學習維持前後一貫」。工作小組特別說明，他們決定不要施加嚴格

---

❾ Robert Phillips, *History Teaching, Nationhood and the State: A Study in
Educational Politics*, p.54.

· 61 ·

限定的編年架構。

　　然而，上述的課程骨架在期中報告出爐時就已引發軒然大波。外界始終對歷史的「知識」和「內容」比重緊迫追問，讓「歷史科工作小組」左支右絀，倍感困擾。整體來說，工作小組必須面對的兩大棘手爭議是：歷史知識的評量問題以及內容選擇的問題。❸前者源自工作小組未將歷史知識方面的評量明確納入「成就目標」之中，後者則多半衝著英國史所佔份量多寡而來。

　　關於歷史知識的評量問題，工作小組頗為堅持這點。在期末報告中，他們仍然固守不宜把事實性知識放入「成就目標」之內的原則。至於歷史內容的選擇問題，工作小組倒是順服輿論的要求，不但更明確訂定「內容」細節，且在「主階段 4」（KS4，14-16 歲）加入「期中報告」中所沒有的「宗教改革」和「世界大戰」單元。「歷史科工作小組」最明顯的改變是轉向了以英國史中心的內容取向，尤其「主階段 3」（KS3，11 至 14 歲）的規劃幾乎是以英國史發展為主軸，而英國史在整個「學習大綱」內也幾乎佔據一半以上的份量。

　　從「期中報告」到「期末報告」，「歷史科工作小組」確實做了妥協和讓步。即使如此，它的召集人桑德斯華生（Michael Sunders-Watson）在公布「期末報告」時，仍戰戰兢兢的祈求大家：「客觀的分析、公平的看待」。他說：「我懇求大家要讀這份報告，而且要讀兩遍。因為它是一份非常複雜的文件……。」另一方面，他敦

---

❸　Robert Phillips, *History Teaching, Nationhood and the State: A Study in Educational Politics*, p.74.

請社會大眾體察小組面臨各種不同期待的難處，他甚至說得至絕：
「如果任何人可以作的更好，我願意摘下我頂上的帽子向他們致
敬……我甚至可以吃了它（帽子）！」❾召集人這番激情表白，無
疑反映了在高度敏感和極度壓力下，「歷史科工作小組」吃力艱困
的處境。

那麼「歷史科工作小組」的委曲求全、桑德斯華生的悲壯宣示
是否產生效用，並成功遏阻各方的攻擊？看來並非如是。期末報告
公佈的次日，英國報紙紛紛明指甚至譴責，工作小組不應悍然拒絕
首相柴契爾夫人所提測驗歷史事實的基本要求。而曾對「神入」概
念列入「普通中等教育證書」考試一事發言批評的保守派學者史基
德斯基（R. Skidelsky），也在泰晤士報上投書表示，結案報告明確列
舉學生應該學習的史事內容，就這點來說，是要比期中報告進步
些，但他也強調，基本上這個課綱「仍然對知識懷有偏見」，因為
工作小組並未將史事納入考試評量之中。❿

結案報告甚至引起一些從來對學校歷史科問題興趣缺缺的學院
教授的投注。史基德斯基於是和這些學者發起成立「歷史課程協
會」（History Curriculum Association，HCA），誓言「捍衛在學校中歷史
這個科目的完整性。」他們聲稱：由於「歷史科工作小組」在期末
報考中未能於「成就目標」項下納入知識，「歷史課程協會」將要

❾　Robert Phillips, *History Teaching, Nationhood and the State: A Study in Educational Politics*, p.84.

❿　Robert Skidelsky, "Make Them Learn the Landmarks," *The Times* (April 4, 1990), p.14.

為此而戰。**⑩**

　　「歷史課程協會」成員包括不少知名的史家，例如專研現代史的牛津大學歷史學者諾曼史東（Norman Stone）以及研究十七、十八世紀英國史的克拉克（Jonathan Clark）等都是其中的活躍分子。克拉克並在報紙上坦白道出他的歷史教育觀點：「去利用歷史藉以維護『國族』（nationhood）的觀念正是國家的義務。因此，讓化學的事留給化學家、地理的事留給地理學者，這是可能的，但歷史卻大不同。因為它是國家的財產，有關歷史課程所做的任何決定基本上都必須與我們國家的自我形象、對過去遺產及其目的的意識密切關連。」**⑫**

　　「歷史課程協會」的杯葛態度當然也激起同情「歷史科工作小組」的學者挺身相抗。各方人馬甚至在 1990 年 5 月 19 日假牛津拉斯金學院（Ruskin College）召開名為「歷史、國家和學校」（History, Nation and School）的研討會進行辯論、各陳己見。**⑬**

　　總之，「歷史科工作小組」的「期末報告」引致眾聲喧嘩，從報章雜誌、學院研討會到各團體和各地的教師座談會，許多皆是針對此一議題而論而開。弔詭的是，那些反對的聲調最後卻是因為一則傳言而靜默下來。這則傳聞為：歷史科極可能被剔除於國定課程的基本科目之外。消息來自當時的首相柴契爾夫人於某次接受媒體訪問時，對於「歷史科國定課程」限定學習內容以及教師教學自主

---

⑩　Robert Phillips, *History Teaching, Nationhood and the State: A Study in Educational Politics*, p.85-86.

⑫　Jonathan Clark, "Will History Do a Bunk?" *The Times* (March 23, 1990), p.12.

⑬　Robert Phillips, *History Teaching, Nationhood and the State: A Study in Educational Politics*, p.87.

這件事表現猶疑不安,這一明顯中央化趨向的政策畢竟與柴契爾政府所奉持的新自由主義原則有所抵觸。❿許多歷史學者得知此一情況後憂心忡忡。1990 年 6 月 20 日《獨立報》(*The Independent*)刊載出一則報導:〈歷史家憂心此科在學校中的未來〉(Historians fear for future of their subject in schools),提到不論是馬克斯學派或者保守派的史家都擔心歷史科可能會淪為選修科目之一,或甚至降為龐雜的人文課程中之一部分。該則消息所點到的史家包括史基德斯基、馬克斯學派的霍布斯邦(E. Hobsbawm)以及單謬爾(Rapheal Samuel),還有專研英國憲政史的艾爾頓爵士(Sir Geoffrey Elton)等等。❿或許正是這股「自保」的共同危機感,讓歷史界的內鬨暫時停止。

　　雖然如此,「歷史科工作小組」所擬的期末報告仍在後來的官方審議和諮詢階段中遭到首相和前後任教育大臣的任意刪修。例如 1990 年 6 月時,教育大臣麥達格(John MacGregor)動手將「成就目標」的第一項所謂:「理解時空背景下的歷史」,更名為「知識和理解」(knowledge and Understanding),欲以此強化或提高歷史事實性知識的重要性。此舉確實令某些屬於「新右派」的學者如史基德斯基甚為滿意。❿

---

❿ Robert Phillips, *History Teaching, Nationhood and the State: A Study in Educational Politics*, pp.92-93.

❿ 參見 "Historians Fear for Future of Their Subject in Schools," *The Independent*, (June 20, 1990): p.6.

❿ Robert Phillips, *History Teaching, Nationhood and the State: A Study in Educational Politics*, pp.92-95. Peter Lee, "Historical Knowledge and The National Curriculum," in Hilary Bourdillon (ed.), *Teaching History*, p.43.

　　除此之外,1991 年元月甫上任兩個月的教育大臣克拉克(Kenneth Clarke)在報告書公布的最後的一個階段內宣布:歷史和地理在 14 至 16 歲的學習階段四內不再列為必修科目,學生可以任選歷史或地理,或兩者的綜合課程。對許多人而言,此議有如晴天霹靂;克拉克的決策可說根本否定了過去 18 個月來國定歷史課程的整體規劃和各種諮詢決議。⑩克拉克甚至還將「主階段 4」的「現代史」單元斷限於二十世紀前半葉,他的理由是:學習「歷史」和學習「當代事務」應該有所區隔。⑩

　　這些粗暴的干預自然引來許多批評,「泰晤士報教育增刊」上的一篇社論如此寫道:課程「毫無疑問的成了一件政治玩物,政治家可以隨著他們的想法和意識型態任意的修修改改。」⑩儘管噓聲此起彼落,克拉克的退讓仍然有限。1991 年 3 月 25 日關於歷史科國定課程的法規命令(Statuary Order)終於公布,一套適用英格蘭和威爾斯地區的「歷史科國定課程」(History in the National Curriculum)首度確立。但是,環繞國定課程的爭論並未平息。⑩這套課程在 1995 年、1999 年、2008 年歷經三次重大修訂。

⑩　　Alan Farmer and Peter Knight, *Active History in Key Stages 3 and 4*, p.16.

⑩　　Robert Phillips, *History Teaching, Nationhood and the State: A Study in Educational Politics*, p.106.

⑩　　轉引自 Robert Phillips, *History Teaching, Nationhood and the State: A Study in Educational Politics*, p.84.

⑩　　Grant Bage, *Thinking History 4-14: Teaching Learning, Curricula and Communities* (London: Routledge Falmer, 2000), pp.49-53.

五、餘音

美國的納許曾經比較美國和英國歷史科課程標準制訂歷程的異同。他指出，英國擬定歷史科國定課程時，一個明顯的特色是：歷史教師和專業團體參與太少，整個過程由政府官員和保守的政治人物，再加上一些不懂歷史的教育專家所主導。納許語帶微詞，他的評論中，不無自豪於美國的歷史科標準多由教師、學界和公共利益團體共同推進。⓫

不過，菲力普回顧自己國家的這段「歷史戰爭」時，則提出不太相同的分析。他認為，無論是「歷史科工作小組」所完成的「期末報告」或最後面世的「歷史科國定課程」，都不能說出於一人之手或某種特定意圖的後果，而是複雜的政治妥協產物。菲力普在研究中看出，許多的影響是「非直接」的，例如「歷史科工作小組」成員心中其實清楚雪亮：可以作和不能作的底線。因此，「歷史科工作小組」的「期末報告」其實反映了「更深沈的社會趨勢」。⓬至於「歷史科國定課程」，菲力普承認中央政府在此階段厚顏無恥的企圖控制課程規劃，形跡至為明顯。但即使如此，他仍認為，許多教師以及「歷史協會」和「新右派」等國會外的組織團體，始終努力發揮影響力、左右當局之決策，這些意志力同樣不可置之不論。菲力普欲強調，絕對不能把「歷史科國定課程」單純視為政府一手主導的副產品，那毋寧是各種意識型態和政治目的相互傾軋和

⓫ Gary B. Nash, Charlotte Crabtree, and Ross E. Dunn, *History on Trial*, p.147.

⓬ Robert Phillips, *History Teaching, Nationhood and the State: A Study in Educational Politics*, pp.79-81.

折衷後的一份文本，這份文本最終訴求於各種屬性不同的讀者。⓭ 簡言之，菲力普對於用「國家控制」模式去分析教育政策形成的觀點多所質疑，他引用另一位學者之見說明，任何政策文本：

> 必然訴求於多種讀者。因此分析政策時，與其去尋求某些權威者的意圖，也許最恰當的工作是去考察那些文件經讀者賦予意義後所帶來的不同影響。⓮

　　菲力普的解析，旨在彰顯任何教育政策或政治性文本，可能都非表面所見只是一、二人的專斷抉擇，而是更深層和廣大的各種社會作用力激盪與妥協的結果。英國「歷史科國定課程」亦非例外。無怪乎其他論者也批評這是一個目的和內容衝突之處甚多的「大雜燴」（hotchpotch）。⓯

　　上述的論評恰恰反映出英國歷史教育改革曾經歷過激烈的、多方的衝突。不過，一個主要的走勢仍可從中理出：自 1970 年代開始，支持歷史教改者不遺餘力的推展「能力」教學，欲為歷史教育注入新的元素，與此同時，卻也激發保守人士或「新右派」順勢而起，緊抓著「內容」問題不放。兩種觀點在 1980 年代新考試制

⓭　Robert Phillips, *History Teaching, Nationhood and the State: A Study in Educational Politics*, pp.132-133.

⓮　Robert Phillips, *History Teaching, Nationhood and the State: A Study in Educational Politics*, p.81.

⓯　Grant Bage, *Thinking History 4-14: Teaching, Learning, Curricula and Communities*, p.48.

度和 1990 年代的歷史科國定課程綱要中不斷角力對決。兩股力量、朝野人士以及各種社會團體先後和相互的作用，不但造就出英國「歷史戰爭」的獨特樣貌，也型塑了英國歷史教育的路向。

第三節　「歷史」的社會爭議從何而起？

　　1980 年代和 1990 年代英國和美國不約而同出現了「文化戰爭」、「歷史戰爭」。這樣的戰爭當然不止發生於英、美兩國。如加拿大，自 1990 年代起也颳起歷史教學爭議的風暴。

　　1991 年時，加拿大史家卜利思（Michael Bliss）發表演講，痛批社會史的崛起，歷史家從此把關注的重心放在生活中的私領域，卻忽略公共事務的研究。他指責歷史家不把心思放在國家整體上，轉而投向次級團體和地區的歷史，導致加拿大人越來越不知道自己的國家，國家的概念越來越淡薄。⑩卜利思的演說不僅衝擊歷史學界，也點燃了歷史教學問題的爭論之火。尤其隨後一些關於加拿大學生歷史知識的調查報告出爐，似乎驗證了卜利思的論斷。譬如 1997 年，時值 130 年加拿大國家聯盟紀念日，一份針對 1104 名 18 至 24 歲的加拿大人進行的測試發佈其結果：幾乎有三分之一以上的受訪者不知道聯盟紀念日的精確日期，另有 36% 的人不知道這個紀念日是出自哪個世紀。此外受訪者中還有五分之二的人不知道第一次世界大戰時加拿大的敵人是誰，而且大多數人都認為加拿大

---

⑩　Ken Osborne, "Teaching History in School: a Canadian Debate," *Curriculum Studies*, Vol.35, no.5 (2003), pp.585-586.

第一位太空人是阿姆斯壯（Neil Armstrong）。⑰

　　這些令人「傷痛」的數據驚動了社會各界，檢討、批判的輿論一一出現。有學者追隨卜利思的腳步，指控政客、官僚以及標舉女性主義、多元文化的歷史學家謀殺了歷史，⑱使教室中的歷史變得無趣雜亂，相對的卻摒棄「重要的」政治史、軍事史、外交史而不顧。某些學者則認為，年輕人所表現的歷史無知，與目前加拿大四大省區內中小學的歷史課不受重視、時數過少有關。另有學者因此要求在教育權地方化的現況之下，有必要再成立「全國歷史科架構」（National History framework），訂定出每一個加拿大學童必須知道的歷史人名和事件。質疑學校歷史教學政策、方向是否不當的聲浪甚至使加拿大各省與分離主義活躍的魁北克省之間關係更形緊繃。⑲

　　加拿大的歷史教育爭議因其文化傳統而有獨特的走向。⑳同樣

---

⑰　Desmond Morton, "Teaching and Learning history in Canada," in Peter N. Sterns, Peter Seixas, and Sam Wineburg, (eds.), *Knowing, Teaching and Learning History*, pp.51-55.

⑱　Gary B. Nash, Charlotte Crabtree, and Ross E. Dunn, *History on Trial*, p.xix.

⑲　Desmond Morton, "Teaching and Learning history in Canada," in Peter N. Sterns, Peter Seixas, and Sam Wineburg, (eds.), *Knowing, Teaching and Learning History*, pp.51-55.

⑳　根據 Ken Osborne 的分析，加拿大從 1990 年代初期所見的歷史教學爭論主要針對四個方面：⑴加拿大歷史這門課程在學校中地位不穩，面臨或被併入跨學科的「社會學習」課程，或被整個取消的危機。⑵加拿大史這門課程不再教導以國家發展為中心的一套完整故事。⑶社會史取代政治史，歷史課程也因此強調階級、性別、族群、地區等，更甚於國家；強調差異和衝突，更甚於共通性和統一性。⑷學校拋棄知識、看重技能的培養，同時，以學生為中

的，英國和美國由於歷史科地位、社會文化特質有所差別，歷史教育的爭議重心及最終的結果亦有不同。例如美國社會中最易挑起各界敏感神經的是多元文化主義，並由此而導致美國歷史教育淪於「統一」和「多元」的兩難論爭，以及「西方文明」或「世界歷史」的主次之辯。反觀英國，自 1970 年代歷史教育由於面對生存危機，走向教導歷史思考和能力之途以突破困境，教「能力」或教「事實」這兩種觀點的爭執，即成為往後英國歷史教育歷程中一道難以化解的激流。

有趣的是，從英、美學者的相互評價中，也可看出過去數十年來，兩國的歷史教育所循路徑之差異。譬如納許曾經批評英國的「歷史科國定課程」「獨斷又有些凌亂」，其內容未能呼應英國人口和文化日益複雜的社會現況，也未能跳脫「小英格蘭」的眼界，更無法從更寬闊的歐洲、大西洋甚至世界歷史的角度看待不列顛的過去。⑫納許對英國歷史課程綱要的臧否顯然來自美國的歷史教育經驗，反映的是美國文化界對於內容多元、觀點平衡的看重。但另一方面，倫敦大學的霍司特（Stuart J. Foster）則看出，美國「全國歷史科標準」無論美國史或世界史部分，基本上採用的是編年體架構，不重視「主題」式的深度探究，以致於學生必須學習大量龐雜卻不切實際的事件。霍司特同時提及，美國的課程標準儘管也強調

心的教育理念下，學生個別的發展和需要才是教學的主要目的……等，這些趨勢益發使得國家歷史不再成為學生學習的重心。當然，Osborne 此處的解釋顯示出他並不認同加拿大近年來歷史教育的變革方向。Ken Osborne, "Teaching History in School: a Canadian Debate," pp.585-607.

⑫ Gary B. Nash, Charlotte Crabtree, and Ross E. Dunn, *History on Trial*, p.148.

歷史思考，然關於歷史思考如何隨著學生年齡、年級增高而進展這點，並未有任何闡明設定。⑫霍司特對美國課程標準的關注點顯然是以英國歷史綱要的特色為準則。此外，同在倫敦大學任教的李彼得（Peter Lee）也意有所指的說，英國歷史教育界甚少去爭辯「教導那一個故事」這類問題，「學科」本身的議題才是英倫半島人們思慮的焦點。李彼得頗為肯定，由於強調歷史課堂中教導學生認識「歷史」的性質和地位，以及通往過去的方法，英國歷史教育與其他英語世界的國家或歐洲國家相較之下，顯得獨樹一格。⑬

當然，回顧大西洋兩岸的發展也不難找出兩國歷史教育仍有某些相似性。最顯著的是，在攸關歷史教育的政策上，如擬訂全國歷史科課程標準，美、英兩國情況看來雷同，都吸引了許多立場不一、身分迥異的社會人士與在野團體，以間接或直接的方式投入其中。即使在英國，首相和教育大臣明目張膽「干預」歷史課程的情況下，教育政策也未必是單一觀點下的結果，而是各種力道衝撞夾擊的副產品，其中充滿了「時宜性」、隨機性和不確定性。⑭

當然，這麼多衝突的意識型態和目的攪和一塊，讓歷史教育政

---

⑫　Stuart J. Foster, "Politics, parallels and perennial curriculum questions: the Battle over school history in England and the United States," *The Curriculum Journal*, Vol. 9, No.2 (1998), p.156.

⑬　P. Lee, R. Ashby, and A. Dickinson, "Signs of the Times: The State of History Education in the UK," in A. K. Dickinson, P. Gordon, and P. J. Lee (eds), *Raising Standards in History Education, International Review of History Education, Volume 3* (London: Woburn Press, 2001), p.192.

⑭　S. J. Ball, *Politics and Policy Making in Education: Explorations in Policy Sociology* (New York: Routledge, 1990), pp.173-187.

策與制度的形成過程張力十足,同時也產生了嚴重的對立以及不可抹滅的傷痕。溫伯格回溯美國這段喧鬧不休的歷程時,不勝欷噓疑問道:為什麼歷史不是促使我們團結,而是導致我們彼此的分裂?⑩紀德林也感嘆說:那些極端論調者以派系來反對派系;他們批判別人扭曲,而自己就是扭曲者;那些念念不忘於「政治正確」者,卻淪入自己的「正確」中;「當文化戰爭打得酣熱之際,這聲稱要去鞏固美國中心的一場運動,本身就是一股離散中心的力量。」⑩

　　去沈潛思量究竟是哪些特殊的文化因素和現實力量雕琢出英、美兩國歷史教育各自的崎嶇之路,自有其意義。不過,若站在更高點俯瞰,還可問的是:不獨美國、英國,還有更多的地區,歷史教育問題為何總是衍成「社會」爭議所在?為什麼許多人會在某段時期對學校中歷史要教什麼,不但關切備至,甚且錙銖必較?亦即有否存在某些普遍的要素促成史雷特所說:「歷史是一個不穩定的、有時是令人不舒服的科目。這個科目爭議性高,而又如此敏感……」?⑩

　　時勢和大環境因素也許是必要的催化劑。菲力普即注意到,二十世紀晚期的英國,歷史成了「公共資產」(public property),在1980和1990年代裡,似乎每個人對於學校中歷史應該教什麼都自覺有發言權利,「這意味著社會中發生了某些事情,因而啟發這樣

⑩ Sam Wineburg, *Historical Thinking and Other Unnatural Acts: Charting the Future of Teaching the Past*, p.5.

⑩ Todd Gitlin, *The Twilight of Common Dreams: Why America Is Wracked by Culture War*, p.199.

⑩ John Slater, *Teaching History in the New Europe* (London: Cassell, 1995), p.xi.

的興趣。」⑱菲力普談及：

> ……英國在這個時期這麼著迷於過去，源自當前一種對現況
> 的不確定感。歷史成為許多相互競爭的團體所訴求的對象，
> 這些團體急切的要在一個變遷的（也經常讓人困擾的）世界中
> 尋找認同。⑲

　　歷史教學的確不是存於真空之中，歷史教學的爭議往往反映著
更廣泛、更深沈的社會脈動。觀諸英國在 1980 年代前後面臨了國
力式微的困境，⑳而美國則需力抗經濟競爭力疲弱的現實，兩國都
受到國民信心崩離的衝擊。當危機意識普遍深植時，一方面，國家
認同的需要再度受到強調，回歸國家歷史的呼聲高漲。㉛另一方
面，舊有的價值規範和認同信念也逐漸產生動搖，傳統的歷史論述
威信不再。其中的一個徵象是既有的「主敘述」（master narrative）或

---

⑱　Robert Phillips, "Government's Policies, the State and the Teaching of History,"
　　p.11.

⑲　Robert Phillips, "Government's Policies, the State and the Teaching of History,"
　　p.11.

⑳　F. Füredi, *Mythical Past, Elusive Future* (Colorado: Pluto Press, 1993), p.52. Grant
　　Bage, *Thinking History 4-14: Teaching, Learning, Curricula and Communities*,
　　p.50.

㉛　1980 年代和 1990 年代因現實問題激發危機感，「國家認同」的要求再興，
　　這種情況不只見於英國、美國，法國、德國、義大利同樣有此現象。Stefen
　　Berger, Mark Donovan and Kevin Passmore, "Apologias for the nation-state in
　　Western Europe since 1800," in Stefen Berger, Mark Donovan and Kevin Passmore
　　(ed.), *Writing National Histories* (New York: Routledge, 1999), p.3.

者大寫的歷史（History）隨之崩解，相對的許多互別苗頭的小寫歷史（histories）強欲出頭。在這種情況下，衝突和對立自屬難免。

不可否認，重新省視過去，掀開曾被遮掩、交織著血淚的歷史，對許多人來說，往往不是一件愉快自在的事情。有位加州奧克蘭區資深教師描述她打算在十一年級的課上進行奴隸單元時，發現學生對這個主題既抗拒又充滿矛盾之情。一位學生說：「我會想知道更多有關奴隸的事情，但過去多半是傷人的。你認為事情應該是這樣，它卻是那樣⋯⋯。」另一位學生則表示：「對於奴隸制度，我感覺我並不想要知道更多有關它的事。⋯⋯它已經過去了，我很快樂，我的族群也很快樂，那為什麼我還要耗在這個主題上？」這位教師最後說道：「歷史不會只是中立的、乾澀的學術課題，它會傷人。」⑱對「歷史」的懼怕和不信任感，在一個價值鬆動的時代氣氛下，通常會表現得更加明顯。

對歷史懼怕和不信任的另一面則是，許多人群、團體急切的渴求「歷史」之助，在乎「歷史」如何表達，因為「歷史」確有大用。關於「歷史」和「集體意識」的密切關係。眾所周知，「歷史」可以藉由回溯過去，將原本斷裂的、不相干的人事，用看似堅實的因果敘述串連成一個連續的、進步的故事。當這些被創造出的故事逐一烙印於一代代年輕的心靈上，並建立起人我共同的「記憶」（「失憶」）時，對群體本身而言，這關乎凝聚和認同的必要，但對不同的群體來說，這又是一場場權力競逐的鬥爭。歐威爾

---

⑱　Shelly Weintraub, "What's This New Crap? What's Wrong with the Old Crap? Changing History Teaching in Oakland, California," pp.181-182.

（George Orwell）的那句名言一針見血：「誰能控制過去，誰就能控制未來。誰能控制現在，誰就能控制過去。」

歷史深深涉入價值觀的鞏固、群體認同、權力正當性以及文化傳遞的問題，這或許是歷史爭議源源不斷的最根本因素。

尤其隨著十九世紀以降，「國家」這個現代支配性最強的群體的出現，「歷史」更成了當權者和反對力量的角逐場域之一，「歷史」是追求權力者或鞏固權力者不可缺少的利器。放眼世界各國的歷史中，隨著政權的替換和轉移，舊的史觀被罷黜，新的、全然不同的歷史解釋繼而登場，這種「撥亂反正」的例子屢見不鮮。例如近代西方殖民國家慣於將被征服者貶抑為劣等民族，野蠻而不文明，藉此合理侵略和剝削的行動。相對的，被殖民者如美洲印地安人則是藉由歷史凸顯 1492 年之前，他們如何生活在與自然和諧共存、與族類和平相處的世界中，直至歐洲人的入侵。我們也經常看到，歷史上的政治強人如何在前一個政權下被頌揚為民族英雄和救星，在後一個政權內被批鬥成「全民公敵」。這些案例不勝枚舉，正坐實了陶許（John Tosh）所說：

> ……歷史是一個政治戰場。那些致力於擁護當局的人以及那些企圖顛覆當局的人皆尋求過去的認可，兩者都確信能在其中找到很多的彈藥武器。⑱

---

⑱　John Tosh, *The Pursuit of History: Aims, Methods and New Directions in the Study of Modern History* (London: Longman Group Limited, 1991), p.9.

　　按陶許之說，在「歷史」戰場上，敵我雙方同謀「歷史」所帶來的利益，在面對過去的態度上，彼此其實無所差別。傅瑞迪（Frank Füredi）觀察美國自 1970 年代以來的歷史爭論，也同樣指出，表面上，對立的局面一邊是保守主義者，一邊是自由主義者和馬克斯主義者，但本質上，雙方的差異並不在理論，而在衝突的利益。傅瑞迪說，二十世紀下半葉所見的歷史之爭根本可以總結為「既得利益的保守主義者」（establishment conservatives）對上「被排除在既得利益之外的保守主義者」。❹傅瑞迪所以如此宣稱，因為他看出某些標舉少數族群或團體的歷史者，遵循著同樣保守的史學趨向，同樣意圖利用過去、抬高自己在現實中的地位。❺

　　如果說，「歷史寫作是政治戰爭（political battles）開打的一個地域」，❻那麼「學校中的歷史」——培養歷史意識的有力媒介，就更是兵家必爭之地。根本而言，從美國的「文化戰爭」到英國的「歷史戰爭」，許多涉入論戰者，無論是政府官員或民間團體，無論是教育專家或者專業歷史學者，儘管對於歷史課應該教些什麼的「細節」各有定奪，在他們心中，對於教師「為什麼要教歷史」、學生「為什麼要學歷史」這個問題，可能都有著相類似或相異的看法。

　　換言之，歷史教育爭議的背後，往往潛藏的是對歷史教育的目的、歷史教學的重心、歷史課程安排等問題的衝突之見。若能進一

---

❹　F. Füredi, *Mythical Past, Elusive Future*, p.39.

❺　F. Füredi, *Mythical Past, Elusive Future*, p.40.

❻　Antoinette Burton, "Who Needs the Nation? Interrogating' British' History," *Journal of Historical Sociology*, Vol.10, No.3 (Sep. 1997), p.231.

步細究這些觀念立場的底蘊，以及內涵思想的流轉與變異，雖不能從此防堵歷史教育成為社會之爭端，至少可以看穿其中某些癥結所在。

第二章
為什麼要教／學歷史？
──「政治」與「社會」觀點

十九世紀末英國牛津大學一張「反歷史」的傳單如此寫到：

> 這個學科符合教育目標嗎？這個學科能否訓練人的心智？這
> 個學科是否留待教育完成之後學習較好？這個學科如果開放
> 自由選擇，難道不會吸引更多人的注意？這個學科是否利於
> 測試？除了修西迪底斯（Thucydides）之外，還有哪些能列為
> 標準的作者？如果沒有一個標準作者，如何去比較、考評考
> 生的好壞？❶

長久以來，環繞歷史這個科目的問題總是：老師為什麼要教導
歷史？學生為什麼需要讀歷史？學校課程中為什麼要列入歷史這個

---

❶　Arthur Marwick, *The Nature of History* (Bristle: Western Printing Services LTD, 1970), p.46.

科目？儘管在世界各國歷史教育的爭論中，許多的紛爭針對的是歷史課程內該放入什麼內容或不該放入什麼內容，然而，更根本的問題卻在於：「為什麼要教／學歷史？」一般的學生往往從個人立場與好惡發出質疑，但那些戒慎恐懼注視著「歷史要教什麼？」的論辯者，心中必然存有某些關於「歷史科」的意義以及「歷史」這門學問的看法，這些看法很可能與近年來積極為歷史教育改革奔走的人士之思考基點大相逕庭。

確實，環顧各種歷史教育爭議的場景，經常可見不同的「歷史教育目的」傾軋相爭或彼此抗衡。其中「歷史」最悠久的無疑屬「政治」取向的觀點。另外，從「社會」角度期望歷史教育的見識亦在二十世紀下半葉逐漸普遍。這兩種思考歷史教育的方向縱使有別，卻也不乏相同之處。

本章將從英國、美國二十世紀歷史教育的發展趨勢中，一方面歸納「政治」和「社會」取向的歷史教育觀點如何交互出現以及兩者各自的主張，一方面分析某些當代學者如何為這兩種觀點辯說與論證。

第一節　政治取向的歷史教育風潮

1988 年，英國「政府課程部」（Government Curricular Department）公開宣示：

> 學校課綱應當藉由強化學生對自身的精神道德與社會文化根
> 基，以及對地方和國家、歐陸和國際事務的認知與瞭解，以

開發他們的認同感。……它（課綱）應當傳承社會的永恆價值……它應當增進（學生）對各種信仰和文化的認識和理解。❷

　　美國的琳恩錢尼也說：「有個觀念仍然在好的教師之間留存著，此即：教學就是有關傳遞文化一事。」❸這些說法的背後潛藏著一種對於「為什麼要教歷史」這個問題的期待：藉由傳遞歷史文化，凝聚公民認同感，以增進對國家或民族的向心力。

　　從政治角度看待歷史教學這種主張其實淵源已久。回顧 1905 年時，英國教育局（Board of Education）的一份出版公告：

　　首先，在大不列顛，所有男孩和女孩，單單基於出生在此這個理由，就都有某些權利和義務，並在未來的某些時日會加以行使，而歷史正是這樣一個去追溯這些權利和義務如何產生的領域（province）。……

　　歷史教學一個更進一步和更重要的理由，就某個程度來說，就是歷史記載著偉大的個人所帶來的好的或壞的影響。❹

---

❷　轉引自 Grant Bage, *Thinking History 4-14: Teaching, learning, curricula and communities* (London: Routledge Falmer, 2000), p.45.

❸　L. V. Cheney, *American Memory: A Report on the Humanities in the Nation's Public School* (Washington, DC: National Endowment for the Humanities, 1987), p.6.

❹　David Sylvester, "Change and Continuity in History Teaching 1900-1993," in Hilary Bourdillon (eds.), *Teaching History* (London: Routledge, 1994), p.10.

這段文摘明白點出，學習歷史是為了讓未來的公民認清所享有的權利和應盡的義務，以及透過偉人的歷史進行「道德教化」。又例如 1892 年曾任普林斯頓大學校長的威爾森（Woodrow Wilson），在一次歷史教學研討會中如此警告：「我們必須避免在學校中介紹科學方法，因為那是『懷疑的歷史』，是批判主義、考察資料。那會使年輕學生困惑。在學校中，我們需要學習的是齊心齊力、共有的思想⋯⋯。」❺

由上述案例可以見出，自十九世紀末至二十世紀晚期，百餘年來，強調教化、由政治功用定位歷史教育的思潮不時重現於英、美歷史時空之中，這種思考學校歷史的方式從未真正消失過，頂多在某些時期下，聲勢略為消退。

政治取向的歷史教育觀點和「國家」興起以及民族主義的風潮脫離不了關係。

一、民族主義與國家的歷史

始於十八世紀末的民族主義（nationalism），❻至十九世紀中期

---

❺　轉引自 Peter Novick, *That Noble Dream: The "Objectivity Question" and the American Historical Profession* (New York: Cambridge University Press, 1996), p.20.

❻　Benedict Anderson，吳叡人譯，《想像的共同體：民族主義的起源與散佈》（臺北：時報出版社，1999），頁 18。Georg G. Iggers, "Nationalism and Historiography, 1789-1996: The German example in historical perspective," in Stefen Berger, Mark Donovan and Kevin Passmore (ed.), *Writing National Histories* (New York: Routledge, 1999), p.15.

之後氣勢日盛，連帶的，也催生了「民族」這個文化發明物。❼在近現代歷史中，「民族」此一所謂的「想像的共同體」，可說是人們看待世界的最重要參考架構。如同中世紀的宗教共同體——基督教世界曾有的情況那樣，繼之而起的民族共同體，❽也具有超大的磁性效應，幾乎吸納了所有人的智力和創造潛能投注其中。而當建造「民族國家」的運動相應的在歐、美及許多地區如火如荼展開之際，各地知識分子與歷史學家莫不傾力為民族／國家進行打造、鞏固、延續的工作。歷史書寫尤其在建構民族／國家的形象上扮演著極為吃重的角色。

　　事實上，回溯近代史學的發展即可發現，史學「專業化」的腳步與「民族」（nation）意識、「國家」（state）權力的成長幾乎同時並進甚且互相幫襯。

　　被認為首度確立歷史「學術」地位的先驅蘭克（Leopold von Ranke），在西方史學發展上佔有舉足輕重之地位，此一聲譽多半奠定於他曾致力提高歷史知識的學術性。蘭克鼓吹嚴格的史料考證，並強調歷史學者必須自我控制，不做價值判斷，以推進歷史的「科學化」。然而，蘭克宣揚史家的「如實呈現」，所對抗的是十八世紀以來如黑格爾將歷史「哲學化」以及實證主義（positivism）者只欲從歷史中尋求規律的風尚。他並非意在鼓吹某種「價值虛無」論。在蘭克的心中，歷史家秉持「不偏不倚」的態度所要「如實呈現」

---

❼　艾瑞克・霍布斯邦，李金梅譯，《民族與民族主義》（臺北：麥田出版社，1997 年），頁 13。

❽　Benedict Anderson，吳叡人譯，《想像的共同體：民族主義的起源與散佈》，頁 18-19。

的，乃是人類歷史進程中「上帝的思想」。❾蘭克以及同時期的文人都相信，「上帝的手指」賦予歷史方向和意義，❿而此一神意方向即是以普魯士為典範的「民族國家」這一新興政治體制的成長與演進。

　　從後世的眼光衡量，追求歷史的「科學性」與實現「政治」目的兩者本質上似乎衝突而無法並立，蘭克也曾因此招致「名不符實」、「表裡不一」之類的苛評。殊不知，在十九世紀的蘭克及其支持者的思維中，「科學探究」和「政治信念」和諧一致，並無法分割，而蘭克自己更在 1840 年成為普魯士的官方撰史人。⓫

　　再看美國史學的發展，如十九世紀極富盛名的歷史家班克勞夫（George Bancroft, 1800-1891）年輕時亦曾負笈日耳曼，並獲得博士學位。班克勞夫對於科學取向的歷史研究法不但心嚮往之，甚至身體力行，非常重視原始資料的收集與考證。⓬但另一方面，他則以撰寫充滿愛國熱情以及進步論的「國史」聞名。這位被稱為美國第一位重要的史家於 1874 年完成了十冊巨著：《美國史》（*History of*

❾　Richard J. Evans, *In Defense of History* (New York: W. W. Norton & Company, 1999), p.15.

❿　Georg G. Iggers, "Nationalism and Historiography, 1789-1996: The German example in historical perspective," p.19.

⓫　喬依絲·艾坡比、琳·亨特、瑪格麗特·傑考著，薛絢譯，《歷史的真相》（臺北：正中書局，1996），頁 68。Joyce Appleby, Lynn Hunt& Margaret Jacob, *Telling the Truth About History* (New York: W. W. Norton & Company, Inc., 1994), p.74

⓬　Peter Novick, *That Noble Dream: The "Objectivity Question" and the American Historical Profession*, p.44.

United States）。在這部作品中，班克勞夫構建出美國從建國到擴張的進步、連續的形象，並努力打造美國「國家」精神和愛國主義。可以想見，班克勞夫撰史的動力正是出自他血液中一股澎湃的愛國之情。如同蘭克，班克勞夫從不認為追求歷史的科學性與展現個人的政治立場有何捍格不合之處。

　　至於英國，在歷史的科學化——專業化發展上一向被認為腳程緩慢，「歷史為政治服務」的傳統更是歷久不衰。自十九世紀以來，英國史學中盛行著後被稱為「輝格史觀」（Whig interpretation of history）導向之著作。這些著作專以宣揚英國輝煌的過去、英國的寬容精神以及憲政發展的光榮歷史為目的。❸例如十九世紀的麥考來（B. Macaulay, 1800-1859）宣稱：「英國史強調的是進步的歷史。」❹他那套卷帙龐大的《詹姆斯二世以來的英國史》（*History of England from the Accession of James II*），闡述了英國自大憲章時代以來，自由憲政精神如何演進，及至光榮革命時代的高峰。讚頌英國文明的優越特質以及民族、國家的輝煌經歷是麥考來寫史的崇高職志。如此的書寫型態和旨趣在英國史學源流中薪火相傳，下至二十世紀前期，著名的崔衛連（G. M. Trevelyan, 1876-1962）以及曾經縱橫政壇的邱吉爾

---

❸　「輝格史觀」之名得自英國史家巴特斐爾德（Herbert Butterfield）在 1931 年所寫的一本小書：《輝格的歷史解釋》（*The Whig Interpretation of History*）。請參考林慈淑，〈柏林與史家論「道德判斷」——兼談二十世紀英國史學的若干發展〉，《臺大歷史學報》第 38 期（2006），頁 233-236。

❹　Bendtikt Stauchtey, "Literature, liberty and life of the nation: British historiography from Macaulay to Trevelyan," in Stefen Berger, Mark Donovan and Kevin Passmore (ed.), *Writing National Histories* (New York: Routledge, 1999), p.33.

（Winston Churchill, 1874-1965），都是這個傳統的後繼者。**⑮**

　　歷史學家透過如椽之筆，源源不斷的傳達愛國情懷，顯示歷史研究者不易超脫時代的影響。在民族主義、國家至上的號角響徹雲霄的年代中，許多史家以培育愛國公民為己任，深信歷史應該以此有用於社會。歷史與政治難以割離。

　　歷史研究不能捨棄社會教化於不顧、學校中的教育也必須肩負培訓好公民的重擔，對許多人而言，這樣的推論本是順理成章之事。於是，歷史教育也如同歷史撰述，長期依附民族主義的枝幹而生。歷史教育與愛國主義如影隨形，無怪乎有此一說：「歷史和歷史教育都是政治之事」（History and history education are politics）。**⑯**

二、歷史教學與愛國主義

　　近代民族國家的肇建過程中，基於強國強民的需要，中小學教育乃是各國亟欲加強發展的重點之一，而「歷史」也在這樣的情勢下，進入學校教育體制，成為「歷史科」，也成為公民教育的一環。

　　以英國而論，1902 年設立中等學制，歷史成為中學的必修科目，其重要性不言而喻。美國同樣自十九世紀開始大量設置小學、

---

⑮　Bendtikt Stauchtey, "Literature, liberty and life of the nation: British historiography from Macaulay to Trevelyan," pp.42-43.

⑯　Joke Van Der Leeuw-Roord, "Europe in the Learning and Teaching of History: An Introduction," in Joke Van Der Leeuw-Roord (ed.), *History for Today and Tomorrow: What Does Europe Mean for School History* (Hamburg: Körber-Stiftung, 2001), p.12.

中學的公立學校（public school），以提升公民素質。不過如前章所
述，各公立學校內，歷史這門科目始終面臨「社會學習」課程的強
勢競爭，尤其 1921 年隨著「全國社會學習協會」的成立，歷史被
併入「社會學習」的綜合性課程內，此種從屬關係歷經二十世紀幾
乎未曾改變。

　　英、美學校中的歷史課地位縱使有別，歷史科的實際教學情況
卻是相去不遠。基本上，兩國都不曾訂定適用於全國的歷史科標準
或課程綱要，中小學歷史教學的一切均由地方和教師自主。按理來
說，兩國教師擁有極大的自由度可以設計課程、編輯教材，歷史課
的景觀應是多元多樣、百花齊放。實則並非如此。

　　自十九世紀迄二十世紀 60 年代為止，英國的歷史教學整體而
言都尊奉愛國主義（patriotism）、英國中心（Anglocentricism）之原則，
藉以達到陶鑄「好公民」（good citizenship）的目標。依此前提，歷史
學習的焦點自然就是「憲政」的發展史和偉人的歷史，而學生最主
要的職責即是照單全收、一一牢記這些「重要的人與事」。1930
年英國某本書前言中即出現了這樣的一句話：**「歷史不是你的思
考所及，而是你能夠記住的東西。」** ❶（History is not what you thought, it
is what you can remember）此種「教」與「學」的方式經冬歷春，少有
改變。直至 1967 年時，歷史學家柯拉克（G. Kitson Clark）仍然感
嘆：**「大多數為年輕人而寫的老式歷史書都充斥著神話，而且許
多神話不斷被人傳授，成為英國歷史中的共同傳承。它們被用來**

---

❶　轉引自 David Sylvester, "Change and Continuity in History Teaching 1900-1993,"
　　p.9.

當作道德教化的教本⋯⋯。」**⑱**

　　以上所描述的政治取向的歷史教育,不但當政者極力擁護,一般歷史教師也多半衷心認同,引為教學座右銘。**⑲**這或許是此一教學傳統韌性極強,能夠延續長久的一個原因。

　　美國的情況也不遑多讓。從十九世紀至二十世紀中葉,無論歷史著作或歷史教科書,皆致力於創建「偉哉美國」的神話,標榜美國稟著天命而立國,也頌揚開國元勳的無私奉獻以及先民們的篳路藍縷、開疆拓土。**⑳**歷史教學當然也是配合此意義而存在。欲知那些年代中美國歷史教育的實況,或可從二十世紀初期,一批自稱「新歷史家」(New Historians)對學校歷史的論評中,略窺一二。

　　「新歷史家」以撰寫「新歷史」為使命,他們大多是在德國獲得博士學位的專業人才,熟稔當時科學化史學的研究方法。他們之中包括寫過《新史學》(*New History: Essays Illustrating the Modern Historical Outlook*)一書的哥倫比亞大學教授羅賓森(J. H. Robinson, 1863-1936),還有被歸為進步派史家(progressives)、並以《美國憲法的經濟解釋》(*An Economic Interpretation of The U. S. Constitution*)名噪一時的比爾德

---

⑱　G. Kitson Clark, *The Critical Historian* (New York: Basic Books, INC., Publishers, 1967), p.49.

⑲　菲力普(Robert Phillip)說:當時「並不是好像中央政府覺得有必要,所以透過歷史教室,激發一種公民意識⋯⋯基本上,歷史教師就已經為他們做了這件事」。見 Robert Phillips, *History Teaching, Nationhood and the State: A Study in Educational Politics* (London: Wellington House, 1998), pp.14-15.

⑳　喬依絲・艾坡比、琳・亨特、瑪格麗特・傑考著,薛絢譯,《歷史的真相》,頁 97-112。Joyce Appleby, Lynn Hunt & Margaret Jacob, *Telling the Truth About History*, pp.114-122.

（Charles Beard, 1876-1948）。㉑「新歷史家」批判傳統的歷史課程及其教學方法無法適用於快速變遷以及多種族的社會。他們摒斥歷史課程內容枯燥窄隘，並機械式的要學生一字不漏的複誦；那種單調的記憶教學法，根本就是把心智當成肌肉來訓練。「新歷史家」呼籲加強學生閱讀文獻、收集和歸納資料以及分析與比較的能力，唯有如此，歷史才能夠符應現代社會的需要。㉒

　　「新歷史家」挺身而出，為歷史教學把脈開方，顯示當時學校歷史課程僵化之嚴重。「新歷史家」當然沒有改變多少美國中小學歷史教學的舊慣。以國家——政治為旨的教學模式在之後的第一次和第二次世界大戰期間更成主流。局勢不穩定、國家安危受到威脅的時刻，愛國主義瀰漫，歷史教育尤其難以置身其外。如 1940 年時，美國歷史學家聶文（Allan Nevins）強烈指責學校沒有教給學生完整的美國歷史。聶文說：「不知道過去的歷史，國家就不能有真正的愛國主義，讓人民感受到為同胞驕傲的情誼。」㉓直至二十世紀中葉，美國的歷史教本仍然在瑣碎無盡的史實中輪轉，在「神聖的

㉑　Hazel Whitman Hertzberg, "Are Method and Content Enemies?" in Bernard R. Gifford (ed.), *History in the School: What Shall We Teach?* (New York: Collier Macmillan Publishers, 1988), pp.21-22.

㉒　Gary B. Nash, Charlotte Crabtree, and Ross E. Dunn, *History on Trial* (New York: Vintage Books, 2000), pp.33-34.

㉓　轉引自 Ronald W. Evans，陳巨擘譯，《社會科的戰爭：我們應該教孩子什麼內容？》（臺北：巨流圖書公司，2008），頁 123。R. W. Evans, *Social Studies War: What Should We Teach the Children?* (New York: Teachers College press, 2004), p.85.

國家神話」（hallowed national myth）之光下踏步不進。❷

　　政治為本的歷史教學範型延續之久，甚至可從 1994 年時，羅珊史威克（Roy Rosenzweig）和泰蘭（Dave Thelen）兩位學者的研究中捕捉到一些光影。羅珊史威克和泰蘭為了探究美國人如何使用和思考「過去」，以及瞭解大眾歷史意識的傾向，電話訪問了大約 800 位不同背景的美國成年人進行分析。他們從探訪中看到，當大多數受訪者回憶起學校中的歷史課時，最常使用的字眼是「令人厭煩」（boring）。❷許多中年受訪者形容自己過去在歷史課堂上有如士兵或是囚犯，而老師有如嚴苛的軍士長或獄卒，努力地執行上面分派下來的命令，也就是要求學生不斷記住、回吐（regurgitation）那些與他們毫無關係的人名、地點和事實細節。❷「無聊的歷史課」似乎是受訪美國人的「集體記憶」。而且不難推知，那恐怕也是許多地區許多同輩所擁有的共同歷程。

　　由是觀之，無論英國或美國，在愛國主義洪流席捲下，兩者的歷史教學相似性極高。政府、學校所以設置歷史，多半是將之視為凝聚國家認同的基礎。課程內容大都採用線性的（linear）、編年的（chronological）綱要形式，並且獨尊本國的歷史。甚且在英國中學

❷　Gary B. Nash, Charlotte Crabtree, and Ross E. Dunn, *History in Trial*, p.46.

❷　Roy Rosenzweig, "How Americans use and Think about the Past: Implications from a National Survey for the Teaching of History," in Peter N. Stearns, Peter Seixas and Sam Wineburg (eds.), *Knowing, Teaching and Learning History: National and International Perspective* (New York: New York University Press, 2000), p.273.

❷　Roy Rosenzweig, "How Americans use and Think about the Past: Implications from a National Survey for the Teaching of History," pp.275-276.

歷史中，幾乎是由英格蘭史獨領風騷。因此，一套英國歷史或美國歷史往往就是一個成功的、光明向上的故事，便於激勵公民的愛國之情。❷

　　上述的歷史教學走向當然不是英、美兩國獨有，這毋寧是一個超越國界的普遍現象。❷由於近代「民族主義」的催化，各國競相以「培養民族精神與國家認同感」作為歷史教育的圭臬。歷史被當成道德教化的工具，歷史教育則是孕育愛國心、摶聚民族情感、傳遞某些價值信念的利器。而為了配合政治正當性，歷史教學內容勢必以政治史為中心，所談的多半偏向君主教皇的更迭、朝貴政客的權力爭鬥以及攻城掠地的戰爭。

三、政治取向的教育觀點時而復返

　　縱看二十世紀英、美兩國歷史教育的發展，奉國家為首的歷史教育主張隨時可聞。1960 年代以前，利用歷史教學，加強國家認同和民族自信心，在許多「忠誠」公民的心中，目為天經地義。1960 年代和 1970 年代，英、美同受社會問題的挑戰，以及講究實

---

❷　Richard Aldrich and Denis Dean, "The Historical Dimension," in Richard Aldrich (ed.), *History in the National Curriculum* (London: The Institute of Education, University of London, 1991), pp.101-102.

❷　直到二十世紀末、二十一世紀初，法國的中學歷史教學亦仍以國家的政治史為主，某些階段或事實被訂為「祖傳知識」（patrimonial knowledge），學生不可不學，而學習歷史的方法多半也是強記和背誦。Jean-Clément Martin, "European History and Old French Habits," in Joke Van Der Leeuw-Roord (ed.), *History for Today and Tomorrow: What Does Europe Mean for School History*, p.47.

利氣氛的影響，教育改革之聲喧騰一時，相對的，政治導向的歷史教學觀點氣勢稍弱。

不過，二十世紀最末二十年，時代的風向又轉回保守和傳統的一邊，前此追求開放和多元的教育改革浪潮，逐漸又被找回核心價值以及固守傳統文明遺產的趨勢所遏止，以國家和政治為目的的歷史教育觀點再次昂揚。

如前章所述，在英國，明顯的徵象之一是，社會大眾對於歷史教育的問題興趣突增，如 1980 年代後期新的「普通中等教育證書」考試制度即引來社會各階層的高度「關切」，甚至產生嚴重爭議。而在美國，同樣由於保守氣氛的渲染，一股「回歸歷史」的熱潮相伴而起，歷史教育因此鹹魚翻身，得到前所未有的重視。例如「社會學習」課程出現了新的架構模式：加利福尼亞州的教育局於 1987 年率先採行由歷史領軍的「歷史──社會科學架構」（History-Social Science Framework），與過去以來多半側重社會科學的「社會學習」課程型態，互別苗頭。❷❾

放眼這近百年來的變化，不難發現一個有趣的現象：越是政治變動激烈、情勢不穩的時代，以強化國家內部的凝聚力為名，歷史

---

❷❾　關於加州這份「歷史──社會科學架構」的課程設計可參考李稚勇，〈美國學校歷史課程改革論析〉，《外國中小學教育》第九期（2007）：頁 36。不過，這份課程也被批評：表面看來頗為重視歷史在「社會學習」課程中的核心地位，但在實際的課程規劃上，所強調的仍是編年形式（chronological）的歷史，而且同樣訂定了廣泛的事實內容，卻疏於歷史的探究和思考精神。Peter Seixas, "Parallel Crises: History and the Social Studies Curriculum in the USA," *Journal of Curriculum Studies*, Vol.25 No.3 (1993), p.239.

科的地位往往相對攀升。弔詭的是：那些最堅持從國家和政治角度
來考量歷史教育者，多半也是最積極維護歷史課程的存在、急於拉
抬歷史科重要性的人。歷史的地位與保守力量的強弱竟如此息息相
關，令人意想不到。

　　然而，將歷史教育和愛國主義掛勾，持有這般思考者很難怡然
面對近代多元化社會的衝擊。當英國史家諾曼史東（Norman Stone）
說：「讓學童知道我們國家過去的重要之事，這是必要的」，**❸⓪**還
有曾任首相的柴契爾夫人宣稱：「孩童應該知道英國歷史中重大的
里程碑（landmarks）」時，**❸①**所謂「我們國家」、「英國歷史」，引
來許多不滿。人們問道：「英國史：是誰的歷史？」**❸②**甚至更激進
的質疑：「誰需要國家？誰策動這種需要？誰蒙其利？」**❸③**

　　誠然，傳統以來的「英國史」同等於「英格蘭史」。在這套以
英格蘭的王室和皇后之名所串起的時間之流中，蘇格蘭、威爾斯、
愛爾蘭必然都淪為邊緣角色，或甚至隱匿不見。別忘了蘇格蘭並未
有都鐸王朝（The Tudors）。而當「英國史」只顧緬懷自由憲政體制
的演進，又豈容黑人、女性以及其他族裔的蹤影？**❸④**換言之，在那

---

❸⓪　轉引自 Hugh Kearney, "Four nations or one?" in Hilary Bourdillon (ed.), *Teaching History* (London: Routledge, 1994), p.49.

❸①　轉引自 Hugh Kearney, "Four nations or one?" p.49.

❸②　Rozina Visram, "British History: Whose History? Black Perspectives on British History," in Hilary Bourdillon (ed.), *Teaching History* (London: Routledge, 1994), pp.53-54.

❸③　Antoinette Burton, "Who Needs the Nation? Interrogating 'British' History," *Journal of Historical Sociology*, Vol.10, No.3 (1997 Sept.), p.234.

❸④　Rozina Visram, "British History: Whose History?: Black Perspectives on British

些以歷史教育發揚愛國主義精神的年代中，為了強化單一的「國家意識」（nationhood），「歷史」往往漠視甚至壓制「國家」之內具有不同「文化經驗」的族群與團體。

經歷過美國「文化戰爭」的納許，也指出傳統愛國史觀之弊。他以為，「愛國史觀」應該分為兩種。一種是假定年輕人只在看到美國優於他國，以及美國歷史的光明面時，才會產生愛國和衛國之心。依此說法，歷史教學就必須隱惡揚善、揀選積極和正面的史事，讓學生——公民帶著崇仰的眼光看待國家。納許說，抱持這樣想法的多半屬於右派人士。至於另一種愛國觀點，也是納許個人所堅信的，愛國精神必須要從多元的看待過去中慢慢滋養出來。換言之，年輕人應該心智清明，也應該有機會可以自由深入的瞭解國家各種面向的過去，如此才能避免，有朝一日當他們發現裹著糖衣的歷史內竟有著種種醜陋不堪的真相時，會更加的憤世嫉俗。❸

納許希望澄清，愛國主義不必然與狹隘的、排他性的單一論述劃上等號。「國家」並非一個絕對的、強制性的符號或象徵，而是實實在在，包含著多樣力量、多重要素的社會。他期待彰顯的國家歷史不是一個表面上順理成章、自然而然的流程，而是一個充滿衝突、甚至鬥爭激烈的過程。

納許無非希望，歷史教育的愛國功能不因現代多元化社會的衝擊而蕩然無存。確實，歷史教學長期受制於「國家」至上的原則，

History," pp.53-54. Elin Jones, "Sharing the bed with an elephant: teaching history in Wales," in Joke Van Der Leeuw-Roord (ed.), *History for Today and Tomorrow: What Does Europe Mean for School History*, pp.38-39.

❸　Gary B. Nash, Charlotte Crabtree, and Ross E. Dunn, *History in Trial*, p.15.

很難契合現代「社會」日新月異的發展。尤其自 1960 年代之後，英、美國內各種新興團體和族群力量蓬蓬然興起，社會日趨複雜、變動快速。「一個國家的歷史」和「多元社會的構成」兩者裂縫日深。在此情勢下，人們愈易不滿學校中的歷史乃至整體的教育與「社會」脈動嚴重脫節。於是，社會「相關性」（relevance）的教育思考沛然而生，要求學生學習的歷史應該和現實問題扣合的呼聲鵲起。這股力量的驅動下，美國的「社會學習」課程和歷史科教學確實相應有了某些改變。而最能呈現社會實用性歷史教育觀點的，無疑是英國「新歷史科」運動。

第二節　社會取向的歷史教育趨勢

　　從「社會」著眼的歷史教育思考當然不是 1960 年代的全新產物。譬如二十世紀初期屬於美國「新歷史家」的羅賓森，在所著《新史學》（*The New History*）一書內，早已表露此觀。

　　羅賓森在《新史學》收錄的一篇文章：〈普通人應讀的歷史〉（"History for The Common Man"）中，對於歷史教學以及教科書編纂受政治史支配的現象毫不客氣大加針砭。他認為那些一再出現的王宮貴族的記事「實在是歷史的一個很小部分」。❸❻羅賓森的批評，除了基於相信人類過去的事實非常豐富這點之外，主要源自他理想中的歷史必不能與一般人的社會生活切割，須有助於人們對自己工作

---

❸❻ J. H. Robinson, *The New History* (New York: The Macmillan Company, 1965), pp.135-137.

與環境的認識。

　　身處二十世紀初期的羅賓遜，眼中所見的美國是一個「工業化社會」，這促使他提倡一種合乎現實的專業「工業教育」，以為未來美國廣大的工業生力軍打好根基。「我們應該放膽，毫無保留的將我們的教育立刻同現在公立學校中大多數學生的生活和將來的義務，盡力的連結起來。」❸❼顯而易見，羅賓森抨擊政治史至上的歷史教學最甚者，在於那樣的歷史與學生未來的生活一無關連。

　　然而，二十世紀前半葉，國家——民族主義當道，羅賓森的這番言論顯然不易得到共鳴。社會實用主義的觀點有待「時機」的助長而發揚。

一、追求「相關性」的美國「社會學習」和歷史科

　　第二次世界大戰結束後，即所謂的「冷戰時代」，美國和蘇聯這兩大強權的對峙益形明顯，彼此不斷以各種形式如軍備和科技競賽，相互爭霸。所以當 1957 年蘇聯率先發射人造衛星時，美國朝野上下無不為之震憾，全民大受刺激，亟思急起直追之對策，從而召喚出教育改革的熱力。

　　在當時一片檢討教育缺失、加強學生科學知識的呼聲下，某些人以為，過去課程受進步論觀點所左右，過於強調破除學科本位的「問題導向」原則，結果導致學生所學深度不足的後遺症。補救之道應是回歸各學科的知識特質，將學科的重要觀念和方法列為教學第一順位。於是，布魯納的教育哲學因緣際會的成了這個時期課程

---

❸❼　J. H. Robinson, *The New History*, p.134.

與教學理念的表徵。❸

　　布魯納主張把各種學科的知識結構納入課程內，使學生有機會理解各學科的基本構成原理和概念，並能由熟悉而靈活運用。❹他同時宣揚教導「發現的方法」（the discovery method），藉由帶領學生實際體驗學科專家如何建立知識的過程，幫助他們從主動探索中獲取知識。❹這套教育理論背後，含藏著美國人在冷戰時代的憂懼。為了對抗蘇聯的侵逼，教育改革者急於將高層次的學科知識灌注於課程內，以便快速的拉拔學生的程度。重新整理各學科的知識原理以及設計課程與教材，可說是這波教改主要的實踐目標。

　　整個 1960 年代，各式課程改革研究案相繼成立，美國政府則不吝在經費上予以資助。於是除了有「新數學」、「新科學」為名的課程革新計畫外，還出現了「新社會學習」（New Social Studies）、「新歷史」（New History）運動。❹例如在「新社會學習」運動中執牛耳的歷史學者范登（Edwin Fenton），極力倡導學生使用第一手文

---

❸　L. Symcox, *Whose History? The Struggle for National Standards in American Classrooms* (New York: Teachers College Press, 2002), pp.19-20.

❹　Edwin Fenton, *Teaching the New Social Studies in Secondary Schools: an Inductive Approach* (New York: Holt, Rinehart and Winston, INC., 1966), p.81. 韓雪，〈美國社會科課程的歷史嬗變〉，《首都師範大學學報（社會科學版）》第 149 期（2002）：頁 113-114。

❹　Edwin Fenton, *Teaching the New Social Studies in Secondary Schools: an Inductive Approach*, pp.117-118.

❹　Ronald W. Evans，陳巨擘譯，《社會科的戰爭：我們應該教孩子什麼內容？》，頁 185。R. W. Evans, *Social Studies War: What Should We Teach the Children?* p.129.

獻和資料的重要性。為此，他不但著書立說，也親自投入在職教師的培訓工作。❷

　　不過，由學院教授主導、以學科知識為中心的這波教育改革旋風為時並不長久。「新社會學習」很快遭致批評和反彈。❸原因之一是，「新社會學習」課程無法因應當時美國社會內部日益嚴重的分化與衝突。

　　1960 年代至 1970 年代，美國公立學校的數目繼續大幅成長，再次創造了中等教育普及的佳績。然而當時這些中等學校教育卻承受了校內外許多問題的衝擊。例如：美國涉入越戰以及金恩牧師和甘乃迪總統遭到暗殺，導致學生對於國家的信心大失、對學校所教授的價值產生質疑；美國社會中各種風起雲湧的多元文化潮流和抗議運動，同樣蔓延至校園之內，造成校園人際之間的不安與緊張；受到 1950 年代移民潮的影響，以及由於 1965 年後移民政策的鬆綁，學校的人口結構起了重大的變化，校園內處處可見來自非洲、

---

❷　Ronald W. Evans，陳巨擘譯，《社會科的戰爭：我們應該教孩子什麼內容？》，頁 179。R. W. Evans, *Social Studies War: What Should We Teach the Children?* p.125.

❸　David G. Armstrong 認為有兩個原因導致「新社會學習」熱潮難以延續。一是教師專業訓練不足。由於多數教師在養成的過程中，都是研讀歷史學者或社會科學家的研究所得，卻從未有真正使用資料、進行推論和研究的經驗。教師自身在學科知識理論和方法上學養如此欠缺，又如何能在課堂中引領學生進行探究？二是學生對於學術探究活動未必感到興趣。「社會學習」課程改革者錯以為學生會如學者那般對分析和解釋資料興致勃勃，事實卻是：許多學生認為這些技能和他們生活周遭的變動無關。David G. Armstrong, *Social Studies in Secondary Education* (New York: Macmillan Publishing Co., Inc., 1980), pp.10-11.

亞洲、墨西哥和中美洲的臉孔。這些不同的時代力量匯聚並挑戰了
學校教育既有的行事規範。❹

　　面對上述蜂擁而至的社會壓力，學校中的教學很難視若無睹，
課程內容不得不適時因應，朝向帶領學生認識變遷的由來和適應
之道，並修補、強化多元化價值所可能帶來的社會裂縫。於是，
1960 年代後期至 1970 年代前期，「相關性」（relevance）成了教師
和學校的共用語，與現實生活的連結是當時許多課程不言自明的共
識。❺

　　這樣的實用需求之風自然也吹向歷史教學。例如某些學校將長
時段的歷史發展，切分成短期的主題課程，如美國內戰歷史、美國
近代歷史、美國原住民歷史……等。❻更明顯的變化是：世界史的
重要性與日俱增。由於第二次世界大戰後，美國自居世界霸權之
位，深感瞭解世界各國文化傳統，從而避免文明衝突，有其必要。
世界史的學習因而受到前所未有的重視，而相對的，過去以西方文
化為核心的課程光芒稍減。此外，在「相關性」的時代氣候下，所
謂現代史遠較古代的希臘羅馬史有用，也是當時流行之見。❼

　　不過，另一方面，「相關性」的要求愈加急切之際，歷史科這

---

❹　Gary B. Nash, Charlotte Crabtree, and Ross E. Dunn, *History in Trial*, pp.88-89.

❺　Ronald W. Evans，陳巨擘譯，《社會科的戰爭：我們應該教孩子什麼內
　　容？》，頁 193。R. W. Evans, *Social Studies War: What Should We Teach the
　　Children?* p.135.

❻　Ronald W. Evans，陳巨擘譯，《社會科的戰爭：我們應該教孩子什麼內
　　容？》，頁 193、199。R. W. Evans, *Social Studies War: What Should We Teach
　　the Children?* p.135, 138.

❼　Gary B. Nash, Charlotte Crabtree, and Ross E. Dunn, *History in Trial*, pp.86-95.

個和「過去」斬不斷關係、和「現在」乍看無關的課程，在某些學校中亦似乎陷入了某種窘境。當時有些歷史家滿懷憂患，如柏克萊一位關切歷史教育的歷史家如此問道：「歷史是否已經淡出校園？而歷史家對此是否在意？」這兩個問題得到另一位著名的歷史家諾維克（Peter Novick）的回應，他分別答予「是」和「否」。

歷史教學空間受到擠壓，似非全屬空穴來風。當時許多學校把美國史的課數縮減，改派給其他屬於社會科學的科目；還有許多學校坦承，保留歷史科是迫於州教育局的法令規定。在那些年代中，更受青睞的是多元學科取向（multidisciplinary approach）的教育方針。❹

社會「相關性」的教育訴求看來對於「社會學習」課程以及歷史科教學內容，帶來某種程度的衝擊，不過，說起實際的教學方式，這部分倒似乎出奇的「穩定」。換言之，「社會學習」課堂中，記憶性的問答取向、以教師為中心、教科書為權威的教學模式，走過大半個世紀仍然未變。❹

受到社會「相關性」趨勢的撼動，美國的歷史教育此時期主要的變化表現於教學「內容」方面的調整，而在英國，則是對歷史教學的意義以及教學策略，做出了頗為深刻的反思與回應。

二、英國「新歷史科」的實用取向

一九六〇年代和一九七〇年代英國社會內部也經歷重大的變

---

❹ Gary B. Nash, Charlotte Crabtree, and Ross E. Dunn, *History in Trial*, p.96.

❹ Ronald W. Evans，陳巨擘譯，《社會科的戰爭：我們應該教孩子什麼內容？》，頁 208-209。R. W. Evans, *Social Studies War: What Should We Teach the Children?* p.145.

化。一方面，資本工業技術的發展，豐富了也提高了日常的生活與消費，而新的文化活動更不斷湧現，從披頭四（The Beatles）到學生運動以及工會的罷工，一種掙脫一致、追求自由的風尚，充斥於各個層面與各個角落。另一方面，石油危機與經濟蕭條的烏雲也逐漸在戰後繁榮、進步的樂觀景象中散佈開來。❺此一背景造就了整個社會的思想特徵：質疑舊習、講求實效。學校中的歷史不免成了人們眼中有待革新的舊包袱。

請看 1964 年蒲蘭伯（J. H. Plumb, 1911-2001）編輯的《人文學科的危機》（*Crisis in the Humanities*）這本論文集內，作者李斯特（Ian Lister）所寫的〈英國學校界的人文學科教育〉（The Teaching of the Humanities in the School）。文中一開始作者就聲言：「歷史學的主要活動應該是去教導那些不當歷史學家的人」。❺作者接著遺憾的指出：現行歷史課綱卻是過於偏向盎格魯，過於注意英王與奪權、內閣與鬥爭的問題，又太汲汲於培養愛國心。李斯特推崇馬克斯學派史家希爾（Christopher Hill, 1912-2003）和魯德（George Rude, 1910-1993）等人，能夠連結史學和社會的脈動。他同樣殷切期盼，在歷史學新風

---

❺ Arthur Marwick，馬傳禧等譯，《一九四五年以來的英國社會》（北京：商務印書館，1992），頁 109-144。Arthur Marwick, *British Sociey since 1945* (London: Penguin Books Ltd., 1982), pp.114-157.

❺ Ian Lister，陳炯章譯，〈英國學校界的人文學科教育〉，收於 J. H. Plumb (ed.), 黃絲嘉等譯，《人文學科的危機》（臺北：環宇出版社，1971），頁 104。J. H. Plumb, *Crisis in the Humanities?* (Baltimore: Penguin Books, 1964), p.159.

氣的薰陶下，「社會聯繫必會成為歷史課程主要的關注所在。」❺❷

李斯特之言反映了 1960 年代，英國歷史學在馬克斯學派引領之下，已然走出「政治史」的窠臼，朝向更多元且貼近各階層和群眾的「社會史」研究。但另一方面，歷史教學似乎仍然停留在「愛國主義」的原地踏步，有違時代的期待。

的確，當社會愈趨多元、環境變動快速之時，在教學內容或者教學方式上，與學生和社會不具「相關性」，是歷史科最為人詬病之處。大眾印象中的歷史科總與「保守」、「傳統」不分，英國學生更認為歷史沒有實用價值，學校中選讀此科的人數不斷下降。❺❸與此同時，新興而強調統整取向的「社會學習」課程異軍突起，頗有取代歷史之姿。

誠如上一章所言，英國歷史科面臨了二十世紀以來最艱困的生存危機，但也是在此情勢中，激發了「新歷史科」運動。由 SHP（學校歷史科計畫）所推動的「歷史科 13-16」則是 1970 年代英國歷史教育界求新求變的具體表現。這項為期四年的大規模教學實驗，確為英國歷史教學注入一股新的活水，但不應忽略的是，這股力量

---

❺❷　Ian Lister，陳炯章譯，〈英國學校界的人文學科教育〉，收於 J. H. Plumb (ed.)，黃絲嘉等譯，《人文學科的危機》，頁 105。J. H. Plumb, *Crisis in the Humanities?* p.160.

❺❸　Alan Farmer and Peter Knight, *Active History in Key Stages 3 and 4* (London: David Fulton Publishers Ltd., 1995), p.3. 周孟玲，〈知識與實際：英國歷史教學改革的成果與問題淺析〉，《清華歷史教學》第 5 期（1996），頁 50-51。陳冠華，《追尋更有意義的歷史課：英國中學歷史教育改革》（臺北：龍騰文化，2001），頁 25-26。

其實萌發於當時的實用主義氣候中。❺

「歷史科 13-16」的基本精神可在此計畫結束後出版的報告書《歷史的新視野》（*A New Look At History*）中尋得梗概。按此書前兩章標題：「歷史與學生」（History and Pupils）、「歷史為一有用的科目」（History as a useful subject），已彰顯了這個計畫立足於歷史的「實用」性思考上。再細查書內所談內容，作者首先肯定學生學習歷史的能力不成問題，❺接著便點出這個計畫真正關注的是：歷史能不能夠因應學生的需要，以及歷史又能提供哪些能力訓練以配合這些需要。計畫研究者進一步說明他們為此擬定（假設）出五點「學生的需要」為：❺

　1.需要去理解所處的世界

　2.需要藉由研究不同時空的人而擴張經驗，建立自己個人的認同

---

❺　一些學者也指出，學校歷史科計劃推動「歷史科 13-16」的初衷常被曲解成是為了開發歷史能力而進行課程改革。實際上，這個計畫起先是針對處於變遷時代中青少年的需要，同時也配合當時社會共同的預期，亦即 1970 年代的年輕人將會在生活中享有大量休閒時間，歷史科有必要回應這個現實。這點的確可從計畫中提出「學生需要」的第四點：「需要開始培養休閒興趣」得到證實。參見 Chris Husbands, Alison Kitson and Anna Pendry (eds.), *Understanding History Teaching* (Meidenhead: Open University Press, 2003), p.11.

❺　此處所說應是針對 1950 年代以來，一些心理學者參照皮亞傑學說，去考察學生的歷史認知和學習能力，最後多總結說，十四歲以下的學生尚無法進行抽象的、複雜的歷史思考。「歷史科 13-16」成員反對這樣的結論。請參考林慈淑，〈歷史教與學的鴻溝：英國近半世紀來兒童歷史認知的探究（1960s-1990s）〉，《東吳歷史學報》第 8 期（2002）：頁 158-168。

❺　SCHP, *A New Look at History* (Edinburgh: Holmes Mcdougall, 1976), p.12.

3.需要理解人類事物中變遷和延續的過程

4.需要開始培養休閒興趣

5.需要發展批判思考的能力，以及判斷人類各種情境的能力。

除了這五個「需要說」之外，計畫成員在建構歷史科「合理性」的論述中，令人難忘的是，不斷提到「需要」、「有用」等字眼。所以當里茲大學的施密特（Denis Shemilt）受託為該計畫進行成就考核時，明白指出「歷史科 13-16」基本上源自兩個理念：其一，歷史必須具有「相關性」，這是指歷史應該切合學生個人之所需，尤其是未來面對社會時之有用；其次，因為歷史知識是奠定於理性的基礎，學生必須在某種程度上瞭解這個學科的觀察角度、邏輯以及處理資料的方法。**❺❼** 不過，施密特沒有明白點出的是，第二個理念──歷史學科的思考能力，其實是伴隨第一個理念──歷史的「相關性」而來。

「歷史科 13-16」成員認定歷史學科有四個個基本概念：**證據、時間中的變化與延續、因果關係和動機、時代錯置**（anachronism），以及三項能力：**分析、判斷、和神入**（empathy）。**❺❽** 參與計畫的學者認為，這些概念與能力都是歷史研究工作中重要的組成因素，歷史教學必須從此入手，帶領學生真正認識何為歷史、歷史解釋如何產生，由激發學生「實作歷史」（doing history）的興趣，導引他們最終獲取有用的思維能力。秉持上述思考方向，「歷

---

❺❼ Denis Shemilt, *History 13-16 Evaluation Study* (Edingburg: Holmes McDougall Ltd, 1980), p.2.

❺❽ SCHP, *A New Look at History*, pp.38-41.

史科 13-16」設計一套極具特色的教學綱要、教學方式、評量方法，並透過教學實驗，證明教導學生歷史思考和能力的可行性。

「歷史科 13-16」計畫的成立多少是迫於形勢，欲挽救持續下跌的歷史科地位。研究者從歷史學科的特性中，尋找可以培養學生的思考和能力，藉此向社會大眾證明：歷史對於個人而言，確為一個「有用的」科目，雖然計畫成員念茲在茲的「有用」，絕非屬於「科技」意義下的「實用」。

然而，論起「歷史科 13-16」在英國歷史教改中的獨創性，不可否認的一點是，這批研究者致力發揚和實踐以下這個觀念：歷史不是一個「知識體」（a body of knowledge）——一堆固定事實的資料總合，而是一種「知識形式」（a form of knowledge）；歷史這門探究過去的學科（discipline）有它特殊的觀照點（perspectives）、邏輯與方法，正因此，教學時便不能偏廢於「說什麼」而忽略「為什麼可以這麼說」。❺❾在此觀念下，他們把「學科的特性」（the nature of the subject）明明白白列為歷史教學的重點，而且也把長期以來英國社會各界一向關注「應該教哪些知識」的議題拉往「應該教哪種知識」的討論上，並鼓吹教導學生認識歷史知識的「理性」方法與技能（skills），才是教學不可忽視的一環。只是，「技能」之說後來卻產生了後遺症，亦即某些教師將新的教學理念操作為機械式的演練解讀歷史資料的技巧。

總而言之，「歷史科 13-16」從社會「相關性」的角度著眼，重新界定歷史教學的重心，肯定歷史學的思考和方法技能正是歷史

---

❺❾　SCHP, *A New Look at History*, pp.9-18.

科最有用於個人和社會之處。

　　以上所見，1960 年代和 1970 年代，無論英國或美國，都遭遇嚴酷的社會問題之挑戰。在那個所謂「反叛的年代」中，歷史教學很難繼續維持大一統、和諧的政治取向論述，卻罔顧多元甚至矛盾的社會構成。於是，一股強調由社會「相關性」的角度看待歷史教育的趨勢應運而生。此一立基於滿足個人與社會需求的「實用」性思考，使歷史教學脫離「國家」的圈圍，轉為「社會」服務。「相關性」訴求關注的不再是國家之下的臣民，而是複雜社會中的成員，擬欲加強的不是國家的認同，而是社會的向心力。

　　從政治到社會觀點，或許代表了歷史教育從以塑造民族、國家神聖性為目的，走向以反映社會現實為職責。不過，由另一個層面來看，無論是「政治」的或與之抗衡的「社會」觀點，都是出自歷史本身以外的立場來求諸歷史，都期待歷史能有所「用」，能切合時代的需要，兩者有其共通的前提。或許因為立足點的相似，「社會」取向的觀點並未取代「政治」觀點而獨立，相反的，時至今日，這兩種觀點時相混合交錯，出現於當代歷史教育的議論中，並且佔有一定的優勢。

　　也許，盛行於二十世紀前期、毫不掩飾的張揚民族優越和愛國立場的歷史教學觀點，已經無法在多元化社會的樣貌下肆意而行。但迄今為止，堅持從「政治」或「社會」功能來論辯歷史教育目的，仍大有人在。這類觀點的支持者究竟如何證成其說，又為何能在社會中獲得某些信服力，從而影響英、美近來歷史教育的發展，值得一探。

第三節　當代學者的「政治」和「社會」觀點

　　綜觀二十世紀以來，英國和美國歷史教育的思考趨向多半是在「政治」性目的和「社會」相關性意義之間流轉擺盪。許多學者也依據這兩種目的闡發己見。以下所介紹的英國教育學者懷特（John White）和美國的巴騰（Keith C. Barton）與雷絲蒂克（Linda S. Levstik），正是以「政治」、「社會」觀點思考歷史教育的典範代表。

一、英國的懷特之見

　　倫敦大學的懷特在 1990 年代為文主張，歷史教育必須以促進個人和社會利益為優先。秉持這樣的理念，他首先批評當時規劃中的「歷史科國定課程」，之後還與同是任教於倫敦大學教育學院的李彼得（Peter Lee）就歷史教育問題公開筆戰。

　　前章提及，英國政府在 1988 年頒佈新的教育法案，公告訂定國定課程的法令，欲將大學以前學生必須修習的科目及內容予以整體規範。這是英國過去長達半世紀以上教育地方化自由化政策的一大轉彎。而存廢爭議多時的「歷史」也在這波改革中，被設定為 5-14 歲學生的必修科目。藉此，歷史在中小學教育中可望取得合法保障的地位。

　　「歷史科國定課程」最初由國務大臣所指派的「歷史科工作小組」進行研發。這個小組於 1989 年和 1990 年先後公佈期中和期末報告書，提出歷史教育施行的基本理論與芻議，以作為進一步討論和修正的基礎。「歷史科工作小組」的「期末報告」自公佈日起即

引發不少的質疑。⑥當時各界爭執的焦點之一是這個報告書內，開宗明義揭櫫的歷史教育的目的（aims），其中所羅列的九項指標為：⑥

    1.幫助學生從過去的背景中瞭解現在

    2.激發學生對過去的興趣

    3.幫助學生獲得自我認同的意識

    4.幫助學生瞭解自身的文化根源與共享的遺產

    5.促進學生對當代世界中其他國家和文化的理解與認識

    6.藉由學科方法的學習，訓練學生的心智

    7.把歷史學家獨特的方法論引介給學生認識

    8.豐富學校課程中的其他領域

    9.為學生的成人生活作準備

針對九項目的，「歷史科工作小組」對外聲明：個別來看，雖然並不是每個目的都只能依靠歷史來達成，但九項目的總合起來正就組成了歷史科的獨特性。⑥

---

⑥　除了前章所述的一些爭議外，還有許多人認為此份報告書中要求教師講授的內容太多，恐將使教學流於表面和浮泛，另外相應而訂的「學習成就目標」（Attainment Targets)亦模糊不清，難以作為評量的標準。見 Martin B. Booth, "England, Wales and Northern Ireland," in Karl Pellens, Siegreed Quandt and Hans Sussmuth (eds.), *Historical Culture-Historical Communication: International Bibliography* (Main: Frankfurt, 1994), p.245.

⑥　*National Curriculum Working Group Final Report* (England and Wales), in Hilary Bourdillon (ed.), *Teaching history* (London: Routledge, 1994), pp.27-28.

⑥　Ruth Watts and Ian Grosvenor (eds.), *Crossing the Key Stages of History* (London: David Fulton Publishers Ltd, 1995), p.11.

　　初步掠過，這份表列不可不謂完整齊全，幾乎涵蓋了個人興趣的培養、歷史學方法與知識的學習以及現實生活的應用等各層面目標。或許正如菲力普所言，這份報告本身就是一個「政治妥協品」，故而成就這般「兼容並蓄」的內涵。即使如此，「歷史科工作小組」仍未能杜絕質疑之口，而懷特正是當時發言批評者之一。

　　懷特分析這九項目的時，指出這些目的可以歸納為兩大類：**❻❸**

一、個人和社會的目的：包括學生的自我認同、對文化根源與共有遺產的瞭解、對近代世界中的其他國家和文化的理解。

二、學科內在的目的：包括激發對過去的興趣、學科研究的訓練以及掌握歷史學家的方法。

但懷特對「歷史科工作小組」這樣的安排頗不以為然。他評論道：九項目的雖然依序羅列，卻未明確標示優先，亦即這兩大類目的究竟孰輕孰重？懷特直言，讓各個目標平分秋色的結果將使歷史教學失去「重心」、無所適從。他堅信歷史教學應該有其「重心」，至於所謂重心，他的主張是：個人和社會的目的應當列為歷史教學的最高宗旨，凌駕於教導歷史學方法這個目的之上。**❻❹**

　　在懷特眼中，個人和社會的目的屬於歷史之外更廣泛的教育目的，而歷史學的探究方法則是屬於歷史本身的內在目的。依懷特的看法，歷史乃學校整體課程中的一部分，與科學、藝術等其它科

---

❻❸　John White, "The Purpose of School History: Has The National Curriculum Got It Right?" in *The London File: The Aims of School History: The National Curriculum and Beyond* (London: The Tufnell Press, 1992), p.10.

❻❹　John White, "The Purpose of School History: Has The National Curriculum Got It Right?" p.18.

目，都是構成學校教育的一環，理當在各自本位上配合一般教育的要求。所以，他理想中的國定課程必須先明訂出全面性（overall）的教育目標，以便各科的教學有具體方向可循。

但讓他大感失望的是，1988 年新教育法中的國定課程卻只簡略提到，學校課程的設計應該「廣闊而均衡，並促進在校、同時也是在社會中的學生於精神、道德、文化、心智和體能各方面的發展，為他們成人生活所遇到的各種機會、當負的責任以及可能的經歷打好基礎。」[65]在懷特看來，這些都是空洞模糊的語句，更何況當中沒有任何關於各科目如何實踐總體目的的指令，以致於籌畫歷史科的工作小組，在缺乏具體綱領的導引下，即使訂出九大目標，唯關於歷史科的教學該具有的先後目的，只能含混不明。

追根究柢，教育學出身的懷特，鼓吹個人和社會目的應當列為歷史教育的優先目的，且以為歷史教育絕不能自外於更廣泛的教育目的。此一論證的邏輯在於，歷史既為學校課程整體中的一部分，則思考的重心該是：歷史可以為整體教育目標貢獻什麼？

懷特的確承認某些人自有其研讀歷史的動機，不必然出於學校課程的鞭策。正因此，他再三申明所討論的焦點是：「學校中的歷史」該如何定位。他關注於歷史放在學校這個層級來考量時，哪種目的才是適切──是那些屬於歷史學的內在的目的？或那些與教育攸關的目的？依他所見，誠然兩者都是歷史科的目的，但說到何者優先的問題時，答案更該是教育方面的目的。

懷特指出，學生入學受教，他們一切的學習活動理應由教育的

---

[65]　John White, "The Aims of School History," *Teaching History* 74, (Jan., 1994), p.9.

目的來統領，並以之做為整體課程架構的基礎；在這個架構下，各種更專門的研習如科學、文學、歷史等乃能逐一各就其位。**⑯**換言之，懷特認定，學校中歷史的目的必須臣屬於教育的目的之下，後者提供出發點，而前者必須與之呼應配合。**⑰**

　　如果說普遍性的教育目的應當領導歷史教學之走向，那麼懷特心中所構想的這個高超的目的是什麼？他既批評「歷史科工作小組」未把「個人和社會」目的擺在第一，那麼這個第一目的的內涵究竟為何？

　　懷特在 1991 年發表了〈學校歷史的目的：國定課程做對了嗎？〉（The purpose of school history: Has the National Curriculum got it right?）這篇文章。他在其中坦率表示，歷史是培養「公民（citizenship）的一個工具（vehicle）」，**⑱**旨在幫助學生成為自由民主政治社群中一個個耳聰目明的好公民。懷特所思考的是，一個好公民必須知道自己生活中的民主制度及其價值，此則有賴於歷史的理解。懷特甚至直言不諱：歷史科和更廣大社會的連結就是「愛國主義」（patriotism）。**⑲**他深信，兒童在成為獨立自主、關懷他人的民主社會公民之前，必須有機會體認民主政體（polity）；他們必須和社群中的其他分子保持著共同的聯繫，這包括：共有的風俗習慣、共同

---

⑯　John White, "The Aims of School History," pp.7-8.

⑰　John White, "The Aims of School History," p.8.

⑱　John White, "The Purpose of School History: Has The National Curriculum Got It Right?" p.15.

⑲　John White, "The Purpose of School History: Has The National Curriculum Got It Right?" p.17.

的歷史和相同的語言。**⑦**

依此來看,懷特宣揚的正是歷史教育的「國家」和「政治」使命,亦即歷史應該擔負起培育自由民主社會的公民和愛國者的責任。**⑦**不過,懷特後來或許警覺到這樣的主張頗易引起非議,1994年當他再度針對歷史教育目的發言時,已稍稍改口說:學校教育是不必與政治性目的相連結,**⑦**他同時轉而強調歷史教育為的是:「讓學生在一個自由與民主的社會中做個獨立的(autonomous)人(成員),以增進他們的福利。」**⑦**後至 2007 年初,懷特於一篇「泰晤士報教育增刊」(*TES*)的受訪稿內,又再度強調歷史的「相關性」。他仍然堅稱學校課程應該傳達與現代社會「相關」的知識;每個科目都需要去反省這個科目如何在個人實現、參與社會與公民責任、經濟和現實智慧這些方面提供哪些幫助。**⑦**

懷特顯然有所遲疑,不敢在歷史與愛國主義關係的話題上表現得太過明顯或強硬,因而稍事調整自己的立場。不過,仔細察看,這恐怕只是換湯不換藥的說法。在懷特的補述中,所謂一個「獨立」「自決」的人、一個自由民主社會下的成員,必須具有利他主

---

⑦　John White, "The Purpose of School History: Has The National Curriculum Got It Right?" p.17.

⑦　John White, "The Purpose of School History: Has The National Curriculum Got It Right?" p.14.

⑦　John White, "The Aims of School History," p.8.

⑦　John White, "The Aims of School History," p.7. "The Purpose of School History: Has The National Curriculum Got It Right?" p.15.

⑦　這是出自 2007 年 2 月 23 日「泰晤士報教育增刊」一篇訪問懷特的專文:〈不合時宜的課綱〉(A curriculum out of time)。

義式（altruistic）的關懷，並且努力經營各種親密關係，以及能對廣大社群中的陌生人投以關注。⑮深思這樣的要求，所側重的仍然是這些個人能否和他人以及與廣大社群維持積極而合諧的關係，且能由此促進社會的大利。懷特期求於歷史的依然是：「展示學生所依存的文化背景，能有助於他們的認同……。」⑯

　　換言之，懷特儘管修正了較為敏感的愛國主義論，改採有利於個人和社會發展的「相關性」說法，基本上，還是不脫歷史教育的功能性框架，所看重的仍是歷史這個科目如何加強社會整體的合諧以及公民對現存秩序的肯定和維護。總之，懷特期待歷史培養的「獨立」的個人云云，是以依附於自由民主社會為前提的。

　　具有教育哲學專業的懷特，從一般性教育的眼光來肯定歷史教育的必要。在懷特的推論中，最關鍵的一點毋寧是：歷史科屬於學校教育的一部分，所以他口口聲聲強調，針對的是「學校」內具有強制性質（compulsory）的歷史課程。

　　無獨有偶，美國學者巴騰和雷絲蒂克也是站在類似的基點上，暢談歷史教育的意義。

二、美國巴騰和雷絲蒂克的觀點

　　觀察英國學者懷特的思考路徑：對他而言，歷史科是學校教育的一支，是部分和全體的關係，豈可脫離整體的目標而立？這樣的論理假定了歷史教育與學校教育的上下從屬關係乃理所當然、不容

---

⑮　John White, "The Aims of School History," p.7.

⑯　John White, "The Aims of School History," p.7.

更易。也就是說，在懷特以及某些人的認知中，歷史既然被列入學校課表，便不能悖離與學校相依存的那套架構。進一步來看，這番論說的背後似乎還包涵著一個沒有言明的意涵：若不如此，歷史在學校中何以立足？巴騰對歷史教育的描繪便是緊扣在這點上。他認為，學校歷史科面對的是生存競爭的窘境，做為歷史教育的思考者沒有理由迴避這個問題。

　　出身人類學的巴騰和雷絲蒂克在合著的《教歷史以謀群體之善》（*Teaching History for the Common Good*）這本書內，如同懷特，由界定歷史在學校課程中的身分地位入手。巴騰和雷絲蒂克首先表明，他們無法認同英國某些歷史教育學者討論歷史教育的方式：「在英國……一些教育者理直氣壯的告訴我們說：歷史是一個『學術科目』（academic subject），他們假定歷史在課程中的合理地位，來自於這個科目已在課程中這個事實……。」⓱兩位學者反對用如此「不證自明」的態度來看待「學校中的歷史」。他們所持的理由是，學校內歷史教學的目的和要求，未必全然等同於學院歷史中的研究標準：「……教育者必需承認：就歷史是學校中的一個科目來說，其要求和目的並不總是與學院歷史的標準一致，而學科終究也無法為教育評量提供標準。」⓲

⓱　Keith C. Barton and Linda S. Levstik, *Teaching History For The Common Good* (London: Lawrence Erlbaum Associates, Inc., 2004), p.26. 巴騰和雷絲蒂克此處應當是指 1970 年代以來，英國一些支持歷史教育朝向教導學科概念、培養學生「做歷史」能力的歷史教研人士。

⓲　Keith C. Barton and Linda S. Levstik, *Teaching History For The Common Good*, p.27.

　　巴騰和雷絲蒂克特意釐清「學校歷史」和「學院歷史」有別，兩者不能放在同一個天平上來考量。揆諸所見，兩種歷史的主要差別就是各自存在的「目的」不同。巴騰和雷絲蒂克欲以此導出學校歷史有其該負的社會責任，他們宣稱歷史若想在學校課程中久居其位，那就必須認清：

> 歷史在課綱中的地位得要有更清楚而合理的解釋。……歷史必須被證明，部分原因在於課程如此擁擠繁多，並沒有明顯的理由應該要完全接納這個科目，而不是將之棄置，並優先去考慮經濟學、地理……。⑳

依巴騰和雷絲蒂克所說，人們學習歷史容或有不同的目的，但是歷史有幸能夠擠身學校課程之內，當然就必須提出足以服人的理由。因此在各種目的之間，他們也認為必須要排定優先選擇：「我們不能教導所有過去發生的事情，我們也不能一視同仁的看待每個目的。」㉚就這個思考起點而論，兩位美國學者的說理和倫敦大學懷特的見解本質相同，都是從「學校教育」的方向著眼，認定學校教育的整體目標應列為首要考慮，再依此檢核各科目包括歷史所可以發揮的功能。

　　巴騰和雷絲蒂克接著指出美國學校教育的重點在於：「美國公

---

⑳　Keith C. Barton and Linda S. Levstik, *Teaching History For The Common Good*, pp.26-27.

㉚　Keith C. Barton and Linda S. Levstik, *Teaching History For The Common Good*, p.26.

共教育的宏大目的是為學生的參與民主政治生活做準備」，[81]而歷史能於課程結構中穩固其位，必是因其有益於完成學校教育這個終極目的。兩位學者賦予學校中歷史教育的根本意義因此是：

> 我們相信學校中的歷史，最根本的存在理由乃在於它對民主政治生活的貢獻。[82]

> 在這一章裡，我們要為這些選擇提出一個理論基礎，並且把這個理論基礎放入一種人文主義教育的視野內，這種人文主義教育的開展為的是幫助學生預做準備，以便未來參與民主政治。[83]

再次，我們看到英美幾位學者的觀點不謀而合之處。一如懷特，巴騰和雷絲蒂克同樣把歷史教育的命運繫於民主政治的支柱上，確信學校歷史得以存在，端賴其對民主社會的裨益。這些學者所展現的思考模式是：歷史教育屬於學校教育，而學校教育必得負責達成延續和鞏固國家乃至社會體制的目的。

當然，懷特、巴騰和雷絲蒂克的理念也不是全無差別。也許因

---

[81] Keith C. Barton and Linda S. Levstik, *Teaching History For The Common Good*, p.28.

[82] Keith C. Barton and Linda S. Levstik, *Teaching History For The Common Good*, p.12.

[83] Keith C. Barton and Linda S. Levstik, *Teaching History For The Common Good*, p.26.

為英、美民主政治理念所本不同，懷特與巴騰和雷絲蒂克對於構成「民主政治」的要素以及民主社會成員的要求各有所重。

倫敦大學的懷特或許深受「古典自由主義」中「個人主義」思想的浸染，傾向以培養自由－民主社會「獨立的（autonomous）個人」作為教導歷史的合理性根源。至於巴騰和雷絲蒂克則坦承他們所謂的「民主」乃借取自杜威（John Dewey, 1859-1952）的定義，亦即：民主不只是一種政府的樣式，而更是一種彼此連結的生活模式、一種互相溝通交流的經驗形式。根據此原理而形成的民主社會，在巴騰和雷絲蒂克的勾勒中，應該要能展現下列這些特質：參與（participatory）、多元（pluralist）與審議（deliberative）。㉞

顯然，懷特更看重如何使個人由獨善其身，以便有利於天下。巴騰和雷絲蒂克則念茲在茲的是個人如何融入群體和社會之中，以及如何養成溝通交流之技能與素養。兩種「民主」的調子不盡相同。

總之，巴騰和雷絲蒂克即是根據以上之設想，尋思歷史教育如何增進與培養學生的公共美德和態度。他們在書中歸結出歷史課確實能夠提供三個重要的貢獻，包括：幫助學生獲得合理的評斷、養成開闊的人性觀念以及商議公益問題的習性。㉟除此之外，這兩位學者也進一步指明，歷史教學若要提供這些貢獻，學生在課堂上學習歷史時，必須實踐四種立場（stances）或行動，它們分別是：「認

㉞　Keith C. Barton and Linda S. Levstik, *Teaching History For The Common Good*, pp.31-34.

㉟　Keith C. Barton and Linda S. Levstik, *Teaching History For The Common Good*, pp.36-40.

同」（identity）、「分析」（analyze）、「道德反應」（moral
response）、「呈現」（display）。巴騰和雷絲蒂克一一解釋：「認
同」最重要的即是學習對「我們的國家」認同和產生聯繫感；「分
析」指的是考察過去各種因素之間的關係，即因果探究；「道德反
應」乃是要求學生對於過去的人事必須銘記、稱頌和譴責
（condemn）；最後所謂的「呈現」，則是期待學生將所習得的關於
過去的資訊適切地予以表現。❽

　　從巴騰和雷絲蒂克針對「認同」、「道德反應」的釋義，不難
看出他們考量歷史這個學校科目時，帶有「政治」和「社會」觀點
的傾向。對他們來說，學生不僅需要從歷史中培養對國史的認同，
還需要訓練特定的道德反應模式。他們和英國的懷特，當然還包括
其他許多人，持著同一類型的思考看待歷史教育。

第四節　「政治」與「社會」取向觀點的分析

　　面對歷史教育這個課題時，英國的懷特和美國的巴騰、雷絲蒂
克展現了頗為相近的態度。例如他們在論說之間多少都談及「公民
認同」的必要性。不過，彼此卻又似乎有志一同的要避開歷史教學

---

❽　巴騰和雷絲蒂克承認，這四大分類很可能招致過於僵硬切割和過於簡化學生
　　學習歷史時的各種可能感受之譏，但他們認為這比起將學習歷史二分為「歷
　　史」與「文化遺產」（heritage），要好一些。另一方面，他們也說明，這四
　　種立場本身都包含一些變數，彼此間也互有關連。Keith C. Barton and Linda S,
　　Levstik, *Teaching History For The Common Good*, pp.7-8.

與愛國主義直截了當的掛勾，而把焦點放在「公民」或「社會成員」與所屬「民主社會」的關係上，對此大加著墨。

　　這樣的論述揉合了「政治」關注和「社會」取向。當然，這類歷史教育觀點並不是懷特等人所獨有，毋寧也是英國自 1970 年代以來，若干對歷史教育走向教導學科概念和能力之路，持以極端反對意見者的思考基模。同樣的，這種觀點亦是美國 1990 年代那場「文化戰爭」的主導思潮。因此，進一步分析構成這套思想的基本元素，殊有必要。

一、關於「歷史教育」的目的

　　「為什麼要教歷史？」懷特和巴騰切入這個問題的角度以及所循的論辯方式幾乎相同。他們都站在學校的位階來思量歷史教學的目的以及歷史科的地位，如下所見：

㈠ 歷史科歸屬學校課程

　　談到歷史教育，懷特、巴騰和雷絲蒂克目光首及的是「學校中」的歷史科。他們認為，既然是討論學校中的歷史教學，而不是一般人學習歷史的目的，自當把學校整體目標納為優先考慮。換言之，歷史科歸屬學校整體課程，歷史課的進行必得配合學校教育的宗旨。由「總體」和「部分」的關係著眼，懷特、巴騰相信學校整體教育目標統領各分科如歷史科的教學，是相當合理之事。

　　其次，前述邏輯也衍伸出另一層看法。學校課程有如一個權力鬥爭場，由於課數有限，各種課程必須各憑本事，角逐一席之地。巴騰和雷絲蒂克擔心，在競爭如此激烈的情況下，歷史科如果無法證明它的用處和價值，很難爭取到立足空間。歷史科若欲站穩立

場，只能凸顯它對整體學校教育的貢獻，藉此宣示其存在的正當性。否則，這門科目很難免於被淘汰的命運。

(二) 歷史教育的貢獻

如果歷史教學必須仰望學校教育的整體發展方針，那麼接著要探問的是：學校施行教育究竟有何意義？在懷特等人看來，學校機制因應社會和國家而立，為國家教育理想的公民、培訓有用的社會中堅，是其第一要務。學生學習歷史最終也必須以此目的為前提。

對懷特而言，他期待學生經由學習歷史，瞭解「民主政體」的由來，認識「所依存的文化背景，能有助於他們的認同」。所謂認識現在、增進認同，這樣的看法其實並不特別，許多歷史學者同樣有此見識。例如美國史家史登斯（Peter N. Sterns）在一篇名為〈為什麼要研讀歷史〉（Why study history?）的文章內也說道：「歷史應該要被學習，因為它對個人和社會而言是必備的……。」❽史登討論人們為何必須學習歷史時，進一步說明：歷史提供了關於人們和社會如何表現、運作的「訊息貯存庫」（a storehouse of information），而除非人們能夠掌握過去的這些資料，否則將無以估量和分析當今社會的發展與變動。❽顯然史登也認定歷史旨在提供有關過去的豐富資訊，使學生認識現在社會的變遷。

再舉另一個例子。著名的世界史家麥克尼爾除了同意去熟知人類古往今來的探險之旅，可讓人們瞭解當代現實中的相關面向這點

---

❽ Peter N. Sterns, "Why Study History?" American Historical Association, http://www.Historians.org/pubs/free/WhyStudyHistory.htm.

❽ Peter N. Sterns, "Why Study History?" American Historical Association, http://www.Historians.org/pubs/free/WhyStudyHistory.htm.

之外，還從「集體記憶」賦予歷史意義。麥克尼爾在同樣〈為什麼要研讀歷史〉為題的短文內表示：「歷史知識，不折不扣就是以謹慎和批判方式所建立起來的集體記憶（collective memory）。」「歷史，我們的集體記憶，經過小心的編撰和批判的修訂，可以使我們具有社會性（social），與他人共享觀念和理想，並形成各種不同的人群團體⋯⋯。」❽他相信，民主社會中的公民如要能切實有效的參與公共政策的制訂，就必需具有「集體記憶」，否則眾人之間很難達成合理的共識；人們若無法預見他人對某些決定的可能反應，失敗、挫折將會循環而來。❾麥克尼爾清楚點出，學習歷史是為了增進自己的「社會性」，亦即作為一個社會成員，個人有義務建立與他人同樣的知識基礎，藉此使社會運作平順，社會關係和諧滑潤。

　　綜合這些學者之見，歷史教育供給公民有關過去的知識，全民得以建立共同的認知背景，形成集體記憶。此既有助於瞭解今日各種體制的由來，亦可裨益於群體內部的凝聚和共識的形成，最終還能促進個人對社會國家的認同感。

　　除了青睞歷史知識的用處外，某些學者還看重歷史課程的進行，有利於發展現代民主社會所需要的公民素養，例如合宜的政治

---

❽　William H. McNeill, "Why Study History?" American Historical Association, http://www.Historians.org/pubs/archives/WHMcNeillWhyStudyHistory.htm.

❾　William H. McNeill, "Why Study History?" American Historical Association, http://www.Historians.org/pubs/archives/WHMcNeillWhyStudyHistory.htm.

判斷、⑨討論和審議的習慣、溝通和參與的特質。巴騰和雷絲蒂克即要求歷史課呈現多元觀點，如此可讓學生藉由思考，培養協商、參與的習慣和能力。⑨

又如 2001 年，英國幾位屬於教育領域的學者合寫了《由中學歷史培養公民行為》（Citizenship through Secondary History）一書。在本書內，這些作者首先確認一個公民必要具備三項素質：對公共事務的知識、公民道德的態度、參與政治活動的能力。⑨他們繼而肯定歷史能就這三方面貢獻其力，例如學習歷史可以增進學生──公民對於過去事務的理解，歷史課的進行更可促進探究、溝通和參與能力的發展。⑨無庸置疑，這幾位英國人士的看法幾乎與巴騰和雷絲蒂克的觀點如出一轍。

換言之，以上為歷史教育和學校教育或公民教育建立關係的論點中，歷史最得看重、最得到認可的貢獻首先是這個科目所提供的「知識」、資訊，其次則是訓練學生參與民主生活所需要的「技能」兩部分。

---

⑨ R. Freeman Butts, "History and Civic Education," in Bernard R. Gifford (ed.), *History in the School: What Shall We Teach?* (New York: Collier Macmillan Publishers, 1988), p.78.

⑨ Linda S. Levistik and Keith C. Barton, *Doing History: Investigation with Children in Elementary and Middle Schools* (New Jersey: Lawrence Erlbaum Associates, Publishers, 2001), pp.7-8.

⑨ J. Arthur, I. Davies, A. Wrenn, T. Haydn and D. Kerr, *Citizenship through Secondary History* (London: Routledge Falmer, 2001), p.30.

⑨ J. Arthur, I. Davies, A. Wrenn, T. Haydn and D. Kerr, *Citizenship through Secondary History*, pp.39-42.

二、關於「歷史」

任何關於歷史教育的陳述，都不可避免的透顯出某些「歷史」的認知與想像，懷特等人自也未曾例外。有待注意的是，這些「歷史」認知，在許多人看來，包含著可能矮化歷史甚至動搖歷史的成分。

㈠ 歷史是有用的「工具」

廣義來說，無論是賦予歷史教育提振對國家民族向心力的大任，或讓歷史教學擔負個人與社會謀合的媒介，這些要求都是基於歷史不能置身於國家、社會、學校之外，歷史科的教學必須具有「相關性」。英國伯思頓（W. H. Burston）的說法頗能展現出此一立論特色：

> 歷史是關於過去，教育是關於現在，並且關切的是藉由適當的學習，促進生活於現在下的個人。因此，對歷史家和歷史教師而言，問題在於如何證明歷史與現在的相關性……。(95)
>
> 「相關性」所指為何？就普遍的意義來說，任何教育上的學習都必須具備相關性，否則不足以稱之為有教育意義（educational），亦即，它必須改進當今人們與其現實生活的關係，不論是工作或休閒方面，不論是就個人身分、公民身

(95) W. H. Burston, "The Place of History in Education," in W. H. Burston and C. W. Green (eds.), *Handbook for History Teachers* (London: Methuen Educational, 1972), p.8.

分或作為社會一分子。就此而言，所有的學問研究都必須要
能顯示某種相關性，儘管這種相關性對一些表面看來無所關
連的學問（studies）來說，很可能得要經過一段漫長的時期，
最終才能看出。**❾⑥**

　　在以上不算短的引文中，伯斯敦將「過去」的「歷史」與「現
在」的「教育」應有的關係充分鋪陳。他堅稱的一點是：歷史必須
具有相關性，才具有教育意義。巴騰和雷絲蒂克等若干學者也正是
以此為出發點，勾勒歷史教育的目的。從某方面來說，這樣的陳述
披露了「歷史科」（history as a subject）在現實環境下脆弱而不穩定的
地位。巴騰等學者確實期望強化學校中開設歷史課程的必要，但反
過來說，特意的凸顯又恰恰反照出在他們心中，歷史的危急處境。

　　另一方面，歷史必須具有「相關性」，亦即學習歷史是為了達
成「現在」的各種目的，無論這些目的為何，都是屬於「現在主
義」（presentism）式的看待歷史。「現在主義」的思考特質是把歷
史當成「工具」（vehicle）。例如懷特從不隱瞞他如是之想。他經常
在字裡行間使用「工具」一詞去形容歷史的作用。**❾⑦**對懷特來說，
學校中的歷史科一如其他科目般，乃是行遂某些歷史以外目的的手
段，而且這是無庸置疑的事理。

　　至於在美國，由於「社會學習」課程一向和培育民主社會好公

---

❾⑥　W. H. Burston, "The Place of History in Education," p.18.

❾⑦　John White, "The Purpose of School History: Has The National Curriculum Got It
　　Right?" p.13, 15.

民的關係深厚，歷史「工具論」的思維更是明顯，所謂歷史是「公民教育的手段（instrument）」，❾❽或「開創有用的過去」、「歷史是教導學生瞭解多元族群、文化的工具」等用語說法甚為普遍。❾❾即使是 1987 年加州所推出「歷史──社會科學架構」那樣一個具有新意的課程規劃，也仍然不脫「工具」性的視角，宣稱歷史是「為維繫一個民族和一個國家的（社會）認同之工具。」❿

誠然，以歷史為「工具」說，未必直接訴諸狹隘的國族主義，尤其晚近以來，隨著社會日益開放、多元，僵化而帶有威權性質的愛國主義很難喚起共鳴。相反的，現代社會中經常可聞的是所謂加強集體認同、提升公民文化素養云云。值得留意的，高唱這些目標者往往意在宣揚建立共同的語彙概念、傳遞共同的文化遺產，其目的多半也是為了保存而非批評傳統。例如在大學任職的雷菲曲（Diane Ravitch），以護衛「人文學」為己任，惋惜歷史教學受到社會科學「功利主義」（utilitarianism）傾向的侵襲，愈來愈注重分析比較，卻也越加表淺，因而喪失這個科目最珍貴的文化「教養」（literacy）價值。⓫雷菲曲的嘆息之聲未遠，不過數年，當 1994 年加州大學推出「全國歷史科標準」規劃，而捲起歷史教育爭議的浪

---

❾❽　R. Freeman Butts, "History and Civic Education," p.61.

❾❾　Charles Wollenberg, "A Usable History for a Multicultural State," in Bernard R. Gifford (ed.), *History in the School: What Shall We Teach?* p.108.

❿　轉引自 Peter Seixas, "Parallel Crises: History and the Social Studies Curriculum in the USA," p.245.

⓫　Diane Ravitch, "From History to Social Studies," in Bernard R. Gifford (ed.), *History in the School: What Shall We Teach?* pp.51-53.

潮時，她卻與琳恩錢尼站在反對的線上，批判該套歷史標準動搖美國文化傳統的根基。顯然，他們心中所執著的仍然是歷史作為延續文化命脈乃至安定社會現狀的手段。

　　同樣的，1960 和 1970 年代英國某些歷史教研人士，為使歷史教育脫除國家目的的箝制，特別提出「相關性」訴求，強調學校歷史科必須貼近學生和未來的社會生活，乃有「歷史科 13-16」這類教學實驗的創制。此一「相關性」的呼聲本質上仍屬歷史「工具」說的思考脈絡。歷史科的合理性依然建築在某些外在目的的基礎上。

　　從「相關性」的定位，繼而產生「工具化」歷史的思維，姑且不論歷史科的主體性因此受到壓抑這點，較令人擔心的是，這類看待歷史的方式，可能流於簡化甚至扭曲了所謂「歷史」。

㈡　「歷史」是一些固定的、有用的史事

　　值得玩味的，以歷史為實現其他目的的「工具」，這些目的無論是建構共同的文化基礎，或是認識當今社會型態的由來、增進認同感……等，顯然都必須借助特定的事實知識才能達成。這是否意味著，在前述專家學者的眼中，「歷史」同等於一些固定的、有用的史事？

　　不妨先看看懷特之見。他曾提及，欲成為自主自決的公民，條件之一是得達到某種程度的自我瞭解（self-understanding），或者在看待事物時必要具備「歷史的維度」（historical dimension）。他以為，瞭解自己亦可說是瞭解個人生活中那些具有支配力的種種衝突、交錯的價值體系；這些價值非個人所創，是承自社會本身久遠的文化傳統。懷特舉例說，人文主義理念的濫觴是希臘文化和基督教教

義，而工作和家庭在當今日常生活中佔據特有的地位，是從十七世紀時就已確立下來。⑩除此之外，他認為藉由「歷史的維度」還可以幫助學生瞭解上個世紀工作型態的變化、普選制度如何形成、工時減低及休閒工業的發展等，這些知識將有利於學生在各種人生規劃中進行選擇。⑩

雖未明指，但依上述歸納，懷特對「歷史」的具體期望顯然是提供某些「有用」的「史事」，好充實學生的涵養，增強他們對現實的認知，以順利經營現實生活。亦即歷史課程教給學生的應該是某些具有意義的過去之事，而所謂有意義，決定的基準是「當前的需要」。換個方式來說，懷特所懷抱的「歷史」乃是「過去的、有用的事實」，因為那些「事實」有助於說明和解釋人們看重的「現在」。

當然，懷特承認這些事實必須依循某些方法和原則，經過探討，才可以水落石出。他說：「只要適當的遵從客觀（objectivity）和無私（impartiality），我不認為有任何理由可以說他們（按：指學生）所學的歷史不能是真正的歷史（genuine history）。」⑩就此來看，懷特所想像的「過去」和「現在」的關係似乎是已經確定的、固定的。例如他說及人文主義理念的起源、今日崇尚家庭價值的原

⑩　John White, "The Purpose of School History: Has The National Curriculum Got It Right?" p.17.

⑩　John White, "The Purpose of School History: Has The National Curriculum Got It Right?" p.16.

⑩　John White, "The Purpose of School History: Has The National Curriculum Got It Right?" p.14.

因，都有一定的答案可循。依著這樣的思考邏輯，那麼歷史就是一
則既定的故事，一些非常確定的事實。

懷特的觀點倒和另一位英國史家史基德斯基（R. Skidelsky）的說
法可以相互比擬。曾在 1980 年代大肆批判英國「新歷史科」改革
運動的史基德斯基，在一篇報紙文章內聲稱：大部分的歷史事實不
會引起爭論，雖然解釋性的活動始終在進行之中，但這些都屬於歷
史的「邊緣」，並不影響「共有中心」的真確性。因此研究歷史者
要做的是避開意識型態，忠於事實，真相便可以浮現。❿

懷特和史基德斯基可能都會同意：只要排除意識型態的左右，
就能得出真正的歷史、真確的事實。或許正因心中早有某種「真確
的」歷史的定見，一旦目睹他人從不同的角度得出相異的甚至相反
的歷史見解時，如史基德斯基這類激進的保守派總是難以接受，並
指斥那是「政治化歷史」的陰謀。於此也不難理解，當 1992 年 10
月英國首相梅傑（John Major）見到新的「歷史科國定課程」時，會
公開宣稱他再也無法忍受這種「對歷史陰險的攻擊」，「對這個重
要學科的傳統精髓的挑戰」。❿梅傑憤怒的背後自然也是出自和懷
特一般的「歷史」之見──「歷史」有著極為固定的形象、極其穩
定的事實疆界。

同樣的，當美國的史登斯宣稱歷史是「淵博的材料」、「資訊
貯存庫」，麥克尼爾強調歷史提供的「集體記憶」可以建立人我的

---

❿　轉引自 Keith Jenkins，賈士蘅譯，《歷史的再思考》（臺北：麥田出版社，
　　1996），頁 102-123。

❿　David Sylvester, "Change and Continuity in History Teaching 1900-93," p.21.

共通基礎，潤滑社會關係時，他們心中設想的歷史多半是某些有用的史事；儘管這些史事需要以「謹慎和批判方式」去建立，它們最終可能仍是「一套核心知識」（a core of knowledge），[107]如此始能成為人所共有的思想背景。甚且在某些人士心中，這些史事還必須是沒有爭議、單一解釋，否則如加州大學擬定的「全國歷史科標準」中，單單「華盛頓」之名出現次數的多寡，便已惹起無數的紛爭。

　　總結來看，從英、美二十世紀歷史教育的發展脈動到兩國教育學者如懷特、巴騰和雷絲蒂克有關學校歷史的定義論說，可見的一個思考趨向是：學校中的歷史理應承載政治功能和社會責任。而支持這點最有力的理由，或說所根據的一個無法逃避的現實即為：歷史教育隸屬學校教育，「歷史」是學校科目之一；歷史與學校不能與廣大的政治和社會情境割離。

　　在上述眼光之下，「歷史」被要求具有「相關性」，需得挑起社會國家認同的重擔，也應該肩負培訓學生民主制度所期許的素養之責。對巴騰和雷絲蒂克而言，這無疑也是歷史科爭取立足學校課程中的最佳利器。只不過，這樣的論證產生了一個問題：所謂討論、探索、溝通等方面的能力，並非唯獨歷史學可以提供，任何科目都能透過適當的教學方式，幫助學生獲得這些技能。果真如此，一味強調歷史和民主德行的養成相關這點，對於提昇歷史科的獨立地位，效果恐怕有限。更嚴重的是，這似乎反證了：歷史可以被其他科目所取代。

---

[107]　Nathan I Huggins, "American History and the Idea of Common Culture," in Bernard R. Gifford (ed.), *History in the School: What Shall We Teach?* p.122.

　　除此之外，從政治與社會觀點詮釋歷史教學，無形中把「歷史」「工具化」了。歷史科若是必須附著於其它的目的而存在，學習歷史免不了得先認同當今的某些價值觀和社會制度。如此一來，批判的、論辯的立場如何堅守？客觀的討論和探究何以維持？所以，縱使懷特也曾表示，學生必須遵循資料和證據的引導，不能驟下結論，⓮此一論證放在工具化思考歷史的架構下，最終可能成為一個自我矛盾的難題。

　　更何況，與「工具化」觀點相依存的一個看法是：「歷史」即為一些確切不移的事實，這些事實使人們能夠「正確地」知道過去如何演進至現在。至此，關鍵的問題便在於：「歷史」是什麼？「歷史」果真只是懷特等人所設想的那樣嗎？

　　二十世紀以降，隨著史學自身內部的反省，歷史究竟是一則既定的故事，或是一些不確定的、可爭辯的解釋？過去與現在的關係是固定不移的，或是浮動的而暫時性的？「客觀中立」是可以實現的境界，或只是一個高貴的夢想？意識型態可否完全排除、「真正的歷史」是否唾手可得？「真確的事實」和「有爭論的解釋」是構成「歷史」的兩大區塊嗎？這些問題和辯論充斥於百年來歷史學界之中，並且推動著歷史學形象的不斷更新。如果懷特等人認知的「歷史」早已破碎不再，那麼他們所持的歷史教育理論恐怕也是大有疑義。

　　同樣任教於倫敦大學的李彼得（Peter Lee）即對懷特的歷史教育觀點提出質疑。他在 1990 年代初期和懷特進行過一兩次筆戰。李

⓮　John White, "The Aims of School History," p.8.

彼得最重要的聲明即為：學生學習歷史其目的必須從學科本身自具的價值去尋求，而不能優先訴諸個人和社會目的；「歷史」不只是一連串的史事，更包含得出這些史事所需的思考與方法。

　　熟悉現代史學發展的李彼得代表的是政治和社會觀點之外，英、美某些歷史育研究者轉由歷史這門「學科」的知識特質入手，嘗試為歷史教育找尋另一種意義。

第三章
爲什麼要教／學歷史？
——「歷史學科」觀點

　　1980 年代，無論英國或美國，都歷經「回歸歷史」的熱潮，也都遭遇歷史教育所引發的風暴。但另一方面，這些社會震盪恰恰也是促使歷史教育的思辨愈加活絡的溫床。除了一般可見由政治和社會角度合理化歷史教育之外，另一種思考也已形成氣候，力圖抗衡，此即從歷史的「學科」特質出發的歷史教育觀點。

　　當然，強調歷史教育應該教導學生有關歷史學科的思考和探究方法的這類主張，偶爾總會迴盪於二十世紀的某些時空中。例如 1960 年代，劍橋大學專研憲政史的柯拉克（G. Kitson Clark）在《批判的歷史家》（*The Critical Historians*）這本書前言內，已經提及：歷史教育對年輕人的訓練來說，不管他們是否打算從事歷史研究，幫助最大的是讓他們由歷史學術的方法中獲得防衛武器（antiseptic）。柯拉克說，人們在日常生活裡其實不斷面對各式各樣的「歷史」，譬如報紙上所載的歷史，還有過去所遺留下來的陳年問題，以及一般話語和思想中來自過往的某些成分等等，但這些「歷史」經常因

為不同的原因而不可靠，卻又影響個人心智甚鉅。柯拉克因而認為，「歷史」得天獨厚，它的批判精神正可以提供人們對抗劣質的歷史、被人濫用的歷史。他懇切向教師們推薦：給年輕人介紹過去一個半世紀以來歷史學科所發展出的方法，至為重要。❶

其後的 1970 年代，蓬然興起的英國「新歷史科」運動更是鼓吹教導歷史學科獨有的思考和能力，不遺餘力。「歷史科 13-16」這個大規模的教學實驗，對於銜接專業研究的「歷史學」和學校教育中的「歷史科」，尤其功不可沒。

但要注意，上述來自不同方向的呼籲，未必都是直接從學科的特質著眼。如倡議「新歷史科」運動者，念茲在茲的是歷史科與個人和社會的「相關性」，至於教導歷史學的方法和思考，毋寧是相應而提出的主張。真正由「歷史學」出發，以回應學校中「為什麼要教／學歷史？」的問題，恐怕是 1980 年代之後才見成熟的看法。當今英、美歷史教育界中，如倫敦大學的李彼得、美國史丹佛大學的溫伯格都以提倡此一觀點聞名。

然而，無論「新歷史科」的支持者或李彼得、溫伯格等人，他們能將歷史的「學科」性導入歷史教育，進行論述，不可忽略的背景是：二十世紀以來「歷史學」本身知識論的重大發展。

本章先由近代史學發展下「歷史」意涵的變化切入，繼而分析以歷史學科角度定位歷史教育意義的重要主張，最後並討論政治、社會取向和學科取向兩類觀點之間的對立與拉距關係。

---

❶ G. Kitson Clark, *The Critical Historians* (New York: Basic Books, INC. Publishers, 1967).

第一節 近代「歷史」之義的轉變

　　深入觀察各國歷史教育的紛爭，經常可見的是，爭論者心中所勾勒的「歷史」圖像、所劃定的「歷史」教育範圍，往往不一。也就是說，你來我往、唇槍舌戰之際，論戰各方很可能打從出發點就已意見分歧，致難謀合。畢竟「認知」與「期待」經常互為表裡，論辯歷史教育的目的，總牽連著所理解的「歷史」為何。

　　前章所述，著眼於政治和社會目的而論道歷史教育者，思及「歷史」以及「歷史」做為學校科目之一的意義時，有其潛見。他們視歷史為工具，認定歷史是一些固定而有用的史事。但是，對歷史的這般設想，在二十世紀中葉以後卻面臨難以抵擋的衝擊。英美學界對所謂「歷史」的界域進行了深刻的反思，並不斷翻新「歷史」的老舊形象。至二十世紀下半葉，「歷史」這門學問的形貌與內涵已大不同於以往。

一、從科學史觀到後現代史觀

　　「歷史」是什麼？這是一個歷史學界自來爭論難休的爭議，也是一個多世紀以來歷史理論中的核心問題。各方專家對此論題看法不一，單從臺灣坊間幾本西方專業史學書籍略加歸納，其中有關「歷史」之義南轅北轍的說明，已可見出人們觀點落差大之。

　　例如出版於 1980 年、薛佛（Robert Jones Shafer）所著《史學方法論》（*A Guide to Historical Method*）這本書，羅列出三種英語意義下的「歷史」。薛佛說「歷史」首先指的是過去的事件，即實際發生之事。其次，「歷史」一詞意味著事件的紀錄或敘述，如希臘的希羅

多德將波斯人和希臘人的戰爭起因和事件「記錄」下來而寫成的《歷史》（*The Histories*），即屬此類。最後，「歷史」一詞意指一門學科，一個研究領域，這個學科已經發展出一套方法和概念，而通過這些方法和概念，歷史學家得以收集、評價有關過去事件的證據，並就某些課題進行有意義的討論。❷

　　以上三個定義分別指涉過去發生過的「事件」、過去事件的「紀錄」或「敘述」、研究過去的「學科」等三個層次。乍看之下，如此分類井然有序，作者在此似乎有意一舉涵蓋「歷史」所有內容，以免掛一漏萬。然而，啟人疑竇的是：為什麼一個「歷史」可以包含如此多重的意義？這些含意可以同時並存而不衝突嗎？

　　首先，暫不論所謂「記錄」、「敘述」其實已經含有「人為成分」、甚至「研究」的加工程序在內，即使把「記錄」、「敘述」當成「純粹的」材料來看，第二個層次和第三個層次的定義基本上也很難並立。這是說，歷史如果同等於過往種種的「紀錄」或「敘述」（第二層次的意義），那意味著後人只需「匯集」資料，便可「拼湊」出事件本身。那麼歷史家的工作頂多是費些力氣，「整理」、「彙編」各種記錄即可，實無須運用所謂的「方法」、「概念」以重建和解釋過去。相對而言，第三個層次的「歷史」之義，亦即歷史之為一個「學科」，其所含的信念卻是：面對前人留下來且摻雜各種虛實真假的「記錄」，史家必須運用特有的研究方法和專業概念，加上個人的識見，才得以部分地建構過去。顯然，薛佛

---

❷　Robert John Shafer，趙干城、鮑世奮譯，《史學方法論》（臺北：五南出版社，1996），頁 2。

的第二個詞意和第三個詞意之間存在著命題上的矛盾。

　　放下薛佛，我們還可以找到極不相同的「後現代」史學觀點。詹京斯（Keith Jenkins）在《歷史的再思考》（*Rethinking History*）這本書第一章「歷史是什麼」內，宣稱：「歷史是一種由歷史學家建構出的自圓其說的論述。」❸詹京斯說，過去已經一去不返，甚至就經驗層面來說，過去早已不存在，頂多留下一些斷簡殘篇、蛛絲馬跡，聊供歷史家的研究之用。然而這些材料又都包含著主觀的意見，並不是「真正的」過去本身。更且由於不存在任何「真確的過去」之事以資對照，史家甚至無法用「真」、「假」作為標準，去判定各種「歷史」的高下。因此，「歷史是歷史家對過去的解釋」，❹歷史家個人思維的產物。總而言之，詹京斯認為「歷史」根本是史家的建構，這樣的觀點幾乎否定了前述包涵著三種層次的「歷史」意義。

　　單看上述兩例，已足以令人困惑：為什麼一個「歷史」，會有這樣截然不同的表述？其實，答案不難找著，只需將這些意義納入時間的系絡下考察，便可發現，它們其實出於不同的時空背景，而且這些定義正標誌著時間之流中，「歷史」所曾歷經的巨大變化。

　　自十九世紀中期以來，「歷史」在許多研究者的推動下，逐漸由一般的業餘文化活動，轉型為一門專業之學。此一過程無疑受到當時盛行的「科學主義」推波助瀾，所謂「歷史科學」的觀念也由

---

❸　Keith Jenkins，賈士蘅譯，《歷史的再思考》（臺北：麥田出版社，1996），頁 68。

❹　Keith Jenkins，賈士蘅譯，《歷史的再思考》，頁 57。

此而興。在「歷史科學」的觀點下，某些史家認為只要耐心浸淫於故紙堆中，細心而客觀的耙梳史料如披沙揀金，即可讓「事實」現形；「事實」彷如遺落在文書尺牘之間的寶藏，只待研究者的探訪，便得重見天日。這樣的思考假定了「事實」是既存的、中立的、無可置疑的。至於歷史家所該努力的是達到「絕對合乎事實」的探究標準，他唯一的職責在於「把未受損害和未經渲染的事實（facts）呈獻給讀者」。❺

與上述觀念相隨而行的是某種樂觀和信心：文獻的鑑定工作有時而盡，歷史的研究和撰寫也終將會有完成的一天。英國的艾克頓（Lord Acton）爵士在 1886 年，為劍橋大學出版「現代史」一事而發表演講時，就充分展現了這份確信。他說：「用最有效的方法……來記錄這十九世紀即將遺留給我們的全部知識，確是一個難得的機會，……大家如能分工合作，我們就不難完成這件盛事，並將最後一個文件和各國研究的最成熟結果，貢獻給每一個人。」❻對艾克頓和當時的一些學者而言，「歷史研究」確實會有窮盡的一日，而「歷史」即是史家所發現、所描述的那些過去之事。

然而十九世紀某些歷史學者曾擁有的樂觀期待並未能持續久長，在往後的數十年間，科學式的歷史觀念不斷受到挑戰，難以為繼。

---

❺ 這是出自英國歷史家伯里（J. B. Bury）的話。參見 J. B. Bury, "The Science of History," in Harold Temperley (ed.), *Selected Essays of J. B. Bury* (Cambridge: University Press, 1930), p.6.

❻ E. H. Carr，王任光譯，《歷史論集》（臺北：幼獅文化事業公司，1995），頁 1。E. H. Carr, *What is History* (Middlesex: Penguin Books Ltd., 1990), p.7.

　　二十世紀初期的歷史研究形式上承續了「科學化」的趨勢，同時為進一步加強歷史知識的客觀真確，一些歷史學家積極地向社會科學理論與方法靠攏。環顧二十世紀上半葉主導西方史學的幾大學派：馬克斯學派、年鑑學派以及美國的現代化史學，三者殊途同歸，共同織綴出一幅極具特色的史學景象。❼這些學派將理論、模式以及量化方法，全面應用於歷史研究之中，藉以提高歷史的科學性。這些努力不但將歷史導向「問題探究」模式，也開創了許多前所未見的探求歷史的路徑。不過反過來看，這些發展卻又對十九世紀頗為普遍的歷史信念帶來致命性的傷害，此既有信念是：歷史「事實」透明自在，無須史家的思想和意念貫串其中。

　　上述新的研究型態一方面打開了政治史以外的更多未開發領域，由是艾克頓所預期的「定論歷史」（ultimate history）不但沒有立即出現，反倒還顯得遙不可期。另一方面，歷史採納社會科學的探究方法，承認「理論」運用於研究上的效用，此無異指明歷史家的意念和判斷根本是「歷史」形成的必要基礎。年鑑史家布洛克（Marc Block）在《歷史學家的技藝》（*The Historian's Craft*）一書中，即不斷申明，史家的選擇乃是啟動考察過去歷程不可或缺之鑰。❽

---

❼　Georg G. Iggers，楊豫譯，《二十世紀的史學》（臺北：昭明出版社，2003），頁 4-5。Georg G. Iggers, *Historiography in the Twentieth Century* (Hanover: Wesleyan University, 1997), pp.3-4. 喬依絲‧艾坡比、琳‧亨特‧瑪格麗特‧傑考著，薛絢譯，《歷史的真相》（臺北：正中書局，1996），頁 73-82。Joyce Appleby, Lynn Hunt & Margaret Jacob, *Telling the Truth about History* (New York: W. W. Norton & Company, 1995), pp.78-79.

❽　Marc Block, *The Historian's Craft* (Manchester: Manchester University Press, 1963).

同樣的，馬克斯學派的霍布斯邦撰寫〈從社會史到社會的歷史〉（From Social History to the History of Society）這篇文章，亦欲昭告「理論」帶動研究的必要性。他說：「研究社會的歷史，需要運用形式化且精巧的模式來處理結構問題，如果不行，那麼至少要建立一個優先的順序以及工作假設，才能構成主題的核心以及核心周圍的廣泛連結，這樣也隱約能構成一個模式。」❾歷史與科學、社會科學的結盟，最終卻是反襯出歷史事實無法脫離理論、觀點的脈絡而獨立自存。

　　與此同時，在歷史哲學的領域內，相對論色彩也逐漸浸染許多史家的思想世界。卡爾貝克（Carl Becker, 1873-1945）在那篇發表於1931 年的著名文章〈人人都是自己的歷史學家〉（Everyman His Own Historian）內，將「歷史」分出兩層意思：第一是意指實在的、過去發生的一些事件。第二是意指後人存在記憶中以及意識之內的一些事件。雖然卡爾貝克不忘提及第一層意義的歷史，他毋寧更要強調：歷史是人們腦中的留存。他聲稱「歷史作為社會記憶的人為延伸物」，因此：

> 歷史是故事，……這個故事運用各種文學藝術的發明去呈現一系列的事件……去產生令人滿意的意義。由歷史家所寫的歷史……因此就是揉雜著真實和虛幻，以及一般我們所區別

---

❾　黃煜文譯，《論歷史》（臺北：麥田出版社，2002），頁 149。Eric Hobsbawm, *On History* (London: Weidenfeld & Nicolson, 1997), p.81.

的「事實」和「解釋」。❿

又如英國哲學家柯靈烏（R. G. Collingwood）主張，歷史是一種特殊型態的思考，這種思考即是重演過去人們思想中的思考，他因此說：「思想的歷史，以及可以說所有的歷史，就是過去的思想在歷史家心中的重演。」⓫柯靈烏的名言直指主觀的思考乃是歷史構成的必然因素。

如上所見，二十世紀上半葉無論是歷史研究趨向或歷史哲學家的思考都不斷彰顯歷史事實的相對性特質。歷史學者無可抹煞的主觀之見，使得「歷史事實」不再如想像般的純粹；歷史不再只是過去的「紀錄」。

但值得注意的，即使在此發展下，關於「歷史」和「過去」之間的聯繫仍算牢固。試看 1961 年，卡耳說：「歷史是歷史家和事實之間不斷交互作用的過程，『現在』和『過去』之間永無終止的對話」，⓬前一句話可視為卡耳相對論思想的表現，後一句話則多少透露出他仍然堅信，今古之間溝通是可能、可期待的。卡耳甚且毫不懷疑，事件的因果鎖鏈經由史家運用理論、審慎解釋，必然可

❿　Carl Becker, "Everyman His Own Historian," *American Historical Review* 37 (1931-1932), p.232. T. S. Hemerow, *Reflections on History and Historians* (Wisconsin: The University of Wisconsin Press, 1987), p.35.

⓫　R. G. Collingwood, *The Idea of History* (Oxford: Oxford University Press, 1969), p.215.

⓬　E. H. Carr, 王任光譯，《歷史論集》，頁 23。E. H. Carr, *What is History*, p.30.

以完整無缺的浮現出來。❸至於卡爾貝克認為歷史摻雜著「真實」「虛幻」、「事實」「解釋」的二分思考，也正顯示他心中存著一份認定：虛幻和人為解釋的雲霧下，埋藏著某個「真實的」歷史。

　　儘管受到社會科學方法的影響以及歷史相對論的熏染，「歷史」和「過去」之間的溝通管道並未斷絕。然而自 1960 和 1970 年代之後，語言學文析理論、新文學批評理論相繼接踵而來，並逐漸雕塑出「後現代主義」（postmodernism）的思想風尚，❹且在 1980、1990 年代給歷史學帶來深重的危機。最重要的，「後現代主義」有如一把利劍，將「歷史」與「過去」一刀切為兩段，成了無法相通的兩個世界。「後現代主義者」直言：❺「過去」一旦過去了，其與現在之間再也無法搭起來往的橋樑。不單如此，在新思潮的剖析下，「歷史」無論是從其研究過程或其表述的特質來看，已經不再能與社會科學並列，反倒是愈來愈如文學的近親。

　　二十世紀最後的二、三十年，「後現代主義」的聲勢似乎難

---

❸　E. H. Carr, 王任光譯，《歷史論集》，頁 84-85。E. H. Carr, *What is History*, pp.93-94.

❹　「後現代主義」就如「啟蒙」、「浪漫主義」等詞那般，是一個頗為寬鬆的指稱。被歸類為「後現代主義者」可能有些共通的討論焦點和信念如：否認可以為外在世界（無論是現在的或過去的）找到一個單一的「真正的」圖像、追求多元化的閱讀和解釋經典論著、對於文本和現實之間的關係特別關注……等。Michael Bentley, *Modern Historiography: An Introduction* (New York: Routledg, 1999), pp.40-41.

❺　許多被人們稱為「後現代主義者」如羅蘭巴特、德希達、海登懷特等，都堅決否定這樣的標籤。請參考 Georg G. Iggers，楊豫譯，《二十世紀的史學》，頁 155。Georg G. Iggers, *Historiography in the Twentieth Century*, p.100.

敵。就某方面來說，此一思想力量分從不同的面向進擊，彷彿就要
瓦解歷史學一百年來安身立命的基礎。據「後現代主義者」所論，
「過去」不復存在，歷史學家只是依據「過去」殘留的「遺跡」
（traces）進行研究。然而這些歷史家用來描述過去的「遺跡」或者
「文本」，本身也是「歷史化」（historicized）的產物，並非「過
去」本身。因此歷史學家所趨近的「過去」絕非、也永不可能是
「真正的過去」。此所以詹京斯說：「歷史乃論述過去，但絕不等
於過去」，❻德希達（J. Derrida）更認為：整個世界就是一個文本，
再無其他。❼

　　因這波思想的巨浪而受到挑戰的，還不僅僅是歷史學用以建立
知識的基礎，也包括歷史學家用來表述的語言和論證方式。羅蘭巴
特（Roland Barthes）於〈歷史論述〉（Historical Discourse）這篇文章內指
出，年代記和編年史這類「歷史」只是一些孤立無組織的拼湊，沒
有任何意義；歷史論述如果要具意義，端賴歷史學者給予解釋或賦
予道德、政治教訓。有鑑於此，巴特強調：「歷史論述本質上是意
識型態、或甚至是想像的產物，這根源於我們相信：想像性的語言
負責開啟了從純粹語言的實體變成心理和意識上的實體這一轉換之

---

❻　K. Jenkins, *Rethinking History* (London: Routledge, 1995), p.6. Keith Jenkins，賈
　　士蘅譯，《歷史的再思考》，頁 56。

❼　轉引自 Dominick LaCapra, "History, Language, and Reading: Waiting for
　　Crillon," in Brian Fay, Philip Pomper and Richard T. Vann (eds.), *History and
　　Theory: Comtemporary Readings* (Oxford: Blackwell Publishers, Ltd., 1998),
　　p.101.

道。」⓲同樣的，海登懷特（Hayden White）也說：「……以語言虛構（verbal fictions）為主的歷史敘事（narratives），其內容中所含的『創造』（invented）成分之多不下於『發現』（found）成分，歷史敘事的形式與文學的相似毋寧更甚於科學。」⓳

上述這些學者針對歷史研究所用的「文本」、歷史呈現所運用的敘事語言和論述形式一一進行解析。他們層層剝離出「文本」所載並非「過去」的事實，而毋寧是「語言」構造出的事實，其中大半含有想像和虛構的成分。換言之，與歷史家真正對話的不是「過去」本身，而是充滿主觀意識的「文本」。由此推論，被寫出的「歷史」自然也不會是「過去」的重現，而是史家意識型態下的「造物」。巴特甚至明指，這樣的主張早已反映在歷史著作近年來逐漸捨棄常見的編年架構敘述這一現象上：

> 觀諸當代歷史家，敘述的式微極為明顯，他們常以結構而不是以編年（chronologies）書寫，這決不只是學派之間的變遷這麼簡單的意涵而已。它事實上呈現的是一種根本性的意識型態的轉換：歷史敘事已經日薄西山；自今而後，歷史的試金石與其說是真實（reality），不如說是可理解度

⓲ Roland Barthes, "Historical Discourse," in Michael Lane (ed.), *Structuralism: A Reader* (London: Jonathan Cape LTD, 1970), p.153.

⓳ Hayden White, *Tropics of Discourse: Essays in Cultural Criticism*, (Baltimore: The John Hopkins University Press, 1987), p.82. 關於懷特的歷史理論，可參考李鑑慧，〈知者無罪：海登懷特的歷史哲學〉，《臺灣社會研究季刊》52 期（2003，臺北）：頁 1-55。

（intelligibility）。**❷⓪**

　　巴特此處所說的歷史敘事，是指長期以來歷史書寫盛行以時間前後順序串編事件或故事流變的形式。他注意到這樣的敘事方式已被更強調問題、探索、建構等結構取向的歷史書寫所取代。關於這一替換，巴特認為不能視為偶然，那是「歷史」觀念發生變革的徵象。

　　總之，經過後現代主義者前仆後繼的「解構」，十九世紀以來所建立的「客觀的」歷史高臺眼看著已傾頹半倒，歷史學家一向自恃以「還原過去」為本務的信心亦似乎不斷流失。巴特還語重心長勸告歷史家：未來檢驗歷史的標準不必再是與「真實」的符應程度，而是「可理解度」。

　　受到這股強大思潮之衝擊，「歷史」確實面臨何去何從的窘境，一些涉及「歷史學」存在的根本問題也隨之浮現，例如：史家是否應該從此放棄他們向來自詡的「第一級任務」（first order of business）──重建文件及其作者所生存的時空情境（context），因為看來那樣的「過去」已經遙不可得？歷史學者是否不該再嘲弄古為今用的「現在主義」（presentism），而該要正視現實，開始將回應「今日」的問題當成史學的首要之務？**❷①**

---

❷⓪　Roland Barthes, "Historical Discourse," p.155.

❷①　David Harlan, "Intellectual History and the Return of Literature," *American Historical Review* 94 (1989), pp.608-609. Harlan 在這篇文章內指出，從現代文學批評理論和語言哲學的角度來看，歷史家聲稱要去掌握甚至復原文獻所在的時空情境，根本是不能完成的夢想。他還勸告，歷史學者最好放棄這樣的念頭。

　　誠然，許多歷史學者眼見「後現代主義」幾乎把「歷史」推至學術懸崖邊緣，深以為慮。如《二十世紀的史學》（*Historiography in the Twentieth Century*）作者伊格斯（G. G. Iggers）便對此現象頗為關注。他擔心後現代主義力量過度膨脹，最終歷史撰述將完全失去意義。他也批評後現代主義者不但徹底消除了「歷史的敘述」和「虛構的敘述」之間的界線，還模糊了誠信不欺的「學術」與「宣傳」兩者間的分際，這樣做是把洗澡水連同嬰兒一塊倒掉。㉒

　　當然也有學者抱著較為積極的看法。撰寫《歷史的真相》（*The Truth of History*）的三位女性史家艾坡比（Joyce Appleby）、亨特（Lynn Hunt）和傑考（Margaret Jacob）相信，社會科學的模式、多元主義、後現代思潮有助於解消十九世紀以來單一歷史敘述的權威。她們說：「我們非但不把相對主義、後現代主義、虛無主義，以及其他唯我論的思想排除在討論之外。反而要匯聚所知，找出這些評論和有關知識的長久對話間的關係。」㉓

　　至於出身英國牛津大學的伊文斯（Richard Evans），在《為歷史辯護》（*In defense of History*）一書中對後現代主義的過熱效應亦持有防範之心，另一方面卻也坦然承認，這一學術浪潮於歷史研究具有正面的意義，例如能夠拓寬歷史寫作的領域、重新肯定好的文筆在歷史著作中的重要性，以及促使歷史學家審慎看待文獻並思考文本

㉒　Georg G. Iggers，楊豫譯，《二十世紀的史學》，頁 17。Georg G. Iggers, *Historiography in the Twentieth Century*, p.13.

㉓　喬依絲·艾坡比、琳·亨特、瑪格麗特·傑考著，薛絢譯，《歷史的真相》，頁 287。Joyce Appleby, Lynn Hunt & Margaret Jacob, *Telling the Truth about History*, p.308.

和敘事的關係。❷

　　儘管如此，這些歷史學者確實都意識到後現代主義旋風橫掃的威力，尤其是「歷史」和「過去」似乎從此成了陽關道和獨木橋，彼此無關無涉。歷史豈不淪為「虛空」，只不過是史家的獨白？上述幾位史家乃不得不重申「歷史」和「過去」之間的可對應處，以鞏固歷史的學術地位。

　　艾坡比等三位女史說：「相信人感知的世界與外在實有的世界的確有相符之處；而一般的準則，即便是歷史的產物，也確實可以發揮區別是非真假的作用。」❷這些女性史學家相信，歷史學術準則，儘管可能因時代而有所不同，仍然可以對史學作品產生規範和正面的作用。伊格斯亦一再表明：「歷史敘述所講的是真實，不管歷史學家靠近事實的方法有多麼複雜或多麼間接。」❷伊文斯更是說得明白：

　　　　世上確有超乎文本之外的事實存在。歷史學是一門經驗性的學科，它關注的是知識的內容，而不是知識的本質。透過我們所使用的資料，以及處理資料的方法，如果我們是非常謹

---

❷　Richard Evans，潘振泰譯，《為歷史辯護》（臺北：巨流出版社，2002），頁 285-293。Richard Evans, *In defense of History*, (New York: W. W. Norton & Company, Inc., 2000), pp.210-217.

❷　喬依絲·艾坡比、琳·亨特、瑪格麗特·傑考著，薛絢譯，《歷史的真相》，頁 264。Joyce Appleby, Lynn Hunt & Margaret Jacob, *Telling the Truth about History*, p.283.

❷　Georg G. Iggers，楊豫譯，《二十世紀的史學》，頁 228。Georg G. Iggers, *Historiography in the Twentieth Century*, p.145.

慎而周到的，我們便能重建過去的事實。這樣重建出來的過
去的事實，可能是部分的、暫時的，而且當然不會是全然不
涉私見的，但是，它仍然是真實的。……這並非意味對於任
何一件事的敘述都不可能是真實的。❷

在「後現代主義」風勢猛勁的年代中，這些學者口徑一致：歷史立
足於資料之上，志在探究曾經活活潑潑存在的過去；儘管重建之路
困難重重，歷史所得的知識決不能說憑空捏造，完全無法符應於過
去。顯然，他們對於「歷史學」和「過去」的聯繫，仍舊堅信不
移。

　　但是，單單強調「歷史」重建的知識雖不完整、仍不失「過去
事實」這點，似乎並不能撥開籠罩於這門學問上空的所有疑雲。伊
格斯所言甚是：不能混淆「歷史的敘述」和「虛構的敘述」、「學
術」和「宣傳」的分際。問題在於，「歷史」有何理由宣稱不同於
「文學」或者「宣傳」？歷史知識的可信性要如何重新建立？這恐
怕才是必須說明的關鍵。而不管如何，答案絕不能是歷史為一門研
究過去的獨門之學，殊不知，許多人所以摩拳擦掌，正是意在打破
歷史學對解釋過去的「特權」與「壟斷」。

---

❷　Richard Evans，潘振泰譯，《為歷史辯護》，頁 293-294。Richard Evans, *In defense of History*, p.217.

二、「歷史」之為一個學科

今日「後現代主義」的熱潮或許已經過去，❷因它而起的爭論或也趨於沈寂，但是這股思想氣旋向歷史發出的疑問，仍值得再三省思。

歷史作為一門學術專業，其「學科」價值曾經是建立在與「科學」的相似性上。這是說歷史能夠如科學一般，藉由問題、資料、推論等研究程序，建立真實可信的過去。但在「後現代主義」者的冷峻觀照下，歷史和科學的連結成了問題，歷史的「學科」地位似乎也搖搖欲墜。歷史應該如何重新打造它的「學術」標誌？

其實，若干「後現代主義」者並不承認他們帶來的只是破壞力、而沒有任何提醒甚至建設的作用。比如海登懷特，他自信掌握了歷史學目前的不利處境：

> 依我之見，歷史作為一個學科，目前處境甚糟。因為它看
> 不到自己起源於文學想像力這點。為了看起來具有科學和客
> 觀性，歷史學科壓抑和否定了自己活力和更新的最重要來
> 源。❷

---

❷　菲力・費爾南德斯－阿梅斯托，〈跋：今日何謂歷史？〉，收於 David Cannadine 編，梁永安譯，《今日，何謂歷史？》（臺北：立緒出版社，2008），頁 311。Felipe Fernández-Armesto, "Epilogue: What is History Now?" in David Cannadine (ed.), *What is History Now* (Hampshire: Palgrave Macmillan Ltd., 2002), p.149.

❷　Hayden White, *Tropics of Discourse: Essay s in Cultural Criticism*, p.99.

在海登懷特看來，歷史因為執著於科學化，歷史家自綁手腳、小心翼翼的遵循所謂合乎科學表述的模式，卻不敢面對自己的主觀和創見，致使歷史走入「過去」的死胡同之中，成了真正的「過去之學」，無法呼應現實的需要。他認定自己對歷史的剖陳具有積極功效：

> ……讓歷史學家認識到他們敘述中的虛構成分，並不是就等於把歷史學（Historiography）貶為意識型態或宣傳之流。事實上這種認識可以讓歷史學家自己避免淪為意識型態成見的俘虜。許多歷史學家往往沒有認識到這點，而把意識型態成見奉為瞭解「事件真實發生」的「正確」見解……。
> 如果我們承認每個歷史記述都含有虛構的成分，我們就可以把歷史學的教學帶往比目前所見更高層級的自我意識（self-consciousness）之路去。
> ……如果我們承認所有歷史敘述都帶有虛溝的成分，我們就會從有關語言和敘述的理論中找到表述歷史研究的基礎，而不是簡單的告訴學生：去「發現事實」、然後用說出「真正發生了什麼事情」的方式寫下來。❸⓪

海登懷特相信具備這份自覺，必然能對歷史研究的深化有所幫助。因為認知今古之間的溝通障礙，以及歷史知識的不確定性，研究者便能更富於反省力，同時也可持著更為開放接納的態度去正視

---

❸⓪ Hayden White, *Tropics of Discourse: Essay s in Cultural Criticism*, p.99.

過去的文本，深入理解過去之人的心理和物質世界。換言之，一旦解除追求「客觀中立」事實的枷鎖，開啟的是更多自由表現的空間。

　　對於「歷史」，海登懷特展現出某種「愛之深責之切」的痛惜之情。不單如此，他還積極為歷史「學科」尋找新的立足點。他說：

　　……如果欲把歷史學（historiography）拉回與文學根基親近的方向上，我們應該不只是站在對抗純粹意識型態的扭曲這個位置上，我們要做的是去獲知歷史的「理論」，因為沒有「理論」，歷史根本不能成為一門「學科」。❸

在此，海登懷特認為解除歷史學科危機的方法，就是勇於獲知語言和敘述方面的理論，讓歷史的表述能夠更多元而活潑。也可以說，海登懷特最終關切的是歷史家如何「呈現」（presentation）的問題，並認為這是歷史獲得生機的關鍵。

　　就海登懷特對於歷史學家的批判，這點或許應該稍做保留。歷史學界中長期受制於「科學主義」者誠然有之，但如前述，二十世紀以來，許多歷史家和史學理論研究者已經警覺主觀因素和想像力的無可避免，並對歷史知識特質不斷提出新的見解。這類反省在後現代理論昌行之前早已顯現。

　　無可否認，海登懷特點出了歷史向科學看齊，以獲取學科尊榮

---

❸　Hayden White, *Tropics of Discourse: Essay s in Cultural Criticism*, p.99.

地位所產生的後遺症，譬如「歷史」受限於「專業化」的要求，逐漸與社會大眾背離。但他的論證主要環繞著歷史「呈現」的問題，較少觸及歷史「探究」過程的合理性這個部分。然而，「呈現」是歷史家要務之一，並非全部；構成「歷史學」還應有另一個重要面向：「研究」，亦即今人如何理性的建立關於過去的知識。海登懷特對此所談甚少，而這個階段的工作，卻更可能是「歷史」作為一個「學科」的基礎。

　　比如面對資料、解讀文獻是歷史研究中極其重要的一環，巴特即特別關注這個面向。巴特重新界定「讀者」角色，強調解讀文件的「閱讀」工作含有創造性、主動的價值。他認為，身為「讀者」，他／她不是消費者，而是生產者；他／她必須有所作為，能夠進入文字所指的奇妙之中，參與和感受寫作的樂趣。巴特將此類面對文本的方式形容為「作者的」（writerly）。相對於此，另一種讀者是懸空的（intransient）、無所事事的閱讀文本，只是消極接收資料並且孤立而單線的看待文本，巴特將此類型的閱讀稱為「讀者的」（readerly）。㉜在這兩個比擬中，巴特意欲說明，詮釋一份文本，不是只要給予某一個意義便已足矣，相反的是要去感知文本所包含的多樣性（plural）意義，去捕捉其中複雜的文化網絡和互動關係。㉝

　　巴特對於「閱讀」的獨特見解深得從事歷史教育研究的溫伯格

㉜　R. Barthes, *S/Z* (New York: Hill and Wang, 1974), p.4.

㉝　R. Barthes, *S/Z*, p.5.

之贊同。❸溫伯格也拋出由「情境化思考」（contextualized thinking）解讀文本的主張，以為回應。他提醒研究者在借助史料文件建立過去的圖像時，必須深入內裡，多方參照，直探文件所在的時空脈絡，以及論述的情境和意圖。他尤其指出，文字和論述往往不只是靜態的描述世界，更多的是在建構世界，❸是以研究者決不能只滿足於抓取文字表面的資訊或做簡單的意義歸納，否則極易錯失文本之下的豐富意涵，甚至蹈入扭曲古人之誤。巴特和溫伯格都對歷史研究中閱讀文件資料的工作抱有極深的期許。

　　巴特和溫伯格的論說，顯示解讀文獻、資料不是一椿隨意而為或簡單易行的工作。如何掌握文件所出的意境和時空脈絡，因而可以挖掘出文件的潛在意涵，這必須要仰賴專業和學養，更需要一套公認的知識規範，作為檢核與制衡。放眼當今人們建立「過去」的各種嘗試中，唯有「歷史」可以提供這樣的知識規準，這也是「歷史」，做為一個「學科」的憑藉所在。澳洲的文化研究者班奈特（T. Bennett）正由此肯定「歷史」這個「學科」的必要性。

　　依班奈特的看法，「過去」若是一個「社會的產物」（social product），那就必須進一步承認，「過去」也是亟需加以鑑別的對象（a highly differentiated one）。他以為，那些在公共歷史領域中流傳的「過去」的「再現」（representation），應該要以歷史這個學科為中心，與歷史的資料或檔案進行對話，俾能適時修正或隨之調整。

---

❸　Sam Wineburg, *Historical Thinking and Other Unnatural Acts: Charting the Future of Teaching the Past*, (Philadelphia: Temple University Press, 2001), p.69.

❸　Sam Wineburg, *Historical Thinking and Other Unnatural Acts: Charting the Future of Teaching the Past*, p.66.

班奈特說：「……歷史學包含了一套規則和見解，可以掌控論述的
進行……正是這些規則，歷史家理當堅持是他們學科的構成要素，
也是這些規則，抑制了『過去』……的獨斷。」㊱換言之，班奈特
確信歷史學的根基在於一套系統化的程序規範。以下這段話更能彰
顯他的「歷史」立場：

> 歷史（作為一個學科）最適切被看成一個受到獨特程序規範的
> 論述體制……它包涵一套系統化的方法並產生「歷史的過
> 去」（historical past），而「歷史的過去」之於「公共的過
> 去」（public past），關係在於「歷史的過去」所發揮的調節
> 功能。在這當中，歷史學的角色極其重要。儘管短期之內並
> 不容易看出影響，歷史的論辯和（經常是暫時性的）決議，長
> 期來看，對於「過去」的公共面貌會有決定性的影響。㊲

班奈特以「歷史的過去」對照「公眾的過去」，闡明歷史學科的重
要性，這意指歷史學的價值繫於它能對坊間各種「公共的過去」發
揮調整的作用，而此種力量源出於歷史學擁有的一套產生知識的理
性程序與方法。

　　顯而易見，班奈特並未把歷史學定位於獲得「真實客觀」的過
去上，他在乎的是歷史學處理過去的系統化方法，這套方法以及所

㊱　T. Bennett, *Outside Literature* (London: Routledge, 1991), p.50.

㊲　T. Bennett, *Outside Literature*, p.50. K. Jenkins, *From Carr and Elton to Rorty and White* (London: Routledge, 1995), p.14.

產生的不斷變動並更新的「過去」，能夠有效抑止大眾使用過去時可能出現的獨斷與濫用。這點當然不是班奈特的獨家見解。倫敦大學的歷史教育學者李彼得的說法，幾乎和班奈特如出一轍，他說：

> 歷史學科（the discipline of history）提供一個理性的過去，而不只是為了配合特殊團體或特殊行動的利益所捏塑出來的實用的過去。說歷史是理性的，在於它納入了公用的基準（public criteria），而且是在公開的程序下運作。這並不保證真理的獲得，但歷史因此成為一門嚴肅的學科，盡可能嘗試得出最好的解釋，並使我們所發問與所用證據有其效用。就此意義，客觀性（相對於偏頗和惡性的相對論而言）是植基於歷史學科之中。❸

　　李彼得同樣使用了歷史「理性的過去」和一般「實用的過去」兩個譬喻作為參照，不只如此，他還進一步延伸到「客觀性」問題：歷史探究所憑藉的公開運作的基準，正是歷史「客觀性」的表現。在此，歷史的「客觀性」有了不同於以往的意義，它不是來自真相的獲得或研究的結果，而是存在公開運作的理性方法中，是歷史學致知的程序，也是巴特所說的「可理解度」。

　　進一步而言，所謂「公用的基準」、「公開的程序」，應該是指歷史專業社群中大家共同認可的一套以批判、反省的方式進行歷

---

❸　Peter Lee, "Historical Knowledge and the National Curriculum," in Hilary Bourdillon (ed.), *Teaching History* (London: Routledge, 1994), p.43.

史研究的機制。這點倒令人想起胡昌智之言亦有相似：「……『客觀的』歷史知識的追求，實際上是一個在立場不同、提出不同歷史解釋的個人之間進行的反省、討論活動；個人提出觀點、概念，也接受他人的瞭解、批評，及求觀點的擴大，以致能提出立場寬廣的歷史解釋。像這樣不斷追求、更新有相對主觀性的歷史解釋，一方面既是追求歷史知識客觀性的過程，也是追求歷史知識的永恆過程。」❸此外，關於這套理性的實踐過程，研究史學理論的伊文斯表達得尤其言簡意賅，他說：歷史學「……是一套經由人們普遍同意的方法而執行的研究，呈現在出版的報告上、並接受同僚的評論後，所獲致的有系統的知識。」❹

　　時至今日，儘管不能不承認個人的「客觀性」難以企及，許多研究者仍然深信，透過史家個人的思維和寫作規範以及學術批判體制的運作，❹歷史知識的效用得到了保證。甚至可以說，「客觀性」是存在「所有可能的主觀性（all possible subjectivities）的總和之中。」❹所以，歷史探究不斷轉換觀點，是必須的；歷史學術不斷擴大既有的解釋，是必要的。

　　從二十世紀末到二十一世紀初期，「後現代主義」的極端懷疑

❸　胡昌智，《歷史知識與社會變遷》（臺北：聯經出版社，1988），頁73。

❹　Richard Evans，潘振泰譯，《為歷史辯護》，頁83。Richard Evans, *In defense of History*, p.62.

❹　胡昌智，《歷史知識與社會變遷》，頁60。

❹　菲力·費爾南德斯－阿梅斯托，〈跋：今日何謂歷史？〉，收於 David Cannadine 編，梁永安譯，《今日，何謂歷史？》，頁 322-323。Felipe Fernández-Armesto, "Epilogue: What is History Now?" p.155.

論所曾醞釀的「歷史危機」似乎已經煙消雲散，歷史專業並未因此垮臺，歷史撰述更是活絡空前。不過，經歷「後現代主義」的洗禮，歷史學家如今看待「歷史」之義不可能如同當年。❹談起「歷史」時，許多學者多半會同意：這個詞彙不能僅僅包含有關過去的「事實」（知識），而必須同時包含建構這些「事實」的過程與方法，兩者甚至難分難捨；縱使「如實呈現過去」已經成為一個高貴的夢想，但是史家研究的程序以及歷史學的知識規準確實讓這個學科得到合理存在的價值。

　　如此說來，若干教育界人士如懷特等人，以為歷史是過去有用的史事，理所當然地要求歷史提供一套「完滿的故事」（a well-told story），這般看法顯然無法跟進歷史專業演進的腳步。而所謂解釋是主觀的、歷史事實是客觀的，歷史應該把主觀、有爭辯的部分拿掉，只留下那些確定的事實，這樣的說法更是昧於歷史學過去數十年來在知識論上的掙扎與反省。

　　無視於「歷史」之義歷經轉變的，當然不只是學界中人，更見於一般大眾。溫伯格於 1996 年與美國西雅圖地區一些青少年和他們的家庭進行訪談，他的目的是考察大眾歷史意識的特質和如何形成。他的研究顯示，一些受訪家庭從父母親輩到年輕一代的兒子，皆深信歷史必須完全排除主觀和感情的騷擾，歷史是真確而客觀的事實。溫伯格說：他們的「……看法反映的是歷史學剛剛進入現代

---

❹　伊文斯，〈前言：今日，何謂歷史〉，收於 David Cannadine 編，梁永安譯，《今日，何謂歷史？》，頁 36-37。Richard J. Evans, "Prologue: What is History? – Now," p.8.

以研究為主的大學那個時候的流行見解。」❹而更令人驚異的是，溫伯格發現，甚至學校中的歷史教師亦認為「詮釋」在理解歷史時並不重要，「歷史就是發生過的一些基本事實，即過去真的發生甚麼事。你不用問它如何發生，你只要問『事情是甚麼？』。」❺這說明了許多中小學的課堂內，何以總是充斥著讓人眼花撩亂的一件又一件的「歷史事實」，除此之外，別無其他。

那麼出現在歷史專業學者和社會公眾（包括學校教師）之間的認知落差，如何形成？不可否認，確有部分極端保守人士完全不顧歷史學的內部發展，一意驅使過去為今人所用。但另一個最可能的因素是，懷特以及許多社會人士對於二十世紀中葉以來，歷史專業形象所發生的巨大變革無所知悉。當然，沒有任何理由要求一般大眾必須鑽研歷史學的歷史。關鍵是人們接觸歷史最主要的時期，亦即大學以前的學校歷史課程，如何形塑了他們的「歷史」觀點。由此可以說，造成社會大眾和歷史學者思想隔閡的源頭正是學校中數十年如一日的歷史教學。歷史教學和歷史研究兩相隔絕，導致新的「歷史」概念和研究成果無法進入歷史課堂之中。而如果歷史教學又持續為政治和社會目的所牽制，以傳授一套固定的故事和特定的事實為本的話，那就難怪，學生──未來的社會成員會如懷特那般的去想像「歷史」了。

歷史教學和歷史研究兵分兩路而行，可能導致的後果如上所

---

❹　Sam Wineburg, *Historical Thinking and Other Unnatural Acts: Charting the Future of Teaching the Past*, p.238.

❺　Sam Wineburg, *Historical Thinking and Other Unnatural Acts: Charting the Future of Teaching the Past*, p.78.

見。正是在此背景下，二十世紀後期，學科觀點奮起，力主由歷史的學術價值尋求學校歷史的正當性，以抗衡外在力量對歷史教學的不當索求和扭曲。

第二節　學科觀點的批判

　　1980 年代以來，受到保守政治氛圍和激烈社會變遷的影響，役使歷史為政治、社會服務的要求又日趨強烈。從歷史學科思考歷史教育的觀點乃適時而興，並扮演一股反制的力量，對愛國主義和實用取向的歷史教育主張提出根本質疑。以下為能較完整呈現學科觀點的思考脈絡，將先以英、美幾位具代表性的學者論點進行探究分析，以見其意。

一、李彼得的看法

　　1991 年李彼得在〈歷史知識和國定課程〉（Historical Knowledge and the National Curriculum）這篇文章內，就英國長期以來有關歷史教學的某些爭辯，提出評論。

　　李彼得指出時下有兩種看待歷史的立場。一是以傳遞共同遺產為旨，藉此增加愛國心和提高民族自信心的政治取向觀點。一種是高舉模糊的「相關性」口號，❹以因應學生需要為訴求，李彼得稱

---

❹　菲力普認為李彼得和「新歷史科」運動淵源頗深，屬於同道。但他似乎未注意到李彼得在歷史教學理念上與「新歷史科」的「相關性」、「實用性」訴求頗有差別，李彼得甚至在此展現他有意超越實用性取向的企圖。Robert Phillips, *History Teaching, Nationhood and the State: A Study in Educational*

之為社會工程建造（social engineering）觀點。**❹**李彼得談及，這兩種目的的陳述若是討論一般性教育意義還可以成立，但若討論的是學校歷史時，卻完全缺乏可資憑證的公信力。在他看來，所謂「社會化」、創造有自信心的「愛國者」或甚至「好公民」，「這些目標都是有爭議的宣傳口號（slogan），並不符合歷史的基準（historical criteria）。」**❽**它們運用歷史教育的方式都算是「實用的過去」（practical past），和「歷史的過去」（historical past）不能等而論之。**❾**

李彼得並不否認「實用的過去」有其存在的需要，卻絕不能和「歷史的過去」相混。確實，「過去」可以被不同的人為著不同的目的所利用，例如政治家、律師、新聞記者、商業人士都可從「過去」中獲得所需、各取所用。但他堅決聲明，這些使用過去的方式

Politics, (London: Wellington House, 1998), p.19.

❹ Peter Lee, "Historical Knowledge and the National Curriculum," in Richard Aldrich (ed.), *History in the National Curriculum* (London: Institute of Education, 1991), p.41.

❽ Peter Lee, "Historical Knowledge and the National Curriculum," pp.42-43.

❾ Peter Lee, "Historical Knowledge and the National Curriculum," p.42. 李彼得不諱言他區分「歷史的過去」和「實用的過去」之別，來自英國二十世紀著名思想家奧克修特（Michael Oakeshott）的啟發。奧克修特在不同的文章內都曾檢視以實用性態度看待過去此一取向的問題。他說：「這種基於實用而被紀錄的過去……出現在我們面前，有如一個用之不盡的資料庫，提供類推和比擬。這個過去藉由展示一長列熟悉的人和場景，讓我們可以認清自己或認同我們當前所在的環境……。」最重要的，奧克修特批判「實用的過去」多半只是經由回想的過程（a procedure of recall）即粗糙的為人所用，非如「歷史的過去」乃是經過「研究的程序」（a procedure of research），亦即依循「特定批判方式的探究所得出的結論」而來。參見 Michael Oakeshott, *On History and Other Essays* (Oxford: Basil Blackwell, 1985), p.18, p.33.

只能說屬於「實用的過去」，其與「歷史的過去」截然不同。

如前一節所述，這番立論的背後，豎立著李彼得對於歷史學價值的堅固信念，他相信「歷史所以為歷史」，端在其理性探究的程序和精神：

> 歷史是一種獲取理性知識和理解過去的途徑……歷史提供人們一種看待人類事物中眾多根本問題的方式，這種方式依循著特定的過程與標準，不管個人的感覺如何。❺⓪

換言之，歷史學依賴的是一套研究和建立知識的基準，李彼得甚至深信，這套基準足以超越個人的感覺。但功能性的歷史教育主張卻不是順此而行。因此無論就研究目標、方向或結果來說，李彼得認為「歷史的過去」根本不同於「實用的過去」。懷抱這樣的理念，李彼得對於同在倫敦大學任教的懷特所提倡的主張很難坐視不顧。

針對懷特堅持歷史教育需以個人和社會目的為優先的假設，李彼得首先評論：貫穿此一說法的是某種「道德性」（ethical）思考原則，以至於懷特自始至終都把注意力集中在：「什麼對個人和社會是好的？」問題上。在李彼得看來，這樣的思考模式或許能適用一般教育的目的，卻不能理所當然地要求成為各學科之「優先」考

---

❺⓪　Peter Lee, "History in School: Aims, Purposes and Approaches, A Reply to John White," in *The London File: The Aims of School History: The National Curriculum and Beyond*, (London: The Tufnell Press, 1992), p.24.

慮。**㊱**

　　李彼得所持的理由為：不同層次的目的應該有所區別，**㊲**不能如懷特那般把教育的目的、歷史教學的目的、學校教育的目的隨意混為一談，反而該做的是去釐清這些目的各自的特性以及彼此間的關係。李彼得當然明白歷史是教育的一部分，而且歷史或許也能對教育做出一點貢獻。然而，這並非表示「歷史的目的」和「教育的目的」可以相通無礙，他也不認同「教育的目的」可以從「一般的」層次直接轉換成特殊的「歷史學科」層次。

　　李彼得所以致力分辨「歷史的目的」和「教育的目的」，旨在說明，懷特所看重的增進自由民主社會中的個人之福祉，乃屬於一般性的教育目的，但是，歷史教學在實質上根本無法承擔懷特所寄望的那些責任。

　　李彼得說，學習歷史與所謂增強愛國心、培養公民素養和提高個人面對抉擇時的自主性這些事情之間並沒有自動的連結的關係；它們不是學習歷史時所必然能夠達到的結果，頂多是附帶的（contingent）、偶然的促成。**㊳**李彼得指出，對歷史具有高度理解者說不定反倒會比過去更缺乏愛國精神，甚且由於對過去的深刻認

㊱　Peter Lee, "History, Autonomy and Education or History Helps Your Students Be Autonomous Five Ways (with apologies to PAL dog food)," *Teaching History* 77 (Oct., 1994), p.6.

㊲　Peter Lee, "History in School: Aims, Purposes and Approaches, A Reply to John White," pp.28-29.

㊳　Peter Lee, "History in School: Aims, Purposes and Approaches, A Reply to John White," p.27.

識，在生涯的選擇上反有更多思慮而不是更加明快。一言之，李彼得強調，在歷史——「所以為歷史」（qua history）——的素質中，缺乏任何可以達成這些普遍性的個人和社會目的的保證，❺是以懷特的期待最終很可能落空。

　　學習歷史無法保證個人能夠更加愛國或更加積極投入社會生活，李彼得的疑慮還不止於此。他進一步談到，依懷特所想：「讓學生在一個自由與民主的社會中做個獨立的人（成員），以增進他們的福利。」這樣的主張根本違背了「歷史」之義。原因是，「歷史」並不把「自由民主社會」奉為理想來擁護，反而是把「自由民主社會」當成必須加以考察的對象。李彼得解釋道：

> 歷史著眼於探索各種社會，從我們的或他們的角度來看。然所謂「我們的」，從來不被認為是屬於一個國家、階級、種族、文化、或社會的某個單一、固定的觀點。歷史強調，無論什麼理想都持續在變動之中，因為這個以及其它的理由，「自由民主社會」這一名號下可以包含著種種衝突的概念。❺

　　根據這段引文，歷史必須跳脫單一的角度或意識，從變動的時間脈絡評估各類現象和社會體制。因此學習歷史者在面對周遭種種

---

❺　Peter Lee, "History in School: Aims, Purposes and Approaches, A Reply to John White," p.30.

❺　Peter Lee, "History in School: Aims, Purposes and Approaches, A Reply to John White," p.29.

文化表徵和社會中不同型態的價值時，需以歷史的視角來衡量，而非盲目地接受，即使是現代人視為理所當然的「自由民主的工業社會」之價值，亦不能逃脫於歷史的審度之外。因為「自由民主的工業社會」依然是一種特殊環境下所產生的政治社會制度，同樣無能免於歷史思考的檢測。

　　李彼得在此明白揭示：歷史（學）為一種批判的看待過去的方式；當面對時空下的各個現象和事物時，歷史學者不能有意心存先入為主的立場，而必須秉持某種超越的態度以及理性式的探查。在這樣的判準下，懷特的主張無疑已經跨出歷史（學）的基本底線。

　　讓李彼得更為擔心的是，懷特對歷史教育的想望最終反倒會嚴重的傷害歷史。他曾鄭重警告：讓歷史承載特殊的個人和社會的目的並賦予優先性，將可能抵觸甚至扭曲「真正的」歷史（genuine history）。此中的危機在於：「假如歷史教學的優先目的是闡明現在，指明起源，提供教訓，或鼓勵——更遑論傳布——政治或道德態度，它就不再是適切的歷史……」，**㊿**也就是說，歷史將隨時自毀依存的基礎，淪為宣傳的工具。

　　總結李彼得之見，他首先對於社會上帶著實用性目的出發而親近歷史者，持著高度警覺。他認為由此所得到的過去，在配合現實需要的考量下，往往因附和而有扭曲之虞。這類「實用的過去」和專業歷史學者秉持理性的、批判的規準所建構「歷史的過去」之間，大有分別。

㊿　Peter Lee, "History in School: Aims, Purposes and Approaches, A Reply to John White," p.30.

　　尤其面對懷特公開鼓吹歷史教學應該將社會和個人利益的目的置為第一優先時，李彼得更是諄諄提醒：若依懷特的主張，讓「教育的目的」凌駕於「歷史的目的」之上，歷史必然被迫丟棄理性探究的準則，不但所得到的不是「歷史的過去」，甚至「歷史所以為歷史」的立足據點，都將隨之失去。他深信，凡挾政治和社會目的以令歷史教學者，最終很可能侵蝕了歷史學的理性基準。這些正是李彼得以為，援個人和社會目的作為歷史教學最高宗旨切不可行的緣由。

　　但事實上，不只懷特，在英國近年來有更多的人不斷鼓吹學校中的「歷史科」應該與「公民教育」進行整合，甚且期待歷史為「公民教育」提供一臂之力。對於這股強大的興論力量，李彼得和里茲大學的施密特在 2007 年合寫文章回應。他們指出，歷史能對「公民教育」有所「貢獻」（contribute），但不能為其「服務」（serve）。❺❼李彼得和施密特承認，歷史研究的思辨訓練以及歷史的思考確實有助於培養具「批判力」和「理性」態度的公民，❺❽這

---

❺❼　Peter Lee and Denis Shemilt, "New alchemy or fatal Attraction? History and Citizenship," in *Teaching History* 129 (December, 2007), p.14.

❺❽　李彼得先前與懷特筆戰時，已談及此問題。他認為懷特一方面堅稱歷史教學必須以個人需要和社會和諧發展為優先，一方面又說歷史有助於培養「獨立自主的個人」之主張，這其中其實存在著衝突矛盾之處。按李彼得之見，要求學生必須先行認同當前社會政治制度的價值，就已經剝奪了個人獨立判斷的權利，也抵觸了獨立思考的精神。在李彼得看來，只有歷史的訓練才能使人超脫特定價值觀的束縛，促進個人之獨立而敏銳的思考。李彼得以為，對當今世界缺乏歷史性的理解，個人很難在現實生活中理性抉擇、做出合理的判斷。Peter Lee, "History, Autonomy and Education or History Helps Your

意指人們可從「歷史」的學習中瞭解，所有價值觀和各種信念包括族群、國家認同都不是天經地義，而是人為合成物。每個公民可以秉持這樣的認識，做出理性的抉擇，而非盲目的跟從。所以，「歷史」的確能夠發揮前述的輔助性（complement）功能，但「歷史」和「公民教育」所該維持的「輔助的」關係絕不可混淆為「合夥的」（collaborationist）關係，否則「歷史」將因為過度涉入「公民教育」的價值而失去其身為「學科」的完整性。❺❾李彼得等人再次重申他們對於將「歷史」和一般「公民」教育混同合一的疑慮。

二、史雷特和溫伯格之見

李彼得區分「歷史的目的」和「教育的目的」欲使歷史脫離「教育目的」的綑綁，這點英國皇家督學史雷特也同聲附和。史雷特認同「歷史的目的」專屬歷史所有，這包括能讓學生瞭解歷史名詞、瞭解歷史陳述和證據的關係……，至於歷史之「教育的目的」則較為廣泛，涵蓋了幫助學生更加理解所生活的世界、更具寬容的胸懷……等目標。史雷特補充說，教育方面的目的並不全然繫於歷史，但也不能與歷史完全割離。❻⓿

不過，史雷特亦提出另一種分類方式以為補充。他將歷史的目

Students Be Autonomous Five Ways (with apologies to PAL dog food)," pp.8-9.

❺❾ Peter Lee and Denis Shemilt, "New alchemy or fatal Attraction? History and Citizenship," pp.15-19.

❻⓿ John Slater, "Where There Is Dogma, Let Us Sow Doubt," in *the London File: The Aims of School Hisotry: The Naitonal Curriculum and Beyond* (London: The Tufnell Press, 1992), p.50.

的劃出「內在目的」（intrinsic aims）和「外在目的」（extrinsic aims）兩類。依他所見，「內在目的」為歷史固有，是歷史力圖**保證達到**（guarantee）的結果；「外在目的」則多與變遷的社會相關，是歷史可能**可以達到**（enable）的結果。史雷特進一步解釋，外在目的經常意在傳遞某些價值，而內在目的則欲檢視和考察這些價值。**❻**無庸置疑，分類儘管不同，史雷特和李彼得的見解顯有相應之處。

從歷史的目的相對於教育的目的，到歷史的內在目的有別於歷史的外在目的，這些區分都旨在凸顯「歷史教育」應有專屬目的。當美國的巴騰和雷絲蒂克以及英國的懷特以為歷史教學應該奉學校教育目的為宗時，李彼得和史雷特卻要仔細的區分兩者。

不僅如此，史雷特也認為「歷史思考的本質是敞開心靈（mind opening），而非社會化（socializing）。」**❻**試看 1988 年，他在倫敦大學教育學院的一場專題講座中，如此說道：

> 歷史並不求去維繫或貶抑傳統、民族遺產或文化。它並不假
> 定：有所謂共同的價值等著被界定，還期求人們支持。歷史也
> 不要求我們相信，某個社會的價值觀就必然是有價值的。**❻**

在此前提下，他寓有深意的提醒那些要求把歷史教學和培育「好公

---

❻ John Slater, *Teaching History in the New Europe* (London: Cassell, 1995), pp.125-126.

❻ John Slater, *The Politics of History Teaching: a Humanity Dehumanized?* (London: University of London, 1988), p.16.

❻ John Slater, *The Politics of History Teaching: a Humanity Dehumanized?* p.15.

民」並論的大眾：「好公民」始終是社會爭議的觀念，歷史有助於我們去瞭解這種爭論的由來和內容，而不是先行設定（prescribe）爭論的結果。❻不難揣想，他與李彼得站在同一條陣線上，質疑懷特聲稱歷史得要擔負培養「好公民」的社會責任之說。

另外，史丹佛大學的溫伯格也同樣對當世所見之利用過去的心態表示憂慮。溫伯格自述在美國 1980 年代和 1990 年代那波席捲全美各地的「歷史戰爭」中，見識到人們如何利用過去為現在服務的危險。他指出，人們想像過去、思索過去時，恆常處於兩種力量的拉扯緊張（tension）中，其一為「熟悉的過去」（the familiar past），其二為「陌生的、難以接近的過去」（the strange and inaccessible past）。他的觀察是，「熟悉的過去」極有吸引力，因為這種探觸可以強化現實中既有的信念，可以連結我們自己和前人的生命遭遇，讓「過去由此成為日常生活中有用的資源，也成為一座倉庫，裡頭滿載無窮無盡的素材……」。❻但溫伯格直言，如此運用過去的方式，經常會導致「這些素材為迎合現實的需要，可被捏塑或彎曲。」❻他並以某種譬喻性的描述，揭示人們「利用過去」時那種自以為是的景象：

把過去視為有用之物、不需任何媒介或轉換就可直通我們，

---

❻　John Slater, "Where There Is Dogma, Let Us Sow Doubt," p.49.

❻　Sam Wineburg, *Historical Thinking and Other Unnatural Acts: Charting the Future of Teaching the Past*, p.5.

❻　Sam Wineburg, *Historical Thinking and Other Unnatural Acts: Charting the Future of Teaching the Past*, pp.5-6.

最終來說，這只不過是把過去當成了提供快速消費的商品。……有用的過去（The usable past）來自於某種幻想，那是一種跳蚤市場式的幻想，想像過去中陳列著一長排俗麗而老舊的玩物。由於我們早在進入這種過去之前，多少已知道自己搜尋的目標，……過去只是成了我們掌中把玩的泥土。……我們將過去加以扭曲，套入早已編派好的意義中。**❻❼**

　　溫伯格看出，上述「熟悉的過去」在現世中極為常見，持此態度者所以親近過去，往往是把過去當做現在的玩物。在此情況下，學習歷史便很難帶來任何積極而有益的影響，反倒會在現今目的的過度驅使下，對過去任意扭曲或擺弄。

　　相對的，看待歷史的另一種方式，即正視過去的「陌生」和「奇特」性，若推至極端時，溫伯格不否認，這樣端視過去的態度或可能導致人和過去之間產生疏離感，但他同時指出，人們卻也會因為驚愕和震攝於過去與今日之不同，而開啟真正探索過去的大門。不若「熟悉的過去」多半將過去當成現今的附屬品，使得過去的面貌更加模糊、甚至難辨，「陌生的」看待過去，一旦拉開了古今之間的距離，反而可能創造出高層次歷史理解的開闊空間。**❻❽**

---

❻❼ Sam Wineburg, *Historical Thinking and Other Unnatural Acts: Charting the Future of Teaching the Past*, p.6. 在這裡，溫伯格談及「熟悉的過去」、「有用的過去」時，與奧克修特描述「實用的過去」之說甚為相似，或可揣測，溫伯格亦多少得到奧克修特的啟發。請參考本章註❹。

❻❽ Sam Wineburg, *Historical Thinking and Other Unnatural Acts: Charting the Future of Teaching the Past*, p.5-6.

　　以上無論李彼得或溫伯格都切切呼籲：「有用的」過去、「實用的」歷史觀點可能引發的危機──讓所學的「歷史」不再是「歷史」，讓「過去」淪為現代人消費的商品。這些學者各在英、美社會一片高唱「實用性」、「相關性」的時代趨勢中，奮力抵拒，嚴正駁斥讓歷史教育承載政治和社會功用的企圖；他們極力護衛歷史學的完整性，期使歷史教育回歸歷史學本身可以負擔的目的。

　　當然，如果歷史教育不能以教育目的為依歸，而歷史教學也不能奉社會和政治之要求為圭臬，那麼又該如何界定歷史教育的目的？這無疑是支持學科觀點者必須深思的課題。

第三節　學科觀點的主張

　　歷史不是過去的重現，而是一門以探究過去為旨、具有知識規準的學科。當歷史進入學生的課堂之中，成為學校的科目之一，它究竟有何意義或價值呢？李彼得、溫伯格以及某些深諳史學要義者回溯歷史學科的特質，嘗試從中找尋歷史教育的合理基礎。在他們的辯證與論說中，大致可以歸納出學習歷史具有下列數點意義。

一、歷史提供了一個「理性的過去」

　　為什麼要學歷史？李彼得曾以這個前提論起：人不可能逃避過去。他說，我們的一言一語，所思所想無不包含著一段時間的因果發展，而任何用以理解事物的名稱與概念諸如「德國」、「冷戰」……等，我們對它們此刻的認知也是從它們的過去所延伸而來。這說明了人不能漠視過去，漠視過去，就某一方面而言，意味

著漠視現在。

　　此一論述也見於其他學者的思考中。如英國的羅傑斯（P. Rogers）在談到如何確證學校中每一個學生都有必要學習歷史這個問題時，他給出的答案亦是：人無所逃於過去；對過去的某些設想既雕塑了我們如何看待現在，也深深影響我們在現實中的行動。**⑥⑨** 或許正如費爾南德斯－阿梅斯托（Felip Fernández-Armesto）這位倫敦大學歷史教授的比喻，「它」（過去）就是一切，「它」（過去）就在那裡，人無法視而不見。**⑦⓪**

　　這些學者依此推論：人既不能背棄過去，所以人們更需要的是一種正確地對待過去的態度，以免過去成為實用的奴隸，從而使過去的經驗與我們的關係受到扭曲割裂。「沒有歷史，過去就只會為現實利益服務」，**⑦①**李彼得言之再三：「歷史供備了考察過去的唯一的理性（rational）方法。」**⑦②**正因為擁有一套特殊的理性學科訓練，「歷史」能夠成為各種「過去」的「上訴法庭」（the court of appeal）。**⑦③**

---

⑥⑨　Peter Rogers, "The Past as a Frame of Reference," in Christopher Porter (ed.), *The History Curriculum for Teachers* (Philadelphia: The Falmer Press, 1987), p.9.

⑦⓪　菲力·費爾南德斯－阿梅斯托，〈跋：今日何謂歷史？〉，收於 David Cannadine 編，梁永安譯，《今日，何謂歷史？》，頁 321。Felipe Fernández-Armesto, "Epilogue: What is History Now?" p.154.

⑦①　Peter Lee, "Why Learn History?" in A. K. Dickinson, P. J. Lee and R. J. Rogers, *Learning History*, (London: Heinemann Educational Ltd, 1984), p.4.

⑦②　Peter Lee, "Why Learn History?" p.4. 周孟玲譯，〈為什麼學習歷史？〉《清華歷史教學》第 8 期（Mar.,1998），頁 8。

⑦③　Peter Lee, "Why Learn History?" p.3.

　　不僅個人不能不面對「過去」，一個社會也經常可以看到由不同的目的、方式所建立起的各種「過去」、以及與「現在」的關係。羅傑斯指出：社會中存在著各種過去的版本（versions of the past），但這些版本往往因為無知而缺漏叢生，也因為過度涉入而使過去面目全非。相對的，歷史學家對於過去事件的來龍去脈認識深刻，且具洞見，因此「歷史的過去」其意義不只在於提供另一種版本的過去而已，而是它更勝一籌、更值得信賴。**❼**

　　誠然，學生接觸到的「歷史」絕不會只限於課堂所提供，在生活中他們有更多的機會接收各種來源不同的「過去」訊息，這些訊息的影響力甚至遠遠大於學校的歷史課程。**❼**譬如近年來，異常發達的「文化遺產」（heritage）工業，往往影響著人們對於過去的想像和理解。專研這方面的羅文陶（David Lowenthal）說，當今之時，「文化遺產」無所不在──在新聞裡、在電影中、在商業區內。**❼**一個相當奇特的現象是，當熱心歷史教育人士屢屢感嘆近年來學校中的歷史課數日益減縮、學生學習動力不足的同時，大眾對「文化遺產」中的「過去」卻積極擁抱。端看十餘年來電影工業不斷的從過去的歷史中尋求題材，無論是希臘、羅馬、歐洲中世紀、美洲古

---

❼　Peter Rogers, "The Past as a Frame of Reference," in Christopher Porter (ed.), *The History Curriculum for Teachers*, pp.12-14.

❼　Peter Seixas，彼得‧塞沙斯，〈歷史與學校──論傳授和學習歷史過程中意圖與偶然的關係〉，收於哈拉爾德‧韋爾策編，季斌、王立君、白錫堃譯，《社會記憶：歷史、回憶、傳承》（北京：北京大學出版社，2007），頁147-158。

❼　David Lowenthal, *The Heritage Crusade and the Spoils of History* (Cambridge: Cambridge University Press, 1998), p.xiii.

文明乃至中國歷史的三國時代，都一一成了電影創作的靈感來源，以及票房賣座的保證。此外，許多歷史遺跡與歷史博物館經過重新打造和粉飾後，化身為熱門的旅遊景點，參訪者絡繹於途。這些「文化遺產」不斷向人們召喚，也不斷向人們放送各種過去的圖像，從而不斷型塑著人們的歷史記憶。**⓻**

　　但羅文陶指出，以「實用性」為主的文化遺產工業多半不是「歷史」，而是「愛國主義的最大焦點，以及旅遊業的最主要賣點。」**⓼**「文化遺產」所影射的「過去」無需接受批判性的分析和通過資料證據原則的檢驗，卻對大眾歷史意識的影響如許重大，是主導人們認識過去的最有力媒介。目睹此景，羅文陶不免感嘆：「歷史的凋零預示了文化遺產的興起」。**⓽**他言下之意，歷史學本該在人們看待過去這件事情上扮演最主要的角色，但如今，史學不彰，「文化遺產」起而越俎代庖。

　　羅文陶的遺憾所在其實正與李彼得和羅傑斯標舉歷史建構「理性的過去」之價值，一脈相通。他們多堅信，當舉世充斥著各式任意炮製和捏塑的「過去」時，學生──亦即未來的社會成員，更需要藉由「歷史」，學習建立一個合理的、健康的「現在」與「過

⓻　引自 S. Wineburg，薩姆‧溫伯格，〈製造意義：世代之間的回憶是如何形成的？〉，收於哈拉爾德‧韋爾策編，季斌、王立君、白錫堃譯，《社會記憶：歷史、回憶、傳承》，頁 137-141。

⓼　David Lowenthal, *The Heritage Crusade and the Spoils of History*, p.xiii.

⓽　David Lowenthal, *The Heritage Crusade and the Spoils of History*, p.3. 另外，也可參見伊文斯，〈前言：今日，何謂歷史〉，收於 David Cannadine 編，梁永安譯，《今日，何謂歷史？》，頁 43。Richard J. Evans, "Prologue: What is History? – Now," in David Cannadine (ed.), *What is History Now*, p.12.

去」之關係。

　　歷史的貢獻還不僅在於合理的認識過去而已，在學科觀點之下，認識過去最終是能認識自己、認識「人」。

二、歷史增進對「人」和「自我」的認識

　　人類在漫長的時光荏苒之中，所經歷的事物何其豐富，即使能留下可供後世追索的部分僅僅為其中的萬千之一，那部分的「歷史」已可說包羅萬象、五花八門。學生學習歷史，確實能夠接觸到這些由史家所建構的各種奇情軼事。特別是近年來隨著歷史研究領域不斷擴大，歷史研究方法不斷更新，曾經被忽略、被掩埋的各種面向的歷史逐一披露於人們眼前。除了帶來驚嘆以及供做茶餘飯後漫談之外，這些豐富多樣的史事究竟對學習者有何意義呢？

　　強調「古為今用」的價值或持著「現在主義」（presentism）眼光看待歷史者，大多只想從過去之中尋找現在的影子或複製物；他們在昔日前人的經驗裡看到的是與今日的延續性和相似處。然而，這絕不是唯一闡釋歷史知識的角度。

　　李彼得將歷史學所提供的有關過去的知識稱為「間接性經驗」（Vicarious Experience）。❽在他眼中，這些由歷史提供的「間接性的經驗」最能幫助學生：「理解長時段（long-term）的變化，掌握長期和短期重要性的差別所在，瞭解同樣的改變在不同時間空間背景下會有不同的意義。學生必須去考察與我們極端不同的生活方式，認

---

❽　Peter Lee, "Why Learn History?" p.12.

識存在我們之外的那些獨特的理想。」⑧換言之，藉由歷史呈現的「替代性經驗」，學習者得以看到歷史中的人們對生活會有不同的體會、會追求不同的生活目標、投身不同的人生角色、接受不同的生活方式，同時也認清「偶然因素」在各種行動和現象中所扮演的角色。

值得留意的，李彼得側重於說明「歷史知識」促使人們得以認識今人與過去因時空變化而有的「不同」。他認為由歷史而獲得的「間接性經驗」其功能主要即在引領個人體認過去與現在、他人與我們之間的「差異」，而不是「相似」處。亦即，相對於其他論及歷史教育的作用與意義之論，不斷欲拉近過去和現在的距離，看重的是研究者與研究對象的「雷同」，藉此建立今人與歷史的親近感，李彼得則如同溫伯格一般，反而呼籲應將關注歷史的焦點落實在「差異」、「不同」上。

確實，時移勢轉之中，人事的變遷厥為常態。乍看之下「靜止不動的歷史」，無非是對照急遽快速的變化致產生的假象，「靜止」是變遷緩慢所產生的錯誤感。在李彼得看來，學習歷史可培養的是學生明察秋毫時間過程中的各種轉變，而不是以拉平古今之別、漠視歧異。

識覺差異、察知不同，歷史這個科目正可由此鍛鍊人們理解他者的能力。依溫伯格的觀察，「理解」這件事並不容易，多數人習於用自己經驗中的生活面向去理解他人。溫伯格稱這種以自己形象

---

⑧　Peter Lee, "History in School: Aims, Purposes and Approaches, A Reply to John White," p.31.

看待過去和現在世界的態度為「自戀主義式的理解方式」。❷自戀者的理解方式將導致我們「無法去感知別人的經驗」。❸溫伯格指出，當人們能夠反省自己看待他人時可能有的限制，真正的理解反而就此開啟：

> 於是乎，在現今各式各樣的議題佔據全民關注之際，學習歷史對我們而言，就變得相當重要。欲了解他人，無論這個他是住在道路的另一邊，或是住在千禧年的那一頭，我們都得訓練自我的感受力。歷史，如果教得好的話，正能給我們這個訓練的機會。在這個訓練中，我們會面臨這樣一個弔詭：只有當我們不相信自我去認識別人的能力，也就是懷疑自己是否具備超凡的建構意義的能力、足以去詮釋週遭的世界時，那麼我們才能真正認識他者。❹

　　無論李彼得或溫伯格都肯定，研讀歷史，注意因變化而產生的種種差別，包括不同的思考價值、不同的行事風範，個人遂能增強對異質思想和文化的感受力與接受度，這點甚至還可帶來其他附加的益處。例如李彼得相信，一旦「擴大個人對不同處境的認知範圍

---

❷　Sam Wineburg, *Historical Thinking and Other Unnatural Acts: Charting the Future of Teaching the Past*, p.110.

❸　Sam Wineburg, *Historical Thinking and Other Unnatural Acts: Charting the Future of Teaching the Past*, p.23.

❹　Sam Wineburg, *Historical Thinking and Other Unnatural Acts: Charting the Future of Teaching the Past*, pp.23-24.

和能力，個人也因而能有所準備的面對更多不同的處境。」❽換言之，在變動快速的當代社會中，個人可以更從容的應對各種不可知的境遇。

　　除此之外，就社會面來說，當今風氣日益開放，個人的獨特性愈有機會得到彰顯。如何面對人們彼此之間的歧異，成為人際關係的一大課題。歷史同樣可以在這個難題上有所貢獻。李彼得說：「……對於『通過歷史學習培養容忍』這個人們多不以為然的提法，是可以做出一點肯定了。歷史提供的這個『容忍』不是一種曖昧的同情和寬宥，……而是為著理解的目的。」❽其實，歷史學者伊文斯也同樣提到：歷史寫作可以幫助人們超脫一己的狹隘框架，去理解那些與我們生活與信仰大異其趣的人與事，擴大我們對人類處境的認知，從而促進我們時代不同文化與信仰體系的互相寬容。❽

　　當然，「過去」與「現在」之間不可能只有歧異和斷裂，相似與連續的關係必也存在兩者之間。李彼得等人特意強調辨明差異的重要，而略談察覺相同的主張，恐怕是為了矯正人們習於追求相同而漠視古今差別的弊病，尤其這類意向根深蒂固的結果，往往導致不願接納異己、不傾聽他人之見的偏狹現象。

　　不過，倒要注意史雷特的提醒。他認為不必期望歷史太多，因

❽　Peter Lee, "Why Learn History?" p.12.

❽　Peter Lee, "Why Learn History?" p.12.

❽　伊文斯，〈前言：今日，何謂歷史〉，收於 David Cannadine 編，梁永安譯，《今日，何謂歷史？》，頁 38。Richard J. Evans, "Prologue: What is History? – Now," in David Cannadine (ed.), *What is History Now*, p.9.

為「歷史並不保證寬容，雖然它可以提供寬容所需要的知識武
器。」❽❽

　　除此之外，對於李彼得這些學科觀點的支持者來說，從理解不
同到寬容異己，歷史這個學科還具有更高層的意義。那些過往的
「間接性的經驗」得以讓學習者知曉「人」在不同時空環境下有著
各式不同的表現，因而瞭解了「人」的多樣性、可能性與可塑性。
於是，學習歷史，將如李彼得所言，可以：

> 刺激想像，擴充學習者對「人是什麼」的概念，增加自己對
> 現在與未來之路的認識。❽❾

　　換言之，歷史不但可以認識過去，更可以認識「人」，最後並
認識了自己。溫伯格也在《歷史思考及其他非屬自然的行為》第一
章「為什麼要學歷史？」內，針對：「歷史有何益處？為什麼連在
學校中都要教導？」這個問題，❾⓿同樣提出一個簡潔有力的回答，
他說：「歷史可以使我們人性化（humanizing us），在學校課程中少
有其他科目具備此種潛力。」❾❶溫伯格接著闡明，他所稱的歷史的

---

❽❽　John Slater，〈歷史教學中的權力競逐——一門背離人性的學科？〉《東吳歷
　　史學報》第 7 期（2001）：頁 195。John Slater, *The Politics of History Teaching:
　　a humanity dehumanized?*, p.16.

❽❾　Peter Lee, "Why Learn History?" p.13.

❾⓿　Sam Wineburg, *Historical Thinking and Other Unnatural Acts: Charting the
　　Future of Teaching the Past*, pp.3-4.

❾❶　Sam Wineburg, *Historical Thinking and Other Unnatural Acts: Charting the
　　Future of Teaching the Past*, p.5.

「人性化」力量之意義，也就是戴格樂（Carl Degler）所說：「擴大我們對所謂『人』的觀念和理解」。㊁

　　歷史有利於擴大對「人」的認知與自我的理解，在這裡，溫伯格的觀點再次與李彼得不謀而合，溫伯格倡言的「人性化」歷史教育觀與李彼得所說：「擴充學習者對『人是什麼』的概念」，實有異曲同工之妙。

　　當然，關於學習歷史有助於認識「人」為何物這個道理，並非現代首見。早在二十世紀前期，分析歷史哲學家柯靈烏在其名著《歷史的理念》（*The Idea of History*）中已經談到這點：

> 歷史是為了自我認識（self-knowledge）……此處認識自己不只是指認識自己與他人不同之處，而是認識作為一個人的「本性」。認識你自己，意指首先認識什麼是身而為人……。由是，歷史的價值在於它教給我們：人做了什麼，因此人是什麼。㊂

　　有趣的是，不只著眼歷史學科特質的李彼得和溫伯格，述及歷史與認識「人」、「自我」關係密切，看重歷史科的政治和社會作用的懷特，也曾宣稱歷史學習可以促進學生的「自我認識」。但其實兩者的層次有所不同。懷特說：歷史幫助學生瞭解個人所作的那

㊁　Sam Wineburg, *Historical Thinking and Other Unnatural Acts: Charting the Future of Teaching the Past*, p.6.

㊂　R. G. Collingwood, *The Idea of History*, p.10.

些選擇以及自己背後所在的社會情境，「因為獨立的生活貴在自我認識，而歷史藉由展示學生所依存的文化背景，會有助於他們的認同、他們自我的完成。」㉔斟酌這段話中之意，懷特所想像的「自我」偏向以「社會成員」做為前提，至於「自我認識」的功能指向的是對所處環境和文化的認同。然而，李彼得以及溫伯格則跳脫自我文化的侷限，從更寬廣的「人」的意義去思索歷史如何助人「自我認識」，兩者貌似而神異，不可不辨。

環顧當今世界中，各種意識型態衝突不斷、意見相爭的事例比比皆是。沈潛於歷史學科內涵而思考歷史教育如李彼得、溫伯格，咸信學習歷史可以激發包容的力量和寬容異己的胸懷，更重要的是，開啟我們瞭解「人」、進而瞭解「自己」的門徑。深入內裡來看，歷史學所帶來的理解、寬容、認識，無不涉及一種觀看世界的眼光、一種思考自己與他人的角度。這又是學習歷史的另一個價值所在。

三、歷史培養一種獨特的思考和意識

看穿個人認知的侷限、洞識今古之間的差距、擴大對「人」的理解，這是溫伯格所稱的「人性化」境界。但是如何涵養這樣的特質？溫伯格簡潔有力的話，頗具代表性：「回到學科（the discipline）本身！」㉕也就是說，一切的根本在於歷史這個學科獨有的處理過

㉔　John White, "The Aims of School History," *Teaching History* 74 (Jan., 1994), p.7.

㉕　Sam Wineburg, *Historical Thinking and Other Unnatural Acts: Charting the Future of Teaching the Past*, p.81.

去的方式以及探索世界之道。也如李彼得所說：

> 歷史……是一種思考方式和一些相關意向（dispositions）的總
> 和。它是一種探觸世界的方式，一組可以靈活運用於日常生
> 活中的知識能力。**96**

論及歷史學的思考，許多學者逕呼為「歷史思考」（historical thinking, thinking historically）。**97**史雷特即聲明：歷史這個學科最珍貴部分即是「歷史思考」。**98**至於溫伯格則獨鍾「情境化思考」（contextualized thinking）之名。

無論「歷史思考」或「情境化思考」，以「歷史化」的眼光審視任何古往今來的一切事物，確信所有的制度、價值信念都是歷史時空的產物，理解任何語言、文字都非「憑空」而生，而是形成於特定的個人意向、輿論氣候、人際背景、語言習慣等脈絡下，這份洞悉與能力應該是許多歷史學者眼中「歷史思考」最重要的特色，而此思考取向不僅能發揮於探究過去，且有益於面對今世。

不妨先看看史雷特如何談及「歷史思考」。他說：「歷史不以

---

96 Peter Lee, "History, Autonomy and Education or History Helps Your Students Be Autonomous Five Ways (with apologies to PAL dog food)," p.9.

97 Tom Holt, *Thinking Historically* (New York: College Entrance Examination Board, 1995). Peter Lee, "History in School: Aims, Purposes and Approaches, A Reply to John White," p.24.

98 John Slater，〈歷史教學中的權力競逐——一門背離人性的學科？〉，頁194-195。John Slater, *The Politics of History Teaching: a humanity dehumanized?*, pp.15-16.

為*有*所謂共享價值的存在，並等著被人闡明或支持。歷史不要求我們相信一個社會的價值觀永遠都有價值。如果歷史想要為上述任何一件事作擔保，那就不再是歷史，而變成是一種灌輸教化。」❾❾具備上述批判性眼光，可以想見，學習歷史者便能夠與現實恆常保持距離，易於識清現實中許多的假象和教條。所以史雷克肯定，「歷史思考迫使我們看清生活中處處可見的迷思背後所隱藏的詭譎、複雜以及矛盾之處。」⑩⑩「歷史思考提供了評述他人的程序性要件。它的大敵是刻板印象和教條。懷疑是我們的武器。」⑩⓵

在史雷特口中，歷史思考所蘊含的懷疑精神顯然會散發某種破壞性力量，足以解構和顛覆現實中的各種神話，看穿坊間種種媚惑人心的讒言和蜚語。但是，歷史思考同時也具有積極的意義：它是一種銳利洞察的能力，促使心靈保持開放和清明。於是史雷特又說：「歷史思考根本上是敞開心靈」。曾經擔任「美國歷史協會」（American Historical Association）主席的卡爾貝克也表達過類似的見解。他陳述歷史的價值在於：「解放心靈，增進同情心，堅固意志力。」⑩⓶或者如教育學者基佛德（Bernard R. Gifford）所說，所有人都需要藉由歷史去「矯正現在心態（present-minded）下的目光短淺和狹

---

❾❾ John Slater，〈歷史教學中的權力競逐——一門背離人性的學科？〉，頁195。John Slater, *The Politics of History Teaching: a humanity dehumanized?*, pp.15-16.

⑩⑩ John Slater, "Where There Is Dogma, Let Us Sow Doubt," p.46.

⑩⓵ John Slater, "Where There Is Dogma, Let Us Sow Doubt," p.53.

⑩⓶ 轉引自 Frederick D. Drake and Lynn R. Nelson, *Engagement in Teaching History: Theory and Practices for Middle and Secondary Teachers* (New Jersey: Pearson Education, Inc.,2005), p.15.

隘排他。」⑱

　　同樣的，李彼得也確信，歷史教學可以幫助學生袪除「現在主義」的思想方式。透過歷史，學生不再將現今一切目為「尋常」或可「永保長存」，他們應該明白，從生活物質到社會體制都是一時的產物。甚至，歷史教育最終可以帶出一種體認：「現在」並非「過去」一脈發展而達致的「高峰」（culmination），「現在」毋寧只是「過去」的「前沿」（cutting edge），因此，看待「過去」時，不能以有利於現在或有損於現在的基準進行評斷；至於「未來」，多少會受限於「現在」的發展，但決不是已定的（determined）。⑭或許是受到德國歷史哲學家余琛（Jörn Rüsen）的影響，李彼得近幾年來也把上述層面的歷史思考稱為「歷史意識」（historical consciousness）。⑮

　　綜合來看，學習歷史之能促進個人心智解放和成長，實因歷史這門學科所錘鍊出的「歷史思考」（來自一套理性探究過去的程序和方

---

⑱　Bernard R. Gifford, "Introduction: Thinking about History Teaching and Learning," in Bernard R. Gifford (ed.), *History in the School: What Shall We Teach?* (New York: Collier Macmillan Publishers, 1988), p.2.

⑭　Peter Lee and Denis Shemilt, "New alchemy or fatal Attraction?: History and Citizenship," p.18.

⑮　Peter Lee and Denis Shemilt, "New alchemy or fatal Attraction?: History and Citizenship," p.18. 儘管李彼得樂於將余琛的「歷史意識」概念和英國歷史教育所強調的「歷史思考」加以比較和連結，但他對余琛的「歷史意識」觀點亦曾提出批評。參見 Peter Lee, "Understanding History," in Peter Seixas (ed.), *Theorizing Historical Consciousness* (Toronto: University of Toronto Press Incorporated, 2004), pp.140-143.

法），能將一切事務甚至當代人人擁護的體制都置於脈絡情境下予以考察衡量，而非妄加崇拜、盲從或追隨。在某種意義上，這就是開放心靈的一種表現。也就是說，個人在歷史學的概念與知識涵化下，習得一套觀照世界、審視過去與現在的方式，不但眼界為之拓寬，思考事物的角度也隨之而變。

溫伯格總括這樣的歷史思考會培育出一種謙遜的態度，並由此產生理解他人的巨大潛力：

> 歷史「教育」（拉丁文的意義是「引導向外」）具有最深刻的意義；在所有世俗化的課程中，歷史最能教給人們那曾經屬於神學教育的德性──謙卑面向我們有限的認知能力，敬畏以對人類歷史的悠遠綿長。⓴

> 這裡所描述的歷史思考形態，特別是思考過去時能常常認清自身概念工具的不足這點，對於教導人們如何理解和他們不同的人時，是必不可少的。⓴

而李彼得更不諱言，「改變他們（學生）看待世界的方式」，是歷史教育所能臻至的終極目標。他說：

⓴ Sam Wineburg, *Historical Thinking and Other Unnatural Acts: Charting the Future of Teaching the Past*, p.24.

⓴ Sam Wineburg, *Historical Thinking and Other Unnatural Acts: Charting the Future of Teaching the Past*, p.110.

歷史教學的動機並非為了能改變世界，而是在改變學生；改
變學生對世界的看法，改變他們看待世界的方式。⓱

　　李彼得曾借用懷特使用的「轉化性目的」（Transformative aim）
一詞，來形容學習歷史時所產生的這最高層效能。⓲
　　溫伯格和李彼得都衷心相信，學習歷史最大的益處是使個人的
態度、眼界和思考方式產生重大的轉化與改變。這點令人想起，美
國史家卡爾貝克所表達過類似的看法：歷史「使我們可以控制的，
不是社會，而是自己。」⓳
　　或許對許多人來說，以個人思想自覺的轉化，作為歷史教與學
的最高目標，實在太不實際了，也太缺乏雄心壯志，尤其轉化的力
量只及於個人。但李彼得不以為然。他解釋，「轉化性目的」——
亦即思考世界的方式產生改變，作為學習歷史的最高目標，不但適
切而且絕不消極保守。「轉化性目的」是開啟其他目的之始。當人
們一旦改變看待世界的方式，某些意想不到的結果可能隨之而來。
例如個人可以更加獨立自主的展現理智的抉擇，也可能啟發更多新
的行動、有更好的基礎去檢視和分辨生涯選擇（life-option）、經由
歷史的間接性經驗對未來多一些掌握之機。

⓱　Peter Lee, "Historical Knowledge and the National Curriculum," p.43.
⓲　李彼得自然也是藉此澄清，「轉化性目的」和一般的「實用性目的」並不相
同。Peter Lee, "History in School: Aim, Purposes and Approaches, A Reply to
John White," p.23.
⓳　轉引自 Frederick D. Drake and Lynn R. Nelson, *Engagement in Teaching History:
Theory and Practices for Middle and Secondary Teachers*, p.15.

　　雖然李彼得仍然申明,這些目標都是連帶而來,並非歷史教學必能保證的結果。但他相信,個人的眼光和思考如果經歷轉化,確實可能開啟更多其他的改變,李彼得反問:還能有比「轉化性目的」更崇高、更適合的歷史教育目的嗎?⓫

　　總結來看,持著歷史學科觀點思考歷史教育的李彼得等人,堅信透過歷史,個人不但獲得了「理性的過去」,還可以藉助歷史提供的間接性經驗,深切認識「人」、認識「自己」。最重要的,歷史學特有的「歷史思考」最終將轉化個人看待世界的方式,使人們具備深刻的歷史意識,而這新的世界觀即蘊藉著強大的改變力量,是開啟其他無限可能性之鑰。

　　還可一提的是,由這些學者的闡釋來看,他們所列舉學習歷史的目的,明顯強調歷史的「價值」,而非歷史的「實用」之用。儘管看重實利、講求實際效用為當今社會風尚,定位歷史學的方式卻不該追求流俗,附會於現實之風潮,反而應思索這門學科的內在意義,尋求其中的價值。這正是李彼得所說:

> 歷史不是因為作為達到某個目的的方法和手段而有用,而是因為能拓寬吾人的視野——看到更多可能的結果而有價值;再者,要具此價值,必須是真正的歷史,而不是偽裝的實用的過去。⓬

⓫　Peter Lee, "History in School: Aims, Purposes and Approaches, A Reply to John White," pp.26-27.

⓬　Peter Lee, "History in School: Aims, Purposes and Approaches, A Reply to John White," p.31, p.22.

歷史的可貴在其自身獨具的「價值」，不在作為某種手段而「有用」。從學科觀點出發以省察歷史教學者，欲為歷史的「教」與「學」賦予新意。除了彰顯歷史教育向「有用」的一端傾斜時所可能蹈入的危機之外，他們應該也希望藉此扭轉長期以來討論歷史教學的習慣與方向。但是，李彼得等人的發聲能夠完全消泯大眾對歷史在政治、社會功能方面的期待嗎？

第四節　學科觀點與政治社會觀點的拉距

1980 年代以來，在英、美歷史教育的擾嚷聲中，學科觀點的歷史教育論逐漸在相關爭議中佔一席之位。李彼得、溫伯格等人立足於「歷史學」基礎上，主張學習歷史的意義在於獲得理性的理解；學校中所以必須教導歷史，緣自歷史學科的思維訓練可以幫助學生打開眼界，認識過去，也認識自己，最終並獲得歷史的思考以及看待世界的有益方式。

就某種意義來說，李彼得和溫伯格等人所倡議的歷史學科價值觀點，是對政治和社會觀點的一種反制或警示：如果歷史教育把政治正當性以及個人和社會需要擺在第一優先地位，這樣的「歷史教育」最終只可能是脫離了「歷史」的「教育」。然而，從實際的情況來看，必須坦承，學科觀點迄今為止仍然扮演平衡的角色，它並未能完全取代政治和社會取向的歷史教育主張。

就學理而言，政治和社會取向以及歷史學科價值取向，或許各有邏輯，形成對立。譬如上一章提及倫敦大學的懷特和美國的巴騰，兩人均由政治、社會的角度探究「為什麼要教歷史」，而李彼

得和溫伯格則從歷史學本身切入，更關切「為什麼要學歷史」的問題。單從提問方式看，「為什麼要教歷史」和「為什麼要學歷史」兩者意味不大相同。前者帶著某種由上而下的俯視角度，以國家、社會、學校或教師為本位，下探歷史科的留置問題。而後者則以學生學習為主體，省思歷史對他們的意義，進而反證學校為何應該維持歷史教育。

也可以說，懷特和巴騰注目的是學校的歷史課程對於民主社會中的公民或成員有何意義，李彼得和溫伯格卻是專注於歷史學對個人立身處事有何價值。不同的出發點，促使他們對於「學校歷史」的定位以及「學習者」的身分界定等問題，認定也不一。

懷特和巴騰一再申明歷史是學校中的「科目」（subject），李彼得和溫伯格則不斷將焦點拉回歷史這個「學科」（discipline）上；懷特和巴騰視「學習者」為隸屬於「社會」的「公民」或「個人」，而李彼得和溫伯格毋寧有意適度拉開「學習者」和「社會」的距離，賦予「個人」更多獨立思考的空間。雙方站在各自的立論上，懷特和巴騰倡言，歷史科必須要與社會中的個人需求、廣大的社會文化發展有所關連，而李彼得和溫伯格深信歷史學科的方法對個人視野會產生拓展、深化或轉變的影響，從而能幫助個人批判地檢視各種（包括自己的）社會文化現象。在他們看來，光是這點已足以成為歷史課程應該得到更多重視的理由。再如巴騰經常強調歷史為人文學科（humanities）教育之一，⑬不難想見，西方學術傳統中的「人

---

⑬　Keith C. Barton and Linda S. Levstik, *Teaching History For The Common Good* (London: Lawrence Erlbaum Associates Inc., 2004), p.26.

文學科」向與公民素養、公共事務密不可分，巴騰想必欲藉此歸類，為歷史擔負公民教育責任和更普遍的社會文化使命請纓。但李彼得和溫伯格努力要彰顯的卻是「歷史學」長期已建立起的知識論以及學科獨立價值。

　　純就形式而論，這兩種觀點似乎各有依據，自成其說。而從社會現實面來看，極端的保守勢力也始終存在，某些人很難完全放棄對歷史教育的實用渴求，而無視於歷史學科內部對此問題的討論已經進行了數十年之久。甚至懷特和巴騰等學術性的論說更對實用立場的歷史教育觀點產生了或多或少的強固作用，使政治和社會的歷史教育觀點維持一定的支持掌聲。

　　按照目前的態勢來看，政治社會和學科價值這兩種歷史教育的思考將會持續並行，它們之間的拉距競賽很難有徹底了結的一天。也許，更根本的原因是，歷史永遠無法完全超然獨立於現實之外。

　　站在歷史教學的高點俯瞰，政治社會取向和學科價值取向的觀點有如兩道相互較勁的拉力，一則往外、一則向內。當外拉的力量太強，「歷史教育」過度迎向外在壓力時，所教的「歷史」便將遠離作為一門學術的「歷史」。學科價值的觀點則努力將「歷史教育」拉回理性之學的這一端，使「歷史教學」不離棄「歷史學術」的範圍。若從消極面來說，在政治和社會觀點不可能完全消失的情況下，學科觀點揭發歷史受制於實用功能時所可能產生的自我危害反向作用，毋寧具有制衡與監督的力量，有其意義。

　　誠如史雷特所說，現實中人們會因為各種目的親近歷史，學習歷史的意圖本可容許從純學術到為了考試、面試，甚至休閒娛樂之

用。⑭但最重要的，歷史教育無論為的是哪個目的，卻必須堅守絕不能損及歷史的「完整性」或「誠信」（integrity）原則。史雷特的「誠信」自然也就是李彼得所稱「歷史所以為歷史」（qua history）的基礎。

其實，維持歷史「誠信」的重要，這點即使採取社會取向觀點的巴騰和雷絲蒂克也可能有所認知。他們在 2001 年出版《做歷史：和中小學生一起考察去》（*Doing History: Investigating with Children in Elementary and Secondary School*）這本書內便曾如此表示：

> 從我們的觀點來看，討論歷史時想要去迴避爭論，會導致一個最嚴重的弱點，那就是不願承認所有的歷史都是解釋性的。那些想要維護現狀者把他們的觀點描繪成「真正的」歷史（因為它已在教科書中）並且貶抑所有其他的解釋，視之為多少削弱了美國歷史的「真相」……。如果學校是要幫助學生成為民主社會中的積極公民做準備，他們就不能忽略爭論性（controversy），也不能把孩子教成被動的去接受他人的歷史解釋。……⑮

在此巴騰和雷絲蒂克猶認為，學生不應該「被動的去接受他人的歷史解釋」，也不應該「被動的去接受特定的價值信念」。不

---

⑭　John Slater, "Where There Is Dogma, Let Us Sow Doubt," pp.47-48.

⑮　Linda S. Levstik and K. Barton, *Doing History: Investigating With Children in Elementary and Middle Schools* (New Jersey: Lawrence Erlbaum Associates Inc., 2001), p.8.

過，時隔數年，他們轉而積極宣揚：學生面對歷史時應該具備四種重要的態度，其中之一是「道德反應」，亦即學生有必要對如奴隸制度和納粹大屠殺（the Holocaust）等課題，合宜的表現出譴責和批評的反應。看來，巴騰和雷絲蒂克的看法前後有些差距。

誠然，如巴騰和雷絲蒂克指出，回顧過去，我們很難避免道德立場和判斷。⓰而所謂寬容、同理心、尊重差異、批判精神……等的確都是現代公認的「好公民」德行，許多歷史教師更經常以這些道德結論和社會價值作為課程教學的目的。此外，一般教師也不可能於教導納粹的種族屠殺主題時，完全抽離價值意涵。但即使上述論題都可以成立，卻不代表教師就該「直接」以此例證訓示學生：何者為對、何者為錯，或做簡單的價值評斷。

事實上直至 2009 年，巴騰仍在一篇文章內，對學科觀點提出異議。他批評學科取向的歷史教育主張，疏離了學生與社會的需要。⓱他再次申明並坦言，歷史的社會用途（social use）不容忽略：「學習歷史是一個社會現象，它的合法性是建立在社會各階層的認可上……。」⓲至於所謂的社會用途，巴騰在文章內最主要的關注是：藉由歷史、培養共有的群體認同（identity）。不過，令人遺憾

⓰　Keith C. Barton and Linda S. Levstik, *Teaching History For The Common Good*, p.106.

⓱　K. C. Barton, "The Denial of Desire: How to Make History Education Meaningless," in Linda Symcox and Arie Wilschut (eds.), *National History Standard: The Problem of The Canon and The Future of Teaching History* (North Carolina: Information Age Publishing, Inc., 2009), p.280.

⓲　K. C. Barton, "The Denial of Desire: How to Make History Education Meaningless," p.279.

的，對於歷史教學在迎合社會用途之餘，如何能夠守住歷史的「誠信」而不淪為宣傳之流這點，巴騰沒有做出任何回應，這卻是李彼得等支持學科觀點的人士最為擔憂並質疑的重點。

歷史教學如同在細細的鋼索上行走，一不注意便可能失卻準則，栽入擁護任何政權和史觀的深淵中。但無論如何，歷史作為一種警示（as a warning），其教導方式絕不能直截了當，⑲否則「歷史」便成了道德宣傳品，「歷史」也很難再是李彼得所堅持維護的「所以為歷史」。歷史教學不是讓事情簡單化，並由教師一逕連結到今日所崇尚的道德教條。相反的，歷史教學更要做的是將過去的複雜面呈現出來，提供歷史情境，挑戰學生對於「人性」和「進步」的看法，讓學生去思考與探究各個社會必須面對的基本議題。⑳易言之，任何課題都應該讓學生從「歷史」的角度去衡量，而不是由歷史教師給予一些固定的答案為滿足。這應該才是學科取向的歷史教育觀點中所稱道的「歷史思考」價值的實踐。

於此，歷史學科觀點的出現除了消極性的制衡外，也含有積極的意義。它提供了另一種思考歷史教育之道，賦予歷史教學前所未有的價值，這個價值一端聯繫著歷史這門學科，一端牽引著「人」的存在問題。

---

⑲ C. Husbands, A. Kitson and A. Pendry, *Understanding History Teaching* (Philadelphia: Open University Press, 2003), p.125.

⑳ C. Husbands, A. Kitson and A. Pendry, *Understanding History Teaching*, p.125.

第四章　歷史要教什麼？
——「事實」或「思考」之爭

　　從英美歷史教育晚近的發展來看，一個鮮明的現象是「學科觀點」脫穎而出，與歷史悠久的政治和社會觀點並立而行。當然，學科取向的歷史教育觀點之勃興，使得英、美歷史教育論爭愈顯激烈與複雜，而爭議的問題也不單只侷限於「歷史教學的目的是什麼？」、「歷史是什麼？」，還擴及了「歷史要教什麼？」。

　　當歷史學科的價值日益受到重視時，影響所及，歷史教學被認為不宜再以傳授某種歷史事實為滿足，而必須兼及教導學生關於歷史這個學科的知識概念，讓學生瞭解並學習獲得歷史知識的探究方法。但是，此一新的教學趨勢贊同者有之，否定的意見亦不少。而在兩方人士的針鋒相對中，不但涉及了「歷史事實」、「歷史學概念」、「歷史思考能力」等定義以及彼此間關係的爭論，也再度牽連「歷史是什麼」這個根本性的論辯。

　　本章以英國在「教導歷史事實或思考能力」這個議題上數十年來的一些討論作為主要的分析重點，除了呈現反對者的論辯以及支持者的闡說之外，也期望能藉以廓清環繞歷史教學極為常見的一些迷思。

第一節　教導歷史思考和探究能力之趨向

　　事實上，歷史不應該只是灌輸特定的史事，必當兼而培養學生的思考能力，這樣的主張早有所聞。即使在英國歷史教學「偉大的傳統」盛行不衰的年代裡，❶依然有某些洞燭先機的教師深信有必要教導學生閱讀和運用史料，更且在課堂中身體力行。❷及至二十世紀下半葉，呼籲歷史教育與學科價值切合之論逐日可聞，對於思考能力取向的教學要求也就更為普遍了。

　　根據學科取向的歷史教學觀點，「歷史」不是特定的、單純的史事綜合。史家面對已經消逝的過去，並非漫無章法，而是有所憑藉。從主題訂定到史料搜尋，史家必須灌注個人的心力與識見，並

---

❶　「偉大的傳統」為 David Sylvester 之語，他用來指 1900 年以來，英格蘭（依據寬廣的定義，也包括威爾斯、北愛爾蘭和蘇格蘭）的歷史教學無論是教學目標或是教學方法，都有一套固定的思考與模式，譬如強調灌輸事實、政治史為主流。參見 David Sylvester, "Change and Continuity in History Teaching 1900-1993," in Hilary Bourdillon (ed.), *Teaching History* (London: Routledge, 1994), p.9.

❷　在英國最常被提到且公認影響深遠的是 M. Keatinge，他在 1910 年出版：*Studies in the Teaching of History* (London: Black)，這本著作鼓吹教導學生學習科學方法和使用歷史文件。某些學者更以 Keatinge 為例，證明 1970 年代的「新歷史科」運動其實並非前所未有的「新」。R. E. Aldrich, "New History: An Historical Perspective," in A. K. Dickinson, P. J. Lee and R. J. Rogers (eds.), *Learning History* (London: Heinemann Educational Books Ltd., 1984), p.211. Robert Phillips, "Government Policies, the State and the Teaching of History," in James Arthur and Robert Phillip (eds.), *Issues in History Teaching* (London: Routledge, 2000), p.13.

依循「學科」特有的概念和思考，進行「歷史」的重建。最後還需藉由各種不同的表現形式，呈現研究所得。所以歷史之義絕不僅僅是發生於過去的一些「事情」的積累，歷史是一連串研究和重建過去的過程與結果，是一個探究以往的「學科」。

　　換言之，建構歷史的過程中，史家必須運用某些概念作為研究「媒介」。關於這些概念，李彼得統稱為「關鍵概念」（the key concepts）。他認為其中包含兩大類。一類是「實質概念」（substantive concepts），比如：**君主、教會、民主、通貨膨脹**……等用以涵蓋過去各種現象的概念語詞。另外一類概念他的界定是：幫助史家組織事實、賦予意義的基本原則。此類概念在不同學者筆下獲致的名稱不同。李彼得提過的稱呼包括：「後設歷史概念」（metahistorical concepts）或「學科知識」（disciplinary knowledge），而他個人慣常使用「第二層次（結構）概念」（second-order structural concepts）之名。❸另外尚有如施密特稱之為「建構意義的歷史概念」（meaning-making concepts of history），❹或哈斯邦德斯（C. Husbands）的「學科組織原則」（organizing principles of the subject）。❺

---

❸ Peter Lee, "Understanding History," in Peter Seixas (ed.), *Theorizing Historical Consciousness* (Toronto: University of Toronto Press Incorporated, 2004), p.131. 所謂「第二層次概念」推測可能是來自柯靈烏的啟發。柯靈烏稱頌哲學是「第二度思考」（the second degree thought），參見 R. G. Collingwood, *The Idea of History* (Oxford: Oxford University Press, 1963), p.1, 3.

❹ D. Shemilt, *History 13-16 Evaluation Study* (Edingburg: Holmes McDougall Ltd, 1980), p.27.

❺ Chris Husbands, *What is History Teaching?* (Buckingham: Open University Press, 1998) p.30.

　　不難想像，所謂「實質概念」一向就是許多歷史教師在課堂中傳布的重點，至於「第二層次概念」或「學科概念」，則是支持新的歷史教學趨向者關注之所在。許多學者主張，「歷史」既然不是「過去」的翻版，學習歷史也不應該只是學習「發生了什麼事」。教導歷史時，除了要求學生習知各種「歷史」之外，也應該讓學生有機會理解史家究竟如何運用特定的概念和思考，以建立「過去」。

　　此即是 1970 年代英國興起的「新歷史科」運動最主要的訴求和意涵。而這樣的認識在之後英、美兩國的歷史教育界中也逐漸傳播開來。例如 1990 年代英、美兩國分別出現研訂歷史科課程綱要的需求，兩國新訂的綱要中也不約而同規劃了歷史思考和探究能力的學習要旨。

　　以英國而論，自 1990 年初確立國定課程之後，歷史科綱要歷經 1995、1999、2008 年數次大翻修，❻不過，關於教導學生概念和能力的原則始終不變。例如，1999 年的「歷史科國定課程」綱要中，明白要求教師除了得在「歷史的廣度」下教導學生特定範疇的歷史知識之外，還應該配合「知識、技巧和理解」這個範疇的內涵帶領學生嫻熟：❼

---

❻　請參考：www.nc.uk.net。林慈淑、劉靜貞，〈英國中學歷史教科書的編寫及其理念試析〉，收於張元、周樑楷編，《方法論：歷史意識與歷史教科書的分析編寫國際研討會論文集》（新竹：清華大學歷史研究所，1998），頁312。

❼　Qualifications and Curriculum Authority, *History: The National Curriculum for England* (London: Department of Education and Employment, 1999), pp.16-20.

時序理解（chronological understanding）

過去事件、人物和變化的知識與理解（knowledge and understanding of the events, people and changes in the past）

歷史解釋（interpretations of history）

歷史探究（historical enquiry）

組織與溝通（organization and communication）

至 2008 年英國又正式公告最新的「主階段 3」（KS3）課程標準。❽其中歷史科綱要內宣稱學生必須瞭解「歷史研究」的性質，並將此區分出「關鍵概念」（Key concepts）和「關鍵程序」（Key processes）兩大學習重點。「關鍵概念」包含：

1.1　時序理解（Chronological understanding）

1.2　文化、族群和宗教的多元（Cultural, ethnic and religious diversity）

1.3　變遷和延續（Change and continuity）

1.4　原因和結果（Cause and consequence）

1.5　意義（Significance）

1.6　詮釋（Interpretation）

至於「關鍵程序」則包含了：

2.1　歷史的探究（Historical enquiry）

2.2　使用證據（Using Evidence）

2.3　表達過去（Communicating about the past）

關於這份新的歷史思考能力規範，可討論的空間當然頗多，例

---

❽　可參考 http://curriculum.qca.org.uk/key-stages-3-and-4。

如，「1.2 文化、族群和宗教的多元性」作為歷史學科的「關鍵概念」之一，值得再議；「2.2 使用證據」歸屬於研究「程序」之一，但學生面對「證據」時，更根本的是能否具有「證據」意識和概念。不過，在此之外，更重要的是，十餘年來無論英國「歷史科國定課程」的形式和內容有何變化，始終如一的堅持是：歷史教學不能只注重史事的傳授，還應落實教導歷史研究所必備之思考與能力。

同樣地，1996 年美國加州州立大學洛杉磯分校出版的「全國歷史科課程標準」中，亦開宗明義指出，此份標準的擬定是根據兩個方向而來：「歷史思考技巧」與「歷史了解」。所謂的歷史思考技巧這個綱目下又細分出五個標準，分別為：

時序思考（Chronological Thinking）

歷史的理解（Historical Comprehension）

歷史的分析及解釋（Historical Analysis and Interpretation）

歷史的研究能力（Historical Research Capabilities）

歷史議題的分析與決定（Historical Issues-Analysis and Decision-

Making）。❾

比較大西洋兩岸這些課程規劃內涵，時序思考、歷史理解、歷史解釋、歷史探究能力都同時被囊括在「歷史概念」或「歷史思考」的要項內，此一安排所蘊含的歷史教學理想諒必也是相去不遠。換言之，二十世紀最末十年，英、美的歷史教育改革運動大致期待一個相同的趨向：都試圖捨棄填塞式、以單面灌輸史事為主的

---

❾ 美國加州大學洛杉磯分校全國學校歷史科教學中心，郭時渝譯，《美國歷史科國家課程標準──探討美國經驗》（臺北：教育部，1996），頁 1-2，19。

教學方式，轉而更重視歷史思考能力的培養，並強調學生學習主動提問、鑑別史料，以及藉由證據推論出合宜的歷史解釋。

　　然而，這一教學轉向並非人人樂觀其成。如第一章所述，英國的「歷史科國定課程」從制訂到修訂，歷經了長期的論辯，對於歷史思考納入教學課題的這一舉措，英國各界曾經出現不少歧見。若再往前回溯，自 1970 年代歷史教學改革者呼籲各界看重教導歷史思考和探究能力的必要性以來，抗拒、反彈的力道始終存在英國社會內部。至於加州大學的「全國歷史科課程標準」所衍生的爭議亦多，甚至使得這份綱要失去國會的加持。尤其，美國民眾熱切於爭論教學內容如何取捨，更甚於歷史能力培育的問題，這意味著該社會大多數人對學生歷史思考力的學習和獲得並不那麼在意。❿

　　無論是激烈反對或冷眼漠視教導歷史思考的主張，令人好奇的是，這些態度的背後是否深藏著某些長時存在、並可能被視為理所當然的假定和意念？究竟是哪些設想主導了人們懷疑乃至拒絕在歷史課堂中培養學生歷史思考和能力？

第二節　反對教導思考之見

　　過去數十年來，有關學校教育的目標和方向經歷了重大的轉折。在二十世紀初期，教育的重心無疑是在讀寫素養（literacy）的

---

❿　Peter N. Stearns, "Goals in History Teaching," in James F. Voss and Mario Carretero (eds.), *Learning and Reasoning in History* (London: Woburn Press, 1998), pp.283-284.

育成上，也就是單純的要求學生閱讀、寫字和計算。但晚近以降，教育界更看重的是教導學生學會批判性的閱讀、清楚而有說服力的表達自己，以及解決各個學科的複雜問題。尤其在這知識量遽增的時代中，教給大家所有的知識已是不可能的任務，教育的目標毋寧更應落實於幫助學生發展獲取知識所需的智力工具和學習策略。**❶**

　　能力培養、思考訓練、實作（to do）活動，這些教育理念咸信已是當今學校和教界人士相當普遍的共識。但弔詭的是，說到歷史教學，除了事實性知識的傳授外，所謂教師也該教導歷史學科概念和思考能力，這樣的論點卻頗讓某些人惴惴不安，甚至極力反對。英國前數十年來出現的一些反對意見，或可作為瞭解這些心態的起點。

一、「歷史教育和歷史研究目的不同」

　　如果人們從政治和社會功能來設定歷史教育的意義，因而以歷史教育和歷史研究目的不同為由，反對學校中教導學生歷史學科概念，這倒不令人意外。

　　除了本書第二章列舉的一些教育學者有此看法外，試看英國史家史基德斯基（R. Skidelsky）於 1989 年 8 月 22 日的《獨立報》（*The Independent*）上，發表的一篇短文：〈英國的過去之戰〉（Battle of Britain's past times）。在這篇文章內，史基德斯基毫不隱瞞他對新近流行的「技巧或程序主導取向」（skill or procedure-led approach）教學法

---

❶　John D. Bransford，鄭谷苑、郭俊賢譯，《學習原理：心智、經驗與學校》（臺北：遠流出版社，2004），頁27。

所抱持的負面態度。他的理由之一是：「我們必須分清楚，史家或甚至一個大學生所從事的歷史，和適用於全國學校課程的歷史之間的差別。」他批評那些將英國史貶抑為眾多歷史之一的人，根本忽略歷史的社會化功能，卻只重觀念，漠視事實。❷他要求歷史教學必須回到「讓學生學習里程碑事件（landmarks）」的傳統上。❸

　　史基德斯基的公開言論反映了他對於學生學習歷史概念這件事甚不以為然。在他看來，歷史教育和歷史研究為兩回事，亦即「歷史科」（history as a subject）和「歷史學」（history as a discipline）兩者道不同，不能類比。這意指中小學校的歷史科應重在發揮社教功能，自然要以傳承國家民族的「重要」歷史知識為旨。

　　同樣的，另一位史家克拉克也曾投書報紙宣稱，歷史是國家資產，在教導「事實性知識」（factual knowledge）和「歷史技巧」（historical skill）這兩種教學目標之間，專業歷史家都會支持「傳統的歷史」教學，不能讓破碎的「專題」取代英國政治演進的發展史。❹

　　如同本書先前述及歷史教育的目的時所提，這般認定歷史教育與學術研究非屬同類者，絕非少見。懷抱此類想法，某些人因而看待「歷史」如同「公共知識」（public knowledge）或者文化「遺產」

---

❷　Robert Skikdelsky, "Battle of Britain's past times," *The Independent* 22 (Aug. 1989), p.15.

❸　這是出自 1990 年 4 月當英國研訂「歷史科國定課程」的「歷史科工作小組」公佈期末報告後，史基德斯基在報上發表的一篇短論之名。Robert Skikdelsky, "Make them Learn the Landmarks", *The Times* (April 4, 1990), p.14.

❹　Jonathan Clark, "Will History Do a Bunk?" *The Times* (March 23, 1990), p.12.

（heritage），❻稱許歷史教學最可鞏固的是「信仰」（faith）而不是「理性」（reason）思考。❻依此眼光，歷史教學自不應側重學生概念的認知和思考培養，否則即是偏離歷史教育的根本目的。

當然，並不是所有支持歷史教育以政治和社會目的為先者，都否定教導歷史思考能力之需要。例如美國的巴騰，他儘管堅持從普遍的社會文化意義來設定學校歷史科的存在價值，卻也鼓吹在歷史課堂中進行「深度理解」（deep understanding）的教學活動，如運用史料、提供不同的解釋觀點等，並相當肯定歷史教學加強學生思維能力訓練的效用。❼不過，由主張政治社會目的，進而堅持歷史教學須以傳遞事實為重，且反對教導學生歷史概念，這套想法確實有其可理解性。

值得注意的是，在史基德斯基和克拉克的談述中，貫穿著一個隱而未宣的設想：「事實」和「觀念」，或者「事實性知識」和「歷史技巧」，兩者對立，可以二分切割。換言之，對他們而言，「歷史」包含著可以各自獨立的「事實」部分和「觀念」部分，歷史教學在負擔社會化功能下，只要專注於傳授「事實」部分即可，無需顧及「觀念」。

---

❻ Jonathan Clark, "Will History Do a Bunk?" p.12.

❻ 此處的「遺產」指的是羅文陶所說：「遺產」奠定於自明的信念，而不是理性的論證；人們闡揚某些傳承之事，不是因為它們被確認為合理，而是在主觀上感覺它們必然是對的。請參考 David Lowenthal, *The Heritage Crusades and the Spoils of History* (Cambridge: Cambridge of University Press, 1998), p.2.

❼ 請參考 Linda. S. Levistik & Keith C. Barton, *Doing History: Investigating With Children in Elementary and Middle School* (New Jersey: Lawrence Erlbaum Association, Inc., 2001), pp.2-8.

然而，如此看待歷史中「事實」和「觀念」的關係，是否能為其他學者贊同？史基德斯基和克拉克所稱的歷史「觀念」和歷史「技巧」究竟指的是什麼？兩者指涉的內涵是否同一？這些問題確實有必要進一步探討及回應。

二、「歷史研究極其困難且複雜」

面對學校歷史課程日益側重訓練學生「做歷史」（doing history）的思維和能力這波潮流，一些學者基於歷史研究專業難度極高的考量，而投以懷疑的眼光。

說到讓學童在課堂中練習歷史家的思考與工作，英國社會中質疑此事在實務上可行的，不在少數。他們認為歷史資料往往冗長繁瑣，其中蘊藏的各種抽象與陌生的語意，對歷史學者而言已屬高難度的挑戰，遑論學生如何去克服這些橫阻古今的隔閡。也就是說，這些懷疑者絕不認為兒童可以針對資料的意義做出合乎實情的評估。反對者提出，設若課程中使用的史料再經過教師的刪減汰選，則學生實踐的「歷史技藝」必然甚為有限，充其量只能達到相當表淺的層面，而最終獲得的成果更很難稱得上是史家所稱的「歷史」。❶❽

持此看法的伯思敦即表示，讓學生在課程內直接閱讀史料、學習建構歷史事實的這類新教學法，效果堪疑。他提出三點顧慮：第一，教師使用單一觀點或甚至兩種對事情的相反解釋，就歷史方法而言，皆屬極為有限的訓練；第二，欲能判讀史料，必須先有一定

---

❶❽　Chris Husbands, *What is History Teaching?*, p.17.

的歷史背景知識為基礎；第三，如果學生真要能夠自己發現或建立歷史事實，必得先參閱和使用所有相關的資料，唯有如此才是合乎真正的歷史訓練。但伯思敦評估現階段的學校教育根本不可能落實歷史學的方法訓練。⓲他顧慮的是，歷史研究如此複雜，一旦學校課堂中為配合現狀而將其簡化或淺化，所提供的活動與真正的「歷史」技藝落差太大，那麼推展這類教學的意義，著實有待商榷。

伯思敦相信歷史研究不可能化繁為簡，因而斷定中學課程教導史學方法和概念的模式並不可取。以探究十七世紀英國內戰與憲政發展而成名的歷史家艾爾頓（G. R. Elton）則更直截了當的表示：歷史是一個困難的學科，根本不適合十八歲以下的學生學習。

1967 年時，艾爾頓出版了《歷史研究實務》（*The Practice of History*）一書，此書在二十世紀下半葉的英國歷史學界頗有份量，也曾是英國許多修習歷史主科學生的入門書。艾爾頓在這本書內強調，歷史學家的學術聲響是奠定在專業性（professionalism）上，那是藉由嚴密的訓練，日積月累所陶養而成。艾爾頓聲明，面對證據時，只有具備專業能力的史家才能夠問出「正確」的問題，才能夠敏感到證據的指涉與限制。⓳更且由於歷史處理的主要是人的行為，不是抽象的演繹，他以為，唯有依賴豐厚的經驗和精深的識見，才能避免過度簡化、過度概化的錯誤。艾爾頓在另外一篇文章內也如此說道：「眾所周知的事實是，『嚴肅的』歷史需以某種成

⓲　W. H. Burston, "The Place of History in Education," in W. H. Burston & C. W. Green (eds.), *Handbook for History Teachers* (London: Methuen Educational Ltd., 1972), p.5.

⓳　G. R. Elton, *The Practice of History* (London: Fontana Press, 1987), pp.31-32.

熟度（maturity）為前提。」**㉑**

　　總而言之，艾爾頓看待歷史為一門高度專業之學，並非年幼的學生所能理解和勝任。甚且據他經驗所見，就算是十八歲的大學生，在見識和眼界方面的修養仍未達火候時，真要從事歷史研究都還有些勉強。所以他斷定：「就實際情況而言，歷史並不是一門適合教育兒童的學科，甚至對學院歷史而言是『正確』的事，對孩子們來說卻是錯誤的。」**㉒**

　　當艾爾頓站在專業史家的立場，環顧 1970 年代一些學校如火如荼進行著歷史思考的教學，欲藉此挽救歷史科的危機時，他不客氣直書：「容我提出，學校層級的歷史教學所犯錯誤……大多與此事實有關：那就是學校中學習歷史的概念，因為一直要去比附於另一個學習歷史的場所—大學中所流行的一些概念，而整個受到了扭曲。」**㉓**「學校歷史課程若由……最根本的學術原則所主導，這必須看成是很差勁的設計，哪怕看起來好像冠冕堂皇。」**㉔**艾爾頓的批評顯示他難以認同英國時興的歷史教學主張。

　　不過，值得注意，在所謂「能力」和「史事」兩大核心孰輕孰重的拔河賽中，艾爾頓倒並未因為反對中小學歷史進行能力教學而即站到以傳遞歷史事實為本的那一方。一來他認為歷史知識範圍太

㉑　G. R. Elton, "What Sort of History should we Teach?" in Martin Ballard (ed.), *New Movements in the Study and Teaching of History* (Bloomington: Indiana University Press, 1970), p.221.

㉒　G. R. Elton, *The Practice of History*, p.182.

㉓　G. R. Elton, "What Sort of History should we Teach?" p.221.

㉔　G. R. Elton, "What Sort of History should we Teach?" p.225.

廣太多，根本傳授不盡。最重要的是，他堅信成功的歷史教學必須建立在各種的論辯（debates）上：史家與其證據之間的論辯、學生彼此間的論辯、歷史家與其所處社會間的論辯等。正因為這樣的論辯需要教師與受教者兩造間主動而完全的參與，才能有效進行，他更加確定，在一般情況下，要真正貫徹此等教法已很困難，而年紀小的學童在成熟度上絕對無法適應這樣的課程節奏。艾爾頓最終的想法是，歷史並非一門適合放入中小學課程的學科，他反倒建言應該撤除歷史這個科目的學習。❷

　　從伯思敦到艾爾頓，歷史學方法實踐上的難度是他們共同關切之點，也是他們保守看待歷史教學引進學科思考訓練之因。他們眼中的歷史學是一門經驗性特強的學科，懵懵懂懂的年輕學子並無法從容應付；即便強使學生在課堂上模擬史家的研究程序，最多是依樣畫葫蘆，難得其中精髓。而艾爾頓更是徹底懷疑歷史是門適合於心智年齡低的學童學習的科目。

　　或可追問，伯思敦和艾爾頓皆以為學生在課堂中所做，無論質或量都無法達到歷史專業研究的地步，但從另一方面來看，倡導學生應該學習歷史學科概念和思考力，最終目的是欲讓每個學生化身為專業史家嗎？歷史課上的思考訓練，目的是要學生如一般歷史研究者那般產生出極具可信度的「歷史」嗎？或者那是可以分開而談的兩件事？也許，這才是問題的關鍵所在。

---

❷　G. R. Elton, *The Practice of History*, pp.180-181.

三、「先有事實知識，才能教導能力」

從歷史學的專業性及研究難度來考量學校中的歷史課程問題，還可能會衍生出另一種頗為通俗的想法：歷史研究須以深厚的學識經驗為前提，若沒有足夠的史事基礎，將無法進行合理的推論和判斷；學生必須先熟知基本的事實，才有紮實的底子學習思考。推而論之，年紀尚小的學生得先做好「基本功」——從記住基本的事實性知識開始，絕不能一下子就貿然教導他們屬於高層次的思考推理。所以，持此主張者認為，教授歷史事實和思考能力應該分段而行，循序漸進，亦即先教授事實，後再教導能力。㉖

有意思的是，似乎不單單在論及中小學歷史教育的辯證過程中，出現了這樣的言論。在高等教育的圈子內，經常也可以找到相似的意見。紐約大學教學中心的貝恩（Ken Bain），在一項調查美國各大學優良教師的教學方式、以建立優良教學典範的計畫中就發現，無論自然科學或人文學科內都有一派老師堅持，大學生在還沒認知特定學科的「基本事實」之前，並沒有能力去學習如何思考、分析、綜合與判斷。貝恩看出，秉持這種想法的老師，非常強調在課堂中傳遞資訊，同時也多排斥其他類型的教學活動。㉗

上述從學校到學院相當普遍的觀點形似一般常識性的說法，那就是沒有先學會走路，如何能學跑步。不過，這份見於通俗和專業

㉖ Peter Lee, "Historical Knowledge and the National Curriculum," in Hilary Bourdillon (ed.), *Teaching History*, p.43.

㉗ 肯·貝恩著，傅士哲譯，《如何訂做一個好老師》（臺北：大塊文化，2005），頁46-47。

圈內的憂心，卻至少有個難解之謎：如果從小學生到大學生，都因基礎事實知識不足，無法勝任思考工作，那麼究竟什麼時候，「人」才可以開始思考？

總的來看，目前所見的三種反對教導學生歷史思考能力的看法，除了牽涉歷史學科的性質之外，多多少少都觸及學生心智能力是否足以應付歷史專業研究並勝任歷史思考的問題。確實，一些關乎兒童歷史認知探測的研究曾經做出如此結論：一般的學童心智能力開發不足，無法進行超齡的歷史推理；試圖在中小學內全面推展歷史思考的教學，根本是夸夫逐日的難事。

四、「學生心智能力不足」

在各種反對歷史教學走上思考能力培養之路的聲音中，除了針對學科本身而論之外，亦有一種主調扣緊的是學生心智方面的限制。他們聲稱歷史學習和歷史研究的主體──學生和史家，在心智與能力方面本來殊異，學生並不具備理解歷史的思考潛力。這類意見拜瑞士心理學家皮亞傑的理論以及 1960 年代某些探測兒童歷史概念的研究之賜，而增益其信服力。

眾所周知，皮亞傑一生戮力探究兒童邏輯、語言、推理思考模式的源起與發展。他在《孩童時期至青少年邏輯思考的成長》（*The Growth of Logical Thinking from Childhood to Adolescence*）這本名著內，考察兒童從出生至成長過程中，個人面對環境的反應及其變化，以檢驗抽象思考、推理演繹的能力如何萌芽、成形。簡言之，就是探測兒童解決（外在）「問題」能力的發展時序。

皮亞傑根據測試所推出的一套經典論說即所謂的「四個發展

期」：0-2 歲的「感覺動作期」、2-7 歲的「運思前期」
（Preoperational Period）、7-11 歲進入「具體運思期」（Concrete
Operational Period）、11 或 12 歲之後達到的「形式運思期」（Formal
Operational Period）。❷❽這四期的劃分標示著孩童從新生階段，對外在
環境僅能有立即性的反射行動，到青少年初期，面對外界時已具備
了一套穩定的知識概念，並能運用假設、推理論証，展現出成人思
考的基本樣式。

　　皮亞傑宣稱：這四個階段中，兒童與外在環境的關係會有明顯
的「質」變，四階段彼此間又構成一套固定相依的發展次序，亦即
前一個階段是後一個階段形成的不可或缺的基礎。對皮亞傑而言，
任何人不論天賦如何，其認知成長都一無例外地要履經這四個由具
體到抽象的過程。

　　皮亞傑將兒童認知發展切分成數個時期、多個階段，以利辨
識。在個人的思考成長方面，他的確提供了一套細密的透視與解析
模式。不過，這般精刻細劃也同時含著某種定制。畢竟在皮亞傑看
來，兒童智力的發展，雖可能因為外在因素及經驗的累積，而產生
某些「非自發」的觀念，但最主要還是受到內在結構「自發」力量
的牽動。皮亞傑儘管不否認天資高者因為外在環境的刺激，每個階
段所需經歷的時間可能會因而縮短些，整體而論，他仍以為在神經
系統和生理構造的先天限制下，多數人欲從一個階段加速晉升至下

---

❷❽　Jean Piaget, *The Growth of Logical Thinking from Childhood to Adolescence*
　　(United States of America: Basic Books, Inc., 1959). 另可參考 J. L. Phillips 著，
　　王文科譯，《皮亞傑理論初階》（臺北：國立編譯館，1983）。

一個階段，極其不易。❷❾

　　從消極面來說，皮亞傑的理論隱隱傳達出的訊息是：兒童的學習受制於先天發展因素的影響極大，這也是他日後備受爭議的主因。❸⓿不過，從積極面來看，皮亞傑之說也有提醒的作用。他的理論所延伸出的另一個涵意為，任何外在的學習要求和教學目標都必須顧慮並配合兒童的接收能力，否則無異如緣木求魚，或甚至產生揠苗助長的反效果。

　　皮亞傑的論說有其震撼性，但讓許多人更加好奇的是，在兒童數理認知領域的這番創見是否也能適用於其他層面的思考發展？正是因此，二十世紀中葉的英國學界新興起一股從心理學角度檢測兒童歷史認知的熱潮。

　　自 1950 年代中期開始，英國許多學者沿用皮亞傑的研究模式，紛紛邁步探索兒童的歷史認知。❸❶這些研究和著述最終都提出頗為一致的結論，即聲稱兒童在運用歷史資料、據此進行假設性的推理思考時，必會遭遇比其他學科更為嚴重的困難。❸❷

---

❷❾　J. L. Phillips 著，王文科譯，《皮亞傑理論初階》，頁 1-40。Martin Booth, "Ages and Concepts: A Critique of the Piagetian Approach to History Teaching," Christopher Portal (ed.), *The History Curriculum for Teacher* (London: The Falmer Press, 1987), pp.23-24.

❸⓿　當然，許多皮亞傑學說的支持者一再辯護說，皮亞傑提出的是心智和「發展」的理論，而非一般的學習理論，不能混為一談。

❸❶　根據統計，從 1955 年至 1980 年左右，英國歷史界先後出現了二十餘篇以皮亞傑理論為本的兒童歷史認知方面的論文。Hillary Cooper, *The Teaching of History* (London: David Fulton Publishers, 1992), pp.16-18.

❸❷　Martin Booth, "Ages and Concepts: A Critique of the Piagetian Approach to

在這些研究中，一般認為較具代表性的是哈藍（R. N. Hallam）的實驗。哈藍認為皮亞傑的階段論不該被解讀為「不可更易的實在」（immutable realities），而應將之看成是理解兒童思考發展的一大助力。❸他也信服著名的心理學家維高斯基（L. S. Vygotsky, 1896-1934）的話：「各個學科的教學所需具備的心理條件，大同小異。」哈藍並援此證明，將皮亞傑理論運用於探究特重文字解釋能力的歷史思考，確為合理可行。❸

在此信心下，哈藍以 100 名 11 至 16 歲的學生作為測試對象，他讓這些學生先閱讀三段歷史敘述之後，再接著回答與這三段文字相關的各十個問題。這些學生的書面答案成為哈藍分析學生歷史思考類型所本。

他首先根據學生的反應，設定出皮亞傑的後三個認知發展期與歷史思維能力的相應表現。譬如哈藍歸納「運思前期」（2-7 歲）這個階段內，學生「無法將問題連結至所提供的資料」、「單單只注意某一個要點」；至「具體運思期」（7-11 歲）時，兒童應該達到的歷史理解是：「可以從提供的證據中去預測結果」。而在「具體運思期」到「形式運思期」（11-12 歲之後）的過渡階段內，兒童能夠「從故事範圍外擷取資料，提出假設，不過還不是很成熟……。」至於最終的「形式運思期」所展現的思考特色是：能夠

History Teaching," p.24.

❸　R. N. Hallam, "Piaget and Thinking in History," in Martin Ballard (ed.), *New Movements in the Study and Teaching of History* (Bloomington: Indiana University Press, 1970), p.163.

❸　R. N. Hallam, "Piaget and Thinking in History," p.162.

「理解各種多樣的連結關係。設想所有可能的解釋，並從邏輯分析中找出其中為真者……。」**❸❺**

　　哈藍繼而以上述標準進行評估，最後並從中「發現」：學童的歷史認知能力發展得比其他學科還慢，「具體運思期」大約出現在 12 歲，而「形式運思期」階段大多要延遲至 16 歲以後，才會明顯可見。他於是總結說，一般學生在「形式運思期」階段之前，很難無礙的運用抽象思考。對此驗證結果，哈藍個人倒不覺的有值得大驚小怪之處。他以為學習歷史時，個人必須暫時超脫當前的生活而進行假設和推論，又得經常面對各種道德難題，即使聰慧的成年人都難以應付這些要求，何況兒童。**❸❻**

　　根據上述研究所得以及其他同型態研究大同小異的結論，哈藍最後建議：「對 14 歲以下的學童，歷史不應該有太過抽象的形式，不應該包含太過雜多的內容。」譬如在初中階段教導古代史時，他認為「可以用具體事物來教授：例如房舍、日常生活、工業以及史前的農業和貿易」，至於教導理解能力稍高的學生時，儘管可以加入比較抽象的內容，「但還是要與學生日常生活連結為佳。」**❸❼**

　　哈藍的建議並非全無合理之處，但另一方面，他絕不會贊成在中小學的歷史課上推廣教授思想性的、具爭議性內容的作法，遑論教導歷史學科概念和思考能力。哈藍的前提是，課程所授如果超越

---

❸❺　R. N. Hallam, "Piaget and Thinking in History," pp.164-165.

❸❻　R. N. Hallam, "Piaget and Thinking in History," pp.164-166.

❸❼　R. N. Hallam, "Piaget and Thinking in History," pp.168-169.

了學生心智所能負荷的程度，學生可能抗拒甚至放棄學習，要不就是胡亂應付，徒勞無功。

　　哈藍的探究似乎正式昭告：大多數 16 歲以下的兒童受限於心智能力，無法進行歷史思考、歷史推理，而課堂中的歷史一般只能維持機械、記憶、被動式的教導與學習。這樣的論調無疑強化了堅持灌輸式歷史教學者的信心。也可以說，從皮亞傑到哈藍，他們的理論恰恰為反對歷史課堂教導學科概念和思考的一方提供了「學術性」的憑證。

　　但是，哈藍的實證至少有個盲點：他單以某些學童現有的思考進行考察，並以此斷定學生心智的發展程度，然在此過程中，這些學生所接受的歷史教育型態之影響並未被納入考量。換言之，縱使學生心智發展循著一定的進程路線，不同的教學方式很可能對學生思考能力的展現會產生不同的作用，而哈藍的研究無法對此提供任何相關的回答。

第三節　支持教導思考之見

　　綜觀上述四種反對之見，大體由歷史教育的目的、歷史研究的複雜度、學生認知能力等面向入手，各表其意。在這些陳述中，不可否認，無論著眼的是哪個焦點，它們倒一致凸顯了討論歷史教學時某些易被忽略的問題如：歷史絕不是一個學生輕而易舉就能上手的科目。一般以為歷史容易教、很好學，可能根本是錯誤的印象。因為從歷史的專業性質以及學生心智發展的歷程來看，歷史的學習確實有其難度。

誠然，學習歷史並不簡單，這點理應得到更多的重視，但是否必要歸結：學校歷史課不該教導這個學科的概念與思考力？或者，學生定然沒有能力可以理解史家如何建構歷史的過程？又，如反對者所說，「歷史事實」和「歷史概念」真的可以分開而行或先後培養嗎？支持歷史教學新趨向的這一方學者並未甘於沈默，他們也從理論乃至長期實證研究中，提出有力的論證與反駁的依據，一一拆解前述的反對之見。

一、「研究室與教室的知識活動本質相同」

如前所見，長期以來，始終有股強大的壓力欲將歷史教育和歷史研究分隔開來。所謂歷史教學重在教化，當以傳授事實知識為主，不應和歷史研究相提並論，這一說法的根本問題在於：「歷史」究竟是甚麼？如果課堂中教授的是一套固定的、帶有宣揚效果的過去故事，那麼所教授的毋寧更近於「宣傳」而非「歷史」。

隨著時間的遠去，過往一切已經面目模糊，真相難尋。而「歷史」作為一門探究「過去」的學科，儘管已經發展出一套理性而公開的學術判準，但囿於資料證據以及詮釋方式的不同，「歷史」所建立的關於過去的來龍去脈並不總是那麼確定，其輪廓經常是變動且容許爭議的。而學生在課堂以外廣大世界中所看到的，絕不會是單一的、正確的「歷史」，反而是各式各樣互補的、相競爭的、甚至彼此衝突的故事。❸因此，讓歷史教學依從實用功能，如此所教的「歷史」可能和歷史研究者所定義的「歷史」內涵相去甚遠，甚

---

❸　　Peter Lee, "Understanding History," p.129.

至還將使「歷史」的「學術性」隨之淪喪。這點恐怕是那些執意將
「歷史研究」和「歷史教學」切割開來的人士，所不能迴避的問
題。關於這方面的討論，本書第三章已有許多討論，此處不另贅
述。

　　除此之外，二十世紀後期，從不同的方向主張歷史研究和歷史
教學本質相同的聲音也逐一揚起。例如二十世紀中葉，牛津大學一
位研究中世紀歷史的女性史家提出這樣的觀念：「五歲孩子和二十
一歲學生的教學問題基本上是相同的。」❸這位研究員認為，即使
年紀小的孩子仍然可以無礙的出入中世紀哲學家的思想情境，只要
教師給予充分的時間和選擇合適的教科書。1970 年代後，有更多
的人護衛此一看法。

　　1972 年「歷史科 13-16」啟動四年期的教學實驗，欲檢視歷史
課教導歷史學科概念的可行性。這批研究者鄭重宣示：歷史研究和
教學實務應該有更緊密的結合，向學生介紹歷史家的工作極具價
值。他們提出以下兩點理由。一則這樣的教學模式可提高學生在學
校學習的意義，也就是說，學生如果能夠瞭解歷史學科的知識特
質，他們會更有意願配合教學過程。二是無論學生未來是否繼續研
讀歷史，帶領學生認識歷史知識建立的途徑，讓他們多少明白歷史
學家的探究歷程，這是符合「教育即是導入」（education as initiation）
原則。❹

---

❸　William Lamont, "William Lamont," in Juliet Gardiner (ed.), *History Debate* (London: Collins & Brown Limited, 1990), p.33.

❹　SCHP, *A New Look at History* (Edinburgh: Holmes Mcdougall, 1976), p.22.

　　值得一提的，「歷史科 13-16」研究者為了加強說服力，採納了美國教育哲學家布魯納之說，作為理論基礎。在「歷史科 13-16」的結案報告中有幾段立場鮮明的文字，即是借用自布魯納的論述，以為學院研究和學校教育搭起一座交流之橋，並增強將「做歷史」的程序引進歷史教學的正當性。這些段落如：

　　　　知識活動在任何地方都一樣，不管是在知識圈裡或在某一個三年級的教室內……不同只在程度（degree）上，而非類別（kind）上。**❹**

　　　　……任何科目都可以用忠實於知識的形式，教授給任何發展階段的兒童。**❷**

　　　　……課程應該重回到這些基本思考，重複的在這些思考基礎上建構，直到學生掌握了這些思考的完整構成要素。**❸**

　　以上三段文字，說明課堂中所進行的知識活動和研究室的工作

---

❹ SCHP, *A New Look at History*, p.22. Jerome S. Bruner, 邵瑞珍譯，《教育的歷程》（臺北：五南出版社，1995），頁 12。

❷ SCHP, *A New Look at History*, p.22. 這段話原出自布魯納之書第 14 頁，但計畫結案報告的撰寫者卻在附註中誤植為 33 頁。Jerome S. Bruner, 邵瑞珍譯，《教育的歷程》，頁 10。

❸ School Council Publication, *A New Look at History*, p.22. Jerome S. Bruner, 邵瑞珍譯，《教育的歷程》，頁 10。

並無性質上的差異，學生最該學習的是每一個知識領域的核心概念
和構成要素。這些內容乃出自布魯納的名著《教育的歷程》（*The
Process of Education: A Landmark in Educational Theory*）一書。說起來，英國
尋求歷史教育改革還必須遠向美國的教育哲學取經，倒是一個有趣
的問題。這一方面當然與布魯納的教育觀點有關，另一方面布魯納
曾於 1970 年代受聘於牛津大學，或也是促成的機緣之一。

布魯納為波蘭裔的紐約人，他在 1941 年獲得哈佛心理學博士
學位。布魯納的研究重心幾經轉變。**㊹** 1950 年代之後，他的志趣
逐漸從知覺（perception）研究轉往認知（cognition）領域的探索，長年
沈潛於人們思考的過程探析，並因此形塑了他後來獨特的教育理
論。

1960 年時布魯納協助成立哈佛認知研究中心（The Center for
Cognitive Studies），也是在同一年，他發表了經典之作：《教育的歷
程》。此書揭示的教育觀點成為二十世紀中葉美國教育思想的重
心。之後，他更進而陸續發表了幾本相關的重量級著作如：《迎向
教導的理論》（*Toward a Theory of Instruction*, 1966）以及《教育的關連
性》（*The Relevance of Education*, 1971）。

布魯納最為人稱道的觀點為：任何學科的教學，都必須以教導
學科的結構原理為宗旨。他說：

㊹　J. A. Anglin 總結布魯納的研究生涯經歷過六個階段和重心的轉換，包括：公
　　共輿論、知覺、思考、教育、孩童期的表現、嬰兒時期的能力發展。Jeremy
　　M. Anglin, "Indroduction," in Jerome S. Brunner, *Beyond the Information Given*
　　(London: George Allen & Unwin, 1980), p.xiii.

> 不論我們選教什麼學科，務必使學生……理解該學科的基本
> 結構。這樣才有助於學生解決在課堂外所遇到的問題和事
> 件……。㊺

他相信可以透過有系統的教導這些知識結構和基本觀念，讓學生習得探究事物的方法和組織事物的要領。學生則再藉由遷移作用，將所學推論於其他未知的事物上，達到舉一反三的成效。布魯納以為，如此的教育和學習才真正能夠發揮力量、有用於學生之未來。

以這個觀念為準，布魯納認為知識活動無論是進行於專家的研究室或學生的教室，其本質應該都是相同的，差別只在於程度的深淺而已。同時，他也堅信，所有學科的基本原理都可以用不同方式教給任何年齡層的學生。布魯納雖然也曾受到皮亞傑學說之影響，但他認為智性的發展和教育作用息息相關，後者會對前者產生積極的作用。㊻

當然，他深知學生若要學習各個學科的普遍原則，必定很難在短時間內得心應手，也唯有學而時習之，最終才可熟能生巧。他因此建議，學校課程應該一再在不同的階段安排與這些學科要素相關的內容，讓學生反覆接觸和演練，直到精熟勝任為止。這就是布魯納著名的「螺旋式課程」的思考。㊼

㊺ Jerome S. Bruner，邵瑞珍譯，《教育的歷程》，頁 10。

㊻ Jeremy M. Anglin, "Indroduction," p.xx.

㊼ 「螺旋式課程」理念也多為臺灣教育界和教育人士所引用，不過，在運用方式上，似有抽離布魯納教育哲學的脈絡之嫌，亦即忽略「螺旋式課程」其實

　　布魯納的這套教育理論本是孕育於 1960 年代美國教改氣氛濃重的環境中。由於 1957 年蘇聯率先發射人造衛星，美國朝野上下信心大受打擊，全民普遍認為美國學校中的科學教育亟需加強改進，國會也大力推動課程改革計畫，希望催生更多的工程師和科學人才。布魯納因勢利導，欲將學院研究的成果和力量引入學校課程與教學之中，以提升學生的知識程度。他也在這種理念下，鼓吹「發現」和「探究」式的教、學模式，讓學生如研究者那般經由提出假設、進行驗證，最終能獲得學科重要的原理與概念。❹布魯納的課程改革計畫不但得到政府資助，也曾獲得普遍的共鳴，當時並相繼出現所謂「新數學」、「新科學」以及「新社會學習」的課程改革方案。

　　不過，美國的這波改革走向在昌行十餘年之後，難以為繼。❹

是伴隨教導學科結構和原理的概念而來。換言之，布魯納的「螺旋式課程」原意是學生必須有機會一再熟悉各個學科的「基本觀念」和「構成原理」，但在臺灣，一般的理解卻指向學習內容範圍和主題的一再重複。就歷史而言，布魯納的主張被用來證稱臺灣史、中國史、世界史必得在各學習階段中循環出現，學生才能精熟。這與布魯納之意顯然有別。當然，此一落差可能源自大眾的印象中，以為歷史沒有學科原理和概念，只有史事；或錯把實質性概念（substantive concepts）如法國大革命、庚子事變……等誤認為即是學科的程序性概念所致。

❹　Linda Symcox, *Whose History? The Struggle for National Standards in American Classrooms* (New York: Teachers College Press, 2002), p.10.

❹　除了布魯納的改革計畫確有難以執行以及相關條件無法配合等因素外，如同本書第一章所提及，1970 年代美國社會內部的對立和衝突日益加劇，其嚴重性甚至超過國際競爭危機，這可能亦是布魯納所提倡的課程改革受阻的原因之一。布魯納在 1970 年代也體認到，課程內部改革已不足以解決美國社會當

但歷史發展常常出乎意料之外，布魯納的教育思想在美國本土發展受阻，卻於大西洋的另一邊開了花、結了果。1972 年哈佛認知研究中心關閉，布魯納離開美國，前往英國牛津大學沃夫森學院（Wolfson College）擔任心理學教職，直到 1980 年始返回美國。

　　無巧不巧，1970 年代，亦即布魯納旅英其間，正是英國歷史教學面對瓶頸、亟思突破之際。許多人士急於跳脫歷史教育的窠臼，而在布魯納的思想中找到了改革的動力，並將英格蘭的歷史教學一步步推往教導能力之途。也就是說，布魯納一反某些人士屢以歷史研究和歷史教學性質不同、拒斥教導歷史學概念和思考能力之論調，倡議無論是在高等教育界或小學教室內，知識活動本該一致，不管哪個層級的教師都應該以忠於該門知識特質的方式，從事教學。這樣的觀點在英國那些有心從事歷史教育改革的人士眼中，不啻是一劑強心針。

　　布魯納對英國歷史教育改革影響甚鉅。許多回顧英國歷史教育改革歷程的論著，談到 1970 年代「新歷史科」趨勢時，總不約而同推及布魯納的啟發。❺⓿

　　令人稱奇的是，布魯納對歷史這門學科的認識其實頗為有限，

務之急，更根本的應是學校整體的改造。參見：布魯納，〈教育的歷程再探〉，收於 Jerome S. Bruner，邵瑞珍譯，《教育的歷程》，頁 89。

❺⓿　例如 David Sylvester, "Change and Continuity in History Teaching 1900-1993," p.17. Robert Medley and Carol White," Assessing the national curriculum: lessons from assessing history," in Hilary Bourdillon (ed.), *Teaching History*, p.219. James Arthur, "What are the issues in the teaching of history?" in J. Arthur and R. Phillips (eds.), *Issues in History Teaching* (London: Routledge, 2000), p.13.

他的哲學主要針對自然科學而論。他曾舉例說明所謂的歷史「原理」的學習，就是好比學生一旦可以把握「一個民族為了生存，必須進行貿易」這個基本概念後，定會更容易理解，十八世紀美洲殖民地為何寧願違反英國貿易規定而去進行三角貿易的商業活動；❺❶或者只要能夠從人性角度掌握歐洲人對戰爭的厭倦感，就可以認識歐洲各國所以簽訂威斯特發利亞和約的動機了。❺❷這些看法顯示他對歷史探究的要點相當陌生。因為歷史並不欲以「人性通論」之原則去理解史事，反倒要進一步深究，不同歷史背景下的人們，為了生存所選擇的解決之道有何不同、為何不同。「歷史科 13-16」的主持人席爾維斯特（David Sylvester）也曾在構思實驗課程設計時提到，布魯納建議的課程概念架構適用於所有科目，就是不能用在歷史上。❺❸

　　然而，布魯納與歷史學疏離這點似乎不足以撼動他在英國歷史教學改革人士心中的地位。1970 年代，對英國歷史教育現貌的型塑貢獻頗大的「歷史科 13-16」計畫，以及其他先後進行的許多歷史教學研究，都是立足於布魯納的論點，從事實驗，欲驗證教導學生歷史思考的效能。最終，在布魯納的學理的引領下，英國研究者

---

❺❶　Jerome S. Bruner，邵瑞珍譯，《教育的歷程》（臺北：五南出版社，1995），頁 20。

❺❷　威斯特發利亞和約（The Peace of Westphalia, 1648）是十七世紀時歐洲歷經「三十年戰爭」（1618-1648）之後所訂的和約。

❺❸　I. Goodson, "New Views of History: From Innovation to Implementation," in A. K. Dickinson and P. J. Lee (eds.), *History Teaching and Historical Understanding* (London: Heinemann Educational Books Ltd., 1978), p.43.

確實以實證研究成果，向社會大眾證明：學習歷史的困難並非不能克服，課堂中培養學生歷史思考確有可行之途徑。

二、適宜的教學可以化解歷史學習的困難

歷史是不是一個困難的科目？確實，許多學者不但不諱言，反而認為應該進一步去思索：學生學習歷史時最感困難之處。例如與哈藍同樣推崇皮亞傑成就、但對教導歷史思維樂觀以待的寇誠（J. B. Coltham），在〈思維發展與歷史學習〉（The Development of Thinking and The Learning of History）一文內，的確承認歷史是個不易學習的知識領域。根據他的歸納，兒童面對這個科目時經常遭遇如下的困難：

第一個困難始自研究歷史時必須依賴證據，但證據又不等於過去本身，且證據多為殘缺不全，甚至是含有偏見的史料。學生既無法直接經驗所研討的對象——過去，也很難真正理解研究中所使用的史料往往片面或偏頗。

第二個困難來自現存資料呈現的絕大多數是成人的活動和經歷，譬如各種機心狡詐、權力鬥爭，以及深奧難懂的法令制度等。以兒童的生活經驗而言，他們實不足以去了解這些成人世界中的種種，也不可能奢望他們可以精確解釋那些複雜的過程轉折。

第三個困難是歷史學科用以描繪觀念的語彙往往極為抽象，如權力、正義、寬容、理性、國家、賦稅、革命等語詞，對兒童而言，這些都不是簡單而易於掌握的概念。

第四個困難是源於時間因素和歷史學經常使用的長時段（the vast scale）思考。由於個人日常生活中所體驗的瞬間時間感，和利用

時間緯度去連綴歷史上的各個事件，乃是極不相同的兩件事，兒童實不易瞭解事件之間其實本無邏輯關係可言，端賴史家建構出其中的次序和意義。至於因果、動機行為涉及的多重複雜關係，一般童稚的心靈也很難達到完全的認知。**❺❹**

寇誠從歷史獨特的知識性質去剖析這樣一門探究過去的學問，如何在證據、用詞、時間概念上構成學生學習的障礙，誠為精闢。但是寇誠並不因此懷憂或悲觀。他說：面對上述困難，並不必要就墮入挫敗主義的消極中，反該深思在歷史學的性質以及兒童認知發展的雙重框架下，有何紓解教與學的困境之道。**❺❺**寇誠的確相信，兒童所以發展出較複雜的思慮，必得經過如皮亞傑所說心智本身的同化（assimilation）和調適（accommodation）作用，但他同時堅稱，仍有許多因素可以加速這兩個過程的推進，包括：興趣、好奇心、運用語詞的能力、與同儕間的互動。他因而呼求教師善用教材和合宜的教學法，以提昇學童的興趣、刺激好奇心、加強語言能力，並提供學生之間討論交流的機會。**❺❻**

正視並點出學生學習歷史時可能遭遇的困難，這確實是朝向有效教學必要跨出的一步。不過，寇誠有信心利用好的歷史教學策略帶動學生思考成長，毋寧需要更多堅厚的實驗研究作為基礎，而不能只止於字面的宣示而已。所幸 1970 年代以來，英國頗多的歷史

---

❺❹ J. B. Coltham, *The Development of Thinking and The Learning of History* (London: The Historical Association, 1975), pp.30-31.

❺❺ J. B. Coltham, *The Development of Thinking and The Learning of History*, p.32.

❺❻ J. B. Coltham, *The Development of Thinking and The Learning of History*, pp.16-29.

教學實驗一一展開，期望透過課程的重新設計和歷史教學方法的改革，證明學生的歷史認知程度確實可由教師的引導而提升。

1970 年代堪為代表的當然是本書先前已經提過的「歷史科 13-16」。這項計畫的研究者也不諱言兒童從事抽象的歷史思考有其困難，而課堂中歷史教師常用的名詞如：「革命」、「自由貿易」、「暴動」、「經濟」等真真確確會是學生理解上的一道障礙。即使如此，他們仍從許多教師的過去經驗中看到，16 歲以下的兒童在適切的教學法輔助下依然可以進行複雜的思考活動。❺❼

基於這樣的信念，「歷史科 13-16」拋開傳統教學的形態，針對課程綱要、教材內容或實際的教授方法，進行全面革新。在教學目的方面，除了慎重考量歷史學科如何配合青少年的需要之外，亦連帶強調學生應當適度地學習並瞭解史學「這個學科的探究角度（perspectives）、邏輯和方法」。❺❽依此原則，「歷史科 13-16」規畫出一套循序漸進的課程架構，內中包含了「認識歷史學」、「周遭的歷史」、「專題式深度探索歷史」等課群。❺❾這些課群目的在於激發學生理解歷史的重要觀念（包括證據、時間中的變化與延續、因果關係和動機、時代錯置）以及培養學生的能力（例如透過瞭解證據、評估證

---

❺❼　SCHP, *A New Look at History*, p.10.

❺❽　SCHP, *A New Look at History*, pp.9-18. 關於「歷史科 13-16」實驗教學的詳細課程內容與上課方式可參考陳冠華，〈英國近三十年中學歷史教育改革的探討〉，清華大學歷史碩士論文（1997），頁 26-34。

❺❾　SCHP, *A New Look at History*, pp.19-25. 另可參考陳冠華，《追尋更有意義的歷史課：英國中學歷史教育改革》（臺北：龍騰文化，2001），頁 50-55。

據等技能讓學生訓練分析、判斷、神入的能力）。❻

那麼「歷史科 13-16」為期四年的教學實驗對於促進受教學生的理解能力是否達到預期的成效？根據 1980 年里茲大學的施密特考核這個計畫的研究報告所示，在「歷史科 13-16」精心設計的新課程以及活潑多樣的教學下，實驗組學生對歷史學的認同與認知程度的確高於對照組學生，同時在運用抽象推理的能力方面，實驗組學生也有較好的表現。例如施密特發現，大多數實驗組學生都能把歷史當成是一個追求解釋的學科，而且瞭解知識的建構是奠定在證據的基礎上。甚至當對照組多數學生認定數學比歷史更為困難時，相反的，實驗組學生卻多半認為學習歷史比學習數學的難度高出許多，而且他們大多已能區分數學和歷史是兩種不同的「知識形式」，也理解歷史知識經常是未定之論，歷史更沒有自明的通則。❻當然施密特也特別提醒，兩組學生的思考若與成人史家相對照，都還是屬於「非歷史的」（unhistorical）思考層次。❻不過，他的評估仍然肯定教導歷史概念是必要的、可行的，教學也多少可以增強學生對於歷史科的認同和認知程度。

1970 年代除了「歷史科 13-16」這般大型教學改革計畫外，各

---

❻ SCHP, *A New Look at History*, pp.38-42.

❻ Denis Shemilt, *History 13-16 Evaluation Study* (Glasgow: Holmes McDougall Ltd, 1980), pp.19-20.

❻ 施密特指的是學生尚未從常識性的「合理思考」（rational thinking）層次，進入「歷史思考」的層次。Denis Shemilt, *History 13-16 Evaluation Study,* p.29. 關於施密特的評估計畫內容及其對英國歷史教育之貢獻可參考林慈淑，〈歷史教與學的鴻溝——英國兒童歷史認知的探究（1960s-1990s）〉，《東吳歷史學報》第八期（2002）：頁 174-178。

種因應皮亞傑學說而生的小規模教學實驗，亦不乏見。例如布斯（Martin Booth）即進行過多個教學實驗。他曾擇定某個中學，以現代世界史的課程內容為範圍，利用討論、閱讀史料及報告等方式進行教學。17 個月以後，他再測試學生的歷史觀念和歷史推理的技巧在這段時間內是否有所進展。

布斯測試的方法之一是先製作十二張未有標示的相片或圖畫以為一組，內容為有關十九世紀末至二十世紀歷史中重要的人物、事件。另一組卡片則由十二段短文組成，分別摘錄自著名的演講或資料。接著，受測學生必須把這兩組卡片自由歸類並說明理由。最後布斯從這個實驗結果看出：70% 的學生可以運用想像和抽象概念如「種族問題」、「美國帝國主義」……等等去連結至少兩份的圖像資料，而文字資料部分雖然對學生的挑戰性較大，也仍有 58% 的受測者可以組合兩個甚至更多的文字證據。⓺

布斯自承從收集來的書面測試卷中，見識了兒童多樣化的思考能力。他認為這些豐富的表現絕不是皮亞傑那僵化而缺少彈性的心理發展理論所能涵蓋。布斯肯定，學生本有各種「潛力」去掌握複雜抽象的概念，只要課堂中教師「呈現歷史」的方向與教導方式得宜，16 歲以前的學生並不難達到歷史的理解。

上述所舉的兩個教學實驗，不論布斯或「歷史科 13-16」成員，皆有感於皮亞傑理論對教學成效的評估過於悲觀，因而投入教學改革實驗。這些試驗最終都肯定：教學方法得當，必然可以激發

⓺　Martin Booth, "Ages and Concepts: A Critique of the Piagetian Approach to History Teaching," pp.27-31.

或提昇學童理解歷史的能力。皮亞傑所稱學生學習上的先天箝制，並非沒有突破的可能性。因此，欲以皮亞傑之說抗衡歷史教學教導學生思考的要求，恐怕已很難讓人信服。

三、「教導歷史概念不是爲了培育小小蘭克」

　　無論專業或一般人士經常有此一說：歷史的探究必須要有紮實的事實性知識爲根底，才足以得出合理且有意義的結論，而歷史課堂的學習環境和條件畢竟無法和史家所擁有的研究情境相類比，學生又多欠缺從事研究所需要的史事背景，那麼他們所演練的歷史思考必然是片面的、不完整的，充其量只是一種形式上的模仿而已。

　　上述這層顧慮聽來不無道理，易言之，歷史教師和教研人士必須捫心自問：課堂中引導學生「做歷史」，這樣的教學所欲達到的目標是什麼？學生學習並且運用歷史學科概念和思考是否該有一定的限度？

　　針對上述問題，哈斯邦德斯提供了他的看法。他以爲，歷史教育要求學生適度的認識和使用歷史學科概念與方法，其目的並不在期待兒童產生新的、得到公認的歷史知識，而在給予兒童發展歷史思考的機會，例如讓學生從學習過程中知道如何根據資料提出有意義的問題，以及如何透過證據重建過去。哈斯邦德斯說，這樣的教學方式促使兒童明白：人們的歷史理解是經由哪些必要的程序而來，並由此真正認識「歷史」究竟是怎麼一回事。❻哈斯邦德斯強調，歷史課所以發展能力教學，兒童的推論能否爲史家認可，並非

---

❻　Chris Husbands, *What is History Teaching?* pp.25-26.

重點；要緊的是，在學習「做歷史」時，兒童確實體驗到了歷史學的思考路徑與知識建構流程，這對於他們去辨識、判斷坊間各種歷史解釋，深具意義。

　　哈斯邦德斯說明了教導歷史思考，最終並不是為了讓學生做出連歷史家都認可的研究成果。然而，以為教導歷史學科概念和讓學生做出可信度高的研究兩者為同一件事，這樣的誤解恐怕相當廣泛而普遍。所以從 1970 年代開始，隨著「新歷史科」運動日成風尚，英國確實有不少教師為了超越傳授事實範圍的教學陳規，宣稱他們要讓學生「如歷史學家那般的做歷史」。❻❺於是學生可能被要求不斷演練收集歷史資料、篩選不同的解釋，或者分析原始材料的技能。這些看在許多專業史家的眼裡簡直「不倫不類」，他們對那樣的歷史教學強烈反感，亦可想而知。而一般社會大眾也同樣心生狐疑憂慮，畢竟學生和史家的專業背景、心智成熟度差距如此之大，如何能要求學生做同樣的事、達到同樣的效果？

　　施密特在評估「歷史科 13-16」的實驗成就之餘，也注意到這個問題。他說，教導學生關於歷史學獲取知識的途徑，並非意在製造「小小蘭克」（miniature von Rankes），也不是為了訓練未來的職業性歷史研究者。施密特認為，真正重要的是幫助學生認識歷史意

---

❻❺　Peter Lee, Rosayln Ashby and Alaric Dickinson, "Signs of the Times: The State of History Education in the UK," in Dickinson, A. K., Gordon, P. and Lee, P. J. (eds), *Raising Standards in History Education, International Review of History Education*, Volume 3 (London: Woburn Press, 2001), p.197. 不只英國，美國也有許多教師以為：取代傳統事實性知識的傳授，就是要讓學生「如歷史學家那般的思考」。參見 Peter N. Stearns, "Goals in History Teaching," p.287.

義，以及瞭解歷史的價值。施密特特別提醒，某些人以為讓學生明白歷史的特質，就是要求他們必須無誤的複製歷史學家的實務工作，這無疑忽略這個學科的發展性結構。施密特指的是，學生腦中如果尚未有資料「出處」的概念，或者還分不清楚「證據」與「資料」有何不同時，則很難如教師所期待的那樣去評估資料背景、處理資料中的矛盾與偏見。所以，施密特提出，歷史教學的重點應該是教導學生認識「歷史學家遊戲進行的規則」，譬如歷史學家如何「知道」某些遙不可及的過去之事；為什麼有些事情值得關注，而別的事情卻被略去，還有偶然性和因果解釋的問題……等等。❻❻

李彼得也同樣澄清，教導歷史不是為了訓練小小歷史學家（mini-historians）。他呼籲大家應該區分清楚：如歷史學家一般的「做歷史」，和適度瞭解歷史研究工作如何進行以及解釋和記述（account）建立於甚麼樣的基礎上，乃是不同的兩件事。❻❼李彼得比喻說，學習「第二層次概念」不能絕對二分為「『沒有』，要不就是『全部』」；誠如歷史學家可以涉獵某些自然科學知識，卻無需成為自然科學家，因此不必要把教導歷史學科概念上綱到那麼宏大的要旨。❻❽

---

❻❻ Denis Shemilt, "The Devil's Locomotive," *History and Theory*, Vol.22, No.4 (1983), pp.16-17.

❻❼ Peter Lee, Rosayln Ashby and Alaric Dickinson, "Signs of the Times: The State of History Education in the UK," p.197.

❻❽ Peter Lee, "Putting Principles into Practice: Understanding History," in M. Suzanne Donovan and John D. Bransford (eds.), *How Students Learn: History in the Classroom* (Washington, D. C.: The National Academies Press, 2005), p.40.

　　對李彼得來說，學生知其然、也應該知其所以然。學生進入學校學習諸多史家的研究成果，除非他們多少瞭解自己為何能夠接受或相信這些成果，否則即談不上是真正知道歷史。他說：

> 能夠記得某些記述，卻完全不瞭解建構這些記述時所涉及的問題以及評估它們的基準的話，這種能力完全稱不上是歷史的能力。而如果完全不知道一套歷史記述是如何建構出來的話，那所謂的能力就完全無異於背誦英雄傳說、傳奇故事、神話或詩的能力。⑯

　　更簡單的說，學生如欲學得「真正的歷史」（genuine history），就必須知道歷史這個學科的知識運作，因為歷史知識是建立在某些特有的基準上。此所以哈斯邦德斯、施密特以及李彼得致力於鼓吹歷史教學不能獨以傳授事實為滿足，須得同時顧及歷史學科概念方面的認知。

四、「知識和思考不可二分」

　　史基德斯基曾經如此宣稱：「歷史含有可以清楚界定的主題內容（a definable subject matter），儘管它（歷史）的邊緣地帶是模糊不清的（fuzzy）。」⑰史基德斯基相信「歷史」之內有個明確的事實部分，儘管外緣可能因為各種主觀解釋、意識型態的影響而混沌難

---

⑯　　Peter Lee, "Historical Knowledge and the National Curriculum," p.45.

⑰　　Robert Skikdelsky, "Battle of Britain's past times," p.15.

辨，內部的事實核心卻是眾所公認、沒有爭議的內容。如此二分劃定，史基德斯基自然以為歷史教學只需關注客觀的「主題內容」，也就是事實核心部分即可，其它的主觀部分則需剔除。

但是李彼得卻嚴正駁斥此點。他說，從歷史知識的特性來看，事實和思考根本無法截然二分，而所謂讓學生先學歷史事實、後再練習思考這樣的說法，亦為無根之談。

對於「先事實、後思考」這種常識之言（common-sense statement），李彼得的批評是：觀念上過於天真（naïve），經驗上又謬誤不通。❼他從兩方面論證，學習歷史時不可能將「事實」與「解釋」分開，也不可能以「先事實、後能力」的方式進行。

首先他認為這涉及了歷史學本身，其中關鍵在於，大家可能誤解了所謂「歷史事實」。李彼得澄清，歷史事實不是人名、時間或如「拿破崙」、「滑鐵盧之役」、「法國大革命」等這類綜合性的概念名稱。單舉這些名詞其實並未真正述說任何有關過去之事，也未傳達任何知識或歷史理解。歷史事實一般是指含有某種主張的陳述（statement），例如：「拿破崙糾集大批軍隊，入侵俄國沙皇的領土。」不只如此，李彼得進而說明，歷史知識多半也不會只是孤立的陳述表列，否則就只能算是「年代表」（annals）；歷史知識應該是為了回應某個問題、由許多事實陳述所組成的一些「記述」（account）。❼當然，每個歷史「記述」所對應的問題不同，談及重心和表現方式也不一，關於某個現象或事件即可能同時存在多元的

---

❼　Peter Lee, "Historical Knowledge and the National Curriculum," p.44.

❼　Peter Lee, "Historical Knowledge and the National Curriculum," p.42.

記述。

　　李彼得在此所要凸顯出的重點是：所有的歷史知識─記述都不能免於選擇，選擇的依據則是來自於立場（position）。❼❸也就是說，不具觀點（perspective-free）的記述是不可能存在的。這正如專攻歷史哲學的丹托（Arthur C. Danto）所言，從來不可能有純粹的描述（description）以及人為解釋（interpretation）之別，甚至年代紀錄者（chroniclers）和史家也從不能判然二分，因為所有的記述都內含解釋的企圖。❼❹

　　既然沒有透明、獨立自存的「歷史事實」，依此推論，所謂「理解」歷史根本不可能只是單單接收「純粹的」的歷史事實，然後排除掉其中所包含的價值判斷與解釋。此所以理解「事實」和鍛鍊「思考」、獲得「知識」和探究「觀念」無法全然二分，至於先學事實、後培養能力這樣的道理當然更是說不通的。

　　除了從理論上辯駁，李彼得再從經驗層面去陳述。他請大家留意：教室內真實的情況是，學習「發生什麼事」和「為什麼發生這件事」根本是同步進行，因為：

> 　學生並不會暫時停止他們理解這個世界的嘗試，然後等到一
> 　位教師或專家或政治家告訴他們：他們現在知道得夠多了，

---

❼❸　Peter Lee, "Putting Principles into Practice: Understanding History," p.60.

❼❹　Arthur C. Danto, *Narration and Knowledge* (New York: Columbia University Press, 1985), p.115.

可以開始思考了。❼⑤

　　依李彼得的說法，學生的「思考」總在持續進行之中，絕不會因為教師沒有教授思考之法而暫時停止運轉。此一見解無疑植基於他的實證研究所得。❼⑥李彼得長期探索兒童的歷史認知，從中發現學生並非被動的接收者；學生腦中存有各種念頭和假設，他們會利用這些既有的念頭或先入為主之見，將得自外界（包括課堂中）的資料加以組織整合，納入自己舊有的認知系統中，此一理解程序頗似「舊瓶裝新酒」那般。❼⑦所以教師自以為單純傳授事實，學生卻已

---

❼⑤　Peter Lee, "Historical Knowledge and the National Curriculum," p.43.

❼⑥　除了李彼得在學生歷史認知上有此發現之外，一些有關學習認知的研究中，也有同樣強調：學生來到教室時，對世界如何運行，已有某種預先存在的看法，甚至這些既有的理解乃是掌握新的概念和資訊的必要依據，當然，有時也是阻礙。請參考 John D. Bransford，鄭谷苑、郭俊賢譯，《學習原理：心智、經驗與學校》（臺北：遠流出版社，2004），頁 68-69。

❼⑦　其實在高等教育的研究中，尤其在自然科學領域內也有許多類似的實證發現。例如根據肯・貝恩所述，在 1980 年代早期，曾有兩位亞利桑納州立大學的物理學家希望檢測學生上完牛頓的初等物理課程後，理解運動的方式是否受到影響，有所改變。測試結果卻令人訝異不已。原來許多成績得到 A 的學生，基本的物理觀念還是比較接近亞里斯多德而非牛頓。學生把公式記住，再把數據套入計算，但基本的觀念仍維持原樣。課程上，學生儘管聽聞了新的運動概念，卻還是用自己原先的直覺架構予以詮釋。請參考肯・貝恩著，傅士哲譯，《如何訂做一個好老師》，頁 37-38。另外，迪塞薩（A. diSessa）也曾針對麻省理工學院初入學生對牛頓力學基本原理的掌握情況進行測試，結果雷同。他首先給予一些基本試題，發現學生多能演算出結果且獲得高分。但當迪塞薩將試題做了些變化並再次測試，卻發現一些學生退回到近乎亞里斯多德的思考層級去了。這說明學生從頭到尾都是使用傳統的

在運用自有的概念架構去消化資料，甚至這些概念架構往往就是阻撓學生達到更好的歷史理解的最大障礙。❼❽果如其說，為了不讓學生那些可能有問題的理解持續左右他們對於世界的認知，教授歷史知識的同時教導歷史概念和思考能力，極為必要。李彼得從學生的認知特質中再次看到了「先事實、後思考」的立論完全無法站得住腳。

　　綜合以上所述，李彼得由歷史知識的本義和個人的認知本質兩方面切入，破解坊間經常聽聞的學習「事實」和「思考」應該有先後次序之別的迷思。

　　不單如此，李彼得也因此間接釐清其他兩個有關的爭議。第一個爭議是「事實」和「思考」孰輕孰重？面對新的歷史教學走向，許多人不免懷疑：強調「思考」是否意味著「事實」從此不再重要。然而，如果歷史事實包含著歷史學的概念與史家的思考，這意味著學習歷史學科「概念」不可能脫離「事實」的脈絡而行，「能力」的培養也必須依賴「事實」為基礎。在此前提下，不可能有獨偏思考，而荒廢事實之情況，兩者唯有也必須並重，才能完成歷史教育的新目標。或許，此處一個重大的觀念差別是，「事實」的意義與位階如今已經產生轉變，「事實」不再是被發現、必須被記憶，而是被建構、需要被解讀。

認知結構來學習新的知識。引自 S. Wineburg，薩姆·溫伯格，〈製造意義：世代之間的回憶是如何形成的？〉，收於哈拉爾德·韋爾策編，李斌、王立君、白錫堃譯，《社會記憶：歷史、回憶、傳承》（北京：北京大學出版社，2007），頁 126。

❼❽ Peter Lee, "Historical Knowledge and the National Curriculum," p.43-44.

　　第二個爭議是：教導歷史學科「概念」與教導「技巧」是否相同？1970 年代，當歷史教育的新思維逐漸為人所知，新的分類語詞（taxonomy）卻也隨之出現，「概念」（concepts）與「技巧」（skills）即為其中之一。⑦經常可見的是，人們在言說之間，不經意的交替使用「概念」和「技巧」，彷彿這兩個詞彙指著同樣的事情。更有甚者，某些教師以一套機械化的規則要求學生反覆練習處理「資料」的「技巧」，將之當成新的歷史教學模式之要素，此舉自然也導致「新歷史科」運動受到外界更多的誤解和扭曲。

　　如果說「歷史事實」乃是建立於歷史學科概念和史家思想的交互運作上，那麼「學習歷史」決不可能只靠單向的、機械的演練，或者透過不斷的練習就「熟能生巧」。誠如李彼得所說，學習歷史的內涵要複雜許多，其過程中必須注入「理解」和「反思」（reflection），所需進行的是遠比「技巧」層次還高的智力活動。⑧依此來看，把教導「學科概念」，矮化為教導學生解讀資料的「技巧」，並以為經由長時期的練習，必能推進歷史思考，這樣的認定恐將簡化了近年來新的歷史教學主張背後的意義。換言之，教導歷史「學科概念」以及「做歷史」的能力，不能混同於一般所稱的教導「技巧」之說。

　　至此為止，支持歷史教學必須兼重知識和思考者，分別援引教

⑦　Christine Counsell, "Historical knowledge and historical skills: A distracting dichotomy," in James Arthur and Robert Phillips (eds.), *Issues in History Teaching* (London：Routledge, 2000), p.54.

⑧　Peter Lee, Rosayln Ashby and Alaric Dickinson, "Signs of the Times: The State of History Education in the UK," pp.197-198.

育哲學概念、歷史知識理論、教學實驗成果，進行闡釋。唯所缺乏的是有關學生心智能力的研究確證。究竟兒童與青少年的心智發展是否可以勝任歷史認知的學習？這個問題在一批英國學者的實證探究下，也有了具體的答案，為支持歷史思考的教學者更增添一份信心。

五、「學生確有進行抽象思考的能力」

皮亞傑學說及所衍生的各種兒童思維研究，往往對兒童運用高層次歷史思考這件事持著保留的態度。例如哈藍即明白表示，不看好布魯納的「發現式」教學法對於學生思考所產生的效用。**⑧**而且無論有意或無意，這些研究成果多少總將「學歷史」矮化為「記憶事實」。然而也是受此激發，英國許多熱心歷史教育人士自 1970年代以來，汲汲於探索學生在歷史「第二層次概念」的學習情況，試圖獲知學生歷史思考的路徑和思考力提升的可能性。

例如湯普森（D. Thompson）從事學生「因果分析」思考的調查。湯普森以 1831 年 6 月英格蘭的農民暴動為本，**⑧**書面測試包含三個年齡層（12、14、17 歲）在內的 150 名學生，希望以此看出學

---

⑧ R. N. Hallam, "Piaget and Thinking in History," pp.175-176.

⑧ 1831 年農民叛變是指 1831 年六月，倫敦城被一群農人及工匠佔據，他們搶劫、縱火、殺死徵收人頭稅的首長，且將國王及政府官員圍困在倫敦塔中，最後要求國王與顯貴廢除農奴制、以繳交金錢代替力役、教會將財產分配給教區居民。除了倫敦之外，其他地區亦有農民暴動發生。但是大部分地區的動亂都在六月底以前即被壓制。這次暴動的導火線應是幾年前國會通過新徵收人頭稅，此人頭稅不論貧富，從農奴到貴族每個人都得負擔同樣的稅，政府藉著這筆收入支付當時對法戰爭。

童對於暴動發生涉及的背景、遠因、最近的歷史變化等不同層次原因掌握的程度。從收集的樣本中，湯普森察覺到，不同的年齡層對原因結構的認識程度確有深淺之分。高年級如十六、七歲的學生提及「原因」時會展現較為深入與周全的考慮，能夠掌握長期存在的背景、中程的變化與事件爆發點之間的複雜關係。相對的，較低年級的學生多只注意長程的背景或者最直接的因素。不過，年齡與認知也不盡然都成正比發展。在湯普森的研究中，依然有年紀小的學童，表現出前述高層次的理解力。㊻湯普森因此假定，只要給予機會勇於表達己見，創造討論風氣，兒童的理解往往超乎我們的預期。

　　在兒童歷史認知的考察方面成就卓著的是倫敦大學的李彼得、狄更遜（Alaric Dickinson）和艾許碧（Rose Ashby）。他們自 1970 年代開始，不斷嘗試各種不同的測試方式，希望利用教學實驗測知學生的「思考過程」，而不只是「思考結果」，以便更精確捕捉學生如何推論構想。㊼他們最具代表性的計畫是 1992 年起，受英國「經濟與社會科學研究諮議會」（ESRC）（Economic and Social Science Research Council）的委託所進行一項四年期、探討兒童歷史概念發展

㊻　D. Thompson, "Understanding the Past: Procedure and Content," in A. K. Dickinson, P. J. Lee and R. J. Rogers (eds.), *Learning History* (London: Heinemann Educational Books Ltd, 1984), pp.177-183.　中譯文參見：葉小兵譯，〈理解過去：程序與內容〉，《清華歷史教學》第七期（2006）：頁15-24。

㊼　參考林慈淑，〈歷史教與學的鴻溝──英國兒童歷史認知的探究（1960s-1990s）〉，頁 174-178。

的大型研究，名為 CHATA 計畫（Concepts of History and Teaching Approaches: 7-14，「7 到 14 歲兒童的歷史概念與教學取向」）。

CHATA 計畫旨在探測學生如何看待因果、證據、歷史解釋、歷史記述等「第二層次概念」。為了更有效探查存在學生腦中一些「隱而未宣」的考慮，李彼得等人仿照一般課堂作業，依據所欲探討的概念分別設計兩份至三份故事或相關史料，提供學生閱讀，並要求他們回答已預擬的問題。⑧譬如在「歷史記述」部分，研究者特意以「同一段歷史，兩個不同的故事」為旨，設計出不同甚至衝突的歷史記述，並由學生如何因應、解釋兩個看似矛盾的思考敘述，去分析並掌握兒童歷史思維的梗概。

CHATA 計畫在學生思考進程上的研究成果豐碩。例如他們從兒童解釋「為什麼同一段歷史會出現兩個不同的故事」的資料樣本，整理出五種兒童累進的看法：⑧

　　1.記述是**一樣**的，差別只是**怎樣地去講述故事**。

---

⑧　關於 CHATA 的問卷特色亦可參考：林慈淑，〈史家？偵探？或紀錄？──10-14 歲兒童對歷史記述的一些想法〉，東吳大學歷史系編，《史學與文獻（三）》（臺北：東吳大學，2001），頁 171-206。劉靜貞，〈10-16 歲學生對歷史記述的認知初探──三人組討論方式的嘗試──〉，東吳大學歷史系編，《史學與文獻（三）》（臺北：東吳大學，2001），頁 119-170。

⑧　Peter Lee，周孟玲譯，〈兒童對歷史記述的性質和狀況的觀念〉，載於張元、周樑楷編，《方法論：歷史意識與歷史教科書的分析編寫國際研討會論文集》（新竹：清華大學歷史研究所，1998），頁 230-231。關於兒童對歷史行動的解釋概念的進程，參考 A. Dickinson，周孟玲譯，〈理性的理解：兒童歷史的理念的探討〉，載於張元、周樑楷編，《方法論：歷史意識與歷史教科書的分析編寫國際研討會論文集》，頁 230-231，284。

2.故事出現差別是因為掌握過去的**知識**有困難。

3.故事各自關於**不同的事物、時間和地點**。

4.故事會出現差別，是因為這些記述由不同的**作者**寫的。

5.是**記述的性質**，導致故事不同。

　　根據李彼得和艾許碧的研究，學生的思考的確有層級之分。某些學生面對「同一段歷史、兩個不同的故事」時，或者無法看出兩份記述的差別，或只能夠想到兩個故事分別講述的是不同的事物或不同地點發生的事，但也有些學生顯露出層次甚高的思考。他們統計受測樣本中，約有 10 百分比的學生居然能夠指出：故事所以不同是和「記述」的特質有關。也就是說，學生能夠知道歷史「記述」本來就具有建構的特質，而不只是事實的無機連結；「記述」是回應不同的問題、不同的選擇基準而來，因此，不同的記述會展現不同的觀點。❽毫無疑問，這是極高水平的思考表現，幾乎已經達到專業的認知層級。同時，李彼得等人也如同湯普森看出，兒童的歷史思考水平的高低，未必與年齡大小有絕對的關係，某些年級較低的學童確實比高年級學生擁有更高的理解力。

　　李彼得等人在兒童認知方面的實證考查支持了以下這個看法：兒童確實有能力思考歷史，也有潛力實踐歷史的探知活動。❽皮亞

---

❽ Peter Lee and Rosalyn Ashby, "Progression in Historical Understanding among Students Ages 7-14," in P. N. Stearns, P. Seixas, & S. Wineburg (eds.), *Knowing, Teaching and Learning History* (New York: New York University, 2000), p.212.

❽ 美國亦有某些研究者透過教學實驗證明，四、五年級的小學生即有能力使用資料，做為推論的證據，甚至能夠理解歷史知識的不確定性。K. Barton, "'I Just kinda Know': Elementary students's ideas about historical evidence," *Theory*

傑所謂兒童認知發展受先天智能所限、難以突破之說，至少在歷史學習的領域內，很難獲得認同。

第四節　教導概念與思考之必要

　　歷史要教甚麼？自 1970 年代以來，英國若干歷史教育改革者重新定義「歷史教學」，力圖將學科概念和思考訓練導入課堂之中，使教歷史不再僅僅是傳輸某一套史事、故事，而是引導學習者對歷史學科知識構成和組織原則的認知過程。然而，此一改革也開啟了許多爭議，「教事實（內容）」或「教思考」即是其中論爭之一。

　　由本章所見，偏向教導史事的立場者多半由歷史教育的政治社會責任、歷史學專業的困難度以及學生認知侷限進行辯護。相對的，支持歷史教學應該同時注重學科概念和思考能力的人士，援引教育學理論、進行教學實驗、探查兒童歷史認知的潛力，突破反對者的思考防線，並證明教導歷史學科「第二層次概念」的可行性和必要性。

　　在這些論辯之中，極為關鍵的一點是有關「歷史事實」的澄清。如同李彼得所言，從來沒有純清的「歷史事實」，任何後人所建立的「歷史知識」無不透顯著個人的選擇、觀念、價值。學生所

---

and Research in Social Education 24 (1997), pp.407-430. Bruce VanSledright, *In Search of American's Past: Learning to Read History in Elementary School* (New York: Teachers College Press, 2002).

接收到的決不會只是「過去」的「事實」而已。因此學習某段歷史不應該只要知道它「說了甚麼」，同時也必須清楚它「如何說」、「為何這麼說」、「是否可以如此說」，而教導歷史知識，更得適切地帶領學生探究該歷史知識如何形成、某些歷史知識何以能夠有效成立。就此而論，「事實」和「思考」的二分說法本是無法存在的矛盾命題。同時，這也表明，「思考」的培養不可能離開「知識」而獨立：教導歷史若是偏廢於「知識」或「能力」的任何一方，在邏輯上都是說不過去的。

果如上述，任何人只要從事的是「歷史」的活動，那麼無論是在研究室或在教室內，都不應該違背歷史學科的本質，縱使因應學生和成人史家心智之不同，所實踐的「歷史」探究會有程度之別。總之，學習歷史決非大眾刻板印象中的死記複述，而是一種自主的思辨活動。

以上乃為英國歷史教育研究者歷經半個世紀的衝擊和沈潛，所琢磨出和堅守的重要概念。而事實上，英國之外，其他地區的學者也不乏類似的主張和體認。

例如胡昌智在 1980 年代亦從歷史之為一種認知活動著眼，強調歷史知識產生的過程中，認知主體的反省是必要的條件。他以此抨擊把歷史教育與歷史研究切割開來的作法，根本是違反了「歷史」之義。❽

胡昌智說明，歷史的認知具有濃厚的主觀色彩，亦即個人乃依據自身興趣信念、時代的需要而對過去做出有意義的重建。所以歷

---

❽　胡昌智，《歷史知識與社會變遷》（臺北：聯經出版社，1988），頁 3-12。

史思考應該是主動的、有選擇性的，當面對過去時，每一個個體都必須建立自己的理解、自己與過去之間的關係。他認為，如果學生獲得了歷史知識，那必定也是在自己與歷史之間建構了一個直接、有意義的連結。而一旦教學重心放在傳遞某種特定的價值觀上，胡昌智評論說，則不但會犧牲個人自主學習的權利，甚至歷史所具有的主觀意識特質也將隨之淪喪。**⑨⓪**

胡昌智從德國歷史意識哲學的反思中，得出了與布魯納同樣的結論：所有的人，包括研究人員與學生在建立歷史知識的途徑上並無不同，「他們之間只有專精與方法使用之別，而**無性質**的差別。」**⑨①**

然而不可否認，歷史教育與歷史研究在世界各地的分立行之有年，許多人甚至視此為天經地義。一般歷史課堂中，總見教師口沫橫飛，賣力講述著國家的古往今來、文明的遞嬗變化，臺下的學生則用力的記住一件件川流不息、前後相續的史事。胡昌智遺憾的指出，這樣的場景和教學模式下，歷史家有如歷史知識的上游──生產者，教師是歷史知識的中游──仲介者，學生則淪為歷史知識的下游──消費者，這根本上是一種扭曲而奇特的知識分工，偏離了歷史這門知識活動的真義。**⑨②**

---

⑨⓪ 胡昌智，《歷史知識與社會變遷》，頁 65-71。

⑨① 胡昌智，《歷史知識與社會變遷》，頁 69。

⑨② 胡昌智，《歷史知識與社會變遷》，頁 69。此外，黃俊傑亦曾為文指出學界的確存在這樣的一種看法：歷史研究和歷史教學理當屬於生產和傳播的分工關係。黃俊傑同樣主張歷史研究和歷史教學都是「同質性的人文知識活動」，不過他在此文中討論的是大學歷史教育問題。參見黃俊傑，〈論歷史

　　胡昌智與英國歷史教改人士殊途同歸。他們都在深入探索歷史知識的特質以及歷史學科的意義之後，確信學校歷史這個「科目」不能和歷史這門「學科」斷然割離。❸學習歷史的確不是一件容易的事，但不能以斬斷歷史科和歷史學的聯繫做為解決之道，反倒應該從瞭解學生的認知程度以及研發適宜的教學內容和方法入手，化解學習歷史思考和培養歷史探究能力的困難。

　　當然，懷疑學生單純的心靈，不足以承擔複雜的歷史思考者，大有人在。但是許多研究者也指出，學生並非活在資訊真空的環境中；學校之外，他們早已面對了各種衝突訊息和知識論述的困難抉擇。正因此，學生面臨著一個難題：如何判別呈現於眼前各式各樣的「歷史」？

　　加拿大的樂朵爾諾（Jocelyn Léournneau）與另一位研究伙伴共同探究魁北克法語區的年輕人如何看待魁北克的歷史時，發現該區15-25 歲的學生腦中有關魁北克的過去，幾乎千篇一律的傾向懷舊的、悲情的印象。令他們驚訝的是，近二十餘年來，新的歷史學研究早已超脫「魁北克悲劇」的傳統論述，新史看待魁北克歷史經驗多半是相當正面、具有激勵人心的意義，但來自研究者建構的這

　　研究與歷史教學之關係〉，王壽南、張哲郎主編，《中國歷史教學研討會論文集》（臺北：中國歷史學會·政治大學歷史系，1992），頁 141-173。
❸　除了胡昌智之外，認同歷史教學必須以學科的特質以及思維方法為基礎的臺灣學者尚有張元以及周樑楷。請參考：張元，〈教歷史，要教歷史知識的結構與方法〉，《歷史月刊》223 期（2006）：頁 114-119。周樑楷，〈教育改革應以學科本質為重〉，《清華歷史教學》第五期（1996）：頁 1-2。周樑楷，〈高中歷史思維與教學目標：高中『世界文化（歷史篇）』課程大綱的擬定〉，《清華歷史教學》第五期（1996）：頁 31-39。

種新圖像卻與年輕學子的認知差距，如此之大。那麼，年輕人的歷史記憶為什麼存留著如許老舊的色調？樂朵爾諾經過一番分析之後，確證學生的知識來源絕非歷史課堂和教師一途，他們自小就有如資訊貯存庫（repositories），載滿來自各方的歷史知識和概念。正是因此，樂朵爾諾建議教師提供給學生的過去，必須要能呈現人類世界的複雜、矛盾、不確定、不和諧等面向，但另一方面，卻也要避免讓學生陷入價值混亂、知性無能的困境中。

研究最終，樂朵爾諾企盼的是，為人師者應該提供學生學習如何評斷社會上各種有關「歷史」的成見或常識的機會，歷史教師有必要教導歷史的知識論原則，以幫助學生具備足夠的能力，抵拒那些時代錯置（anachronism）的偏見以及懷藏著目的論的欺世之言。**❾**

樂朵爾諾的研究其實間接破解了常見的通俗說法：當學生心智年齡達到某個階段或者長大成人之後，他們自然而然的就會拋棄舊的思考習慣，產生成熟的認知態度。在樂朵爾諾的探訪中，大學生與中學生所差無幾，都只能不自覺的、未經批判的承接外界所給予的各種訊息。

這種情況，美國的溫伯格也深有所感。因為溫伯格同樣從調查中驗證了，許多大學生深信資料會自動顯現「真理」；他們把教授指定閱讀的參考書和讀物視為神聖的天啟，甚至不少已經離開學

---

❾ Jocelyn Létoruneau and Sabrina Moisan, " Young People's Assimilation of a Collective Historical Memory: A Case Study of Quebeckers of French-Canadian Heritage," in Peter Seixas (ed.), *Theorizing Historical Consciousness* (Toronto: University of Toronto Press Incorporated, 2004), pp.109-123.

院、以教書為業的老師，仍維持如是觀點。**⑨**換言之，心智年齡的增長、時間的累積，並不會使人「自動」產生成熟的銳利的歷史思考。此所以溫伯格昭告：歷史思考不是自然可得（unnatural）的能力，多數人必須仰賴專業的教學和訓練才能養成。

學生面對資訊浪潮所以手足無措或只能被動接收，根源自他們沒能具備面對史料、評估意見、處理證據的能力。溫伯格指出，這些都是屬於相當高難度的歷史思考訓練。他舉例說，歷史學者面對所研究的文獻時，其實是扮演著別人「交談」的竊聽人，又必須同時嘗試了解作者的意向和讀者的反應，此外還得同時衡量自己對前人互動的回應。**⑨**這無疑是一個相當複雜的思考歷程，然而，若缺乏這樣的解讀能力，學生將對文本背後所隱藏的複雜又難以捉摸的意涵毫無知覺，也就很難深入資料的內裡加以理解和評估。他們最多只能拘泥於文本的表面所述，做些蒐集和累積資訊的粗淺回應，而無法從資料文本的脈絡和紋理中把梳出其中意義、理解其背後所在的那個世界。**⑨**溫伯格認為，如此專業的思考能力，終得依賴教師的指導和課堂中的長期學習，才能備齊。歷史教學的意義理當在此。

至於在驗證學生確有心智條件理解和培養歷史思考的教學實驗

---

⑨ Sam Wineburg, *Historical Thinking and Other Unnatural Acts: Charting the Future of Teaching the Past* (Philadelphia: Temple University Press, 2001), p.78.

⑨ Sam Wineburg, *Historical Thinking and Other Unnatural Acts: Charting the Future of Teaching the Past*, p.70.

⑨ Sam Wineburg, *Historical Thinking and Other Unnatural Acts: Charting the Future of Teaching the Past*, p.76.

方面，英國也並未獨領風騷。任教於美國芝加哥大學的霍爾德（Tom Holt）基於大學和中學的教學工作不應有根本區別的信念，❾❽親身進行試驗。他在一所高中內指導學生閱讀和思考資料，帶領他們推論和體會歷史學家的研究程序。霍爾德想要證明，高中學生確實具備思考、閱讀和探究的能力。

霍爾德把自己的教學經驗寫成《歷史的思考》（*Thinking Historically*）這本小書。他在書中提到，學生長期處於灌輸式的歷史教學下，經常會產生一套看待「歷史」的刻板方式。他說，學生想像歷史是由已知的事實所排列成的一套公認的時序進程，小說家必須佈局和解釋，但歷史家則無此需要。學生自認為是歷史的消費者（consumers）而非創造者，在他們眼中，歷史就在那兒：它是固定的、最終的（final）、等著被閱讀的。❾❾

無庸置疑，霍爾德見證的是歷史教育與歷史研究斷裂的結果。當學生完全不清楚「歷史」所以產生的過程時，他們自然認為歷史家的工作只是消極的串連和排序事件，而學習也成就了一種接收，無關問題的探究。❿

---

❾❽ Tom Holt, *Thinking Historically* (New York: College Entrance Examination Board, 1995), p.xv-xvi.

❾❾ Tom Holt, *Thinking Historically*, p.2.

❿ 筆者過去在一項有關學生歷史認知模式的計畫中，曾針對 10-14 歲學童如何看待歷史家的工作進行分析，結果亦發現：學生習於認為史家的工作是在「尋找」歷史、「記錄資料」，他們對史學家的刻畫總是趨近於「偵探」或者「記錄」，而非帶有自主觀點的「研究」者。請參見林慈淑，〈史家？偵探？或記錄？──10-14 歲兒童對歷史記述的一些想法〉，收於東吳歷史系編，《史學與文獻（三）》，頁 192-193。

霍爾德則從自己的實驗中肯定：

> ……我們能夠也必須教導學生如何建立他們自己的歷史敘
> 述。也就是說，教導學生用一種專業的和正式的方式，去進
> 行他們原本以不正式和沒有反思性的方式所做的事情。這個
> 工作並不需要等到學生具有「足夠」的背景才行。因為不管
> 學生的背景如何，在他們現有知識內總是存在著某些尚無答
> 案的問題和空缺。真的，這就是他們為什麼得學習研究的過
> 程和該有的規範。因為史家的技能一方面是用在認清這個空
> 缺是什麼上面，而另外創造力的部分則是去處理和解決那些
> 空缺。**⑩**

　　在此，霍爾德如同李彼得點出了「先事實、後思考」此一說法
的不宜。因為即使是知識基礎薄弱的學生，在他們心中，永遠還是
會有需要解答的疑點和問題。他因此堅持，歷史教學從一開始就應
教導學生如何發現問題以及解決這些問題；思考能力不該是歷史學
習的後階段工作，而根本就是達到高成就學習的前提。**⑩**

　　霍爾德實驗的對象是高中學生，事實上，也有其他的研究者在
小學內嘗試類似的測試，並獲得同樣的結論。范斯勒萊（Bruce
VanSledright）以五年級「社會學習」課程的兩個單元：「美洲的英
國殖民」、「美國革命的原因」進行為期四個月的實驗教學。范斯

---

⑩　Tom Holt, *Thinking Historically*, p.15.

⑩　Tom Holt, *Thinking Historically*, p.vii.

勒萊藉由原始材料以及各種不同觀點的論述，循序漸進的引導學生考察、質問和建立具有學術基礎的解釋。范斯勒萊自言，他的目的是幫助學生認識：「理解過去乃是一個詮釋的工程，其中總是環伺著各種困難以及懸而未決和相互競爭的觀點。」[103]

當然，范斯勒萊坦承，要改變學生的單純看法──從認為歷史是給予的、無爭議的，到明白歷史是建構而來的、試驗性的──相當不容易。[104]不過，他絕對肯定，這樣的教學所產生的效益早已蓋過了它帶來的挑戰。范斯勒萊強調，在當今社會中，讓學生學習提出言而有據的歷史詮釋和論證，增進他們的歷史思考，是學校歷史最有價值的工作。

霍爾德和范斯勒萊以實證性研究揭示，不論年紀多小、知識程度多少，學生的思考始終是在進行之中，歷史教學者自始就應該把握時機，陪伴學生步向合宜的思考之途。

顯然，從英國、美國到臺灣，許多研究者彼此遙遙呼應，咸信歷史教學必須突破舊觀。回顧以往，歷史教學意指教導學生記住有關過去的各種史事，這樣的觀念曾為歷史教育的主流。然而二十世紀下半葉以來，教導學科「概念」、「思考」逐漸成為打破歷史教學窠臼的新路徑，教導「事實」的意義也有了重大的轉變。英國的歷史教育發展可以看出這個改變過程中相關議題的討論和辯證。

在此資訊量暴增、取得訊息的管道眾多的當代，學校教育確實

---

[103] Bruce VanSledright, *In Search of America's Past: Learning to Read History in Elementary School* (New York: Teachers College Press, 2002), p.47.

[104] Bruce VanSledright, *In Search of America's Past: Learning to Read History in Elementary School*, pp.102-139.

不能自限於供給學生特定的事實資訊，毋寧更該培養學生如何判讀資料、如何理解和使用各種資訊，建立知識。歷史教學自然也不能侷限於填塞史事而已，更應該著力的是如何引領學生認識、獲得建構歷史知識的概念與思考。

　　但是，教導「事實」或是教導「概念」和「思考」，牽涉的問題尚不止於教學重心的調整，亦關乎課堂實踐中教師所要教導的內容和份量。辯爭的戰線因此延伸向另一一個議題：歷史課程究竟應該如何編排、課題與內容又該如何選擇。

第五章 「編年體」該 「存」或「廢」？ ——英國關於歷史教綱的爭議

　　環顧近年來英、美歷史教育的發展，教導學生歷史思考和技能的主張，似已成氣候，只是在此過程中，關於歷史教育的目的、歷史教學應該著重事實性知識或程序性知識等爭論，始終可聞。而問題不只如此。

　　課堂中若欲教導歷史學科概念和思考能力，讓學生有機會閱讀與運用資料、體驗分析和推論的過程，必然要藉由深入探索某些課題，始能達成。亦即將思考引入歷史教學之理想，由「深度化」的教學方式，恐怕較能落實。然而，長期以往，中小學歷史科教課時數有限，精深於某些課題的同時，必然會縮減其他課題的學習空間。換言之，為教導歷史概念教學而偏重「深度」探索，與讓學生熟悉各種史事為目的的「廣度」追求，恐怕很難並存。於是，傳統習用的課程大綱形式在歷史教育改革的呼聲中面臨被汰換的命運，新的課程規劃思考則因應而起。歷史教學的新趨向終究會衝擊與教師教學最直接相關的課程綱要之編排。

　　觀諸歷史教育的變革，經常是牽一髮而動全身，從觀念到實務，從教學目的、教學模式到教學大綱的設計等這些構成教學的重大環節，必需同步改變，才可能成功落實。英國二十世紀後期的歷史教改正是展現了這樣的特色。當強調歷史思考力之培養這樣的主張一起，相應而來的是對既有歷史教學大綱的批判與反思，同時也開啟了新舊課程理念的角逐之戰。於是，歷史教改的風波又激發出另一個關於教學綱要訂定問題的爭論：歷史課程應該循著「編年體」（chronology）的流程而「貫通古今」，或應該另覓其它的課綱模式，以達到教導歷史思考之目標？

　　從 1960 年代開始，英國各界環繞此議題的討論延續了三十餘年，對於「編年體」的教學綱要之「存」或「廢」以及可能的取代方式，出現許多的爭辯。甚至至 1990 年前後，「編年體」課綱的問題仍是當時訂定「歷史科國定課程」過程中的爭執焦點之一。

　　本章將要探究三十餘年來，英國歷史教育改革人士與「編年體」教學綱要「奮戰」的歷史；檢視他們如何從理論和實驗入手，努力掙脫編年架構課程的框架與限制，開創「主題」取向的教綱模式，以及如何在改革之後，面臨新的問題與情勢下，再次賦予「編年」形式課程結構與「發展史」新的價值和意義。

第一節　批判與反省

　　直至 1970 年代為止，英國中等學校與多數國家的情況一般，普遍採用的教綱是自古至今的英國「通史」。這種建築在「編年體」架構上的教學大綱往往以教導貫串古今的政治歷史為主，學生

習史的不二法門是牢記諸多含有關鍵大事的年表。溯本追源，「編年」型態的教綱由來已久。但在 1960 年代中，英國教育界興起重新思考歷史教育目的的風氣，也連帶產生一股反省歷史課程的效應。

一、「編年體」課綱與線性史觀

英國實行的「編年體」歷史教綱，其特色或可由以下所列 1950 年代和 1970 年代兩份通行的大綱內容反映出來：

㈠ **1950 年代英國四分之三學校採用教育部建議的一份歷史教綱如下：❶**

11-12 歲：史前史，各個古代文明，或中世紀歷史

12-13 歲：都鐸王朝和司圖亞特王朝時代的英國史（按：1485-1603, 1603-1714）

13-14 歲：十八世紀英國史，一些美國和大英帝國的歷史

14-16 歲：十九世紀英國和歐洲歷史（有時加上一些美國史）

㈡ **1970 年代初期各學校通用的一份教學大綱如下：❷**

11-12 歲：古代世界史到諾曼人入侵（1066 年）

12-13 歲：1066-1485 年間的英國、歐洲和世界史

13-14 歲：1485 年到十七、十八、十九世紀的英國、歐洲和世界史

---

❶ David Sylvester, "Change and Continuity in History Teaching," in Hilary Bourdillon (ed.), *Teaching History* (London: Routledge, 1994), p.11.

❷ SCHP, *A New Look at History* (Edinburgh: Holmes Mcdougall, 1976), p.26.

14-16 歲：英國現代史 1815-1945

　　　　或　英國和歐洲的現代史 1789-1939

　　　　或　英國社會和經濟史 1700-1945

　　　　或　現代世界史 1870-1945

　　比較這兩份資料的差異，頗為明顯的一點是，1970 年代初期的大綱中，歐洲史和世界史的份量增多了，另外「現代史」已經延長至第二次世界大戰之前，而非如 1950 年代的綱要僅止於十九世紀。這當然表現出英國在這二十年間稍稍調整了偏狹的英國中心史觀。不過，值得注意的是，兩份大綱的型態基本上仍大同小異。它們所勾勒的歷史架構均是由古至今的時序脈絡，並且年紀越小的學生學習的越是久遠的歷史，而年級高的學生則學習近現代史。至於歷史分期方面，兩者都是以王朝和政治事件的變動做為劃分依據，間或搭配曆法時間的「世紀」（century）以為斷限。

　　若從這差距二十年的兩份教學綱要的編排推論，英國在此期間內普遍的歷史教學方式應無重大轉變，除了 1970 年代初期的教綱顯示出，那時學生必須學習的內容遠較 1950 年代為多之外。亦即 1970 年代初的教綱在時間方面上至古代下至二十世紀中葉，而在地域分佈上也已由英國歷史擴增至歐洲以及世界史。然而，學生習史的範圍愈加縱長廣袤，倘若教學時數並未相對增多，可以想見，在「內容」壓力下，歷史教學的步調恐怕更得加速前進，所涉及的各歷史論題只能愈趨簡要。

　　總而言之，這兩份教綱所透顯的「歷史」形象不言而喻：「歷史」是順時而下，連續而不間斷。也可以說，「歷史」有如直線那般不斷向前邁進，奔向進步的未來。當然，漫長的演進自該有節奏

和歷程，於是從古代、中世紀以至現代，成為許多教綱中人類歷史發展的「標準」典範。至於在課程以及歷史書寫中，「歷史」則經常以一系列事件的走馬燈形式出現；敘述「歷史」，即是讓各個事件依著年代先後的次序緊密相繼、逐一登場。

　　以上所總述的這套「歷史」模式似乎經久而成自然，其中無疑包含著線性和進步的「歷史」觀念，而以年為序的「編年體」則多是敘事時的基本時間框架。相應於此，學校歷史課也往往有一套常見的教、學規則。所謂歷史教學最重要的即是去「述說一個有關過去的最好的故事」，❸學習歷史的首要之務便在於熟知一套縱貫遠古至今的史事嬗變，以及「熟記種種按年代排序的里程碑」。至於談到學生在歷史（時間）意識的表現時，基本上就是指學生能否記住各個事件的先後順序而言。

　　總的來說，「編年體」的歷史課綱直至二十世紀中葉仍然是普遍的歷史教學主流。不過，自 1960 年代開始，批評此一教學綱要模式、要求扭轉「傳統」歷史教學重心的議論相繼出現，變革的號角已然響起。

二、1960 年代湧現的歷史課程新思考

　　約在 1960 年代中期，英國歷史界醞釀著一股重塑教學綱要的

---

❸　Peter Seixas, "Schweigen! DieKinder! Or, Does Postmodern History Have a Place in the School?" in Peter N. Stearns, Peter Seixas, and Sam Wineburg (eds.), *Knowing, Teaching and Learning History* (New York: New York University Press, 2000), p.21.

熱望。❹這波風潮是伴隨著教學方法的改革而來。當時，科學教育率先實驗，提倡教導學生科學探究的方法，以取代灌輸科學資訊為主的舊式教法。許多關懷歷史教育者受此激勵，轉而思索：歷史能否沿用同樣的教學方式？❺在此氛圍下，教導歷史學概念和思考能力的主張逐漸興起，且因此在 1970 年代熱絡發展，間接造就當時興盛的教學實驗改革。影響所及，對現有課程架構的檢討也相繼而來。畢竟，欲改變教學重心，必須先有相應的課程綱要作為支援。於是，英國一向沿用已久的歷史教學大綱就此成了大眾議論的核心。

就當時所見各種批評中，多數矛頭指向的即是英國教綱中經久不變的「編年體」課程。論者分別從史觀、內容傾向、學習困難駁斥這類史綱的不當不宜。例如倫敦大學的伯思敦（W. H. Burston）指出，編年式教學綱要目的多在「以古證今」，內容的選擇必是按照現今社會所看重的事物為標準，亦即用看待現在的眼光去決定看待過去的方式。伯思敦目睹此種思考邏輯，導致社會大眾出現了重視近現

---

❹　許多英國研究者都提及約在 1965 年新興起的課程改革運動。G. E. Jones, "Traditional and New History Teaching: Toward a Synthesis," in G. E. Jones and L. Ward (eds.), *New History Old Problems: Studies in History Teaching* (Swansea: University College of Swanse, 1973), pp.139-140. J. Shaffer, "What History Should We Teach?" in R. B. Jones (ed.), *Practical Approaches to the New History* (London: Hutchinson, 1973), p.51. W. Lamont, "The Uses and Abuses of Examination," in M. Ballard (ed.), *New Movements in the Study and Teaching of History* (London: Indiana University Press, 1971), p.194.

❺　W. H. Burston, "The Place of History in Education," in W. H. Burston and C. W. Green (eds.), *Handbook for History Teachers* (London: Methuen Educational, 1972), pp.3-4.

代史更甚於古代歷史的「抑古揚今」之奇特心態。他直言這樣的歷史觀念，根本就是「輝格史觀」（Whig interpretation of History）的再現。❻

再者，「抑古揚今」心態下所主導的課程，多半傾向讓年幼的兒童學習古代史、年長的兒童學習近現代史，伯思敦對於這點也不以為然。他認為此中隱含著一種輕率的認定：學習遙遠而與今日社會差異極大的過去，並不會對年幼的學童造成困難。但伯思敦批判這種看法缺乏驗證基礎。他說：一個涵蓋了數千年之久的課綱，儘管分割成不同的時期，但很多時期動輒橫跨百年之上，這絕對會構成學習上的困擾。另一個問題是，欲在快速的革命和瞬息萬變的事例中，識出「長時段」變遷的意義，毋寧是一件超乎普通中學生能力範圍之事，更何況年幼識淺的學生。❼

伯思敦針對編年體課綱背後隱含的「現在主義」心態而談，另有任教於雷汀（Reading）地區教育學院的蕭斐爾（J. Shaffer）指斥這種大綱形式下，內容安排多半偏向國家和政治的發展，與社會生活面的距離太遠，導致所陳述的歷史都「無關個人」（impersonality），❽難於引發學生的共鳴。

但是，在某些人看來，編年史綱最為人詬病之處還在於，教導「範圍廣大的編年體的歷史」和教導「某種心智上的訓練」兩者根

---

❻　W. H. Burston, "The Syllabus in the Secondary School," in W. H. Burston & C. W. Green (eds.), *Handbook for History Teachers* (London: Methuen Educational, 1972), pp.61-62. 同樣的批評亦見於 T. Lomas, *Teaching and Assessing Historical Understanding* (London: Historical Association, 1990), pp.23-24.

❼　W. H. Burston, "The Syllabus in the Secondary School," pp.62-63.

❽　John Shaffer, "What History Should We Teach?" pp.52-54.

本難以相容。❾依據伯思敦的分類，歷史課程安排粗略可區分為兩種：專就某些時期進行深度學習的「水平式」，和講究古今貫通的「垂直式」，而「編年體」是「垂直式」課程類型的代表。伯思敦並認為，在中學有限的授課時數下，「垂直式」授課方式難逃被迫過分簡化的命運。❿而簡化歷史，不但最終可能扭曲了歷史，更且無法擔負起培養能力的重責大任。

的確，線性取向的縱貫式課程架構，為了顧及有始有終、面面俱到，教師決不可能單只傾注於某些課題並深入探討，如此一來，進行思考訓練的教學其可能性恐怕大打折扣。如果說舊式的教學大綱有其弊端，能夠配合新的教學目標的課程規劃又該是何種形式？英國許多教研人士對此殫精竭慮，各陳己見。

首先，浮現時人腦海中的是早自二十世紀以來，某些學校為了彌補「編年體」綱要之粗略，轉而採用的「發展軸」（the Line of Development）或「發展史」模式。「發展史」乃是鎖定某個主題如交通、食物……等，追溯它們在時間中的沿革與變化。這類大綱奠基於一種發展和演進的觀念，藉由專門課題在時間長河中的續與變，使學生嫻熟「發展的思考角度」。⓫

誠如某些支持者所稱，以主題鑽研為軸的「發展史」綱要能夠避免編年史架構所常見的鬆散、沒有連貫性（incoherence）等缺點，而在主題一貫的時間脈絡延展中，學生得以更有效和有系統的學習

---

❾　G. E. Jones, "Traditional and New History Teaching: Toward a Synthesis," p.141.

❿　W. H. Burston, "The Syllabus in the Secondary School," pp.71-72.

⓫　W. H. Burston, "The Syllabus in the Secondary School," pp.63-64.

日期與史實。⓬不過，批評者亦指出，「發展史」本質上仍然不脫編年體例，尤其這種教學大綱把生活中某個層面的發展單獨割裂出來，往往忽略了與其他層面之間的互動關係，其所提供的歷史解釋極易淪於片面而偏窄。⓭

不過，1960 年代關於歷史課程安排類型的討論中，學者提到最多的是「時代史」（patch, era）作為「編年」史綱外的一種選擇，⓮這也是伯思敦所定義的「水平式」課程取向。

顧名思義，「時代史」的教學是選擇英國史或外國史中的某個時段，就此時代內各個層面的發展進行細緻和精深的闡述。「時代史」教綱既不需固著於延續性，也不必然依從編年時序的形式。可想而知，這種教學大綱因為對照「編年體」廣而空泛之弊，備受青睞。

積極宣揚「時代史」式的教學大綱者相信，此種課程設計「可以激發探究的精神」。⓯伯思敦也同意，「時代史」的特點即是捨棄時代與時代之間的共相歸納，而從「獨特」的眼光看待所談論的時代。其優點在於：學習歷史的目的不再以追求今古之間的相似性為要，而毋寧著重在古今之間的「對照」（contrast）上；學生必須忘卻當今種種的價值觀，以便能充分進入過去某個特有的時代情境，達到真正的歷史認知。雖然伯思敦對於一般學生的想像和理解能力並無信心，他仍肯定這種「水平式」的課程架構較適合大學以

⓬　W. Lamont, "The Uses and Abuses of Examination," p.199.

⓭　W. H. Burston, "The Syllabus in the Secondary School," p.64.

⓮　John Shaffer, "What History Should We Teach?" p.54.

⓯　W. Lamont, "The Uses and Abuses of Examination," p.201.

下的學校教育。❿

　　另一方面，亦有論者敏感於「時代史」形式的課綱所必須面對的問題。如蕭斐爾即提醒，「時代史」還是不可避免的要面臨抉擇的難處：如何圈選出某個時代？選擇的標準是什麼？因為要決定一個時代的重要性與賦予意義，必得先關照整體歷史的發展，須具有綜觀（overall viewpoint）的眼界才行。蕭斐爾尤其擔心，設若整個英國歷史課程都按照「時代史」的方式來編定綱要，在教學時間有限的情況下，最終很難不流於概述（survey）和通論（generalization）之舊習。⓱甚至，亦有評論者不客氣的點出，「時代史」更關注的是某一「時期」（period），而不是「問題」（problem）；⓲欲以此改革傳統教學取向，實踐思考和能力養成的教學目的，未必能夠如願。

　　「時代史」之外，另一種較新式的大綱——「主題取向」（thematic approach）的課程編排，也已受到矚目。「主題取向」基本上是以各種問題為中心，取代向來以時間為軸的呈現歷史的方式。不過，當時有關「主題」式教學大綱的評價，多半趨於負面。如蕭斐爾承認，採用不同的「主題」來規劃某時段歷史如二十世紀史的方式，固然可以避開以編年方式分期的缺點，提供一個綜觀該世紀的多面向解釋，教學大綱的結構或也因此而更加緊實，同時也能透過少數的例證，達到深度探究的教學要求。但蕭斐爾不忘強調，這些優點是相對而不是絕對的。⓳首先，他提到在教學時間不足的現

---

❿　　W. H. Burston, "The Syllabus in the Secondary School," pp.67-68.

⓱　　John Shaffer, "What History Should We Teach?" pp.59-61.

⓲　　W. Lamont, "The Uses and Abuses of Examination," p.201.

⓳　　John Shaffer, "What History Should We Teach?" p.64.

實中，如何選擇適切的「主題」，同樣是採用此類編排課程模式者所必須謹慎以對。再者，「主題取向」的教綱為求綜覽全局，慣於把所探究的時代看成一個整體，並積極尋求各事例之間的「共通性」，比如共同的原因和共同的結果，以進行通盤解釋。但這樣的角度和歷史家向來關注於「特殊面」的探究，明顯不同。❷

上述意見，伯思敦亦頗有同感。他憂心「主題」式的大綱，恐將遠離歷史學，而趨近社會學。❷伯思敦話中之意，同樣是指「主題取向」的課綱編排顧及「求同」，卻忽略了「察異」。

以上兩位歷史教育研究者都把「主題」式教學看成如同社會科學般，是以追求「模式」和「共相」為目的，而與歷史學的側重「殊相」扞格不入，不予看好。有趣的對照是，正當伯思敦等若干歷史教育研究者憂懼「主題取向」的課程將使歷史「社會學」化之際，在歷史學術圈內，卻有不少人士如馬克斯派學者，積極倡導歷史應向社會科學方法看齊，藉以增進歷史的專業性，「社會史」的研究更是順勢而興。

無論如何，1960 年代中期至 1970 年初這段期間內，英國有關課程架構的議論已是沸沸揚揚。從傳統「編年體」教學大綱的檢視，到可能取代的「發展史」、「時代史」及「主題」式等各種歷史課程模式之優缺點，都見熱切討論。極其明顯，當時這些學術言論所共同散播的一個基調是：「編年體」課程綱要問題叢生，不堪負荷新的歷史教學精神之所需，必要棄置；另覓新的足以為教學指

---

❷ John Shaffer, "What History Should We Teach?" p.66.

❷ W. H. Burston, "The Syllabus in the Secondary School," p.69.

引的課程架構，刻不容緩。

而事實上，不止歷史教研工作者對課程改革殷切關注，一些學校教師也積極響應，自發的從事課程改造。相關例證可以參考 1970 年時，由「劍橋今日歷史教學」（Cambridge History Teaching Today）這份刊物公布的一份調查報告：「11 至 14 歲的歷史教學」（Teaching of History to the 11-14 age group）。這份報告中披露某位接受查訪的歷史教師，如何以六點原則規劃自己的教課綱要。這位教師所擬的六點原則包括：以兒童為中心、具有相關性、重視深度探索、加強學生的參與、教導歷史方法以及思考和態度更甚於事實……等。㉒細看這些課程規劃原則，恰恰正是當時歷史教學界所倡導的新主張，這說明了改革的念頭至少在某些人心中已經逐步萌芽。然而新的想法逐漸滋長，舊的習性倒還韌性極強。不可忽略，在這份調查報告中仍有半數的受訪老師坦承，教學時他們最在意的是如何傳授特定的歷史知識。㉓

總體來說，1960 年代所見的現象多少顯示某種求新求變的驅力已在孕育之中。而至 1970 年代，改革的時機或許更見成熟，以致於各種教學實驗計畫接二連三的推展開來。其中影響最大、引發爭議最多的即是本書多次提及的 SHP 所策劃的教學實驗：「歷史科 13-16」。㉔

㉒　引自 John Shaffer, "What History Should We Teach?" p.47.

㉓　John Shaffer, "What History Should We Teach?" pp.49-50.

㉔　在 SHP 的「歷史科 13-16」之前，英國也有其他的課程改進計畫，其中也不乏來自學校委員會的推動。這些課程改革運動一如「歷史科 13-16」，都強調學生參與、積極學習的精神取向。參見 I. Goodson, "New Views of History:

第二節　改革、實驗與其背景

　　1960 年代的課程改革論辯中所產生的一個共識是：自古至今的漫長課程走向很難符合教導學科思考和能力的期待，欲突破教學的窠臼，必須在「編年體」為主的綱要外另尋他途。正是這股思想力量，推進了 1972 年「歷史科 13-16」著手改革傳統歷史課程大綱、規劃新型態教學內容，從而在英國歷史教育界中投下了一枚威力不小的震撼彈。

一、「歷史科 13-16」的實驗

　　「歷史科 13-16」將課程區分為兩個部分，第一部分是介紹歷史這門知識的基本概念與方法，統稱為**「歷史是什麼？」**（**What is history?**）單元。此單元從歷史是一門以「探究為基礎」（enquiry-based）這個知識觀點切入，逐一向學生引介歷史知識的本質、運用證據的方法與困難，以及提問和解釋的重要性等課題。第二部分的課程則分就四種單元進行，分別是：

1. 發展史 Study in Development
2. 深度探究 Enquiry in Depth
3. 現代世界史 Studies in Modern World History（或地方史）
4. 我們身邊的歷史 History Around Us

From Innovation to Implementation," in A. K. Dickinson and P. J. Lee (eds.), *History Teaching and Historical Understanding* (London: Heinemann Educational Books Ltd., 1978), pp.39-44.

依計畫者的構想，以上述課程單元為基準，各個年級可依需要，藉由不同單元組合、制訂出不同的教學內容和學習範疇。以下試看他們為 13-14 歲的學生試擬的兩份課程綱要：㉕

範例一：

13-14 歲	對學生的用處	架構	內容舉例
第一學期	幫助學生發展分析技巧和明白什麼是歷史	介紹性課程	「什麼是歷史？」
第二學期	幫助學生體會世界其他國家的歷史文明與西方文明極為不同	深度探究（Enquiry in Depth）	古代中國　或阿茲提克人（Aztecs）
第三學期	幫助學生認識現代世界的一體性多樣性	現代世界史	當代世界史中的主題：少數民族和移民工業化都市化污染

範例二：

13-14 歲	對學生的用處	架構	內容舉例
第一學期	幫助學生發展分析技巧和明白什麼是歷史	介紹性課程	「什麼是歷史？」
第二學期	幫助學生體會存在於現代生活中的延續（continuities）特質，也就是那些傳承自	我們身邊的歷史	主題如：英國議會制度司法制度

	過去的現代遺產		傳統的建築 過去的鐵路、運河、道路系統 歷久不衰的莎士比亞 語言的傳承
第三學期	幫助學生瞭解時間中的 「變化」與「延續」	發展史	英國景觀(landscape) 的形成

以上兩個範例和前述 1950 年代、1970 年代初的歷史課綱相比，其革新性立時顯現。「歷史科 13-16」的這兩份課程規劃從學生的現實需要出發，並且注重歷史學科特質的呈現。它們共同表現出以下幾個特色：

第一，兩份大綱由幾個課群排列組合而成，這顯示了其背後的理念：課程安排容許開放多元，各個學校和教師可根據需要加以調配。

第二，無論哪種編排、哪些內容的組合，這樣的課程是朝向「深度研究」和「主題探索」的方向進行。其內所設定的課題彼此獨立，即使是在「我們身邊的歷史」這個單元中出現的小課題如司法制度、傳統的建築、道路系統等，彼此之間並無明顯的時間或因果相承的關係。

第三，細觀這些組成大綱的各單元，包含了 1965 年以來課程改革諸論中曾被提出的「發展史」、「時代史」（如現代世界史單元）以及「主題取向」等類型的大綱形式。「歷史科 13-16」明白的將各種不同的綱要模式熔於一爐，證明這個教學實驗並非憑空而生，是踏著前人的腳步而來。

　　無可諱言，這樣的綱要打破了許多人習以為常的單一編年式課綱：其完全摒除傳統唯一一套、歷史細說從頭的時間演進，代之以從學科本身概念以及學科內的事實性主題尋找多元探究的可能性。如此劃時代的嘗試，某些人可能為之耳目一新，但對多數習於舊觀的社會大眾來說，卻可能是一個巨大的衝擊。「歷史科 13-16」成員諒必早已預知此一情況，因而在結案報告中特別「講清楚、說明白」他們的立場、他們如何看待歷史和「編年體」的關係：

> 在史學中，人類的過去之所以被研究是因為它們在時間中產生變化。因此具備某些編年體（chronology）方面的知識是必要的……。然而重要的是，必須注意，此處所談並不等同於說歷史的結構就是編年體的（chronological）。人類過去的改變是發生在時間之中，但不是因為時間而改變。在時間上先後而來的兩件事未必有任何的關聯。所以史家可以研究部分的人類過去卻不一定要知道這部分所有之前和之後發生的事。對史家來說，知道一些先前發生的事情，並具備某些簡略的編年架構的知識誠屬必要，但是，研究並不是奠基於以下這樣的編年意義上：欲研究十九世紀，除非知曉所有從古代以來發生的種種事情之後才能進行。㉖

　　以上聲明中，「歷史科 13-16」的研究者特意澄清兩點。第一，探究人類過去時的確必須運用某些編年方面的知識，以便將事

㉖　SCHP, *A New Look at History*, p.17.

件或該事件的相關證據放入時空脈絡下進行審視與解釋。第二，「編年體」不是歷史（過去）本有的結構，前後發生的兩件事情未必有直接的關連性。

「歷史科 13-16」研究成員致力的一點是，如何將歷史和「編年體」完全脫勾，他們因而強調過去儘管是「在時間中發生變化」，卻不是「因為時間而變化」；「編年體」並非歷史（過去）本有的特質。計畫研究小組明白的說，一般學校中典型的教課大綱都以「編年體」為骨架，這是以歷史學同等於「編年體」結構為前提的設計，但是，今日此一前提已經成為疑問，則其他形式的教學大綱理應得到伸展的空間。❷

「歷史科 13-16」研究者做此申明，有其用心。他們深知打破大家視為當然的「編年體」教綱，殊為不易；許多的質疑和反對意見恐將紛沓而至。只有先解消歷史（過去）本具編年性質的觀點，傳統以來根深蒂固、自古至今的歷史演進概念，才有鬆動變革的可能。藉此論證前提，「歷史科 13-16」合理化他們在歷史課程規劃上的新視野和新作法。

但是，突破舊傳統畢竟不是一樁輕而易舉的事。計畫小組的猶疑逡巡仍然有跡可尋。他們一方面大聲宣告擬定的：「……綱要不受編年體思考之圈限。」另一方面，又在擔憂革新可能引發震盪的矛盾心緒下，有此說明：「**大家應該了解，這並無拒絕編年之意。學生如欲更有信心和更有能力的去處理教綱中提供的內容範圍，就有必要好好掌握編年次序。……而這份教綱為了幫助學生**

---

❷　SCHP, *A New Look at History*, p.26.

獲得編年演進的脈絡，設計時以『發展史』單元作為課程之始，追溯某個主題在歷史時間中所歷經的變化。」❷也就是說，計畫研究者為了表明並未全然否定編年架構之重要，特意納入「發展史」單元以為彌補。足見「歷史科 13-16」在顛覆傳統之中並非毫無顧忌，在激進之餘仍然企求緩衝之道。

　　「歷史科 13-16」的實驗確實代表了課程規劃的新里程碑。但實驗計畫不是憑空而生。一方面，如前所述，它的創新奠定於 1960 年代諸多的課程改革的討論，「歷史科 13-16」是前人思考的成果與具現。另一方面，計畫成員表示：歷史學等同於編年體結構這個前提今日已經大有疑問，而他們也據此挑戰編年形式教學綱要，這說明計畫研究者深知，二十世紀以來，歷史學科對於「時間觀念」也正經歷一番自我反省。或可推論，1970 年代英國出現課程結構方面的突破與改革，與廣泛的史學發展脈動息息相關。因此，對於西方近代史學在「時間觀念」方面建立的新思考，略作回顧，當有必要。相信這將有助於理解英國歷史教學改革的走向及其意義。

二、史學時間觀念的變革

　　「歷史科 13-16」從史學觀念下手，為打破編年史綱尋求正當性，這當不只是一時興起的權宜之計，因為在此之前，歷史學的時間概念確已先一步發生了變化。

　　大體而言，近代人習以為常的時間觀念中包含著不可倒轉

---

❷　SCHP, *A New Look at History*, p.21.

（irreversible）、統一化、直線前進等諸多因素，而伴隨產生的「編年體」敘述則為近代歷史書寫的主流。這套觀念假定：時間是超乎事情之外、居於事情之上的一個框架，是橫跨個別文化的普遍性存在；時間是自然而有次序之物，歷史敘述理當適用編年體的架構；此種編年時間取向的思考結合了近代人所創造的日曆時間以及牛頓機械宇宙論中絕對化的時間意象。㉙然而，就在最近的一個世紀裡，上述觀念遭遇前所未有的挑戰。從物理學到人文學科等不同方向所提出的質疑，使得所謂統一化、客觀化和絕對化的時間意識產生了崩裂，連帶的，歷史學傳統中一向穩固的時間認知也受到重大的撞擊。

　　二十世紀以來，打破牛頓絕對性時間觀點最有力也最著名的是愛因斯坦提出的相對論。愛因斯坦藉由實驗發現，每一個觀察者都能以自己所攜帶的鐘測量時間，而不同的觀察者儘管攜帶同樣的鐘，最後的讀數卻不必相同。㉚在愛因斯坦看來，時間不是恆定的，而是相對於行動的結果。㉛無獨有偶，哲學研究中，哲學家也重新定義時間，指明時間具有三項特質：內在性、相對性、開放性。例如伯格森（Henri Bergson, 1859-1941）強調，只有人類感受到的

㉙ F. Robert and J. R. Berkhofer, *Beyond the Great Story: History as Text and Discourse* (Massachusetts: Harvard University Press, 1997), p.109.

㉚ Stephen W. Hawking，許明賢、吳忠超譯，《時間簡史》（長沙：湖南科學技術出版社，1996），頁24-29。Peter Coveney and Roger Highfield, *The Arrow of Time: A Voyage Through Science to Solve Time's Greatest Mystery* (New York: Ballantine Books, 1991), pp.76-81.

㉛ Elizabeth Ermarth, *Sequel to History: Postmodernism and the Crisis of Representational Time* (New Jersey: Princeton University Press, 1992), p.8.

時間才是時間，時間是一種發明。❷而從現象學出發的哲學家如胡賽爾（Edmund Husserl, 1859-1938），更極力呈現時間感和主體當前經驗的不可分割，「現在」和「過去」彼此交融混雜並相互作用於「未來」。❸不讓哲學家專美於前，社會學者亦探知時間不但為各個社會的建構物，還是複數的社會產物；不同的社會擁有自己特別的時間意象，甚且任何一個社會內部經常存在著多重並立的時間感。❹另在文學領域，小說家如王爾德（Oscar Wilde, 1854-1900）、普魯斯特（Marcel Proust, 1871-1922）、喬艾斯（James Joyce, 1882-1942）都勇於在自己的作品中表現多層次並行的時間意識。❺

　　揭示「時間」概念其實是相對、主觀、人為建造的這股強大思潮，最終也衝潰了西方歷史學長久構築的時間觀點。首先可見的是「歷史分期」的問題。早在一次世界大戰期間，德國學者史賓格勒（Oswald Spengler, 1880-1936）已對西方近代歷史分期的傳統提出質疑。史賓格勒抨擊十九世紀以來，支配著許多「通史」書寫的古代－中世紀－近代和現代的時間分期，其實是一套以「歐洲史觀」為中心的論述假設。此一看待過去為簡單的、直線式的觀點原不該強加移植於其他的文化中。史賓格勒尤其不能認同歐洲史觀中所隱含

❷　Jean Leduc，林錚譯，《史家與時間》（臺北：麥田出版社，2004），頁 21-22。

❸　David Carr, *Time, Narrative and History* (Indianapolis: Indiana University Press, 1986), pp.21-30.

❹　Jean Leduc，林錚譯，《史家與時間》，頁 21-26。Robert Levine，馮克芸、黃芳田、陳玲瓏譯，《時間地圖》（臺北：商務印書館，1998），頁 7-9。

❺　Norman J. Wilson, *History in Crisis: Recent Directions I Historiography* (New Jersey: Prentice Hall, Inc., 1999), p.80.

的進步論。在他看來，歷史並不是前後相承的「進步」，反而是充斥著無止盡的各種「轉變」。❸❻

　　史賓格勒揭露了西方慣用的分期模式背後所包含的一些似是而非的「歷史迷思」，在他之後，解構的力量更是源源不斷。如人類學的田野考察對於單一的、編年體歷史敘述的崩解又提供了一臂之力。當越來越多人類學家的足跡不斷遠至世界各地仍居於未開發境地的原始部落時，過去以為人類歷史的發展理應具有一致性的假想不攻自破。誠如科慈列克（Reinhart Koselleck）的概述：「從古代、中世紀與近代三部曲勾勒了年代的更迭起，我們即已屈服在一種神話性的模式之下……。我們應該學著去發現在歷史中非同代的同代性，理由是我們每個人終究能夠觀察到，我們還有某些活在石器時代的同代人。」❸❼藉由人類學之助，當世「非同代的同代性」現象如此鮮明的映入人們眼中，原來不同社會的發展腳步如此不一。此所以科慈列克評論，前此十九世紀西方史學普遍奉持的上古－中古－近代之分期，如今已成為某種「神話性」思維模式。

　　此外，近代西方人普遍持有的「進步論」思維，也不再是理所當然。李維史陀（Levy-Strauss）同樣從人類學角度研究發現，許多非西方的社會對於時間和變遷的貶抑甚至持著否定的態度，與西方的直線和進步價值觀點成了明顯的對比。❸❽在《野性的思維》這本書

---

❸❻　Oswald Spengler，陳曉林譯，《西方的沒落》（臺北：遠流出版社，1989），頁 54-56。Patrick Manning, *Navigating World History* (New York: Palgrave Macmillan, 2003), p.38.

❸❼　轉引自 Jean Leduc，林錚譯，《史家與時間》，頁 113。

❸❽　David Carr, *Time, Narrative and History*, pp.179-180.

內，李維史陀說道：「某些社會情願或不情願地接受了歷史，並由於對歷史具有的意識而大大地增加了歷史的作用……另一些（為此我們稱為原始的）社會則想要否定歷史，並以一種我們低估了的靈巧性認為是『在先的』發展狀態盡可能持久地維持下去。」❸李維史陀認為，這無關任何道德性或理智上的欠缺，而是一種有意識或無意識下「採取」的態度。❹顯然，與西方文明背道而馳，某些「原始」社會寧願採取拒斥歷史、否定變化的方式面對外在一切動盪，這無異證明了：時間和歷史意識是相對的，因文化、時空的差異而有不同的樣態。

對西方進步觀點的批判不只見於上述「同時代」取向的考察，也有來自「貫時性」的研究。耶律亞德（Mircea Eliade）披露，遠古時代如古希伯來人，與現代文明人不同。他們面對變化時，感受到的不是「新奇」和「進步」，而是不確定和超脫既有生活常軌的恐慌；為減輕變遷所帶來的焦慮感，人們總想像時間是週而復始、反覆循環，看重的是重複的經驗而不是日新月異的發展。而線性和進步的時間觀點，直到近代才成為人們看待時間和歷史的主要方式。❹

由此來看，直線、進步的史觀並非時間本有的現象，也不是縱貫古今、普遍恆有的時間意識，實為特定時空下的產物。以線性史

---

❸　李維－史特勞斯，李幼蒸譯，《野性的思維》（臺北：聯經出版社，1989），頁 295。

❹　李維－史特勞斯，李幼蒸譯，《野性的思維》，頁 297。

❹　M.耶律亞德，楊儒賓譯，《宇宙與歷史：永恆回歸的神話》（臺北：聯經出版社，2000）。David Carr, *Time, Narrative and History*, p.179.

觀而言，中世紀基督教的歷史哲學概念已將人類的發展視為直線式且有方向、有目的一個過程。近代以降，隨著西方文明的世俗化，有目的和方向的歷史觀轉換新貌，過去「神意」的目的逐漸被各種「世俗性」的目的所取代。

至於進步論和嚴密的「編年體」敘述尤其是近二、三百年來的產物。自十七、十八世紀以來，牛頓學說盛行，計量時間的鐘、錶相繼發明與傳播，「時間」漸次披上了「理性化」和「數字化」乃至「統一化」等特質的外衣。另一方面，由於近代西歐科學技術、思想文化的變革，人類對外在世界的控制力逐日增強，因而促成進步信念的昌行。這些因素匯聚下，線性的、進步的歷史時間成為人們經驗時間的主流模式，[42]前後緊密相續的時間演進成為歷史書寫的常態。

換言之，直線史觀以及循環史觀，都曾為不同時代、不同文化的主流時間意識，它們是過去歷史中常見的兩種關於時間的暗喻（metaphors），[43]是可供檢視和研究的對象，而不是任何人都該無異議遵循的思維方式。

以上這些對於歷史時間觀念的批判最終鬆動了歷史著述中習用的時間架構。據伊格斯（Georg G. Iggers）的分析，整個西方史學上至西羅多德（Herodotus）、修昔迪底斯（Thucydides），下迄十九世紀的蘭克，甚至直至二十世紀為止，都受到一種「單維度線性時間觀

---

[42] Prasenjit Duara, *Rescuing History from the Nation: Questioning Narratives of Modern China* (Chicago: The University of Chicago Press, 1995), p.17.

[43] Stephen Jay Gould, *Time's Arrow Time's Cycle: Myth and Metaphor in the Discovery of Geological Time* (Cambridge: Harvard University Press, 1987), p.194.

念」（notion of unilinear time）的影響，這種觀念並支配了許多史家的歷史著述。伊格斯說，這種史觀假定有「唯一一種歷史」（a history）這樣東西的存在，在這樣的歷史中，發生在後的事情緊接在發生於前的事情之後，從而構成一個連貫的時間序列。因此，歷史的進程看來是連續的，同時也是有方向的，而在這綿延開展的演進中，西方更是享有特權的地位。❹不過，至二十世紀中葉，伊格斯所稱的這個牢固傳統卻明顯的為年鑑史家布勞岱所破除。

布勞岱在 1949 年問世的《地中海與腓力普二世時代的地中海世界》（*The Mediterranean and the Mediterranean World in the Age of Philip II*）這本書內，展現出重構歷史時間的鴻圖。他的三種時間結構論──快節奏的「事件」（個人時間）、中程速度的「局勢」（社會時間）、慢節奏的「長時段」（地理時間），借用的是建築學的概念。他相信在政治、社會、文化、自然等不同範疇內，時間的速度和節奏會有

---

❹ Georg G. Iggers，楊豫譯，《二十世紀的史學》（臺北：昭明出版社，2003），頁 3-5。Georg G. Iggers, *Historiography in the Twentieth Century* (Hanover: Wesleyan University, 1997), pp.4-5. 西羅多德和修昔底斯是否與蘭克共享伊格斯所說的「單維度線性時間觀念」，可能還有商榷餘地。某些學者注意到西羅多德和修昔底斯看待人類接二連三的行為並不是一條貫通的線，而毋寧是一塊塊「拼布」（patches）。而且希臘文 *histor* 意指一個能夠解決法律爭端的博學之士，他能透過探查（inquiry）洞悉事情、找出真相；*historie* 則指「追求合理解釋和理解現象」。由此可見，希臘時代的「歷史」和今日史學觀念是有不同，彼時更重視的是「理性分析」而非嚴格的「時間取向」。後世尊崇這兩位史家為西方史學之鼻祖，偏重的也是他們理性探究的態度，並不在於他們具有編年式的思考。參見 Gustav Jahoda, "Children's Concepts of Time and History," *Educational Review*, 15.2 (1963), p.95. Mark T. Gilderhus, *History and Historians* (New Jersey: Prentice-Hall Inc., 2000), p.15.

不同，而社會即是這三種由緩而快的時間面構築出的時間金字塔。

　　布勞岱依主題之差異而採用多元時間觀念的信念，還可在 1969 年出版的《論歷史》（*On History*）這本書中找到他的自述。亦即歷經二十年後，他依然強調，進行專業研究時，絕對重要的是，去查知由「瞬間的時間與緩慢流逝的時間」無休止的、難捨難分的對立所構成的社會現實，同時，有必要「認清社會時間的多元性，是人文科學共同的方法論中不可或缺的一環。」❹

　　當然，有理由相信，布勞岱打破歷史時間結構的成就與他在經濟史、社會史方面的鑽研有關。二十世紀上半葉，隨著歷史研究領域的分化和擴增，社會史、經濟史、藝術史等史學分支先後興起，這些新的探究極易凸顯，符合政治史斷限的「時期」未必能適用於其他層面如經濟、社會、藝術等的演變時程。

　　然而，布勞岱未能免於批評。強調「歷史敘述」傳統的學者，苛責他忽略了三種時間層面之間應有的因果鋪陳。❹另一方面，卻也有不少人士遺憾布勞岱的這一步跨得不夠、仍然自陷於「整體的時間觀念」之中。也就是說，布勞岱並未真正脫離牛頓的天文學時間框架，❹他所勾勒的三層「時間」基本上是客觀存在的、普遍的、不可逆轉的。而且他只重在呈現時間的「連續性」和「同代

---

❹　Fernand Braudel, Translated by Sarah Matthews, *On History* (London: Weidenfeld & Nicolson, 1980), p.26.

❹　Peter Munz, "The Historical Narrative," in Michael Bentley (ed.), *Companion to Historiography*, London: Routledge, 2003), p.853.

❹　Jean Leduc，林錚譯，《史家與時間》，頁 39-40。

性」，❹這與哲學或社會學強調時間的內在體驗、相對性和多重性的概念距離頗遠，亦即布勞岱似乎還未認清「所研究的每個現象，皆有它的專屬時間。」❹

的確，從布勞岱之後至今，史學界對於「歷史時間」的反省又向前邁進了一大步。論者謂「歷史時間」本不該與「天文時間」視為同一，反而必須與天體循環運動所定義的「時間」區隔開來。如同法國學者波宓安（Krzystov Pomian）之說：「歷史有其時間，或者毋寧說，它的時間有其歷史：史學家與經濟學家所研究現象的內在時間，不是由天文現象，而是由這些過程本身的獨特性來標出節奏……。」❺在此，「歷史時間」的意義由研究者手中所運用的一種客觀分析工具，轉而代表著被研究對象內在的節奏律動。時間不再是絕對的，而是「相對」和「多元」。

不過，回到 1950、1960 年代，布勞岱破解單一歷史時間觀念的努力，在當時而言堪稱是一項創舉，值得肯定。❺他將三個時間層次融合堆疊成一個整體的敘述結構，在歷史書寫的傳統中確有其開先鋒之處。布勞岱宣稱：「所有的歷史研究都關心如何切入（breaking down）過往的時間，並根據多少意識到的偏好和厭惡，在

---

❹ 其實，由布勞岱使用「編年性質的現實」（chronological realities）一詞來看，他的確認為「編年」特質是現實界的自然屬性。

❹ Jean Leduc，林錚譯，《史家與時間》，頁 45-61。

❺ 轉引自 Jean Leduc，林錚譯，《史家與時間》，頁 59。

❺ Georg G. Iggers，楊豫譯，《二十世紀的史學》，頁 86-87。Georg G. Iggers, *Historiography in the Twentieth Century*, pp.56-57.

編年性質的現實（chronological realities）中進行選擇。」❷言下之意，歷史時間的斷限，操之於每一個歷史學家的手中，受研究者主觀意見的影響。如此，不只是西方式的分期，更根本的，所有的「歷史時期」都是人為的建構物（artificial constructs），❸歷史學家介入其中，也必須自負其責。

綜上所言，二十世紀的學術沿革中，統一化、單一化時間概念的裂解以及線性、編年史觀動搖的跡象隨處可見。在各種反思角度的觀照下，對歷史學家而言，「時間」的意義已經不復如前：「過去」不再具有時間上不可倒轉的本質，❹「過去」的前後事件之間必有因果關聯的說法，受到駁斥。編年體、直線演進的敘述型態並非「自然」的、中立的，毋寧是出自人為和建構，歷史時間的特質是多元、複合的。歷史研究者正應該超越天文學的時間，深入所研究對象的心態和時空，建立合於彼時特有的時間律動。

上述「歷史時間」的新觀念在學院的門牆內逐漸萌生而延展開來，至 1970 年代，甚至歷史教學的固有模式也受其衝擊。事實上，試圖將新的時間觀念引入並改革歷史教學的努力並非獨見於英國。法國於 1970 年代同樣在中學課綱上出現了新的思潮。直至 1960 年代，法國公立中學前期的學生（約等於臺灣九年一貫教育中的 7-9 年級）仍以學習首尾貫通的法國歷史為主，而於中學後期（約等於臺灣的高中三年）則再次以近現代歷史為學習主軸，目的是讓學生在重

---

❷　Fernand Braudel, Translated by Sarah Matthews, *On History*, p.27.

❸　Wolfgang Reinhard, "The Idea of Early Modern History," in Michael Bentley (ed.), *Companion to Historiography*, p.282.

❹　Peter Munz, "The Historical Narrative," pp.852-853.

複的學習中有個「完整的」歷史觀念，看來法國教育界也普遍相信，當代史對於市民人格的養成最為重要。❺❺

　　但在 1977 年之後，法國教育中這種嚴格的編年式教學受到質疑，最明顯的是中學後期的課程出現了「六個歷史時刻」的新規劃，並且各個時刻間「沒有任何年表上的連續性」。此外，中學課程雖仍要求學生熟記按年代排列的里程碑事件，但這些里程碑已不只包含確切年代的「大事」，還引進了中程時段的主題如雅典人的極盛期、黑死病等，以及長時段的問題如始自四千年前的書寫系統、大墾荒等。多元的時間觀念顯然也滲入法國歷史教育界，激發出革新和回應。❺❻

　　觀諸法國歷史課程的革新，再看看英國 1970 年代「歷史科 13-16」銳意於打破大家習以為常的「編年體」課綱，力圖重新組構課程、進行教學實驗。兩者約當同時的步調，恐怕不是巧合或偶然。英法兩國的歷史教育界同在 1970 年代提出改進線性敘述和「編年體」教綱的現象，或許顯示，從歷史學到歷史教育都走到了一個必須檢討舊時的時間觀念、重新思考「歷史」的關鍵點。

　　不過，英、美的歷史教學改革縱有史學理論為後盾，棄舊揚新畢竟不是那麼容易。例如在法國，1970 年代開啟的課程新思考並未能真正撼動教學的實際面。教科書和教室內，傳統的「直線因果」敘述以及正統分期的思考習性仍然勢強難移。許多教師藉口各種制度的力量太過頑強，而抗拒改革，又或者歸諸學生的思考力不

---

❺❺　Jean Leduc，林錚譯，《史家與時間》，頁 145。

❺❻　Jean Leduc，林錚譯，《史家與時間》，頁 145-146。

足，堅持「為了釐清歷史，必須採用一種簡單清楚的步驟。直線性比某些與時間關係較為模糊的議題，更適合於學生的能力……。」❺⓻顯見法國教育界內傳統編年時序和傳統分期的觀念依然根深蒂固。

　　至於在英國方面，「歷史科 13-16」打破「編年體」課綱之舉，不但引發各方激辯，爾後，當新的教學綱要理念尋求落實於教學實務時，同樣遭遇了重重的打擊。

第三節　論辯和轉折

　　英國各界對於「歷史科 13-16」大膽捨棄「編年體」課程結構的企圖，欣見其成與責難的聲音同時具現。無可否認，1970 年代的這次改革影響英國日後歷史教育的發展至鉅。直至二十世紀末，「歷史科 13-16」的研究成員所提出的課程新思考以及教綱模式，佔據了英國歷史教育議論的核心，甚至一度成為英國「歷史科國定課程」訂定過程中的主流意識。對許多冀望突破舊觀的歷史教師而言，「歷史科 13-16」的教綱模式，提供他們改變傳統教學的一個展望。

　　不過，回復舊制以及批判的思考也始終在歷史教學的論辯中佔有其位。於是，從理論到實際面，都可見著反對與支持「編年體」課綱兩方的對峙與拉距。

---

❺⓻　Jean Leduc，林錚譯，《史家與時間》，頁 126-127。

一、三個爭論核心

自 1970 年代之後，隨著「歷史科 13-16」試驗並大力推廣新的課程模式，許多爭論相繼而生，其中有三個重點問題貫穿於各種論辯之中。

㈠ 「發展史」問題

「發展史」作為編年史綱之外的選擇，行之已久，而其可能產生的缺失也早有學者點出。但是，「歷史科 13-16」在否定嚴密的時序教綱之餘，又納入「發展史」單元作為彌補，「發展史」的問題因而繼續成為各方發難的焦點。顯而易見，時人對於「發展史」教綱型式仍有著諸多的疑慮。

范恩斯（John Fines）論及「發展史」模式時認為，此類型的教綱一方面是受到輝格歷史觀的影響，一方面則和進步論的盛行有關。在他看來，挑選某個專門課題為軸的歷史發展模式，往往因為要凸顯不斷「發展」和「進步」的特質而有誇大不實之嫌。范恩斯舉「國會史」（History of Parliament）為例，他說：英國的國會歷史中並沒有所謂「成長」的明顯軌跡，反倒處處表現出強烈的「延續」性格，甚至更多的時候，國會成員並不樂意改變，甚至當面對危機時，人們只想沿用舊章的習性，自古即然。范恩斯警告說，如果強要用「發展」的單一模式來涵蓋這樣的國會歷史，則無疑就是一種說謊。基於這樣的理由，他直言「歷史科 13-16」所推廣的這類課程模式如「醫療史」，並不可取。❺⑧

---

❺⑧ John Fines, "Making Sense Out of the Content of the History Curriculum," in Christopher Porter (ed.), *The History Curriculum for Teachers* (London: The

同樣的，駱瑪斯（T. Lomas）也對「發展史」探究課程中所散發的直線進步觀點頗有微詞。他尤其擔憂如此的敘述邏輯，將導致學生誤以為「發展」即是「進步」。❺❾

除了進步史觀帶來的危險之外，在若干學者的眼中，「發展史」還可能面臨「化繁為簡」之弊。駱瑪斯即指出，「發展史」課程的設計必然是以單一主題貫串古今，如交通史、服飾史、醫學史……等，然而，這些議題如果在時間不足的情況下實施，根本很難讓學生把握歷史變遷的複雜性。駱瑪斯之意是，一旦「發展史」缺乏充裕的時間去呈現各個主題變化所以產生的背景，亦即無法將個別的發展和更大的社會情境因素連結起來，如此傳達的歷史圖像其實有誤。❻⓿例如工業革命時的交通變革，其原因並不能只求諸先前的交通型態，而必須從社會和工業的情勢中尋求解釋。如果「發展史」未能扣住複雜的歷史脈絡，則仍然會步上一般「編年體」歷史的後塵：敘述表淺，充其量只是一堆事實的無意義組合。❻❶

綜合上述意見，無論「編年體」或者「發展史」式的教學大綱似乎都有一個必須面對的難題：追求自古至今的縱貫演進，不免稀釋了所談現象的厚度，而流於簡化的敘述。但以「歷史科 13-16」教學實驗推動的目的來看，革除內容廣而鬆散膚淺的課程形式，藉由精深的主題探究、培養歷史學科的概念與思考，這些原是計畫形成的動力所在。某些學者顧慮的是，若只基於折衷和妥協的考量，

Falmer Press, 1987), p.105.

❺❾　T. Lomas, *Teaching and Assessing Historical Understanding*, pp.23-24.

❻⓿　T. Lomas, *Teaching and Assessing Historical Understanding*, p.23.

❻❶　W. H. Burston, "The Syllabus in the Secondary School," pp.63-66.

納入「發展史」單元的設計，將和研究者最初的理想有所違背。姑不論「發展史」其背後可能隱藏的意識型態，就實踐「深度」探究的目標而言，許多學者即認為，「發展史」作為教學綱要形式，還是有其實行上的難處。

另一方面，某些人戒慎恐懼的不是「歷史科 13-16」在追求「深度」的努力不夠，而是太過。

㈡ 「廣度」與「深度」的問題

不少英國社會大眾目睹「歷史科 13-16」標舉多元和深度探索的課程設計原則，以及「新歷史科」支持者鼓吹培養思考和能力的積極熱切，惶惑難安。他們憂慮的是，歷史教學一旦講究「深度」（the depth）的理解，必定要犧牲「廣度」（the breadth）的追求。凡執著於歷史應該「學得廣」者，一方面不願看到「主題取向」的流行趨勢導致學生所學知識「份量」減少，一方面也擔心，學生若只專精於某些特定主題的研究，學習內容的涵蓋層面必然縮減。譬如在傳統編年流程的教綱之下，學生必得涉獵遙遠的埃及、希臘等文化，甚至還可能會接觸某些較不易理解的課題如「宗教改革」等。❻❷可是，一旦採用主題式的課程形式，上述歷史可能都難免遭到刪除的命運。不難看出，持此觀點者懷著難以掩蓋的焦慮：學生所學知識量少且內容趨窄，也就代表學生程度日益降低。

當然，站在「廣度－深度」之辯的另一端人士絕難苟同上述見解。譬如針對「知識量少、程度就低」一說，史雷特有個絕妙的比喻作為回應。他說：這是把讓工人流更多的汗，與提昇他們的能力

---

❻❷　W. H. Burston, "The Syllabus in the Secondary School," p.61.

品質這兩回事給搞混了。**⑥**

　　范恩斯則從實際教學的負面影響發言評論。他曾提到，一份好的歷史教綱必須抵拒三種力量的侵入：民族主義、廣度和「發展模式」。他對於「發展模式」的針砭如前所見。至於「廣度」問題，他指出，歷史課一旦以追求「廣度」為旨，整個課程就變成了一場競賽，但沒有人曾經贏得頭采。范恩斯說，教師通常只會越講越快，不斷加速腳步，追趕考試範圍，最後卻把歷史中最好的部分以及故事、細節、幽微精巧之處，全都丟在腦後，棄而不談。在范恩斯的眼中，真正的歷史必須是引用資料的、講究精細的、速度緩慢的以及透徹的學習。**⑥**他更斷言：快速的歷史課（fast History）就會說謊，因為所描繪的歷史並不是真正的歷史。**⑥**當然，范恩斯也不忘提醒，即使採行「深度」取向，課程仍應呈現多面向和多樣化，免得學生因為在某些主題上耗時過久而產生厭倦感。

　　同樣強調精深探究、細緻徐緩學習的還有羅傑斯（Peter Rogers）。羅傑斯也同意，歷史所以成為學校必要科目之一，端在於其提供學生──未來的公民一個理解現代世界的「參考框架」（a frame of reference），而欲達到這麼重要的目的，唯有在課程中透過深度和細微（depth and detail）的原則帶領學生學習，讓學生全盤掌握歷史的複雜情況。羅傑斯深察現實中歷史課數時間始終不足的限

---

⑥　John Slater，〈歷史教學中的權力競逐──一門悖離人性的學科？〉，《東吳歷史學報》第 7 期（2001），頁 179。

⑥　John Fines, "Making Sense Out of the Content of the History Curriculum," p.109.

⑥　John Fines, "Making Sense Out of the Content of the History Curriculum," pp.108-109.

制，倒是主張：「時代史探究」（patch approach）的歷史教學模式乃是教師的不二之選。**⑯**

　　「廣度」或「深度」的認知之爭，其關鍵可能在於看待「歷史」和「歷史教育」的眼光有所差異。強調歷史教師應該盡量讓學生知道各種廣泛的歷史事實者，無疑視歷史為一件件過去的事實，學歷史因此是以記熟越多的事實為佳。而看重教學「在精不在多」者，更希望將歷史定位為一門思考探究之學，期待藉由較細緻的史事分析，將歷史學科探究過去的方法和成果等精髓傳達給學生；他們心中的歷史不只是史事，更是一門負責建立這些史事的學科。

　　顯然，爭議最後又回到「歷史是什麼？」的問題上去了，甚至也牽連到學習歷史的目的究竟是要熟記國史大事為優先、或者要「學習如何學習」。這些根本性的問題在本書前幾章已有詳細討論，不另贅述。但無庸置疑，「歷史科 13-16」研究成員以及 1960和 1970 年代尋求改變的歷史教研人士極力要扭轉的，正是把歷史等同於過去發生之事的傳統觀念。「深度」與「廣度」之爭反映了人們心中停駐的新、舊「歷史」形象。

　　不過，反對「歷史科 13-16」課程改革的云云聲中，不只「廣度」問題得到矚目，關於所謂課程「完整性」和「連貫性」也引發高度的關注。

㈢　「零碎」和「連貫性」問題

　　一位牛津郡的老師就對「歷史科 13-16」的課程設計表達如下

---

⑯　Peter Rogers, "The Past as a Frame of Reference," in Christopher Porter (ed.), *The History Curriculum for Teachers*, pp.16-19.

的觀感：「任何人如果沒有某些架構，就算只是個骨架，或者不知道這個國家從羅馬到現今時間當中事件的實際順序的話，歷史對他就不具意義。……（歷史科 13-16）計畫的教學扣在某個主題上……等於是把有必要適當理解時間的分劃（time scale）這件要事留予未知去了。」❻❼此段話顯示，某些教師很難接受，歷史課程丟棄了「編年體」的支架之後，留下的是片片段段、沒有連貫的史事。這也坐實了皇家督學史雷特於 1988 年在倫敦大學一場演講中所指出：許多教師根本不能認同「歷史科 13-16」計劃中那些被切割得零亂破碎、缺乏連續性以及明確重心的內容。❻❽

　　任職劍橋教職的威廉斯（Nick Williams）也對「歷史科 13-16」提出類似的批評。他認為，理解歷史的過程中，獲得「編年意識」（a sense of chronology）是極為重要的事，甚至「歷史科 13-16」研究者無法也難以否認這點，從他們將「發展史」單元納入課程內的作法，可見一斑。但是，威廉斯檢視這個計畫進行十年後的影響時，卻遺憾的發現，有關加強學生的「編年意識」這部分的工作，「歷史科 13-16」的貢獻極微。在他們設計的課綱中，「編年意識」方面的凸顯頗為不足，尤其在醫療史單元內。譬如課綱內所介紹的一位十六世紀外科醫生看起來有如十九世紀的人物，而「文藝復興」

---

❻❼　轉引自 I. Goodson, "New Views of History: From Innovation to Implementation," pp.42-23.

❻❽　John Slater，〈歷史教學中的權力競逐──一門悖離人性的學科？〉，頁176。

的描述又似乎讓人以為一直延續至十九世紀。**❽**

　　確實，許多教師深信，歷史就該是有始有終、流暢平順的敘事，而不是一個個無明顯關連的主題；學生所研讀的過去必須自古至今，才能真正知其然，而且唯有熟記一套「完整」的歷史沿革，以及其中重要史事的前後順序，才算具備基本的「歷史概念」。這些教師和社會人士一般都讚揚過往的編年式「通史」型態，以為那樣的課程前後一貫，完整呈現，而且許多事件都可在這套歷史演進中覓得一個棲身之地。

　　在擔心「歷史」失去了「編年體」的支撐骨架而變得零散分裂的想法中，還有一層考慮：歷史課程必須要有「連貫性」（coherence），而此「連貫性」得從時間的順序、排列史事的方式展現出來。**❼**

　　此外，也有某些人以為，傳統「編年體」大綱的毛病的確不少，例如包含的內容過多、段落之間除了時間的連結之外沒有其他關連，這些弊病有必要予以革除。但他們相信，改進之道並不是一股腦把「編年體」形式的課程架構全盤推翻，更該做的是提供另外一個規劃得更好、連貫性更強的故事，以作為學生認識這個世界時的簡明指引。**❼**

---

❽　Nick Williams, "The Schools Council Project: History 13-16: The First Ten Years of Examination," *Teaching History*, 46(1986), p.9.

❼　Nick Williams, "The Schools Council Project: History 13-16: The First Ten Years of Examination," p.9.

❼　Tom Arkell, "History's Role in the School Curriculum," *Journal of Education Policy*, 3-1(1986), pp.25-28.

　　總括上述，相信「編年體」課程架構不可輕言廢除者，包含著不同訴求的聲音。習慣於傳統課程綱要的教師，以為由客觀的時間之軸鉅細靡遺的排列出歷史流程，正代表著「一貫」和「完整」性。若把傳統的「編年體」綱要廢除了，就會導致「歷史」的面貌破碎難辨。多數教師對於近年來歷史學界如火如荼的討論「歷史時間」的斷裂、不連續、多元的特性，可能不甚清楚，或者難以認同。

　　另外，有些質疑者從課程要有「連貫性」著眼，強調為了利於引導學生認識世界，課程應該展示「連貫性」，將教學各部分的內容連結成一個有機的組合。而全盤丟棄「編年體」架構，並不能解決學生對於歷史課程的需求。或許，這些疑慮中，關鍵的問題在於：如何使課程具有「整體性」以及「連貫性」？是否只能由事件依時間先後排序的型態達成？嚴密的編年形式之外，是否還有其他更能貼切表現「連貫性」的方式？

　　「歷史科 13-16」改革的啟動，當然無法迴避上述的難題。計畫成員既以為「編年體」架構並非歷史學本有的屬性，他們自有必要在「編年體」架構之外尋找可以作為課程內容連結的依據。據施密特在「歷史科 13-16」的評估報告中所述，「歷史科 13-16」最終求諸學科知識建構的特質，以為課程的銜接原則。❼計畫研究者根本否認他們所設計的課程零散破碎，聲稱「連貫性」是表現在各課程單元內對於「證據的特質和運用」所秉持的堅守與重視上。❼

---

❼　D. Shemilt, *History 13-16 Evaluation Study* (Edingburg: Holmes McDougall Ltd., 1980), p.5.

❼　Nick Williams "The Schools Council Project: History 13-16: The First Ten Years of Examination," p.9.

　　不過，值得注意的，「歷史科 13-16」的研究者仍然未能回應此一疑問：各自為政、沒有關連的「主題取向」課程安排，可能作為學生認識世界的指引嗎？這個問題恐怕還有待解決。

　　以上因「歷史科 13-16」而起的三個議論方向中，針對「發展史」問題而談者，所遺憾的是改革實驗不夠徹底。以「廣度」不足為由者，自是明白地站在反對變革的立場。至於從「連貫性」問題出發者，既有執著於恢復傳統「編年體」課程模式的教師，也有某些人士確信「編年體」架構仍具價值，該作的是在這類教學綱要形式內進行修補的改革，而不是革命性的全盤推翻它。

　　不過，整體而言，自 1960 年代至 1970 年代，抨擊「編年體」教綱不足取，尋求取代模式的氣氛前所未有的熱烈。在那些年代中，求新求變的潮流勢難阻擋。1972 至 1976 年的「歷史科 13-16」可說是在這股強大的期待下，所促成的課程改革實驗。「歷史科 13-16」以及「新歷史科」的理想也的確在當時號召了不少忠誠的追隨者。

　　然而，約自 1980 年代中期起，有利於「編年體」教綱的情勢又漸漸凝聚而成，「編年體」教綱重新出發，並在 1990 年前後的「歷史科國定課程」訂定過程中和「主題取向」教綱互別苗頭。

二、「編年體」課綱再起

　　1980 年代中期，英國政府拋出了訂定「國定課程」的構想，隨著這個教育政策的日益明朗化，編年式教綱再度有了昂揚的機會。另一方面，英國歷史教改運動過去數十年來所累積的動能已經充沛飽滿，需要一個能夠具體落實理想的管道。於是乎，即將登場

的「歷史科國定課程」變成了不同教綱模式角力的場域，「編年體」和「主題取向」尤其成為決戰的兩大主力。

當制訂「國定課程」這個劃時代的教育改革一步步推進之際，支持「編年體」課綱的論述也逐漸現聲。1985 年時，長期在英國教育政策中具有舉足輕重影響的「皇家督學團」藉由一份出版品如此宣告：一個架構（framework）或某種形式的時間序列會幫助學生**「界定事情的編年關係以及它們與現在的相對性距離」**，而這樣的時間序列可定位於所謂的「一幅過去的地圖」（a map of the past）。**❼❹**

接著在 1987 時，國務大臣貝克（Kenneth. Baker）也於某次演講中表示，他很關切學生在歷史課中學了什麼，如果學生離開學校時，「沒能具備一個適宜的心智地圖（mental map），以便指明是哪些事物造就了我們今日，或者沒能具備必要的技能，可以對什麼是好的、什麼麼是壞的做出基本判斷」，這將是令人遺憾的事。貝克認為學生有必要「多少感知事件的流變（the flow of events）……。」**❼❺**

仔細審視上述兩種具有官方色彩的看法，首先，它們不約而同的鼓吹「編年體」之教綱，支持官方據此原則訂定一套課程綱要的態勢極為明顯。其次，也是值得留意的一點，它們使用了意義雷同的語彙。引文中出現的「架構」、「過去的地圖」以及「心智的地圖」，指明了「編年體」課綱的價值，亦即它如今被視為學生界定

---

❼❹ 轉引自 John Slater, "History in the National Curriculum: The Final Report of the History Working Group," in Richard Aldrich (ed.), *History in the National Curriculum* (London: University of London, 1991), p.25.

❼❺ 轉引自 T. Arkell, "History's Role in the School Curriculum," p.30.

過去和現在關係的一個參照與依據。這些用語標示了「編年體」架構在歷史教學中被賦予與以往不太相同的意義。

　　長期以來，「編年體」教綱的存在價值多繫於其為國家提供一個延續而流暢的故事，授課的目的則重在宣導和加強國家之意識，或者灌輸偏狹的、以英國或西方為主的進步觀點，當然這也是自 1960 年代以來歷史教育研究者撻伐不遺餘力的一點。而時至 1980 年代，為「編年體」背書的政府代言人，面對近年來「學生中心」的教育趨勢以及歷史教育改革氣勢難抑的情況，顯然不太能再以政治目的為由，訴諸人心，而必須重新尋找切合現實的說理。或即因此，「編年體」課綱獲得了過去沒有的重要性，它成為一個可資衡量過去的時間座標，學生得依著這個指引地圖，搜尋並定位過去和現在的距離，從而認知今日從何而來、位在何處、該往哪裡去。在「皇家督學團」和貝克口中，「編年體」教綱似乎不再與上層的國家政治有所牽連，搖身一變為人們在古往今來的時間巨流中尋求自我定位的依據。帶著新意義的「編年體」史綱，的確在 1990 年初出爐的「歷史科國定課程」中成功掙得要位。

　　1989 年初，負責規劃英國和威爾斯初級與中等學校的「歷史科國定課程」的「歷史科工作小組」銜命成立，並於該年六月底完成期中報告，八月初公佈。但是這份報告卻引來國務大臣麥達格（John MacGregor）的不滿。麥達格要求「歷史科工作小組」必須注意三個問題：第一是「編年體」架構；第二是中學階段英國史的份量相對於地方史和世界史，不及一半；第三是有關歷史科獲取知識

的重要性這點，在課綱中強調得太少。⓶

　　從國務大臣麥逵格第一個點名的問題揣測，他最不滿的就是「編年體」架構受到忽視。據聞柴契爾夫人亦對「歷史科工作小組」期中報告內捨棄線性編年的課程形式、代以「主題取向」的作法，「感到震驚」。⓷何以如此？

　　原來「歷史科工作小組」在規劃小學至中學的四個「主階段」（Key Stages）的課程內容時，都採用「主題單元」（thematic unities）的原則設計。例如在「主階段3」（11-14歲，約當九年一貫課程的第四階段）內，學生必需學習的範疇為英國史，工作小組所規劃的主題包括：中世紀領域（Medieval Realm）、聯合王國（United Kingdom）的形成、商業和工業的擴張……等。而在「主階段4」（14-16歲）中，學生必須學習有關現代英國的一些主題單元。「歷史科工作小組」於期中報告中坦率表明：雖然廣袤的（broadly）「編年體」架構可使歷史的學習維持前後連貫，但小組成員仍然決定不要採取過於嚴格限制的編年體路線。他們同時強調，學習英國史不應該只從政治和憲政事件的角度入手。⓸

　　由此來看，「歷史科工作小組」在草擬歷史科的「國定課程」時，依循的是過去二十年來「歷史科13-16」以及「新歷史科」運

⓶　Robert Phillips, *History Teaching, Nationhood and the State: A Study in Educational Politics* (London: Wellington House, 1998), p.67.

⓷　W. Stow and T. Haydn, "Issues in the Teaching of Chronology," in J. Arthur and R. Phillips (eds.), *Issues in History Teaching* (London: Routledge, 2000), p.85.

⓸　Robert Phillips, *History Teaching, Nationhood and the State: A Study in Educational Politics*, pp.64-65.

動的改革主張：捨棄「編年體」、代之以「主題取向」的探究。可以預料，這完全抵觸了保守派對於課綱的設想。而麥迭格和柴契爾夫人代表的即是英國廣大社會中對於「編年體」教綱根深蒂固的執著和堅持。最終，「歷史科工作小組」面臨外界嚴峻的「關切」，而不得不改弦易轍。

1990 年 4 月「歷史科工作小組」發佈期末報告時，歷史課程的架構已作了重大的更動。最明顯的變化是「主階段 3」內，一套以「編年體」為軸的英國史，成為 11-14 歲學童學習歷史的重心：

單元一：中世紀的英國 1066-1500

單元二：聯合王國的形成——王權、議會和人民 1500-1750

單元三：1750-circa 1900 時的英國

單元四：廿世紀的世界

從上表可見，至少在「國定課程」所適用的英格蘭和威爾斯地區的歷史教學，仍會維持一個完整的「英國史」故事架構。這無疑是「歷史科工作小組」迫於外界的沈重壓力，恢復了演進的、以政治變動為時間斷限的分期模式。而工作小組在結案報告內也特別針對「編年體」問題單獨說明。以下這段話可以顯示他們對此問題的慎重態度，以及調整過的立場：

> 所謂「歷史的編年體」，我們意指時間中事件的次序。掌握這樣的次序是了解事件之間的關係以及認識因果和變遷等觀念的基礎。編年體因此提供了心智架構（mental framework）或索引地圖，讓歷史的學習具有意義和連貫性。我們相信學校歷史課應該尊重編年體，並在課程結構上採用廣袤的編年形

式。❼⑨（註：斜體字為原引文所有）

　　上述話中談及「編年體」時所採用的正面語調和用詞，顯示「歷史科工作小組」已從期中報告時傾向「歷史科 13-16」的改革理念，並與「編年體」架構保持距離的立場，轉為接受「皇家督察團」的說詞：「編年體」提供了學習者一個「心智架構」和「索引地圖」之用。此一轉變，某些歷史教育學者深感惋惜而評論道：這是「……標誌著編年觀念重返較為安全的地位。」❽⓪

　　不過，規劃「歷史科國定課程」的小組成員又似乎並未全面屈服。他們另外向教師們喊話：教學現場不必遵循嚴格的直線式史觀；由古至今的時間長軸固然對很多人而言最為簡易方便，但由今溯古，甚至同時以遠古和現今作為學習的出發點，亦無不可。小組成員說，那些堅持不可倒轉的（invariable）編年觀點者，一般都是假設：時代較早的歷史較易為年紀小的學生理解，而最近的事件只能被年長的學生理解，這其實是沒有學理根據的謬見。他們反倒認為，年紀較小的學童從最近、最熟悉的情境出發，由現在往前回溯，也許更容易獲得歷史感。而且就實際教學來考量，他們也勸導教師最好不要同時教授某個時段和單元，否則可能會造成博物館、圖書館窮於應付，使檔案、資料等教學資源不足的問題愈加嚴重。

---

❼⑨　National Curriculum History Working Group and National Curriculum History Committee for Wales, "National Curriculum Working Group Final Report (England and Wales)," in Hilary Bourdillon (ed.), *Teaching History* (London: Routledge, 1994), p.29.

❽⓪　W. Stow and T. Haydn, "Issues in the Teaching of Chronology," p.85.

「歷史科工作小組」最後許諾：學校歷史課程的設計固然應遵照編年脈絡原則，教師仍有各別自由選擇的權利。❽

　　看來英國歷史課程的草擬小組並不打算「全線撤退」，在維持形式上的演進史觀之餘，他們極力鼓勵更為寬鬆和有彈性的教學取向。同時，他們也將「主題探究」、「深度學習」的理想具現於向教師推薦的某些「補充單元」上，例如：「義大利的文藝復興」、「英國和美國的革命」……等。

　　1991 年，英國所推出的「歷史科國定課程」無疑是新舊雜陳的一份成品。其中既包含了對歷史教學的一些傳統期待，但同時也具有 1970 年代以來萌發的歷史教學新視野。從權力角逐的方向面來看，「歷史科國定課程」也許是不得不然的妥協結果，但放眼歷史教育的長期發展，二十世紀末期的這份課綱還是有其突破之處。

第四節　舊傳統、新意義

　　自 1960 年代起，「編年體」的課程架構備受質疑和批評，英國歷史教、研人士也積極開發新的課綱模式，尋覓可以替代的課程架構。在此過程中，「發展史」、「時代史」以及「主題取向」各教學綱要模式之優劣，先後成為當時歷史教學論述的重心。不過，1970 年代 SHP 所推動的「歷史科 13-16」改革實驗影響日深，❽不

---

❽　National Curriculum History Working Group and National Curriculum History Committee for Wales, "National Curriculum Working Group Final Report (England and Wales)," pp.29-30.

❽　施密特指出，直至 1987 年仍有接近 35% 的學校採用 SHP 的教學綱要。參見

少學校採用他們設計的「主題取向」和「發展史」型態的教綱，至於「編年體」課程模式在難以去除人們腦中的傳統負面形象下，相形失色。

不過，1980 年代中期後，「編年體」課綱的命運出現了轉機。一個主要的因素是，彼時英國亟欲修正過去數十年教育地方化的政策，由中央統籌中小學的教學內容和方向，因此開始著手研擬適用於英格蘭和威爾斯的「國定課程」，「編年體」架構也因此有機會在新的歷史課程綱要內角逐地盤。而規劃「歷史科國定課程」的工作小組的確一度搖擺於兩個選擇之間：一個是前此二十年中，教育改革者所倡議的「主題取向」和深度探究，一個是許多歷史教師和社會人士所熟悉的「編年體」結構。最終，「歷史科工作小組」做出妥協，線性的、「編年體」結構模式成為「英國史」課程依循的主要原則。

而當「編年體」課綱再度成為歷史教育論述的焦點時，它在支持者口中的意義已經有了些許轉變。它作為傳遞「國家歷史」的功能性質稍被淡化了，作為提供學生面對過去時的一個參考「架構」、一個心智「地圖」的這層價值則得到凸顯。從「皇家督學團」到籌畫國定課程的「歷史科工作小組」先後發表的文件中都可見到此一陳義。同時，不乏學者相信，「編年體」的教學大綱仍有其可取之處。譬如里茲大學的施密特認為，透過時間軸、運用編年原

D. Shemilt, "Drinking an Ocean and Pissing a Cupful: How Adolescents Make Sense of History," in Linda Symcox and Arie Wilschut (eds.), *National History Standards: The Problem of The Canon and The Future of Teaching History* (North Carolina: Information Age Publishing, Inc., 2009), p.200.

則組織課程,是訓練學生理解所謂「歷史敘述」必要的第一步。❸

　　但是,「編年體」架構畢竟有其老舊陳腐的包袱,如何發揮新的功能、作為學生看待過去時的心智架構?尤其在「歷史科國定課程」的規劃與底定後,可預料的,這種論述歷史的方式將再度成為許多中小學歷史教學的常態。那麼如何避免「編年體」形式的課程又落入鬆散、沒有重心的窠臼之中,有待進一步思索。

　　另一方面,過去數十年來,歷史教育改革者青睞的「主題取向」為主的課程編排,確實會導致歷史知識零碎化、不連貫的現象。當初「歷史科 13-16」研究者屬意以學生的歷史學科概念和思考能力的培養,作為各部分課程內容之間的共同基礎。但一個無法掩蓋的事實是,學生在這類型態的課程下最終學到的是一些孤立、沒有關連的主題或專題知識,而不是一個寬闊的、有連貫性的以及有用的「過去的圖像」。❹再者,如同 1960 年代許多學者早已指出,任何偏窄的主題或專題探討,若無法將之放在更寬廣的脈絡來考察,則很難見出其中意義或予以合理定位。如此一來,主題式課程所提供的歷史解釋和歷史圖像恐怕是不周全、甚至是扭曲的。如何針對這點補偏救弊,同樣是一大考驗。英國歷史教育界某些有識之士確已洞悉上述問題,也積極尋找回應之道。

---

❸　Denis Shemilt, "The Caliph's Coin: The Currency of Narrative Framework in History Teaching," in Peter N. Sterns, Peter Seixas and Sam Wineburg (eds.), *Knowing, Teaching and Learning History* (New York: New York University Press, 2000), pp.93-94.

❹　D. Shemilt, "Drinking an Ocean and Pissing a Cupful: How Adolescents Make Sense of History," p.142.

　　約在 1990 年代，英國歷史研究者逐漸型塑出新的思考重心：他們致力於「編年體」課綱的再詮釋和解說，並進一步探索，如何將編年結構的課程導向更有意義的歷史教學，最後，確實為這個「舊傳統」加上了「新意義」。

　　例如身為皇家督學的史雷特的確支持「編年體」教綱作為學生心智地圖之用，但他言明，並不贊同建立唯一一套的標準化時間架構。他認為，重要的是：「學生於編排自己的地圖時，能知其所以然，並且清楚如何可以重新修訂和增益這一地圖，尤其應該讓他們知道這一地圖的用途。」❽史雷特在此點出，任何一套編年架構不應當用來強迫學生記憶，相反的，是提供學生主動學習和思考歷史知識特質的憑藉。他相信學生可以從建立自己的時空地圖中，明白一套編年架構何以形成、如何編納史事，瞭解這些人為的建構與解釋容許討論和修正，以及多元存在。

　　換言之，「編年體」的課程架構本身或許不是問題，有問題的是，教學者使之成為箝制學生思考的工具。史雷特應是深知過去歷史教學傳統中的這個弊端，而特別加以說明，期待「編年體」教綱發揮積極的教育成效。

　　談到英國當前學校歷史教學的困境，施密特也發現，一般學校所見教綱都是以國家歷史為主線，提到的多半是「短時間」的變化如歷代帝王的駕崩或戰爭的勝敗等。在這樣的時間軸之下，學生常會忘記事件的次序，能夠記住某一、二件事情，已屬難得。同時，

---

❽　John Slater, "History in the National Curriculum: The Final Report of the History Working Group," p.26.

學生多半也無法明白那些前後相繼出現的事件和當代世界有何關係。**86**

事實上，在 1980 年代中期，施密特即已主張，學生在歷史的學習中需要獲得的是清楚而整體的概觀（overview），而不是一堆事實的表列。**87**若要使學生不致迷失於雜亂的事實堆中，他的忠告是：培養學生宏觀的視角，提供他們一個認知人類過去的心智骨架（scaffold）。**88**

同樣的，倫敦大學的李彼得亦遺憾目前所見的歷史課程不甚理想。他說，許多行之於各校的直線編年課綱看起來只不過是一大串人、事、年代的胡亂組合，這些「事實」之間往往沒有任何關聯可言，彼此互不相干，僅有的「連續性」就是時間順序而已。李彼得對於學生歷史認知的能力經年研究有得，也因此更注意到，在這類課綱的長久主導下，往往人、事、年代都被學生視為是一個個孤立的資訊（information），更經常被列為教師考評的唯一根據；學生的程度高低是依照他們認識一件事情、十件事情或二十件事情這樣荒謬的標準而定。**89**

李彼得並不否認，SHP 所提倡的主題式「深度探究」（in-depth

86 Denis Shemilt, "The Caliph's Coin: The Currency of Narrative Framework in History Teaching," pp.93-94.

87 D. Shemilt, "Drinking an Ocean and Pissing a Cupful: How Adolescents Make Sense of History," p.144.

88 Denis Shemilt, "The Caliph's Coin: The Currency of Narrative Framework in History Teaching," pp.93.

89 Peter Lee, "Historical Knowledge and the National Curriculum," in Hilary Bourdillon (ed.), *Teaching History*, p.59.

study）的確幫助學生認識重要的歷史學科概念如證據、神入，但他也指出，單單只有這方面的學習，並不足夠。因為一個個各自孤立的主題無法帶來歷史變遷感，也不能提供學生一個可以觀照過去的有用架構。⑳

有意思的是，施密特和李彼得不約而同強調，歷史教學極其重要的是為學生建構一個能夠綜覽全局、高度概括的觀念框架，學生得以此串連各個部分的史事以及較為專精的知識，從而形成一種整體性的歷史認知。他們相信，這是當前歷史教學最需加強和開發的方向。

對於這種整體性的歷史認知，施密特和李彼得共同稱之為「宏觀圖像」（big picture）。㉑李彼得說明，「宏觀圖像」須以歷史學科的概念理解為基礎，並能成為學生一個有用的心智器具（mental furniture）。㉒施密特則澄清，「宏觀圖像」決不是指任何由歷史家、政治家或教師以其權威所訂定的大敘述（grand narratives）或主敘述（master narratives），而是指學生能把不同歷史教師所教、不同教

---

⑳ Peter Lee, "Putting Principles into Practice: Understanding History" in M. Suzanne Donovan and John D. Bransford (eds.), *How Students Learn: History in the Classroom* (Washington, D. C.: The National Academies Press, 2005), pp.65-68.

㉑ Peter Lee, "Putting Principles into Practice: Understanding History", pp.68-69. D. Shemilt, "Drinking an Ocean and Pissing a Cupful: How Adolescents Make Sense of History," pp.141-209.

㉒ Peter Lee and Jonathan Howson, "'Two Out of Five Did Not Know That Henry VIII Had Six Wives': History Education, Historical Literacy, and Historical Consciousness," in Linda Symcox and Arie Wilschut (eds.), *National History Standard: The Problem of The Canon and The Future of Teaching History*, p.218.

科書上所寫那些雜七雜八的事實、人物、敘述……等賦予意義和整體思考。**⑬**

　　問題在於，如何能讓學生具備這種整體性的歷史圖像？很重要的部分即是歷史課程的設計與教學。就此，施密特提出，學校所教的各式歷史應該統整於某種貫穿全局、銜接首尾的「架構」（framework）下，此類架構的特質是概括的（general）、橫跨長時段，必須放眼人類整體歷史的發展，能夠提供概觀，使更具體細微的事件得以納入其中，並獲得意義。**⑭**

　　施密特建議，歷史教師教授某個概括的歷史架構時，不用花費太多的課程時間，但需要在學生後來學習歷史的各階段中以及不同的課題內，不斷重返和闡釋這個架構，時時與其它的教學課題和內容相扣，俾使學生逐漸從中建立起「宏觀圖像」**⑮**

　　此外，施密特也提醒，這類綱要的規劃必須顧及空間和地理分布的因素，不能只把眼光聚焦於「一些人」的發展，以之為衡量的標準，卻忽略「多數人」的實際情況。比如他以新石器時代為例：「新石器時期」對某些人來說，的確是一個開始進入耕種的時期，但應該同時銘記，當時大多數人仍然活在狩獵階段。簡而言之，在施密特的心中，構築課程骨架時，必須注意更廣闊的地理範圍以及

---

⑬　D. Shemilt, "Drinking an Ocean and Pissing a Cupful: How Adolescents Make Sense of History," pp.199-200.

⑭　Denis Shemilt, "The Caliph's Coin: The Currency of Narrative Framework in History Teaching," p.93.

⑮　Denis Shemilt, "The Caliph's Coin: The Currency of Narrative Framework in History Teaching," pp.93-94.

更具普遍意義的發展；歷史應該去標示影響千萬人生活的深層趨勢（deep currents），而不是只凸顯少數人的奇特進展。**⑯**

　　顯然，在施密特的理想中能夠擔負起培養「宏觀圖像」大任的歷史課綱，是屬於所謂的「發展史」形式。**⑰**只是，他此處所說的「發展史」架構，絕對不同於以往。它不是如 SHP「歷史科 13-16」曾規劃的那些偏窄的專史如：醫療史、能源史；施密特認為，「發展史」應該擺脫以「國家歷史」為中心的老套敘述，著眼於更普遍的人類歷史變化，涵蓋的層面尤應擴及物質、社會和組織、文化等面向。在施密特的構想中，這類發展架構可以分成四大區塊：生產模式、政治和社會組織、人群的成長與移動、文化和實踐。**⑱**再者，這種發展史架構雖然仍是循著時間軸前進，但決不是傳統那種以逐年記事呈現短時間演進的「編年體」形式。施密特鼓吹的編年形式架構是將人類歷史分割成幾個重要時段（phases），然後可就這些時段內的發展以及時段之間的變化，提出各式問題，進行較小主題的探究。而透過發展架構之下的各主題學習，學生再逐步建構起「宏觀圖像」。**⑲**

---

⑯　Denis Shemilt, "The Caliph's Coin: The Currency of Narrative Framework in History Teaching," p.94.

⑰　Denis Shemilt, "The Caliph's Coin: The Currency of Narrative Framework in History Teaching," p.99.

⑱　D. Shemilt, "Drinking an Ocean and Pissing a Cupful: How Adolescents Make Sense of History," p.161.

⑲　施密特在最近的一篇文章內曾試著規劃發展式的課程架構，當然，他強調，這些構想僅止於紙上談兵，尚未付諸任何教學實驗的檢證。請參考：D. Shemilt, "Drinking an Ocean and Pissing a Cupful: How Adolescents Make Sense

　　上述施密特的課程規劃理念幾乎也見於李彼得的思考中。李彼得同樣認為「宏觀圖像」的建立有必要藉由「長期探究」（a long-run study）課程之助。⑩他亦非常注意，這種立基於長時間探究的教學綱要，必須要有「架構」，而不是各類無關事件的拼湊與組合。他曾經先後兩度就建構歷史課綱「架構」的基準陳述己見。以下是他在 2009 年提出的六點原則：⑩

　　第一、任何架構必須實現於教導學生理解歷史學科（disciplinary understanding）的基礎上。換言之，學生必須透過理解歷史學的關鍵概念如：*變遷、證據、解釋和記述*（account，*此包括意義*），去認知宏觀架構下所敘述的過去之事和過程。

　　第二、任何架構必須是一種*概觀*，能夠提供一種連貫性的模式，而不只是事實和日期的綜合。一個架構必須可以*快速*呈現，亦即課程能夠在兩三個禮拜之內教完。李彼得指出，英國教師在過去的四十年中學到一件重要的事是：逐年緩慢漸進的編年方式已經行不通了，學生需要一套綜觀的體系，方能將所學知識安放其中，否

of History," pp.160-178.

⑩　Peter Lee, "Putting Principles into Practice: Understanding History," pp.65-69.

⑩　1991 年時，李彼得即已提出六個有關建構課程「架構」所必須注意的準則，至 2009 年，他作了部分修正，再度提出六個要點。文中所列是 2009 年的版本，請參考 Peter Lee and Jonathan Howson, "'Two Out of Five Did Not Know That Henry VIII Had Six Wives': History Education, Historical Literacy, and Historical Consciousness," in Linda Symcox and Arie Wilschut (eds.), *National History Standards: The Problem of The Canon and The Future of Teaching History*, pp.244-245. 1991 年的六點說法請參見 Peter Lee, "Historical Knowledge and the National Curriculum," pp.59-60.

則學生只會忘掉多數他們學過的內容。

　　第三，一個架構必須是*專題式的*（thematic），是橫跨長時段的專題探究。李彼得以為一開始可以採用簡單型態的發展架構，先勾勒出大致的變遷和延續輪廓，而不需執著於太過細緻的因果解釋或複雜的多面向敘述。接著學生可以透過不同的問題，賦予變遷意義，譬如人類從「狩獵採集」到「農業生產」此一變化的意義。李彼得還特別指出，歷史教學應該允許學生有進行自我解釋的空間。

　　第四，一個架構必須是具*有進階性的結構*（progressive structure），容許逐步精細和複雜化，但各主題之間仍可藉由如因果關係的內在連結，維持彼此的一致性，同時，又能在內容與涉及的地理範圍上呈現逐步擴充和進展。

　　第五，一個架構必須是*開放性的結構*，容許不斷的試驗、修正、放棄或改進。

　　第六，一個架構必須具有「骨架」的作用，藉此學生可以發展有關過去的「宏觀圖像」。

　　為了清楚說明，李彼得舉了教導「移民、探險和相遇」（Migration, Exploration and Encounter）這個主題為例。他認為，教學之初，教師首先應該為學生建構一個美洲內外移民潮的概觀架構，並標示出重要的階段。之後，教師填入適當的「血肉」，亦即設計相關的主題如美洲本土移民活動以及來自歐洲的新居民……等，帶領學生進行深度探究，以充實既有的骨架和圖像。⑩同時，此種概觀可依次增補不同的主題，有利於建立進階課程。他建議，為配合學

---

⑩　　Peter Lee, "Putting Principles into Practice: Understanding History," p.68.

生的心智成長，不妨由較為簡單的變遷和延續思考作為課程的開始，之後再逐步向學生展示較複雜的因果分析討論，循序漸進引導學生深入歷史這個學科的方法與知識。⑩

　　從李彼得的論說中不難看出，他稱許的概觀式架構融合了「發展史」和「主題取向」綱要模式，與施密特的主張不謀而合。換言之，無論李彼得或施密特，他們所規劃的課程架構雖然仍用編年時間為經線，卻是以長時段的分期配合主題探究的教學。他們相信，課程既然稱為「架構」，就不能只是個別事實的隨意「綜合」，也不能只是流水帳似的記事，而必須確實展現某種前後一致的觀點、提出歷史發展的概觀。而他們也一致肯定，「主題探究」和「發展史」兩種課綱各有千秋。「發展史」能為學生建造一個宏觀的參考架構，「主題取向」則引導學生深入歷史的情境，培養深刻的歷史認知，以及發展學生的歷史學科概念。兩者的關係如同「骨架」和「血肉」，缺一不可，是達到「宏觀圖像」的歷史意識必須並用的教學方式。

　　從某個角度來說，李彼得或施密特或許有意解決半世紀以來，環繞歷史課綱的一些爭議。傳統意義的「編年體」架構弊端叢生，這點許多歷史教育界人士確實已有一定程度的共識。但是「主題取向」的課程在許多人看來，精深有餘，連貫性和整體性卻相對不足。另一方面，「發展史」的專題課程設計又引人擔憂，恐怕難以走出「編年體」課程為人詬病的老路。而李彼得或施密特則將「發展史」、也可說是「編年體」的通史架構重新界定和解釋，使「長時段」取向、概觀為主的「發展史」得以彌補「主題取向」深度探

---

⑩　Peter Lee, "Historical Knowledge and the National Curriculum," pp.60-61.

究可能導致課程不連貫之缺憾。可以說，藉由「發展史」和「主題取向」兩種課綱的交叉使用，同時兼顧了廣度與深度的要求，李彼得和施密特期許，學生由此將可獲得既廣又深的歷史理解。

　　長期以來，直線演進、編年順序的教綱作為歷史教學主要採行的課程型態，導致的結果是，歷史事實多被賦予固定意義，且為學生必須熟記的唯一知識。而無論所用檢測方式為何，學生記住越多這些被指定的歷史事實，也越代表教和學的成效越高。此外，傳授和灌輸這類歷史事實的背後還經常隱藏著政治或社會的目的，欲藉此陶鑄出特定的、集體性的態度或意識。這些問題促成了英國歷史教研人士在 1960、1970 年代對「編年體」課程結構的反思，以及尋找新的課程模式的嘗試。

　　在這些年代中，經由「歷史科 13-16」的教學實驗，「主題」導向的課程結構，以及貫穿古今的專題「發展史」，一時風行，許多教師熱切採行這兩種課程規劃。但是，「編年」型態的教綱又在 1980、1990 年代再次捲土重來，重新回到歷史爭議的檯面上，而且成為「歷史科國定課程」內英國史的基本課程框架。

　　然而，上述情勢的發展，也促使某些歷史教育研究者起而檢視英國歷史教育改革數十年後所衍生的問題，並重新考量編年型態課程的可行性。施密特和李彼得提出，以長時段的劃分取代過去嚴密時序的「編年體」記事、以「發展史」的概觀結合精深探究的「主題取向」課程，作為學生建立「宏觀圖像」的媒介。李彼得和施密特賦予「編年架構」新的意涵，也使「發展史」和「主題取向」課程改頭換面，具有不同於以往的特色與價值。

　　值得留意的，培養學生「宏觀圖像」的主張，不免引發揣測：

李彼得、施密特等這些英國歷史教育研究者，如今的思考重點更多是在歷史教學的「內容」上？誠然，他們一再申明，要建構對過去的縱觀理解、達到「宏觀圖像」的歷史認知，絕不能離棄歷史的「第二層次概念」與「思考能力」，「宏觀圖像」和教導學生「關鍵概念」，兩者並未衝突，反而是相輔相成。**⑩**事實上，歷史教育論述的重心多少會有階段性的轉移。從李彼得和施密特近幾年來深切關注學習歷史時建立「宏觀圖像」這點來看，似可隱約見出，他們對歷史教育的思考正進入另一個新的階段。

　　由專注於提倡歷史教學必須教導學科關鍵概念，到闡明歷史課程引導學生建立「宏觀圖像」的重要性，此一轉向，也許是針對長期以來外界批評提倡歷史教育改革者只重「概念」而忽略「內容」，所做的一點修正。或許，這也可視為英國歷史教育改革運動內在發展的必經之路。過去三、四十年來，英國以教導學科概念與思考能力為訴求，確實成功的改變了歷史教學的本質與意義。尤其隨著 1990 年代「歷史科國定課程」的制訂，教導歷史學科概念與能力，已經成了英國歷史教學的主流。當此之際，調整思索的焦點，構想如何透過學科概念的教學、課程結構的改善，幫助學生建立「宏觀圖像」的歷史意識，這一步，多少是可以理解的！當然，這個新課題還正在「發展」當中，是否又會在英國歷史教育界引發另一波爭議，有待後續的觀察。

---

⑩ D. Shemilt, "Drinking an Ocean and Pissing a Cupful: How Adolescents Make Sense of History," p.198. Peter Lee and Jonathan Howson, "'Two Out of Five Did Not Know That Henry VIII Had Six Wives': History Education, Historical Literacy, and Historical Consciousness," pp.242-243.

第六章　歷史學科關鍵概念
——時序、變遷、因果

　　英國研究後現代史學的詹京斯曾經指出，歷史學家所稱的「關鍵概念」，不斷的依時而變，例如 1960 年代時，一些人認為構成歷史的關鍵概念有五種：時間、空間、次序、道德判斷和社會現實主義（social realism）。但至 1970 年代，上述概念已被揚棄，取而代之的「關鍵概念」是：時間、證據、因果、持續和變遷、類似和差異。詹京斯想要表達：歷史學的這些核心概念本身也具有歷史化（historicized）的特色，是時空下的產物，並非普遍而客觀的存在。❶

　　詹京斯的評論，似乎隱隱散發著某種輕蔑之意。但是，他的觀察倒沒有錯。歷史學的「第二層次概念」或「關鍵概念」確實在不同的時代下有著不同的內容、指標。甚至，他還沒來得及更新的是，近期以來，「第二層次概念」的要項又有了些許變動。對李彼得、施密特等這些當代歷史教育研究者而言，「第二層次概念」至少應包括：時間（time）（或時序 chronology）、證據、因果（cause and

---

❶　Keith Jenkins，賈士蘅譯，《歷史的再思考》（臺北：麥田出版社，1997），頁 72-73。Keith Jenkins, *Rethinking History* (London: Routledge, 1995), p.16.

effect）、變遷和發展、記述（accounts）、意義（significance）、神入（empathy）等。由此可見，所謂歷史學科「關鍵概念」的確不是長久固定，反而時有變化。有些關鍵概念過去並不存在，如意義、記述、神入；有些先前被視為歷史學科概念的，如今卻在名單上消失了，如：道德判斷、類似和差異。更不能忽略的是，即使某些概念從過去至現在經常榜上有名，如時間、因果，但它們的意涵卻已今非昔比，大大不同於往日了。

問題在於，歷史的「關鍵概念」或「第二層次概念」內容迭有更易，不必看成是件壞事。這無非顯示，歷史這個學科始終在自我更新與發展演進之中。「關鍵概念」代表了歷史學家自我認定的探究目的和研究方法，它的變異正反映歷史學內部這方面的反省未曾間斷。而對歷史教育來說，此更證明，有必要讓學生認識今時今日歷史學家使用哪些學科概念和方法建立起他們所學得的歷史知識。當然，歷史教師尤其必須警覺：歷史這個學科日新月異，新的學科概念出現、舊的概念內涵更新，洵為常態。而執教者保持彈性開放，不斷重塑自己的史學觀念，亦步亦趨跟上歷史學的發展，是責任、也是本分。

本章將嘗試歸納目前歷史學、歷史教育的研究，介紹三個「第二層次概念」或「關鍵概念」：時序、變遷、因果。比較起某些新興的學科概念，這三個概念在歷史學內的地位算是較為穩固、較無爭議。但數十年來，它們的意義事實上也經歷了重大的翻轉。

第一節 「時序概念」

晚近以來，凡論及歷史的「學科概念」或「第二層次概念」時，「時序概念」（chronological concept）總是名列前茅。例如 1990 年中期美國加州大學所訂定的「全國歷史科標準」中，「時序思考」（chronological thinking）在「歷史思考」項下排名第一。英國自 1995 年起，「歷史科國定課程」歷經數次修訂，但有關學生必須培養的各項思考能力要求，「時序」或「時序理解」（chronological understanding）從不曾缺席，並且始終佔據首位。❷

嚴格說來，「時序概念」或「時序思考」成為歷史學「關鍵概念」或「第二層次概念」之一，為時不算長，它的內涵也幾經改變。「時序概念」的地位以及意義的變動，可視為「歷史學」近年來形象產生變化的一個縮影。

一、「時序概念」成為「關鍵概念」

「時序概念」成為歷史學「關鍵概念」的過程，從英國的課程發展中得以探知究竟。

1970 年代，由 SHP 支持的「歷史科 13-16」計畫，曾標定出四個歷史學科的重要概念分別是：**證據、變遷與延續、因果關係和動機、時代錯置**（anachronism）。顯然，此時「時序概念」並未名

---

❷ 談到歷史思維中時間概念居於首要的，另有周樑楷。參見周樑楷，〈高中歷史思維與教學目標：高中『世界文化（歷史篇）』課程大綱的擬定〉，《清華歷史教學》第五期（1996）：頁 32-33。

列其中。至於與歷史時間有關的概念是「變遷和延續」。換言之，該計畫在設計課程綱要、進行教學實驗時，雖然一再強調，「編年架構」（chronological structure）並非歷史學本有的屬性，希望在課程編排上有更自由彈性的空間，另一方面，卻還未意識「時序概念」與學習歷史的關連性。

上述「歷史科 13-16」計畫設定的四大歷史概念，歷經約二十年之後，仍然為 1991 年出爐的「歷史科國定課程」所承繼。該年公布的新課程綱要內，英國政府宣示學生必須達成三個成就目標（attainment targets）如下：

AT1：歷史的知識和理解

　　1. 變遷和延續

　　2. 原因和結果

　　3. 認識和理解過去情勢的重要特色

AT2：歷史解釋

AT3：歷史資料的使用

顯然以上三個成就目標，與 1970 年代「歷史科 13-16 計畫」擬出的核心思考，相差無幾。關於歷史的時間概念方面，仍由「延續與變遷」獨領風騷。

不過，時隔三年，亦即 1995 年，英國再度推出修訂後的歷史課程綱要，「時序」不但已經嶄露頭角，更被列為學生必須培養的五個「關鍵要領」（Key Elements）中的第一位（時序、歷史知識和歷史理解的廣度與深度、歷史解釋、歷史探究、組織與溝通）。此後，英國的「歷史科國定課程」又經過 1999 年和 2008 年兩次大幅翻修，但「時序概念」仍穩坐其位，雖然，它的名稱從「時序」改為「時序理解」

（chronological understanding）。由上述發展或可推定，自 1990 年代以來，「時序概念」大體已經得到英國歷史教育界公認為學習歷史的重要入門觀念之一。

值得思考的是，數十年來，「時序概念」從不受認可，到成為老師必須教導、學生必須學習的第一個「關鍵概念」，如此重大的轉變背後的推動因素是什麼？固然，政策面和文化環境的背景不可忽略，但人們賦予「時序概念」不同的涵意，恐怕也是此一歷史學概念地位晉升的關鍵，而這點即是本文以下所欲探討的核心。

二、關於「時序概念」

首先，不妨以英國兩份「歷史科國定課程」的文件看起。1995 年版的英國「歷史科國定課程」內首度將「時序」（chronology）列為五個「關鍵要領」之一。在此概念下，5 至 14 歲的各「主階段」內，學生被要求學習下列相關概念與能力：

主階段 1（5-7 歲）　　學生應該學習

a. 排列事件和事物的次序關係，以便發展時序感。

b. 使用一些與時間經過有關的常見字眼和慣用語，如舊的、新的、之前、之後、很久以前，以及運用星期、月份、年的算日法。

主階段 2（7-11 歲）　　學生應該學習

a. 把所研讀時期中的事件、人物和變化置於一個編年架構內。

b. 使用有關時間歷程的年代和名詞，包括古代、現代、紀元前、紀元後、世紀和十年間（decade），以及一些用來界定不同時期的名詞如都鐸王朝、維多利亞王朝。

主階段 3（11-14 歲）　　學生應該學習

a. 把所研讀時期中的事件、人物和變化置於一個編年架構內。

b. 使用描述歷史時期和時間歷程的年代、名詞與約定用語，例如時代（era）、中世紀、宗教改革、工業革命、漢諾威王朝、喬治亞王朝。

細讀上述規範，「時序」的要義重在教導學生：認識事件和變化的編年順序、學習使用計時用詞以及歷史時間的用語。

其後，2008 年底英國教育當局重新修訂、公布「主階段 3」的課程綱要，歷史科部分在「1.1 時序理解」的項目下，共包含三點：

a. 理解和適當使用描述歷史時期以及時間歷程的一些年代、語詞和慣用語

b. 培養時期感，從描述和分析某些時期與社會的各種特色之間的關係入手

c. 建立各時期的編年架構（chronological framework），並以此架構為基礎，將新的知識納入所屬歷史脈絡中

將 1995、2008 年前後兩份課程綱要的「時序」或「時序理解」加以比較，可以發現，2008 年的綱要除了囊括 1995 年的主要內涵：要求學生建立「編年架構」以及使用時間語詞之外，還新加入了培養「時期感」（sense of periods）這個條目。而這三個要點相當程度上代表著英國部分歷史教、研人士經過十餘年的琢磨之後，所認定的「時序概念」。

但隨之而來的問題卻是：為什麼是這三點？這些內涵做為學生學習「時序概念」的要項，源自何處？它們與學習歷史的關係是甚麼？要解決這幾個疑問，大概得從二十世紀中葉以來，心理學的研

究和歷史學的發展兩方面說起。

　　1950 年代以來，心理學界對兒童學習「時間」的相關研究頗為熱衷。❸這些研究主要由兩個方向探求：一是學生的時間「延續感」如何形成，此涉及物理性時間（physical time）。一是兒童對鐘錶、日曆時間的認識過程。❹

　　在有關學生感知時間「速度」和「延續性」的研究方面，最著名的開先河者自然是瑞士心理學家皮亞傑。皮亞傑曾經藉由某個時間與速度的實驗證明，兒童大約在七至八歲時才能清楚時間的同時性，亦即瞭解無論速度快或速度慢者都是處在同個時間向度之下。他主張兒童的時間觀念必須和速度、運動、空間的觀念同步發展，不過，他也承認這方面的成長速度極為緩慢。例如年幼孩童並無法理解時間可以用同等的間隔度量，他們也無法了解某一情況的相對延續時間，或者事情的次序和同時性。皮亞傑的心理學理論向歷史界證實，時間是一種特定的概念，兒童對此概念的理解和運用無法一蹴可即，必須假以時日方可成熟。❺

　　英、美心理學家則對學生如何認識鐘錶、日曆時間進行許多經

---

❸　Stephen J. Thornton and Ronald Vukelich, "Effects of Children's Understanding of Time Concepts on Historical Understanding,"*Theory and Research in Social Education*, Vol.XVI, No.1 (1988), p.70.

❹　Gustav Jahoda, "Children's Concepts of Time and History," *Educational Review,* Vol.15 (1963), p.90. Stephen J. Thornton and Ronald Vukelich, "Effects of Children's Understanding of Time Concepts on Historical Understanding," p.70.

❺　R. N. Hallam, "Piaget and Thinking in History," in Martin Ballard, *New Movements in the Study of Teaching of History* (London: Indiana University Press, 1971), pp.166-167.

驗性的探究。某些研究成果顯示，兒童在七歲以前，不易弄清如年、季節等這些基本的時間概念，也無法掌握吾人所謂「客觀、延續」的鐘錶時間。此外，大致要到十三歲時，半數以上的學生才能瞭解：時間是一種抽象之物，可以和鐘錶的時間分開來看；鐘錶時間只是一種習慣上的計時方式，且並不影響各種事物變化的發生。❻

還有一些心理學者指出，我們的計時系統從毫秒（millisecond）到一千年（millennia），其實極為複雜，那是因應科學和技術文明之需而生的產物。❼因此，學生的「時間」概念和「時間感」絕非天生可得，只能隨著認知能力以及年紀的增長，逐漸發展出來。

至於有關歷史年代方面，也有心理學學者證稱，十一歲是歷史時間觀念發展的關鍵期。也就是說，十一歲以上的學生才能意識到，過去可以切分成不同的歷史時期。某些研究者甚至堅持，一般學生如欲全盤瞭解時間語彙和年代，得晚至十六歲之後。❽

上述這些不同取向的探測得出一個共同的結論：以兒童心智發展的進程來看，「時間」絕不是簡單易學的概念，而超乎學生日常經驗、發生於遠古的歷史大事，更是構成學生認知的一大考驗。不難想像，這些探究成果多少對歷史教育學者以及教學人士帶來某些警惕作用：一味填塞學生各種年代記事可能只是徒勞無功之舉；學生未必能夠經由「耳熟」，即詳知「時間」、「時期」的意涵。

隨著心理學者相繼披露學生理解各種性質的「時間」有其困

---

❻　Gustav Jahoda, "Children's Concepts of Time and History," p.90.

❼　Gustav Jahoda, "Children's Concepts of Time and History," pp.91-93.

❽　Gustav Jahoda, "Children's Concepts of Time and History," p.97.

難，1980 年代和 1990 年代，部分美國和英國的歷史教育學者確實重新思索教導時間概念之問題，尤其特別關注於「機械時間」概念是否應該列為學習歷史的先備條件。

　　美國的梭爾頓（S. J. Thornton）和伏凱利區（R. Vukelich）即將「時間」細分為三類：「鐘錶時間」（clock time）、「日曆時間」（calendar time）、「歷史時間」（historical time），❾前兩者屬於機械性的時間制度，後者指讓學生認識特定時期內的人地事物。兩位學者批評，長久以來，「歷史時間」行於歷史課堂中，而「鐘錶時間」和「日曆時間」與數學科目有關，如此各行其是的結果，學生縱使正確無誤的背誦出抽象的時間語詞，卻可能完全無法理解這些語詞的意義。梭爾頓和伏凱利區呼籲，「時間」和「歷史」的學習必須並進，兩者應求相輔而行，而不是互為掣肘。❿

　　梭爾頓和伏凱利區一方面區別「歷史時間」和「機械時間」的

---

❾　Stephen J. Thornton and Ronald Vukelich, "Effects of Children's Understanding of Time Concepts on Historical Understanding," p.70.除了這種分法之外，胡昌智則將「時間」區分為「自然時間」與「人文時間」。他指出，「自然時間」如星辰轉移、晝夜交替所顯示出的時間，或如生物生長、老死所顯示的時間，它們可以被切割、區分為固定的單位，以機械方式計算。至於「人文時間」，指的是：「人們把各種事件發生的客觀條件以及他們的內在企望，整理成有系統而相關聯的網絡；也將自己的行為安頓進這樣的網絡。這樣的網絡給人們方向的感覺。」而「歷史意識活動的過程就是把自然時間轉換成人文時間的心靈活動過程。」在此，胡昌智所謂的「人文時間」更接近於「歷史意識」，亦即人們如何定位過去、現在與未來。胡昌智，《歷史知識與社會變遷》（臺北：聯經出版社，1988），頁 24-25。

❿　Stephen J. Thornton and Ronald Vukelich, "Effects of Children's Understanding of Time Concepts on Historical Understanding," pp.78-79.

不同，一方面則力薦「歷史時間」觀念的培養最好借助鐘錶和日曆時間的教學，以得成效。類似的觀點也同樣見於英國的歷史教育圈內。

駱瑪斯（T. Lomas）指出，「時間概念」（time concepts）應該包括：變遷、延續、發展、進步和衰退等要素。另一方面，他也強調，歷史解釋和歷史描述還是必須以事情先後次序（sequence）作為基礎；欲掌握歷史事件的來龍去脈，首先就得先瞭解相關事情的時序關係（chronological relationship）。駱瑪斯承認，教導「時間概念」並不容易。他以為「訓練兒童讓他們的內在心智具備這樣的一種時間面向，也許是歷史教師自我期許的目標中最困難的一個。」⓫

談到教導學生認識「時間概念」時，駱瑪斯認為必須兼及三個層面：數學的、語言的、歷史的理解。而從其他學者的研究，駱瑪斯也提醒教師，學生未必天生就有能力依時間去排列事情的先後，⓬多數學生直至國中階段才能大致具備計算數字和日期的技能。除此之外，學生還會遭遇語言方面的障礙，如時代（era）、世代、年、十年（decade）、世紀⋯⋯等這些時間用詞，一般學生往往非常陌生，不易理解。⓭

駱瑪斯為「時間概念」的教學所推薦的各種策略方法中，即包括了引導學生了解計時制度和運用時間用語、學習建立編年形式的敘述等建議。當然，他不忘申明，這些內容應施教於較為年幼的學

⓫　T. Lomas, *Teaching and Assessing Historical Understanding* (London: Historical Association, 1990), p.20.

⓬　T. Lomas, *Teaching and Assessing Historical Understanding*, p.22.

⓭　T. Lomas, *Teaching and Assessing Historical Understanding*, pp.22-23

生，好為學生學習歷史的「時間」概念奠下必要的基礎。❹

　　再如任教於小學的霍京生（Alan Hodkinson），也從實驗中證明：學童時間概念的建立是緩慢漸進的，尤其「持續性」概念超乎一般小學學童的認知所及，但教學確能影響學生看待過去的方式。他主張：「在教授任何歷史主題或單元之前，先讓學生認識日期與年份極其重要。」「必須不斷加強學生的時間概念，因其對了解歷史幫助甚大。」❺

　　這些學者的鼓吹或許說明，心理學界的耕耘和探究發揮了某些影響：歷史教育學者不再漠視學生學習歷史「時間概念」時可能面臨的困難，也積極倡議日曆、鐘錶時間該當排入歷史教師的教學議程之中，而非只是一味的要學生強記各種年代順序。

　　從心理學到歷史教育，許多研究者同聲一致地強調學生理解「機械時間」的不易，最終，這樣的共識產生了具體的作用。如前所述，1995 年英國公告的「歷史科國定課程」首度將「時序」列入學生必須達成的五個「關鍵要領」之一，同時，5 至 14 歲學生一無例外的都得依次學會使用日曆時間和各種歷史「時期」的用語。在這份課程綱要中，「數學」和「日曆」時間的認知成為所謂「時序」的核心要素。

　　不過，有一點值得留意。駱瑪斯及一些學者都寧願使用意義更為寬廣的「時間概念」，而非「時序」這個名詞。確實，在較為傳

---

❹　T. Lomas, *Teaching and Assessing Historical Understanding*, pp.24-25.

❺　Alan Hodkinson, "Historical Time and The National Curriculum," *Teaching History* 79 (1995), pp.18-20.

統的用法中，「時序」常與「編年體」之意不分，或單指「事件的前後順序」。例如 1991 年，負責草擬英國歷史課綱的「歷史科工作小組」於結案報告中的說法即是：

> 所謂「歷史的編年體」，我們意指時間中事件的次序；掌握這樣的次序是了解事件之間關係的基礎，以及認識因果和變遷等觀念的前提。因此編年體提供了心智架構（mental framework）或索引地圖，讓歷史的學習具有意義和連貫性。❶❻

而在加州大學 1994 年出版的「全國歷史科標準」內，談及學生必須培養的「時序思考」時，也有以下這段註解：

> 時序思考是歷史推理的中心。沒有足夠的時序感——事件何時發生以及事件的時間順序——學生即不可能考察事件之間的關係或解釋歷史的原因。時序提供歷史思考必要的心智骨架（mental scaffolding）。❶❼

上述兩份文件所定義的「編年體」或「時序思考」，意涵大體

---

❶❻ National Curriculum History Working Group and National Curriculum History Committee for Wales, "National Curriculum Working Group Final Report (England and Wales)," in Hilary Bourdillon (ed.), *Teaching History* (London: Routledge, 1994), p.29.

❶❼ 劉德美譯，《美國歷史科——世界史國家課程標準》（臺北：教育部，1996），頁 22。

相同，都是指涉事件的發生時間以及事件的先後順序。

但是，在駱瑪斯等人看來，事件的先後次序不過是「歷史」時間概念的一部分（駱瑪斯用複數的 concepts），歷史學科在增進學生的時間思考方面，還應該統攝其它的面向如變遷、延續、發展……等。

另外，海登（Terry Haydn）在 1997 年出版、專為中學教師撰寫的歷史教學指引書中，亦將「時間」思考細分為四，名為 4T：

T1：「機械的時間」──包括習慣用的日期、BC 和 AD 用語、時期、階段和時代名稱（如中世紀、近代初期、近代）。

T2：「過去的架構」──藉由發展性的主題建立一幅過去的地圖，譬如歷經各世紀的英國君主制度、交通、戰爭……等。

T3：「事件的次序」──了解某些大事的開展次序，如法國大革命、第一次世界大戰中重要事件和關鍵點的時間順序……。

T4：「深遠的時間」──讓學生瞭解「過去」的範圍深遠綿長：從地球的形成至史前時代，再到書寫系統的發展，下至西元後……，如此可以幫助學生釐清「歷史」之始。⑬

海登的 4T 內，「機械的時間」位居首位，擔負著基礎打底的任務。但是，除了計時系統和事件的次序（T1、T3）外，他規劃的「時間」概念尚包含「發展史」（T2）與「歷史」的縱深特質（T4）。

---

⑬　Terry Haydn, James Arthur and Martin Hunt, *Learning to Teach History in the Secondary School* (London: Routledge, 1997), p.89.

　　換言之，駱瑪斯和海登儘管對「時間概念」的細部定義意見有些出入，但都同意，「時序」並不能與歷史「時間概念」劃上等號，「時序」經常連結於機械性的計時系統，少有歷史學的成分。學生在歷史課堂中需要接觸的不單單是狹隘的「時序」，而是意涵更加豐富的「時間」概念，如發展、變遷。

　　另一方面，也有學者考量的不是「時序」和「歷史時間」之分別，而是「時序」具有不同層次的意義。美國的德瑞克（Frederick D. Drake）和奈爾森（Lynn R. Nelson）即說：「**時序思考**（chronological thinking）座落於歷史推論的核心。不同於時序（或編年體，chronology），時序思考遠超過編排事實和事件的次序。時序思考是一個更為複雜的現象，包含了對因果關係和時間中變遷的理解。」[19]在這裡，「時序思考」不與「時序」同一，「時序思考」寓意更為寬廣，包含了駱瑪斯和海登所言的歷史時間各要素，是學生應該培養的思想方式。

　　再如施陶（W. Stow）和海登於一篇合著的文章內規勸教師，教學之前務必釐清兩種意義、範圍不等的「時序」。兩位學者說明，狹義的「時序」指的是時間中事件的前後順序，而廣義的「時序」同等於「歷史時間」，並包括計時制度和有關時間的詞彙。[20]

　　最重要的是，針對狹義的「時序」思考，施陶和海登特別呼

---

[19]　Frederick D. Drake & Lynn R. Nelson, *Engagement in Teaching History: Theory and Practices for Middle and Secondary Teachers* (New Jersey: Pearson Education, Inc., 2005), p.81.

[20]　W. Stow and T. Haydn, "Issues in the Teaching of chronology,"in J. Arthur and R. Phillips (eds.), *Issues in History Teaching* (London: Routledge, 2000), p.85.

籲，有必要了解這種「時序」的限制。他們說：

> 我們並不只要學生學習建構過去事情的編年次序，而是希望
> 他們能形成前後一貫的解釋，並能開始了解事情之間除了時
> 間面向以外，還具有的其他關係。……「時間和時間中事物
> 發生的次序，是一個線索，但也僅止於此。史家的工作之一
> 是去建立更具有意義的關係來取代那些時序。」**㉑**

　　以上討論，反映出某些學者對於學習「事件的先後順序」這件
事可能因心理學研究的影響而過度受到強調有所憂慮，亦即學生使
用日曆時間和計時習慣的困難固然應該得到教學者的正視，但若因
此將教導「時間概念」的重心，導向僅僅教導「事件的先後順
序」，恐怕是本末倒置，將錯失更為重要的「歷史時間」之面向。**㉒**

㉑　W. Stow and T. Haydn, "Issues in the Teaching of chronology," pp.85-86.

㉒　關於「歷史時間」，國內研究者夏春祥認為「歷史時間」涵蓋三個方面：自
　　然時間、社會時間、人文時間。「自然時間」指的是事件發生的鐘錶時間。
　　至於「社會時間」和「人文時間」，夏春祥的看法是：「倘若歷史時間指的
　　是歷史學者的看法所體現出來的時間觀，則大多數人所接受者為社會時間，
　　少部分個別學者的獨特看法則為人文時間。」換言之，「社會時間」和「人
　　文時間」的差別似乎在於某種時間觀是「多數」或「少數」人所持有。如此
　　區分，頗有值得商榷之處。「社會時間」一詞，強調的應是時間為社會文化
　　獨特的建構。因此，「人文時間」自然也是「社會時間」。早先胡昌智曾談
　　及「人文時間」，是相對於「自然時間」而來，意指人們串連過去、現在和
　　未來的思考與方式，此與一般所稱的「歷史意識」相關（請參見註**❽**）。所
　　以，「社會時間」和「人文時間」指涉的時間觀可能有所重疊，卻是從不同
　　的角度切入。而在歷史教學中，所謂「歷史時間」概念，除了包含學生應該

　　因此，真正要緊的恐怕不是使用「時序」、「時序思考」、「時序理解」或者「歷史時間」哪個用詞，而是在這個學科概念下，究竟教師要教什麼、學生要學什麼？對駱瑪斯、施陶和海登來說，事物前後的順序只是「時間概念」的起始，或者只是「一個線索」。史家面對過去時，如何將散佈於時間之流中的一個個事項串連成有意義的網絡，賦予言之成理的因果說明、連續或變遷的關係，形成一套有效的解釋，才是職責所在。所以，學生在歷史課程中不能只止於嫻熟事情的先後順序，更要了解這些順序之間的關連性，以便於學習建立「前後一貫的解釋。在此概念下，學生終能了解事情之間除了時間面向以外，還可產生其他的關係。」

　　回到「歷史是一種今人對過去的建構」這個事理，治史者以資料為憑，運用個人的史識和觀點重建「過去」，所謂「斷代」、「時期」，毋寧都是史家的選擇和史識的展現；事件之間的關係和次序並不完全是自明的、機械的，其中更包含著史家的研究理念與成果。推而論之，培養「時序思考」或「時序概念」的確不能光只要求學生記住關鍵的年代與事件的先後排序，卻忽略引導學生察知，歷史解釋中各個事件的序列、前後敘述之間關係的合理性。

　　換言之，除了「事件的先後順序」之外，「時序思考」或「時序概念」還應該包含其它的質素。回顧先前所談，「變遷」、「延續」或「持續性」、「發展」等都曾被點名為教導「時序思考」時

熟知的鐘錶和日曆時間之外，更重要的是去認識歷史時期的劃分和界定皆為「人為建構」以及這些建構出的時間用詞意義為何，最終學生甚至能建立個人的「歷史意識」。夏春祥，〈論時間——人文及社會研究過程之探討〉，《思與言》第 37 卷第 1 期（1999）：頁 43-44。

不能不納入的內涵。嚴格來說，這幾項思考都是環繞著「變遷」概念而轉，它們關係著歷史學家如何看待「變遷」的速度、「變遷」的方向等問題，因而可以歸類為廣泛的「變遷」概念。當然，從歷史是一門研究時間長河中各種變化之學這點來看，「變遷」概念之重要，自不待言。另一方面，「時序概念」特別關照學生對「斷代」「分期」等問題的認知，此與「變遷概念」相關卻又不完全重疊。也正因此，有些學者主張「時序概念」與「變遷概念」屬於廣義的歷史「時間」概念中之不同的面向，理當各自獨立成歷史的學科概念。

回到「時序概念」的意義範圍，倫敦大學的李彼得提出，培養學生的「時期感」（a sense of period）極有必要。他認為，「時間概念」一如其他的歷史學概念，都具有「反直觀的」（counterintuitive）的特色；在學習歷史的過程中，鐘錶時間的理解其實幫助有限。他舉例說，歷史學談及「世紀」時不必然正好一百年，而所謂「十九世紀」可以結束於 1914 年發生的第一次世界大戰。又如「十八世紀的『音樂』」在時程上可能短於「十八世紀的『建築』」，其起訖時間更可能是史學爭論所在。㉓

李彼得自述並無意否定一般計時法和數學計算能力之重要性，但除此之外，課堂中還應該輔以其他觀念的教導，學生才能真正掌握歷史學的「時間概念」。在這裡，李彼得以為「時期的觀念」

㉓　Peter Lee, "Putting Principles into Practice: Understanding History," in M. Suzanne Donovan and John D. Bransford (eds.), *How Students Learn History in the Classroom* (Washington, D. C.: The National Academies Press, 2005), p.42.

（ideas of period）最為緊要，因為史家使用的「世紀」、「十年」（decades）等字義都與「時期」觀念密不可分，而歷史「時期」又緊緊連結著史家屬意和關注的「主題」（themes）。在李彼得看來，藉由「時期」這個觀念，學生可以了解歷史研究者究竟如何透過某些「主題」架構過去。李彼得坦言，具備「時期感」（a sense of period）對學生而言，不是一椿易事。即使如此，他仍堅信，「時期」觀念既可讓學生深入過去的時空並瞭解當時人所思所想，也能讓學生跳出過去、審視古今之間的距離和差異。❷❹

　　李彼得把討論「時序概念」或歷史「時間概念」的焦點從鐘錶和數學時間問題再度拉回歷史學科的層面。他與前述駱瑪斯等人的看法相通，相信年幼的學生固然需要去逐漸熟悉鐘錶和日曆時間的計算方式，但是，「歷史時間」概念最終必需觸及的仍是歷史學的知識建構特質。

　　教導「時期感」這個觀點諒必得到某種程度的認同。試看2008年8月英國教育當局公布「主階段3」最新的歷史課程綱要，其中「1.1 時序理解」項下，不但「時期」觀念成為課程的核心，三個要點中的第二點更是：「b.培養時期感，從描述和分析某些時期與社會的各種特色之間的關係入手」。這顯示，當前英國歷史教育界已經大致認同，「時期感」是學生務必培養的「時序」概念要義之一，教導「時序」概念時，不能只偏廢於機械時間的演練，卻

---

❷❹　Peter Lee, "Putting Principles into Practice: Understanding History," in M. Suzanne Donovan and John D. Bransford (eds.), *How Students Learn History in the Classroom*, p.42.

忽略歷史時間的認知。

三、一些教與學的討論

　　總結近年來有關「時序思考」和「歷史時間」的探究，其中有兩個值得注意的趨向。一是認為計時制度方面的認知能輔助歷史時間意識的養成，有必要納入「時序概念」的教學課程中。二是無論稱「時序理解」或歷史「時間概念」，此一關鍵概念真正的要旨是，向學生展示歷史學的知識建構特質，幫助學生認識史家如何依憑某些主題和觀點建立過去的脈絡，從而劃分出有意義的「時期」以及事件、時期和先後順序。

　　可以想見，上述的反省與思考必然挑戰了某些行之已久的教學常規和心態。例如在以編年體為主的課程架構以及教學傳統下，人們總認為，「時間意識」同等於熟知歷史中「重大」事件的年代，以及這些重大事件之間的先後順序。而歷史教學的要務即是利用各種有效的策略，讓學生記住里程碑事件發生的時間，甚至能夠將國家歷史中的朝代或各時期的前後次序倒背如流。

　　然而，當「時序概念」躍升為歷史學關鍵概念之後，機械的背誦年代和事件的順序很難再在教學中維持過去那種尊崇的地位。此不僅因為更多的教學者瞭解，對學生而言，掌握時間計算和曆法系統的意義有其難度，還因為歷史學者越來越強調，事物的排序和時期的切分不是自明的，也不會只有一套所謂標準的、或唯一的歷史編年進程。於是教師最應該從事的，是依據心智年齡，循序漸進的引導學生考察各種歷史敘述中的時間結構和時期劃分的依據與標準，幫助學生理解歷史知識的特質。

　　無庸置疑，教學者以及歷史課程的安排在學生認知上顯然扮演著關鍵的角色。但同樣的，教師要打破自身習以為常的觀念也不容易。溫伯格曾考察數位高中歷史教師對「時序概念」的理解。他發現某些教師確實具有較深度的時序觀，他們認為，「時序」不只是各自獨立的日期，零散、孤立的日期和年代必得置放於更大的趨勢（trends）和主題、模式（patterns）和觀點之下，才能有助於理解。這些教師於架構歷史或解釋歷史時，絕不單單依賴時間順序，而會運用政治或經濟或文化方面的主題，建立具有問題意識的脈絡，賦予過去事件意義。顯然，這類受訪教師已能深刻體會時序不能同等於機械性的時間，時序和歷史的延續性密切相關。㉕

　　然而，溫伯格也看到，有些教師確實把「歷史」視同事件的先後順序。持有這般看法的教師，常常不能超越教科書中流水帳式的日期與事件。他們以為：「歷史就是無止盡的事件串聯，這些事件經常是互不相干，也和當代社會少有關係。」甚至有受訪教師自嘲，自己有如驅趕奴隸的頭子（slave driver），無情的催逼著學生快速通過一頁頁更迭輪轉的朝代起落。想當然爾，這類教師很難掌握歷史所述故事的意義，歷史只是教科書中乾枯無趣的年代跳躍。㉖

　　溫伯格的研究點出了長期以來「時序概念」教學的困境。如果

㉕　Sam Wineburg with Suzanne M. Wilson, "Peering at History Through Different Lenses: The Role of Disciplinary Perspectives in Teaching History," in Sam Wineburg, *Historical Thinking and Other Unnatural Acts: Charting the Future of Teaching the Past* (Philadelphia: Temple University Press, 2001), pp.144-145.

㉖　Sam Wineburg with Suzanne M. Wilson, "Peering at History Through Different Lenses: The Role of Disciplinary Perspectives in Teaching History," p.144.

歷史教師本身無法從「主題」、「觀點」的脈絡去建構或看出史家賦予「事件」和「日期」的意義，以及洞悉各種「時期」劃分背後的思考，那麼學生終究也只能在一件件毫無關連、快速來去的事實和年代細縫中喘息，以及由此想像甚麼是「歷史」。

第二節　「變遷概念」

在廣義的歷史「時間概念」中，除了「時序」概念之外，另一個同等重要的概念是「變遷」（change）。就作為學科概念來看，「變遷」比「時序」更早獲得肯定。約在 1970 年代，英國教育界已將「變遷與延續」視為歷史時間概念的主要構成。

1971 年時，英國一項名為「地理、時間和社會 8-13」的研究計畫，嘗試針對地理、歷史和社會三科進行總體考量。這項計畫提出三個科目共有的七個關鍵概念，包括了：價值和信念、相似和相異、權力、溝通、延續和變遷、衝突／一致、原因和結果。這恐怕是認定「變遷」概念為歷史學科基礎思考的最早範例。❷⁷稍後，如前節所述，為期四年的「歷史科 13-16」計畫也訂出四個歷史核心能力，「變遷與延續」再次列名其中。

不過，再往前看，1960 年代時，「變遷與延續」似乎還未成為學界眼中的歷史構成要素之一。當時，出現的歷史組成概念為：

---

❷⁷ Alan Farmer and Peter Knight, *Active History in Key Stages 3 and 4* (London: David Fulton Publishers, 1955), p.4.

時間、空間、順序、道德判斷和社會現實主義。❷❽與「時序」概念一般，「變遷」之為歷史學科概念，其實也是拜二十世紀歷史學的發展所賜。除此之外，「變遷」概念的要義亦始終處於變遷之中。

一、從「變遷與延續」到「變遷與發展」

　　歷史是一門研究事物「變化」之學，此一認識由來已久。然而，長期以來，歷史學家所關注的「變化」多半是朝代和政府的更迭，革命和各種事件的發生。這些「變化」看來耀眼鮮明，短促而快速，而歷史學的任務即是去「解釋」這些特別引人注目的動盪之肇因與經過。試看 1951 年英國歷史哲學家華許（W. H. Walsh, 1913-1986）在《歷史哲學》（*Philosophy of History*）這本書中如此說道：「歷史學家的主要興趣……在個別事件的正確過程：因為這過程正是他所希望重建，使其成為可理解。如上所述，歷史家說的是事實發生的經過，以及何以如此發生的解釋。這也就是說：他的注意力應該完全集中於個別事件，因為這才是他研究的直接對象。」❷❾華許很清楚的說明，歷史家的目光必須緊緊跟隨那些獨特、個別的事件，並回溯和解釋事件的起因與後續發展。

　　而至 1960 年代，歷史家卡耳在他出版於 1961 年的《歷史論集》內，亦作如是觀。卡耳一再強調，歷史學家的職責是去探究「歷史事件」的原因，這些「事件」由他書中的許多舉例來看，指

---

❷❽　凱斯·詹京斯，賈士蘅譯，《歷史的再思考》（臺北：麥田出版社，1996），頁 72。Keith Jenkins, *Rethinking History*, p.16.

❷❾　W. H. Walsh，王任光譯，《歷史哲學》（臺北：幼獅文化事業公司，1970），頁 33。

的是戰爭的原因、革命何以發生的因素、帝國衰亡的背景、或國家內部的鬥爭之起……。**㉚**顯然卡耳和華許所見相同，他們和許多歷史家一樣認定，歷史學應該追尋的是那些獨特的、變化快速的、甚至多半是政治和軍事方面的事件。

　　另一方面，自二十世紀上半葉以來，史學研究領域大幅擴張，除了政治史、軍事史之外，社會史、經濟史相繼成為史學研究家族中的成員。新的領域探究看重的是社會結構、社會組織、經濟趨勢、地理環境的發展，這些現象的變化經常緩慢而綿長，發生變化的時間不是以日、月計算，而是十年、數十年甚至百年。在這些新興的史學範疇內，歷史家注意的焦點不是短而急促的事件變動，而是徐緩長期的演進趨向。

　　法國年鑑學派史家即對歷史學研究重心的改變提出了重要的論證。布勞岱在《論歷史》（*On History*）的第一章「1950 年歷史學的處境」中，表明反對十九世紀蘭克所宣稱：歷史學家首要任務是在敘述「真正發生過的事情」（precisely what happened）。他直言：「那些編年史、傳統歷史以及蘭克非常珍視的敘述史，提供給我們的有關過去和人們繁忙活動的圖像往往是如此的貧乏。」**㉛**他主張歷史更必須探究的社會現實是有關集體生活、經濟、制度和社會結構，而這些層面的歷史經常表現出較長的延展性，以及較為緩慢的律動

㉚　E. H. Carr，王任光譯，《歷史論集》（臺北：幼獅文化事業公司，1995），頁 78-99。E. H. Carr, *What is History* (London: Penguin Books, 1990), p.87-88.

㉛　Fernand Braudel，劉北成譯，《論歷史》（臺北：五南出版社，1991），頁 12。Fernand Braudel, *On History* (Chicago: The University of Chicago Press, 1980), p.11.

和節奏。由此布勞岱揭示了「長時段」（longue dureé）相對於「短時段」之說。他提醒歷史研究者:「社會時間並非平均的流逝,而是有著不可勝數的各不相同的步調,時快時慢。」㉜

　　而隨著史學的日益發展,歷史研究的版圖繼續擴及支配大眾生活的習俗、儀式、心態、價值觀等,這些事物、現象尤其具有極強的韌性,變動更是遲緩。年鑑學派另一位史家勒高夫（J. Le Goff）因此說:「短時段的歷史無法把握和解釋歷史的穩定現象及變化,以王朝和政府更替為準的政治史把握不了歷史的深層生命。」他呼籲應當將「習俗、心態當作歷史的度量衡」,將技術、能源形式以及對社會基本現象和問題的態度看做歷史分期的依據。㉝

　　在上述史學觀念的開拓下,歷史中事物「變化」的層次逐漸豐富了起來。歷史家研究的眼光不再侷限於那些如流星般劃過天際迅即消失的事件革命,更多是這些動盪所留下的廣泛而長久的影響,或者那些沒有明顯里程碑事件促發、卻仍緩慢邁步的現象。

　　同時,在歷史家追尋各式變化的努力中連帶凸顯的一點是:各項事物變動速度不一,其中一些事物進行的步調非常緩慢,譬如人類所居住的生態環境,或者人們日常的舉止心態,往往歷經十年百年之久而不見明顯的變革。這些現象甚至被稱為「近乎不動的歷

㉜　Fernand Braudel,劉北成譯,《論歷史》,頁 13。Fernand Braudel, *On History*, p.12.

㉝　雅克‧勒高夫等著,姚蒙／李幽蘭編譯,《法國當代新史學》(臺北:遠流出版公司,1993),頁 25、35。

史。」❸此當然是誇張之詞，拉開時間的距離來看，任何事物無不處在變動之中，只是某些變化速度極緩而不易察覺，遂予人「不動」的錯覺。

正因各種變化往往參差交錯，同個時期內一些事物可能明顯產生了變革，另一些事物仍大致保持原貌，「變遷」與「延續」經常並存；過去與現在之間，既有變遷可尋，也有延續的面向足供探察。所以學習歷史的過程中，能夠理解任何社會不可能所有的事物同時而全面地發生變化，並能辨識出各種現象發展的節奏不同，是極為重要之事。「變遷與延續」也成為英國、美國歷史教育圈內普遍認可的歷史概念，是各種歷史教學討論中時常現身的要角。

值得注意的，近來有少數英國的研究者偏好強調「變遷」概念與「發展史」的連結更甚於「變遷」與「延續」的對應。例如施密特經常將「變遷」與「發展」並列，❸他並且認為，「變遷概念」最終目的應是讓學生藉由長時段的探究，梳理出人類歷史的「發展軸」（lines of development）。❸施密特的主張可能與英國歷史教學改

---

❸　Fernand Braudel，劉北成譯，《論歷史》，頁 13。Fernand Braudel, *On History*, p.12.

❸　D. Shemilt, "Drinking an Ocean and Pissing a Cupful: How Adolescents Make Sense of History," in Linda Symcox and Arie Wilschut (eds.), *National History Standards: The Problem of The Canon and The Future of Teaching History* (North Carolina: Information Age Publishing, Inc., 2009), p.198.

❸　D. Shemilt, "The Caliph's Coin: The Currency of Narrative Framework in History Teaching," in Peter N. Stearns, Peter Seixas and Sam Wineburg (eds.), *Knowing, Teaching and Learning History* (New York: New York University Press, 2000), pp.87-88.

革所衍生的問題有關。自 1970 年代以來，受到「新歷史科」運動教學理念的鼓舞，教師多將注意力集中於如何教導歷史學科關鍵概念，專精而深度的課程設計一時蔚為主流。然而，如此強調的結果卻是學生所獲得的歷史知識片段而破碎，難以產生整體的歷史圖像。更嚴重的，學生無法在「過去」與「現在」之間建立起有意義的關連性，或許正如羅文陶所說，學子們最終只有與「過去」割裂的「當代意識」，**㊲**而不見「歷史意識」。施密特及其他歷史教研人士警覺到這樣的情況，因而開始提倡，歷史教學有必要幫助學生從廣闊的時間與空間角度來理解歷史、透過長時期的變化歷程掌握發展的脈動，以養成宏觀的歷史意識。**㊳**

「變遷與延續」、「變遷與發展」代表著英國歷史教育界對「變遷」概念前後強調的重點有所不同。不過，無論側重點為何，談到此一概念時，歷史教研者仍不乏某些基本的共識。

二、關於「變遷」概念

可以說，一切的歷史研究都以探討「變遷」為起始，那麼歷史

㊲ D. Lowenthal, *The Past is a foreign country* (Cambridge: Cambridge University Press, 1997), pp.xvi-xvii.

㊳ 為了考察學生對歷史學關鍵概念的理解以及學生是否具有「宏大圖像」（big picture）的歷史觀、是否能將所學歷史置於國家和世界的脈絡底下，自 2007 年始，倫敦大學的 Jonathan Howson 領導成立「歷史架構工作小組」（History Framework Working Group），這個研究團隊的研究中心分別設於倫敦和里茲。參見 Frances Blow, "Progression in British Students Understanding of Change and Development in History,"《「歷史教學與評量」國際工作坊」》（臺北：國家教育研究院籌備處，2009），頁 47。

教學自不能推卻培養學生認識此一學科觀念的職責。然而，「變遷」概念看似容易，實則困難。尤其這個語詞經常於日常口語中出現，並且伴隨著某些大家習以為常、不言而喻的意涵，因此，關於「變遷」，人們心目中經久存在著一些刻板印象。這些印象與歷史學、歷史教學中所定義的「變遷」概念其實相去甚遠。在推展歷史教學工作之前，有必要先行檢視這個概念的要旨，始能幫助學生建立妥切的認知：

㈠ 「變遷」概念須以「時序」概念為基礎

歷史學試圖在時間中掌握變化，但歷史家呈現的變化決不是指機械性的排列先後發生的事物，亦即，流水帳似的編年敘述，與歷史學者所欲捕捉的「變遷」無關；彼此之間毫無關聯的事物排序亦非史學所定義的「變遷」。

歷史學的「變遷」指的是史家依據所選擇的各種「主題」（themes）進行考察與分析、比較與歸納，從而在時間的長河中勾勒出一系列的變化曲折，並依此建立「分期」和長時段的時序發展。由此可見，學習「變遷」時，學生必須對基本的時間次序有所理解，也得清楚明白歷史「時期」劃分的意義：「時期」乃是研究者所設定的「架構」，而不是過去的事實。㊴

㊴ Peter Lee and Jonathan Howson, "'Two Out of Five Did Not Know That Henry VIII Had Six Wives': History Education, Historical Literacy, and Historical Consciousness," in Linda Symcox and Arie Wilschut (eds.), *National History Standard: The Problem of The Canon and The Future of Teaching History*, pp.242-243.

㈡ 「變遷」經常是指「事態」（state of affairs）的變化

里茲大學的施密特指出，愈是看似容易的日常生活用詞，愈益引發誤解，而「變遷」就是極為典型的例子。1980 年時，施密特受託為「歷史科 13-16」實驗教學計畫進行成果評估。他以筆測及口訪方式調查接受傳統課程和「歷史科 13-16」課程的學生各 500 名，[40]結果他發現，幾乎所有的學生都不太能掌握歷史的「變遷」意涵。兩組青少年多將「變遷」和「發生事情」（happening）視為同一，學生眼中的「變遷」如同是「接二連三發生的事情」（a succession of happenings）。[41]例如提到「變遷」時，學生指的是「拿破崙做了某事」。[42]

把「變遷」與「發生事情」視為一體，此與歷史學家研究變遷的重點恐怕有別。歷史學家的工作除了呈現某件事情發生的經過之外，更需關注的是這件事情是否引發了其他事物的改變。換言之，「變遷」關係的是「事態」的變化，而不是「發生事情」。甚且，許多「事態」的改變如人們的價值觀、人口密度增減……等，經常是在沒有任何里程碑（landmark）事件下逐漸緩慢的進行著。[43]

---

[40] 關於 D. Shemilt 從事兒童歷史思考研究的意義與始末，請參見林慈淑，〈歷史教與學的鴻溝──英國兒童歷史認知的探究（1960's-1990's）〉，《東吳歷史學報》第 8 期（2002），頁 174-178。

[41] 林慈淑，〈歷史教與學的鴻溝──英國兒童歷史認知的探究（1960's-1990's）〉，頁 174-178。林慈淑，〈變遷概念與歷史教學〉，臺灣歷史學會編，《歷史意識與歷史教科書論文集》（臺北：稻鄉出版社，2003），頁 9。

[42] D. Shemilt, *History 13-16 Evaluation Study* (Edinburg: Holmes McDougall Ltd, 1980), p.35. T. Lomas, *Teaching and Assessing Historical Understanding*, p.23.

[43] Peter Lee, "Putting Principles into Practice: Understanding History," in M. Suzanne

顯然，即使是十五、六歲的學生，他們對變化的理解仍屬於常識（common sense）層次。施密特以為，學生觀念上的障礙與教科書及教學內容息息相關。如果說歷史課堂中提到的盡是些條約和戰爭、改革和革命，學生眼前晃過的都是一系列事件，那麼把「變遷」視同「發生事情」，乃是可預料的結果。尤其這些事件很少被放在深刻的文化背景下去論述其原因、影響與意義，學生當然無從認識廣泛的社會生活與歷史課所描述的事件之間具有關連性，自然也無從習得「變遷」是指某些社會現象所發生的改變。❹

㈢「變遷」經常是一個持續進行的「過程」（process）

如果學生想像「變遷」即是「發生事情」，那麼在他們眼中，變遷多半如同一次次「偶然的崩裂」（occasional disruption）或一個個「插曲」（episode）。❺與此同時，學生們也可能理所當然地認為，變化總在極短的時間內發生、完成，不需要有任何背景以及與其他事情的聯繫。❻

然而，在歷史學家看來，變化經常是長時期持續進行的「過程」，這個過程甚至不是某人「有意」造成。而揆諸人類的歷史，新的現象取代舊的慣例泰半需要一段漫長的時程。例如英國地理景觀受到圈地運動（The Enclosure Movement）的影響，所產生的改變延續了數百年之久。又如十八世紀末家庭手工業轉變至工廠制度，也

Donovan and John D. Bransford (eds.), *How Students Learn History in the Classroom*, p.44.

❹ D. Shemilt, *History 13-16 Evaluation Study*, pp.35-36.

❺ D. Shemilt, *History 13-16 Evaluation Study*, p.35.

❻ T. Lomas, *Teaching and Assessing Historical Understanding*, p.23.

歷時了將近一個世紀的過渡期。

㈣ 「變遷」可能代表「進步」（progress）、也可能代表「退步」（regression）

在有關學生歷史認知的實證探究中，無論美國或英國的研究者業已指出，兒童和青少年即使成長於不同的國家和文化背景，卻都經常將「變遷」理所當然的視為「進步」趨向。❹甚至，由於這種看法，學生不自覺的產生了睥睨（condescend）古人、傲視過去的心態。❹以上這些探索成果使得歷史教育學者深感有必要教導學生認識：「變遷」並非絕對的代表「進步」。

變動雖為人類歷史的常態，但各種變動的意義未必相同，變動不盡然意味著「進步」。從不同的角度、不同的人群眼光去評價，「變遷」可能代表著相反的意義。歷史上的一些改變例如科技的發展，也許帶來某方面的進步，但如果調整考察的角度，人們卻可能得到負面的評論。此外，某些改變對這群人來說，是好的、有利

---

❹ 巴騰曾比較美國和愛爾蘭的小學生如何看待變遷。他發現，美國的學生普遍把變遷視同進步，相對的，有少部分的愛爾蘭學生不認為變遷就是進步。K. Barton, "A Sociocultural Perspective on Children's Understanding of Historical Change: Comparative Findings From Northern Ireland and the United States," *American Educational Research Journal*, Vol.38, No.4 (2001), pp.888-890. K. Barton, "Narrative Simplification in Elementary Students' Historical Thinking," in J. Brophy (ed.), *Advances in Research on Teaching: Teaching and Learning History*, Vol.6(Greenwich, CT: JAI Press, 1996), p.61. D. Shemilt, *History 13-16 Evaluation Study*, pp.35-36.

❹ Peter Lee, "Putting Principles into Practice: Understanding History," in M. Suzanne Donovan and John D. Bransford (eds.), *How Students Learn History in the Classroom*, pp.44-45.

的，對另一些人而言，卻是不利的、倒退的，例如工業革命。

進步或退步的評斷其實牽涉了主觀之見，在此，「變遷」概念不可避免的觸及歷史知識和價值判斷這個史學中的重要課題。

㈤ 「變遷」概念可以培養「概觀」（overview）

欲辨識歷史上各種「變遷」的意義，往往需要藉助於寬廣長遠的角度和整體性的脈絡思考。然而，某些教師教學時，習於不斷的從一個主題變換到另一個主題，這種游移於短時期、零散主題的教育方式，很難讓學生掌握到變化的真正重要性。❹更具體來說，任何時期中的變遷以及所伴隨而來的種種不同發展，只有置於「宏觀圖像」（the big picture）下才可見出意義。❺因此，教導「變遷」概念時，有必要先行提供「概觀」式的架構，輔以各式探究「變遷」的專題，學生既能從廣闊並專精的交叉學習中，認識「變遷」的深刻含意，也同時建立概觀和宏大的視野。易言之，透過「變遷」概念，學生得以跳脫「零碎的學習」（patch studies），培養綜觀的思考能力和縱深的歷史意識。

三、一些教與學的討論

在歷史學科的關鍵概念中，「變遷」概念具有居中引介的地位。一方面，它與「時序」概念息息相關，屬於廣義的歷史時間概

---

❹ Terry Haydn, James Arthur and Martin Hunt, *Learning to Teach History in the Secondary School*, p.107.

❺ Peter Lee and Jonathan Howson, "'Two Out of Five Did Not Know That Henry VIII Had Six Wives': History Education, Historical Literacy, and Historical Consciousness," p.243.

念的一環。另一方面，藉由「變遷」概念，教師可以進而引導學生探究「變遷」的原因和影響、思索和評價「變遷」的歷史意義。因此可以說，「變遷」概念開啟了其他概念如「因果」、「意義」、「證據」的學習大門。

不過，如同其他的概念，學生經常會以各種「常識」性的理解來看待所謂「變遷」。前文所述關於「變遷」概念的五個特質，正是歷史教育研究者針對學生常有的誤解而提出的歸納。其中包括了一般學生最可能持有的想法：「變遷」即是「發生事情」，「變遷」等同「事件」本身，因此「變遷」是快速的爆發與行進。

無庸置疑，學生的認知與教師教學以及教科書的書寫方式難脫干係。在追求廣度並且採取淺薄、快速的教學方式下，教師多半以交代「事件」本身為滿足，匆忙的從一個事件快速的轉到下個事件，而很少能夠駐足較長的時間，帶領學生細細琢磨正探討的事件與其所在社會文化的背景關連、以及所引發的更廣泛的影響。

當然，掌握「變遷」概念，前提之一是能對橫跨廣袤時空的歷史發展進行綜觀的思考。這點的確構成年少學童心智上的一大挑戰。對許多中小學學生來說，「活在當下」是他們思想的習慣，但學習歷史以及「變遷」概念，需要適度的抽離「現在」，進入模糊而遙遠的「過去」之中，甚至得從跨越數百年的時間長河中來回辨識出某些現象的發展軌跡和意義，此確實有其難度。(51)不過，若從

(51) W. H. Burston, "The Syllabus in the Secondary School," in W. H. Burston & C. W. Green (eds.), *Handbook for History Teachers* (London: Methuen Educational, 1972), pp.62-63.

另一方面來說，具備「長時段」眼光之不易，卻也反襯出學習「變遷」概念以鍛鍊「概觀」式歷史思考的重要性。換言之，援「變遷」概念為課程架構，透過適切的教學途徑，歷史的學習當有助於打開學生封閉的視野，擴增他們狹隘的心智世界。

　　至於教學，無論採用哪種方法和策略，最直接有效的是選擇一些主題，依此主題標示出不同時期的差別，提供學生比較與觀察其中的不同與變化。必要注意的是，為了凸顯社會各種變遷的速度有快有慢，教師不應只專注於政治、軍事方面的演進，卻忽略生活習俗、思想觀念、價值態度如對家庭和少數族群等事物觀感的變化，因為這些層面的遞嬗多為緩慢累進，也更能映照出社會生活中屬於綿長和延續的一面。

　　尤其重要的，教師在呈現「變遷」的大輪廓之後，還應該藉由某些提問，進一步帶領學生進行探究，以便增強「變遷」概念的認知。例如可以導引學生思索：不同的時期裡，某項事物的面貌有何相同、不同之處（如工業革命前後工人的生活）？同一個時期中，哪些事物有了變化，哪些事物仍然延續以往（如「科學革命時期」人們的宗教態度）？為什麼有些發現（例如十七世紀哈維對血液「循環」的發現）並未促使人們生活立即改變（例如醫療習慣）？為什麼某些改變（例如現代科技的發展）有時被認為進步、有時被認為退步？這些問題的探索有助於學生跳脫常識性的思考，邁向歷史的思考。

　　當然，由洞悉歷史發展中哪些事態產生變化，進而探問促成這些變化的各種因素，學生還需要學習的是另一個關鍵思考：「因果概念」。

第三節 「因果概念」

　　如果針對中小學的歷史課堂中出現最頻繁的「問題」去進行調查的話，最後雀屏中選的很可能會是「為什麼？」這個問題。不難想像，許多歷史教師經常以「羅馬帝國為什麼會滅亡？」「法國大革命為什麼會發生？」「第二次世界大戰為什麼會爆發？」等方式向學生提問，以便啟發學生興趣，串連課程的進行。如此的教學趨向，多半得自一個基本信念：學習歷史最重要的就是去探究過去事件的因果關係，了解事情所以發展的原委；事件的原因確實可以透過研究為人所知，真相必能大白。

　　不過，相對於歷史課堂中，教師信心滿滿的向年輕學子一一揭露各項有關「為什麼」這類問題的種種因果牽連，在歷史學界內，近年來卻見「因果概念」的爭議頻生，關於歷史學家是否該把探究「為什麼」奉為最重要的工作目的這點，也屢屢受人質疑。在眾聲爭論的學界內，所謂「因果概念」，不再是一系列清楚分明的因素匯集，反倒是一組充滿不確定的關係網絡。職是之故，「因果」概念這個在歷史教學內經常獲得肯定的思考能力，並不是如許多教學者所想像的那麼容易學習，或所認為的理所當然。

一、「因果解釋」在歷史學中的爭論

　　什麼是「因果概念」？歷史學的首要之務即是探究事件的「原因」（cause）嗎？在 1960 年代，卡耳的確如此宣稱：「研究歷史就是追究原因。」「偉大的歷史家……是一個對新事務或在新環境裡

不斷地問『為什麼』的人。」❷而當代學者梅基爾（Allen Magil）也有此觀察：「在專業的歷史學家之間一個相當普遍的看法是，歷史研究要對知識有所貢獻，並且使這份研究不流於瑣碎的一個真正嚴肅的工作就是解釋（explanation）。」❸梅基爾這裡所稱的「解釋」正是一般常用的「因果」意義，也是卡耳所提的關於「為什麼」的問題。

　　然而，「因果概念」其實是歷史學一個備受爭議的問題。就在卡耳斬釘截鐵述說「因果」探究之重要的當時，他和另一位思想家以撒柏林（Isaiah Berlin）正為著「因果概念」是否含有「決定論」色彩以及歷史解釋中個人自由意志的地位問題爭執不下、友誼生變。❹甚且，當梅基爾指出史家常以因果解釋為要務這個現象時，他的目的並非附和，毋寧是質疑甚至挑戰那樣的認知。

　　問題之起，首先與「原因」一詞在哲學上模糊不清的意旨頗有關係。在英語世界中，「原因」本有：「什麼是『引發』事件的要素？」（What caused it?）之意。換言之，追尋「原因」即是找出「引發」或「決定」某個待解釋的事件之關鍵因素，也可說是找出促使事件發生的某個「決定性」動力。麻煩之處在於，這類事件之間的聯繫關係或許存在於物理世界中，並且成為自然科學家窮經累月、進行研究之目的，但就歷史學所面對的複雜多變的世事而言，是否

❷　E. H. Carr, 王任光譯，《歷史論集》，頁 78。E. H. Carr, *What is History,* p.87.

❸　Allan Megill, "Recounting the Past: 'Description,' Explanation, and Narrative in Historiography,"*American Historical Review* 94 (1984), p.627.

❹　林慈淑〈柏林與史家論「道德判斷」──兼談二十世紀英國史學的若干發展〉，《臺大歷史學報》第 38 期（2006），頁 249-264。

也能證明其中的確存在著具有「決定性」力量的「原因」？或者更該去分辨：「原因是自然世界中所有的一種關係，解釋則是智識或理性上的關係」？❺❺

　　此外，一般的自然科學家經常以尋求普遍性的「因果定律」為志。科學解釋所運用的概念工具往往要求高度的概括化和精確性。那麼，歷史學的「因果解釋」是否也同樣包含精緻的概化、並且不斷朝向「通則」歸納之路前進？

　　「原因」在語詞的意義和實際應用，如上所述有其曖昧，當中更涉及了歷史這門學科與自然科學、社會科學關係的糾葛，許多學者曾經相繼投入此一議題的討論中。例如哲學家韓培爾（Carl G. Hempel）推出歷史的「涵蓋性法則」（covering law）一說，欲闡明歷史確為經驗科學的一支，與物理學、生物學和地理學同類，也理當採用普遍性的概念去記述所研究的事物。❺❻他的論說曾在二十世紀中葉前後，引發討論熱潮。❺❼

　　另外，主張歷史學必須向社會科學的研究方式看齊的卡耳，對於將追究「原因」的作為看成是服膺「決定論」這樣的批評，也自有一番看法。卡耳以為，「決定論」的定義應是：「相信任何事件

---

❺❺　麥克·史丹福（Michael Stanford），劉世安譯，《歷史研究導論》（臺北：麥田出版社，2001），頁261。Michael Stanford, *A Companion to the Study of History* (Oxford: Blackwell Publishers, 1994), p.193.

❺❻　C. G. Hempel, "The Function of General Laws In History," in Patrick Gardiner (ed.), *Theories of History* (New York: Free Press, 1959), pp.344-356.

❺❼　麥克·史丹福（Michael Stanford），劉世安譯，《歷史研究導論》，225-229。Michael Stanford, *A Companion to the Study of History*, pp.214-218.

的發生都有一個原因或許多原因，並且某件事不能不如此發生，除非原因本身起了變化。」❺❽卡耳說，如此的「決定論」並無問題。他的確相信：「一切都有原因是我們能夠瞭解四周一切的必須條件」，❺❾如果沒有這種假定，便不可能進行任何的歷史研究。顯然，卡耳也十分篤定，「這些原因在原則上是可以找得出來的。」❻⓪

　　基本上，卡耳站在支持歷史學和自然科學兩者相近的一邊，深信歷史家和科學家都得不斷的問：「為什麼？」，兩者的研究目的亦大致相仿，都是要藉由追究事件的前因後果，「多少能夠瞭解和控制客觀的世界」。❻❶此正說明卡耳為何要求歷史解釋中所提出的原因應該具備某種程度的「一般化」基準。此即埋下他和思想家以薩柏林為了「偶然性因素」以及個人自由意志等問題大打筆戰的種子。❻❷

　　不過，與卡耳同輩的加登納（Patrick Gardiner）卻對某些哲學家努力要把歷史比擬為科學之舉，甚不以為然。他說：「歷史學家並不關心構造一般的假定或提出預測：他主要關心的是發現所發生的事情，描述……所發生事情的所有細節……因而，歷史學家和科學家分別使用的語言之間存在著根本區別，他們用自己的語言去描述著

❺❽　E. H. Carr，王任光譯，《歷史論集》，頁 84。E. H. Carr, *What is History*, p.93.

❺❾　E. H. Carr，王任光譯，《歷史論集》，頁 85。E. H. Carr, *What is History*, p.94.

❻⓪　E. H. Carr，王任光譯，《歷史論集》，頁 87。E. H. Carr, *What is History*, pp.95-96.

❻❶　E. H. Carr，王任光譯，《歷史論集》，頁 95。E. H. Carr, *What is History*, pp.103-104.

❻❷　林慈淑，〈柏林與史家論「道德判斷」——兼談二十世紀史學的若干發展〉，頁 219-270。

他們所關心的世界的特徵。」[63]加登納特別指出:許多人誤認「語言」就是「反映了、複製了或描繪了實在……」,殊不知,語言的使用因時制宜。加登納以此強調,「因果」一詞,在科學家和歷史家的使用中各有巧妙,不能類比,因為「……我們使用的這種語言與我們的目的和興趣有關,與我們試圖做的事情有關,與我們發現自己在任何時候所處的境地有關。」[64]

加登納試圖釐清,歷史學家縱或不能避免「因果」一詞,其目的和意義絕不同於科學界的慣用常規。他刻意的凸顯歷史學和科學大有區別。另一方面,加登納和卡耳有志一同熱衷於思考歷史的因果解釋問題,這又意味著他們對歷史學和因果探究兩者的密切關係,都有基本的認同度。當然,在加登納和卡耳的討論背後,是二十世紀初期以來,歷史學向社會科學取法的風氣盛行,探究式問題取向的研究大行其道,於是乎以提出問題、解決問題為主的因果分析模式,挾著「科學化歷史」的聲威,成為歷史寫作的主流。

然而,約自 1970 年代開始,前數十年的歷史科學化路徑似乎走到了一個難以突破的瓶頸。社會科學的研究典範,亦即專注於社會和經濟的歷史解釋,無論在方法或表述上,逐漸的失卻了活力。相對的,人類學深入各文化和價值系統之內的「厚重敘述」(thick description)樣式則一步步的攻佔了歷史撰述的山頭。也就是說,曾被視為過時落伍、瑣碎沒有意義的「敘述」歷史型態,逐漸又重現

---

[63] 帕特里克·加登納(Patrick Gardiner)著,江怡譯,《歷史解釋的性質》(北京:文津出版社,2004),頁 51。

[64] 帕特里克·加登納(Patrick Gardiner)著,江怡譯,《歷史解釋的性質》,頁 52。

於許多歷史著作之中。英國史家史東（Lawrence Stone）嗅出了這波回流的氣息。他在那篇發表於 1979 年的經典文章：〈歷史敘述的復興：對新的老舊歷史的反思〉（"The Revival of Narrative: Reflections on a New Old History"）內，努力捕捉和說明這一史學波動之所趨。**⑥**

史東所見歷史寫作上「分析」模式和「敘述」模式的此消彼長，至 1980 年代，進一步演成所謂「新文化史」（The New Cultural History）的登場和興盛。根據林・亨特（Lynn Hunt）的界定，「新文化史」是一種「詮釋的（interpretive）科學：它的目標是為了讀出（read）『意義──由當代人所鑄刻下的意義。』因此，文化史的中心工作毋寧在於解讀意義，而不是要去推論因果解釋的律則，⋯⋯。」**⑥**這種新的研究類型以解讀意義為目標，最終帶動了歷史探究重心的大轉向，也就是「是什麼？」這個問題逐漸凌駕於「為什麼？」之上，成為史家最為關注所在，而過去被視同棄婦的「敘述」，又再度成為歷史學的新寵。

應該注意，當以「敘述」為主的寫作方式重新站上歷史舞臺的中心，它的面貌並非全然未改。伯克（Peter Burke）說得極是：「如同歷史，歷史學（historiography）似乎也會重回舊調──但是帶著不

---

⑥ Lawrence Stone, "The Revival of Narrative: Reflections on a New Old History," in Lawrence Stone, *The Past and the Present Revisited* (London: Routledge & Kegan Paul, 1987), pp.74-96. 勞倫斯・史東，古偉瀛譯，〈歷史敘述的復興：對一種新的老歷史的反省〉，收於陳恒、耿相新編，《新文化史》（臺北：胡桃木文化，2007），頁 11-34。

⑥ Lynn Hunt, "Introduction: History, Culture, and Text," in Lynn Hunt (ed.), *The New Cultural History* (California: University of California Press, 1989), p.12.

同的彈法。」❻伯克指出,許多歷史學家確實意識到將敘述排除於歷史書寫之外的缺憾和不當,但不可否認的,在歷史與社會科學相依的階段內,歷史課題的範圍因「整體史」這個觀念而擴增了許多,例如結構性的力量(各種制度、思想模式……等等)即因此獲得前所未有的注意。而如何使過去多半是處理事件流程和人物意圖的「敘述」形式,也能轉而運用在結構性歷史的研究上,成了許多史家努力思索的課題。正是這個調和新、舊「敘述」需求的摸索,出現了諸如「微觀歷史」等「新的敘述型態」。職是之故,伯克說,這樣的突破不僅僅是「敘述」的「復興」,更可說是一種「敘述」的「再生」(regeneration)。❻

除了伯克外,伊格斯亦有類似的看法。伊格斯曾經評論道:「微觀歷史並不是舊式的社會科學歷史學的斷裂,而是它的延伸;微觀歷史再度發現了文化,也再次發現了那些在歷史變遷中扮演著中介角色的人們以及小群體的個別性。」❻

無論如何,1980 年代以來,「新文化史」類型的歷史書寫或許不能視為是對社會科學化史學研究的全盤反動,一前一後的發展之間既有斷裂,也有延續,但是,不可否認,這番轉折確確實實挑戰了「因果解釋」在歷史學中的固有地位。

---

❻　Peter Burke, "History of Events and the Revival of Narrative," in Peter Burke (ed.), *New Perspectives on Historical Writing* (Pennsylvania: The Pennsylvania State University Press, 1991), p.233.

❻　Peter Burke, "History of Events and the Revival of Narrative," pp.240-246.

❻　G. G Iggers, *Historiography in the Twentieth Century: From Scientific Objectivity to the Postmodern Challenge* (Hanover: Wesleyan University Press, 1997), p.112.

　　依前述所提，新文化史家多熱中於描繪個人及其所在的文化脈絡，使得因果問題的探析相對的受到冷落之外，另外一個原因則是歷史變遷中文化因素的影響力與重要性逐漸獲得重視和肯定，並導致過去那種以政治、經濟和社會原因所構築起的解釋典型出現了極大的裂縫。❼⓿

　　再者，「後現代主義」這股知識潮流也對「歷史知識」的可信性帶來極大的衝擊。如果文本、「原始」資料一如某些「後現代主義者」所強調的那般複雜難辨（tricky）、甚至不可相信，那麼據此所建立的歷史解釋恐怕更是大有問題了。❼⓵於是乎詹京斯說：關於「是什麼原因引發 1789 年的革命事件？」，此問題的答案根本是一個無窮盡的向後延伸、向外擴充的連鎖原因，而歷史家為了給出充分和必要的解釋，必須「合理的」在某些點上切入或切出，問題是，歷史家於抉擇時，並沒有一套合乎邏輯的方法可供遵循和參考。❼⓶詹京斯的質疑在於，「因果解釋」根本因人而異，是人為建構的事物關係。某些歷史學家所謂完整的把握過去事件的原因和結果之說，根本是天方夜譚之想；歷史家所得出的各種因果討論，既不完善，也充滿不確定性。在這類後現代觀點之下，歷史研究和因果解釋之間的密切聯繫，的確開始動搖。許多歷史學受此影響，不思追逐因果，轉而細緻的刻畫各式層層疊疊的文化表現及其涵義。

---

❼⓿　Ludmilla Jordanova, *History in Practice* (London: Oxford University Press, 2000), p.109.

❼⓵　Ludmilla Jordanova, *History in Practice*, p.110.

❼⓶　詹京斯，賈士蘅譯，《歷史的再思考》，頁 130。Keith Jenkins, *Rethinking History*, p.52.

　　以上種種力量的交互作用下，終使長期以來被視為密不可分的歴史學和因果解釋兩者間的關係成了有待重新檢視的議題。例如梅基爾剖析歴史研究和寫作的過程，即強調「解釋」決不是歴史家面對過去時的唯一可做之事。他以為，史家的工作應該包含四個部分。首先是就過去發生的事件或現象進行「描述」（description），此一目的必然要以敘事形式來達到。「描述」之後接著才是探究前因後果的「解釋」。而第三部分的工作是「辯證」（argument or justification），亦即分析和運用資料，俾證明己見。最終，歴史家還必需闡明過去的意義、提出「詮釋」（interpretation）。梅基爾指出，這四種工作會隨著歴史研究和書寫的階段不同，或先或後的成為史家工作的重心。**⓭**

　　在梅基爾的剖析下，「解釋」在歴史探究中的地位不復唯一和崇高。他的用心極其明顯，意圖扭轉過去之視「解釋」為歴史家主要職責的觀念。再者，他也不諱言，史家的這四項工作裡，他之看重「描述」或「敘事」更甚於「解釋」。他說：唯有「在敘述的基礎上，解釋才能出現」。**⓮**

　　梅基爾雖然沒有完全否定因果探究的必要，但致力於把「解釋」這個工作降格為歴史研究的各工作項目之一，且其重要性還遠不及「描述」。他的論說當有其特定目的，不過，這樣清楚分明的排出史家的研究步驟恐怕頗有商榷的餘地。所謂描寫、解釋、辯

⓭　　Allan Megill, *Historical Knowledge, Historical Error: A Contemporary Guide to Practice* (London: The University of Chicago Press, 2007), pp.96-98.

⓮　　Allan Megill, *Historical Knowledge, Historical Error: A Contemporary Guide to Practice*, p.103.

證、說明這些工作似乎無法如此截然劃分，它們不都是同時並進、
互相交錯的嗎？

即使如此，另一方面，也不乏史家如伊文斯（Richard Evans）力
拒後現代思潮與文化史導向對於「因果解釋」的鄙抑。伊文斯坦
承，時間中前前後後發生的事情，「我們已經毫無希望加以完全或
精確地重建……所以我們都是從過去的事件所織成的那個密實無縫
的網中，抽出一個精挑細選過的小小的部分，然後就把它呈現在我
們的歷史解說上。」❼伊文斯所不能接受的是，某些人卻因此完全
否定歷史的時間概念，否定現在和過去不同、現在乃是來自過去的
信念。他借用另一位學者的話宣稱：「……認為歷史學可以摒棄因
果概念，那是一種錯誤的設想。」❼

伊文斯也不忘回應後現代理論的批評。他指出，歷史研究的重
心之一是，必須針對資料和資料所在的部分歷史脈絡進行連結，但
是，歷史學家選取某些作為研究對象的脈絡，決非任意武斷的
（arbitrary）。此外，歷史學家也必須謹守某些專業研究的路徑，不
能隨意而行。❼伊文斯在此慎重護衛歷史研究程序的合理性，多少
能夠壓制過於激進的後現代主義者如詹京斯之言。

---

❼　伊文斯，潘振泰譯，《為歷史辯護》（臺北：巨流出版社，2002），頁
　　165。Richard Evans, *In Defense of History* (New York: W. W. Norton &Company,
　　1999), p.123.

❼　伊文斯，潘振泰譯，《為歷史辯護》，頁 180，Richard Evans, *In Defense of
　　History*, p.134.

❼　伊文斯，潘振泰譯，《為歷史辯護》，頁 181-182。Richard Evans, *In Defense
　　of History*, p.136.

　　伊文斯必須挺身捍衛因果概念的要義，姑不論其效果如何，從某種角度看來，這也正是反映 1980 年代末期和 1990 年代以來歷史研究的「轉向」：因果探究已不時興，文化史研究正是當道。然而，在另一方面來說，伊文斯的論證又顯示出，因果探究並未被歷史家全然遺忘。

　　誠然，無論是基於對事物的好奇心，或者各種認識過去的必要理由，「為什麼」這樣的問題應該仍然會在歷史學領域中繼續佔有一席之位，[78]雖然已經不再是獨一無二的地位。尤其在中小學的歷史教育中，「因果解釋」更是不可或缺的一環。例如英國 2008 年更新的「歷史科國定課程」內，「關鍵概念」下的第四概念即是：「原因和結果」（Cause and Consequence），要求學生「分析和解釋歷史事件、狀況和變化的因由和結果。」[79]而臺灣九年一貫社會科的「人與時間」領域內，共有十三項「能力指標」的條文，其中前十一條皆為學習的區域範疇，只有最後兩條才真正指向歷史學科能力。而第十二條即是：**2-4-6 了解並描述歷史演變的多重因果關係**。同樣的，在高中部分，無論是目前實施的「九五暫綱」，或是未來將推行的新課綱，皆有核心能力的規劃。其中，能「對歷史事件的原因與影響提出解釋」，是學生在「歷史解釋」項下必須培養的重要能力。

　　不難想知，有了課程綱要的引導，「因果」關係必然是一般教

---

[78]　Lawrence Stone, "The Revival of Narrative: Reflections on a New Old History," p.96. 勞倫斯·史東，古偉瀛譯，〈歷史敘述的復興：對一種新的老歷史的反省〉，收於陳恒、耿相新編，《新文化史》，頁 34。

[79]　請參考網址：http://history.csghs.tp.edu.tw/xoops2/。

師最常列為教學重心的歷史概念，至於各個教學現場中，「為什麼」的問題穿梭於師生的對話之間的熱鬧景況，更會隨處可見。

　　不過，研究者或教學者必須謹慎的是，歷經晚近的史學研究趨向和歷史理論的洗禮，一旦談到「因果概念」時，二十世紀前期的某些觀念框架恐怕已經無法繼續沿用，「因果概念」的思考有待重新梳理和釐清。

二、關於「因果概念」

> 因果關係的研究，在歷史領域內，既是重要的，也是很有爭議的。所以重要，是因為去確立一些先前的條件在歷史事件的發展上可能扮演怎樣的角色，這應該會增益我們對歷史的理解。至於爭議，那是因為在歷史中，因果關係不是指向簡單的原因一結果關係。相反的，許多在時間中發生的行動和事件，都可能對歷史事件的形成有著某種程度的作用。[80]

　　以上這段話，頗能一針見血道出目前歷史學看待「因果概念」的一些立場。這些思考乃最近的數十年來，學界研究探討所得。因此論及「因果概念」的教學，實有必要先建立和掌握此一學科概念的相關內涵和特色。以下且嘗試歸納目前對此概念的一些看法，以

---

[80] James F. Voss, Joseph Ciarrochi and Mario Carretero, "Causality in History: On the 'Intuitive' Understanding of the Concepts of Sufficiency and Necessity," in James F. Voss and Mario Carretero (eds.), *International Review of History Education Volume 2: Learning and Reasoning in History* (London: Woburn Press, 1998), p.199.

供參照。

(一)今日史家面對過去時,與他們的前輩並無兩樣,必需孜孜不倦的檢閱各種資料,從中抽絲剝繭的推導出一套言之成理的歷史解釋,但同時許多史家也心知肚明,「真正的」、「最後的」因果建構難以達成。

有學者說,歷史如一張無縫的巨網,❽事件之間的關連千絲萬縷,難以窮盡;再細心的捕捉,總有掛一漏萬之處。亦有人謂,世事如麻,時間中各種事物紛沓湧至,其中根本亂無章法,所謂的因果秩序乃史家所建造而成。以上無論哪一種歷史圖像的勾勒,都透露出同樣的訊息:完整的歷史解釋不可得。如依據丹托(Arthur C. Danto)的辯證,所謂全面的描述歷史事件,絕無可能,❷那麼同樣的,欲尋求全面的歷史解釋亦面臨著不可能之難。尤其過去已經一去不返,史家的探究畢竟屬於事後之明,是針對既成「事實」進行的研究和解說,其最終所得的結果根本無法藉由重演而驗證。史家甚至難以斷定,究竟什麼是事件發生的決定性因素,或者自己是否已經網羅了所有重要的因素。這份不確定性諒必讓許多治史者大感挫折。但也正因此,史家個人的判斷有了可以揮灑的空間。

(二)事件與事件之間的關係不是自明自存,「……歷史的原因不是想當然的,它需要我們去探索……。」❸於是,選擇哪些因素以

---

❽　麥克・史丹福(Michael Stanford),劉世安譯,《歷史研究導論》,頁225。Michael Stanford, *A Companion to the Study of History*, p.167.

❷　Arthur C. Danto, *Narration and Knowledge* (New York: Columbia University Press, 1985), p.18.

❸　馬克・布洛克,張和聲、程郁譯,《歷史學家的技藝》(上海:上海社會學

及賦予這些因素層次不等的意義,端賴史家的慧見和決斷。在此,價值判斷無可避免的涉入其中。史家個人的特殊信念、經驗、觀察的距離和角度……等,❽都可能影響其研究所得。如年鑑史家布洛克(Marc Bloch)也承認:「把原因分成各等級,……這總是一種選擇,在所謂與『條件』對立的『重要原因』這一概念中,顯然含有非常任意的成分。」❾

布洛克所以言明「任意的成分」,自然是要點出:價值判斷的存在。布洛克當然也清楚,這並不意味史家選擇和決定任何相關的因素時,可以完全不受專業研究程序的約束。無論如何,在因果關係的探究上,多元解釋是合理的、也是必然的。

㈢事件所以發生是來自多種因素匯集一起而產生的作用,是各種條件和因素之間互動的結果。由此來看,「因果關係」猶如一個龐大的關係網絡(network),而不是一個直線發展的因果鏈,更非一個個孤立的事項羅列。❾

進一步來說,所謂「因果解釋」,乃是去解釋由事件、過程、事物狀態所交織成的一大片關係,而非引介一系列前後接續而來的

院出版社,1992),頁 144。

❽ T. Lomas, *Teaching and Assessing Historical Understanding*, p.12.

❾ 馬克・布洛克,張和聲、程郁譯,《歷史學家的技藝》,頁 141。

❾ Peter Lee, "Putting Principles into Practice: Understanding History," in M. Suzanne Donovan and John D. Bransford (eds.), *How Students Learn History in the Classroom*, p.53. Jesús Domínguez and Juan Ignacio Pozo, "Promoting the Learning of Causal Explanations in History Through Different Teaching Strategies," in J. F. Voss and Mario Carretero (eds.), *International Review of History Education vol. 2: Learning and Reasoning in History*, p.346.

發生之事，以及最後如何擠壓出一個單一的結果。尤需注意的是，許多學者提醒，進行歷史分析時，各因素之間的關係與因素本身同等重要。**❽**

　　㈣與事件發生相關的各項因素並非都是等值，它們的重要性各有差別。在因果解釋的程序中，史家除了需要辨識相關的因素外，還必須評估它們相對的重要性，並將各個因素建成某種等級結構（hierarchy），**❽**以標示各因素和待解釋事件之間的不同關係。雖然在實質的歷史表述上，各因素的等級位階或許未必得到明顯而刻意的呈現，但是，細心的讀者必能從字裡行間辨識出具有創見的歷史之作如何區辨定位各個相關要素。

　　㈤因果解釋應該包含兩個部分，一是關於人們行事的理由（reason）、意圖（intention）或動機（motivation），一是一般性的原因（cause）。前者是指當事人向外宣稱的理由，或者並未言明的意圖，或甚至不曾意識到的動機。在許多事件中，當事人的預期或許和事件後來的發展大相逕庭，但這並不代表人的因素在整個歷史的發展上全無作用或意義，因而不值得史家一哂。事實上，人的各種內外在動機正是歷史現象所以具有「獨特性」（uniqueness）的由來。**❽**

　　㈥另一方面，許多事情即使不是出於任何人的意圖卻仍然發生

---

❽　Peter Lee, "Putting Principles into Practice: Understanding History," in M. Suzanne Donovan and John D. Bransford (eds.), *How Students Learn History in the Classroom*, p.53. D. Shemilt, *History 13-16: Evaluation Study*, p.32.

❽　T. Lomas, *Teaching and Assessing Historical Understanding*, p.11.

❽　Terry Haydn, James Arthur and Martin Hunt, *Learning to Teach History in the Secondary School*, p.102.

了，尤其某些大規模的事件和過程如文藝復興、工業革命更是如此。在這些事例中，史家更需要討論的是「原因」。

　　為了更方便的確認原因和事件之間的關係，史家經常會將「原因」分門別類，以利辨識。例如來自年鑑學派史家的影響而經常出現的一種分類是：「長程原因」（the *longue duree*）、「中程原因」（the intermediate duration）、「短程原因」（the very immediate）。❾⓿不過這一分類法中，各因素與事件發生的時間距離之遠近成為主要的歸類衡量標準，因此亦有反對者質疑：究竟多遠的時間距離才能歸入「長程的原因」，恐怕難有定論。❾❶另一種也常見的分類是：「充分因素」（sufficiency）相對於「必要因素」（necessity）。❾❷然而，「充分」和「必要」因素的定義亦因人而異。或謂「充分因素」是指有利於產生或帶來某個結果的因素，「必要因素」則是導致事情必然會發生的因素。❾❸但這不是定論，也有學者持相反之見，認為「充分因素」是使得事情必然會發生的原因，而「必要因素」是指事情發生的基礎，卻不是促使事件必定發生的條件。❾❹

❾⓿　Frederick D. Drake and Lynn R. Nelson eds., *Engagement in Teaching History: Theory and Practices for Middle and Secondary Teachers*, p.57.

❾❶　Terry Haydn, James Arthur and Martin Hunt, *Learning to Teach History in the Secondary School*, p.102.

❾❷　James F. Voss, Joseph Ciarrochi and Mario Carretero, "Causality in History: On the 'Intuitive' Understanding of the Concepts of Sufficiency and Necessity," in James F. Voss and Mario Carretero (eds.), *International Review of History Education Volume 2: Learning and Reasoning in History*, pp.200-201.

❾❸　T. Lomas, *Teaching and Assessing Historical Understanding*, p.10.

❾❹　James F. Voss, Joseph Ciarrochi and Mario Carretero, "Causality in History: On

　　除此之外，某些學者主張有必要分出「原因」（causes）和「背景條件」（background conditions）之差別。**⑤**兩者的分別標準在於「背景條件」極少變動，而「原因」則相對的屬於快速變動之部分，亦即「原因」經常是人所不曾預期的，或是不同於一般常態（normal）下的事務狀態、行動。**⑥**還有學者強調「意圖性原因」（intentional causes）和結構性原因（structural causes）之不同，必須將兩者鑑別清楚。**⑦**

　　以上各種「原因」的分類，皆出自不同的基點。**⑧**學者之間的

the 'Intuitive' Understanding of the Concepts of Sufficiency and Necessity," in James F. Voss and Mario Carretero (eds.), *International Review of History Education Volume 2: Learning and Reasoning in History*, pp.200-201.

⑨ Peter Lee, "Putting Principles into Practice: Understanding History," in M. Suzanne Donovan and John D. Bransford (eds.), *How Students Learn History in the Classroom*, p.54.

⑯ James V. Foss, Mario Carretero, Joel Kennet, and Laurid Ney Silfies, "The Collapse of the Soviet Union: A Case Study in Causal Reasoning," in Mario Carretero and James F. Voss (eds.), *Cognitive and Instructional Processes in History and the Social Sciences* (New Jersey: Lawrence Erlbaum Associates, Inc., 1994), p.408.

⑰ Mario Carretero, Liliana Jacott, Margarita Limón, Aaunción López-Manjón, and Jose A. León, "Historical Knowledge: Cognitive and Instructional Implications," in Mario Carretero and James F. Voss (eds.), *Cognitive and Instructional Processes in History and the Social Sciences*, p.367.

⑱ 英國歷史教育學者 Arthur Chapman 也歸納出常見的原因分類有四種標準，分別是：內容（content）（如政治因素、經濟因素……）、時間（time）（如長程、短程）、作用（role）（如導火線、先決條件）、份量（weight）（如充分因素、必要因素）。Arthur Chapman, "Camel, Diamonds and Counterfactuals: a Model for Teaching Causal Reasoning," *Teaching History* 112 (2003), p.47.

歧見,顯示所謂的「因果」,本為史家主觀的展現。這也應和了布洛克所說:把原因分成各種等級只是為了便於思考,而不能將分類絕對化。❾❾換言之,需要檢視的重點在於史家所提出的任何一套原因解釋能否「自圓其說」、言之成理。而英國歷史教育學者李彼得更是指出,各種原因的選擇應該以時代脈絡為導向(context-related),並須從相互連結的各種情況中去確認諸項原因的關連程度。此外,哪些因素屬於背景,哪些因素理應列為前景(foreground)或原因,還得視史家所欲探究的問題而定。李彼得舉例說,關於「西羅馬帝國為什麼會衰亡?」這個問題至少可以從兩個角度來考量。第一個角度是:它已經成功的抵擋蠻族數百年之久,為什麼會在「五世紀」衰亡?第二個角度是:東部並沒有衰亡,為什麼「西部」會在五世紀衰亡?前一個提問的參考點是前幾個世紀的情況,因此,思考的重心在於五世紀時,西羅馬帝國發生了哪些特殊的事件或過程。後一個提問的參考點是羅馬「東部」的狀況,必須處理的是五世紀時,羅馬帝國的西部,相對於東部,所出現的一些因素情況。❿顯然問題重心不同,史家所圈選的原因和背景也隨之有異。

　　上述六個「因果」要點,展現出二十世紀以來歷史學理論的發展,以及「因果概念」的內涵和意義所起的變化。如今歷史家對於人類事物的複雜特質有了更多認識,從而在看待「因果」問題的研

---

❾❾　馬克・布洛克,張和聲、程郁譯,《歷史學家的技藝》,頁141。

❿　Peter Lee, "Putting Principles into Practice: Understanding History," in M. Suzanne Donovan and John D. Bransford (eds.), *How Students Learn History in the Classroom*, p.54.

究時，比以往多了一份不確定性，當然也可以說，這或許是來自歷史學界對事件的前因後果有了比以往更為深刻的理解所致。而此一觀念的移轉也連帶促成「因果概念」教學的新思考。

三、一些教與學的討論

探索「因果概念」的意義在於，唯有掌握這個概念的內涵在先，才能進一步規劃歷史教學的目的，甚至依據不同的學習階段，設定合宜的教學目標。但擬定任何教學方案前，還有另一個重要的層面不宜忽略，此即學生既有的「因果概念」究竟為何。這方面的瞭解將有助於教學者找到有效的著力點、確立教學的方向，無論是需要去鞏固、或修正、或發展學生腦中本有的「因果概念」。

近年來一些國外學者積極從事學生「因果概念」的實證探究，關於兒童和青少年學習「因果概念」時的思考障礙和困難，也有具體的成果面世，提供歷史教師教導「因果概念」時參考。以下是目前探究所見，年輕學子思考「因果」問題時的一些認知取向：

㈠如前所提，史家談及「原因」，指的是針對一些事物或狀況之間的「關係」所做的抽象陳述。但許多學生會把「原因」看成是特殊的「事件」，這個事件具有某種力量（power），促成新的事件發生。[101]在此，學生應是把原因視同物理性的「動力」（agency），可以「驅動」事件，有如推動一輛汽車那般往前邁進。[102]很明顯

---

[101] Peter Lee, "Putting Principles into Practice: Understanding History," in M. Suzanne Donovan and John D. Bransford (eds.), *How Students Learn History in the Classroom*, p.51.

[102] D. Shemilt, *History 13-16 Evaluation Study*, p.30.

的,學生持有的是機械式的歷史解釋。依據這樣的看法,原因在事情發生中所具有的作用不是「零」就是「一」。學生可能想像,原因如果沒有出現,就沒有什麼事情會發生,而事情若沒有這樣發生,也不會以別的方式發生。⑩

㈡學生若以物理性力量來類比歷史的原因時,也可能會想像「原因」具有「取代性」(substitutability)。例如他們會說:「就算沒有希特勒,第二次世界大戰還是會爆發,因為總有別人同樣渴求權力。」⑩此類思考一方面顯示學生對於歷史因素的「獨特性」認識有限,一方面也可推測:兒童趨向以「不可避免的」或「必然的」的角度來看待事件的發生,認為只要某種「原因」俱備,事情就必定會依循著一定的方向前進。當然,在學生的認知中,歷史「不確定性」這樣的意識大概還未能生根著地。

㈢學生往往在思考「因果解釋」時,忽略了人的動機和意圖之重要性。尤其當歷史人物所構思的計畫或者預擬的行動與事情後來的發展有了出入時,學生更習於認為,這些當初的動機和意圖已無關緊要、或根本不需理會。學習歷史者所以把未能實現的動機或預謀完全排除於歷史解釋之外,或許是因為他們並不瞭解,那些他們以為走「偏了」(goes wrong)的歷史,往往還是在不同的程度上受到最初動機的啟發與影響。⑩

---

⑩ Peter Lee, "Putting Principles into Practice: Understanding History," in M. Suzanne Donovan and John D. Bransford (eds.), *How Students Learn History in the Classroom*, pp.51-52.

⑩ D. Shemilt, *History 13-16 Evaluation Study*, p.31.

⑩ Peter Lee, "Putting Principles into Practice: Understanding History," in M. Suzanne

　　㈣某些學生面對過去的事件時，經常會出現的思考傾向是化繁為簡，喜歡尋求唯一的、清楚分明的原因，除此之外的其他原因，在這些兒童的心中，都是多餘而不需要的。⑩這是種簡單的理解事物的方式，對兒童卻很有吸引力，教師則應該慎加注意並適時的引導修正。

　　㈤當學生不清楚所謂「原因」指明的是事物之間的「關係」時，他們也很容易把「原因」視為是一個個各自獨立的事物（discrete entities），並且習慣用表列方式逐一排出種種因素。學生甚至認為，表列中若有越多的原因，事件也就越可能發生（或者是事件越是重大，表列就應該越長）。還有些學生相信：原因有如一個線性鏈條（liner chain），一個原因導致一個事件，這個事件又導出下個事件，如此前後接續，彷彿一次又一次的捶擊，推動著結果前進。雖然這個想法相較於只是把原因堆砌和累積起來，確實是更為有力（powerful），不過，這與歷史學家進行歷史解釋所強調的複雜與互動關係之概念，相距仍然遙遠。⑩

　　可以想見，學生所以會有上述那些「因果概念」，與其所接受的教育難脫干係。的確，許多學者直指傳統歷史教學對於受教者認

Donovan and John D. Bransford (eds.), *How Students Learn History in the Classroom*, p.49. D. Shemilt, *History 13-16 Evaluation Study*, pp.32-33.

⑩ Terry Haydn, James Arthur and Martin Hunt, *Learning to Teach History in the Secondary School*, p.101.

⑩ Peter Lee, "Putting Principles into Practice: Understanding History," in M. Suzanne Donovan and John D. Bransford (eds.), *How Students Learn History in the Classroom*, p.52.

知的不良影響。例如在一般的教學中，教師處理「因果」概念的方式往往就是直截了當地讓學生知道事件發生前的一些要素，並要求學生熟記和背誦。⑩而如果教師提及各種因果解釋時少有批判和反省的態度，學生唯一要做的就只是將教師和教科書所提供的事項複製於腦中，那也難怪他們以為因果關係是內含於事物之中，是固定的、無可爭辯的。

此外，教科書中的因果分析，經常是割裂（cut）而生硬（dried），⑩比如常見將「原因」呈現為一個又一個前後時間中所發生的事情，⑩或者以條列方式「簡明整齊」的排出政治、經濟、社會、文化因素等「原因表」。至於這些因素彼此之間的互動關係以及和待解釋事件的關連性多半闕如。久而久之，學生所接收到的印象難免是：「原因」是一些孤立事項的總匯，或者是一連串連續發生的事情。

近年來，越來越多的歷史教育學者倡議讓學生真正體驗和培養歷史思考，而當論及「因果概念」的教學時，也同樣呼籲教師應該捨棄過去刻板填鴨的方式，提供更多讓學生參與建構因果解釋的機會。也就是透過問題、實作的方式，教學者可以引導學生學習如何

---

⑩　Christopher Chambers, "Teaching Causal Reasoning," in Martin Hunt (ed.), *A Practical Guide to Teaching History in the Secondary School* (Oxon: Routledge, 2007), p.49.

⑩　D. Thompson, "Understanding the Past: Procedures and Content," in A. K. Dickinson, P. J. Lee and R. J. Rogers (eds.), *Learning History* (London: Heinemann Educational Books Ltd., 1984), p.178.

⑩　Terry Haydn, James Arthur and Martin Hunt, *Learning to Teach History in the Secondary School*, p.101.

判定原因的輕重、組織各種因素、建立合理的因果論說。最重要的，此一教學模式促使學生真正認識因果關係之複雜，以及史家在研究中必須發揮的能力和作用。

　　但不可否認，欲合乎上述理想的「因果概念」教學，必須面對一個問題：如何提供恰恰足夠的背景知識，藉此使學生得以發展歷史思考的能力？⑪觀諸史家之從事歷史探究，經常得要先熟悉大量的史事細節，始能較為完整地掌握事件的原因。但在學校中，學童所見到的歷史大都經過選擇，過於簡化和一般化（generalization），著實很難藉此讓學習者從中瞭解廣泛的背景脈絡。⑫在這樣的現實下，要去責求中小學的歷史課堂能夠全面的實踐更好的「因果概念」教學，恐怕陳義過高。尤其對年幼的學童而言，去推論複雜的因果關係，並非容易之事，因果概念的教學必須循序漸進。

　　「因果概念」一如其他歷史思考和能力的培養，必須落實於「深度的」教學型態上，始有充分的時間讓師生共同投入歷史的探索之旅。當然。回到當前歷史教育的實際情況來說，這涉及的又不僅僅是個人教學方式的調整而已。但是，在各種環境條件的改善之前，個人以為，教學者最需要的倒是在歷史教學觀念上的自我更新與改變。

---

⑪　Christopher Chambers, "Teaching Causal Reasoning," p.58.

⑫　T. Lomas, *Teaching and Assessing Historical Understanding*, p.13.

結　語

　　歷史教育的爭議經常由訂定課程綱要或課程標準而起。如本書
第一章所見，英國、美國的情況如此，另外，臺灣、澳洲亦曾如
是。且看 2006 年，澳洲首相霍爾德（John Howard）提出制訂澳洲史
課程標準方案，並宣告將把澳洲史列為該國九年級和十年級學生的
必修課程。此案一出，隨即引發朝野的爭論與批判。有從政府干涉
教學自由的角度發聲者，也有針對課程標準內容的設定大加抗辯
者。總之，從該不該訂有全國統一施行的課程綱要，到課程綱要內
的知識範圍如何安排取捨，澳洲社會各界眾議紛紛。迄今為止，該
國的歷史科國定課程仍未定案，爭論也還在持續之中。

　　但是，課程標準往往只是爭議的引爆點，而不是根源。歷史教
育爭議的根本毋寧更在於看待學校歷史科的方式有異。分歧的看法
中包含著歷史教學的三大環節：「為甚麼要教歷史？」、「歷史要
教甚麼？」、「歷史要如何教？」。

　　「為什麼要教歷史？」涉及歷史教育的目的。「歷史要教什
麼？」總是和教「事實」或者教「思考」與「能力」的爭執脫離不
了干係。至於「歷史要如何教？」其中一個主要的關鍵即是：歷史
課程結構的安排。以上三大環節也正是本書二至五章處理的重點。

　　如本書所見英、美的歷史經驗，從歷史進入校園之中，成為學

校的科目之一、公民教育的一員，百餘年來，在歷史教學的三大環節問題上，主要有兩種觀點相互爭競。「政治」和「社會」觀點由來已久。將歷史教學的目的與意義縛繫於政治和社會的功能，是許多人思考歷史科的路徑。如英國的懷特、美國的巴騰，都相信歷史教學必須有用於社會向心力的凝聚、國家命脈的維續。雖非絕對，多數持此觀點者支持教師必須教授事實，更甚於教導思考和能力，唯有如此，歷史科才能擔負起外界所賦予的重責大任。同樣的，當面對有關歷史課程型態的選擇時，這類看法更易偏向傳統逐年敘事的「編年體」形式，認為這類編年體的架構內容可以提供學生一套首尾齊全、清楚明白的國史發展。

站在「政治」和「社會」的立足點凝望學校裡的歷史教學，某些社會人士以為，「歷史」是一套既定的、不容爭議的事實系統。他們對於「歷史」的理解可能類如十九世紀中期至二十世紀初期的認知。另外，也有歷史或非歷史專業研究者，堅持「歷史研究」和「歷史教學」目的不同，兩者不能一概而論。他們承認「歷史研究」可以追求學術的深度，但歷史教育應該服膺公民教育以及社會國家利益的統領。

「政治」和「社會」觀點約在 1980 年代之後，面臨了來自「學科」觀點的強力質疑。屬於學科觀點的李彼得、溫伯格，堅稱課堂中的歷史與研究室的歷史不能相互背離。「歷史」作為今人對已逝過去的建構，有其不確定性，也容許不同解釋的並立。但這門學問歷經多年的發展與錘鍊，已陶鑄出一套公開的知識規範和基準，以及特有的觀照事物的角度，「歷史」亦因此獲得學術專業的地位。而學校歷史若以政治和社會的目的為優先，將無法逃脫為任

何既有的政治立場或社會價值背書、宣揚的命運。學科觀點論者警告，如此一來，「歷史」作為一門學術該有的誠信將因之破產，學校所教授的雖具「歷史」之名，卻早已遠離「歷史」之實。

另一方面，植基於學科角度，李彼得等人確信，歷史教學可以幫助學生養成「歷史思考」以及帶領學生深刻理解這個變動的世界。此一價值作為學校教導歷史、設置歷史科的理由，充分有餘。自然而然，這也意味著學校歷史課不能偏廢於史實的傳授，必須兼顧歷史思考能力的引導。這些學者並注意到，缺乏問題意識、羅列各種毫無關連的史事的「編年體」敘述，既無法幫助學生陶冶出綜觀全局的宏大眼光，也無法培養深刻的思想方法。他們認為，從議題出發的「發展史」，輔以「主題取向」的設計，兩者結合為新型態的「編年體」綱要架構，既可融入歷史思考的教學，又可展示宏觀的歷史圖像，是最能符應當前教學理想的課程形式。

剖析「政治」、「社會」觀點和「學科」觀點，顯示出「歷史教學」的主張經常是整體關連。如兩種觀點對於為什麼要教歷史、歷史要教什麼，歷史如何教這三大問題，有著一貫的邏輯思慮。換言之，在歷史教育爭議中，對立各方從一開始談及「歷史教育的目的」時，多半就已分道揚鑣，以致於漸行漸遠。不只如此，更值得注意的是：人們對「歷史教育」的期望中，還反射著有關「歷史」的一些想像，亦即如何看待「歷史教育」，經常取決於如何看待「歷史」。

著眼「政治」和「社會」性目的者，視「歷史」為一套固定的事實體或資料庫，歷史的功能在於提供有用的素材，增強愛國主義或道德教育。相反的，若是理解「歷史」為一門探究過去的「學

科」，「歷史」不只是事實知識，還是一種知識形式，那麼思索歷史教育時，關切的重心必然逐漸放在教導歷史學科的知識特質及其意義上，此包括史家建構過去、組織史事時所依憑的概念，如本書第六章所介紹的時序、變遷、因果概念，此外尚有證據、多元解釋、記述（account）等概念。如此說來，面對衝突的「歷史教育」之見時，或許，首先應該檢視的是潛藏在彼此背後的「歷史」之影。

本書大費周章，將英國、美國多年來歷史教育的爭論梳理出幾大脈絡和議題，深入分析，不能說沒有一些基本的設想。環顧各起歷史教育的爭議，無可否認，其中難免夾雜著人的複雜情感認同，以及由此引發的情緒激盪。但是，人們對歷史教育這件事所持觀念的根本歧異絕對是不可略過的要素。職是之故，理性探究認知差異所在，應為理解甚至解決爭議的重要一步，同時，也是約束情感、使之不任意奔放的必要方式。

個人以為，在英、美歷史教育的論爭中，從「學科」出發的觀點確可呼應現代歷史學所勾勒的「歷史」形象：「歷史」不只是「事實」，更是一個過程、一個論辯。英國歷史學者阿諾（John Arnold）的說法淺顯易懂。他以歷史是「真實的故事」（true stories），進行說明：

> 歷史是「真實的」，這是說它必須與證據和所召喚的事實相符應。……同時，它是「故事」，這是說它是一種詮釋（interpretation），須把那些「事實」放入更廣闊的脈絡（context）或敘述（narrative）之中。歷史家說故事，就是他們

得要說服你（還有他們自己）某些事情。他們說服的方法部分
要遵從「真實」，比如不虛構事情……，但是也要去創造一
個有趣的、連貫的、有用的敘述。過去本身不是一個敘述，
整體來看，過去如同生活那般無序、混亂而複雜。歷史就是
要去理清紊亂，從雜亂的漩渦中尋找或者創造模式、意義與
故事。❶

　　正因此，歷史是一種「探究」，歷史也是探究後所說出的「故
事」。史家在探究和說故事的過程中必須與過去論辯、與證據論
辯，也得與其他的史家論辯。由這樣的歷史之義出發，歷史課的要
務確實不該放在教導和背誦一套固定的故事上，而有必要引導學生
學習考察故事從何而來，以及學習評估各種觀點不同的故事的方
法。唯其如此，歷史教育儘管無法完全擺脫政治勢力和意識型態的
糾纏，卻可能在最大的程度上保有學術的誠信，維護歷史的自主和
批判性。歷史教育不會因此淪為打手，成為工具；所教的歷史，不
會空有其名，而是名符其實。

　　近年來，因歷史教育而產生爭論，各國時有所聞。另一方面，
歷史教育改革的呼求，也不斷的在各地集結湧現。但任何改變，觀
念的溝通最是困難，亦是最主要的關鍵。

　　數年前，兒子同學的媽媽在電話裡問及工作性質，當我告知在
大學擔任歷史教職時，她竟脫口而出：「哇！那你的記性一定很

---

❶　John H. Arnold, *History: A Very Short of Introduction* (Oxford: Oxford University
Press, 2000), p.13.

好！真佩服！」電話的這頭，我儘管不服卻也無奈，不知該如何辯解起。歷史就是無窮無盡、各式各樣的史實，這樣的意象或許隨著許多的歷史課，早已深入人心。如果我們期望有所改革，改變人們的「刻板」印象，改變「歷史」的形象，歷史教學者恐怕得先自我調整：調整對「歷史」的看法，調整對「歷史教育」的觀念。那麼，英、美歷史教育學者數十年來激盪出的思想結晶，值得我們思慮再三。

附錄一

帶得走什麼能力？
——九年一貫「統整」課程概念的矛盾*

前言：奇怪的現象

最近幾年，我們的教育界中出現一個奇怪的現象：凡在公開場合談到國中小的教育時，大家有個禁忌或者默契，最好不要提到「學科」這兩個字；不能說「歷史科」，或稱自己是「歷史老師」，因為這代表了落伍、知識本位。那麼不能稱「歷史」、「地理」，要稱什麼呢？新的時代中正確的稱呼是「社會學習領域教師」或「人與時間」、「人與空間」主題軸。至於教科書內更是千萬不能出現：「歷史」、「地理」、「公民」這樣的標題，得改稱「主題一」、「主題二」或「單元一」、「單元二」……。

上述現象當然有許多值得探討的層面。自此，我的質疑是：這些已具百年以上學術傳統的「學科」曾幾何時竟然成了防堵教育進步的絆腳石？究竟捨「歷史」而改用「人與時間」是基於什麼樣的假設與觀察、又達到什麼樣的功效？「學習領域」此一許多專家學

---

* 本文原發表於《歷史月刊》，225 期（2006 年 10 月），頁 108-114。文中所談現象當然與今天的實際情況已有落差，不過其中有關歷史教學的思考與本書內容仍有可以呼應之處。除了一些字句的更動外，本文幾乎保留原文的架構與脈絡。

者為診治臺灣中小學教育沈痾所開出的藥方，是否的確袪除了我們根深蒂固的教育之病？

推展數年的九年一貫改革課程，迄今已有許多經費和人力投入新課程的研發與落實工作。但大家有目共睹，實際教學中的狀況卻似乎離當初訂定的規範條文越行越遠，「統整」的理想始終無法貫徹；名為合科教學，行的卻是分科之實。究其原因，絕不應簡單地以「執行無方」加以歸結或苛責。在各種的嘗試與努力之後，似乎更有必要去檢討，問題的癥結有沒有可能並不在執行面，而在規劃面？

檢討九年一貫課程統整的聲音不可勝數，多數的討論都環繞在執行面如改革過於倉促、各界仍習於舊思維而怯於新的嘗試、或教師知能不足……等問題上。本文想要藉由「學習領域」的概念與規劃入手，說明九年一貫課程改革本身的自我矛盾之處。亦即此一課程設計理念不但在現實中窒礙難行，甚至根本與原初「帶得走的能力」的期待無法相容。統整課程和「學習領域」容或是為了解救臺灣長期以來僵化的教育而生，但卻是一條走不通的死胡同。唯今之計，只能誠心面對、改弦易轍，重新啟航。那麼展望未來，如何調整方向？個人以為，解決長久以來的教育之弊，不是消除學科，反倒是要讓中小學教育真正回歸「學科」本身。

一、九年一貫課程：三大要素和一種思維

九年一貫的課程改革實奠定於三大要素基礎上，而且細究這三大要素，無不與美國二十世紀的教育理論息息相關。這三大因素分別是：

㈠**能力本位**：根據教育部所頒訂的「國民中小學九年一貫課程綱要」，國民教育的目的「在於透過……學習領域教育活動，傳授基本知識，養成終身學習能力，培養身心充分發展之活潑樂觀……的健全國民。」因此培養學生「帶得走的能力」，使這些未來的現代公民能有用於社會，乃是九年一貫課程的最高宗旨。

事實上，強調學生經由學習而具備各種能力，的確是二十世紀以來許多國家的中小學教育致力發展的目標。以歷史教育而言，如英國自 1970 年代開啟歷史教學改革的風潮，至 1990 年代制定新的國定歷史教育課程綱要，即以實質知識和思考能力兩方並重作為革新教學的訴求。而 1994 年美國加州大學分校「全國學校歷史科教學中心」所公佈的「全國歷史科標準」（National Standards for History）中，也同樣標舉五項歷史思考作為歷史教學的準則。此一歐美歷史教育的大趨勢殆是二十世紀下半葉反思學校教育與現實生活「關連性」（relevance）的產物。九年一貫課程極力強調培養學生的基本能力，應當也是這股教育改革掀起的浪潮之一。

㈡**課程統整**：九年一貫課程制訂小組宣稱，由於原有的國民教育課程中，存在著國中與國小銜接不良、分科太細、課程標準規定太嚴、不利於教科書開放等問題，所以九年一貫課程必須轉而採取「開放」、「一貫」、「統整」的方向。其中，統整的基本理念是：「跳脫學科本位的考量，捨棄繁雜瑣碎的教材，重整課程目標與內容結構，注重知識的轉化、深化與生活化，強調『帶得走的能力，而不是帶不動的書包』。」這段話說明了課程統整在這波課程改革中被視為培養學生能力的重要媒介，而其背後有著這樣的假設：分科教學只會落入學科本位的窠臼中，各科目所教導的教

材經常繁雜無序，徒然構成學生沈重的知識負擔，卻與實際生活無關；依此，必須將課程重新規劃調整，始能活化教育。

當然，統整課程的思維並非首創於臺灣，例如臺灣教育學界相當熟悉的美國教育學者畢恩（James Beane）倡議課程統整極力。他說：想像我們生活中面臨某些問題和難解的困境時，如何因應？我們當然不可能去問這樣的情況是屬於語言技能、藝術、歷史或那個科目範圍，而是去找出最合宜和最相關的知識以為解決。他抨擊學校的課程設計往往讓知識孤立化和零碎化。

㈢**學習領域和主題軸**：九年一貫課程綱要修訂委員會為了達到統整，乃以領域代替學科，將國民中小學的眾多學科整併為七大學習領域，並以十大基本能力作為整合的軸心。其中如社會學習領域（social studies）即是統整了「人與環境間之互動關係所產生的經驗性知識」。這個領域之下另細分出九大主題軸的知識範疇，以及各學習階段的能力指標。社會領域課程綱要研發小組並不諱言向他國取經的事實，社會領域的九大主題軸也的確神似美國社會科協會（NCSS）在 1994 年公布的《美國社會科課程標準》中的十個主題軸。

以上這三大要素正是支撐九年一貫課程改革的樑柱。值得注意的，這套課程改革處處可見美國教育思潮的鑿痕，但其中卻有一點是獨特的「臺灣製造」，那就是「取消學科」的企圖。貫穿於新課程規劃之間的一種思維是：要振衰起弊就必須革除學科分立的情況。在許多推動新課程的學者心目中，學科與統整似乎代表了舊與新，兩者無法並立。

「取消學科」殆是臺灣教育改革最突出和最有特色之處，因為

其他國家如美國的教育沿革中，無論是強調能力養成的教育理論、呼籲發展統整課程的學者，或是加州大學「全國學校歷史科教學中心」所公佈的「全國歷史科標準」，都並未以取消「學科」為號召，甚且支持統整的學者宣稱：學科不是統整的敵人，而是統整的好伙伴。

目睹我國教改的課程設計者亟欲擺脫各個學科之舉，回頭審視美國教育學界究竟如何看待學科角色與教育改革，實有必要。尤其九年一貫的理念與實務既然頗多參照美國教育的興革，此一瞭解就更屬當然了。

二、教育改革與學科的關係——他方之見

此處將舉出美國近一個世紀的教育史中四個重要的觀點為例，展示它們如何定位學科的角色與功能。

㈠**布魯納**（J. S. Bruner）**的學習理論**：1960 年代以來，英美一些教育學者強調教學首需把握學科基本的思維與方法，教育的最高宗旨在於幫助學生透過不同學科的探究途徑，認識世界，理解人事。提倡這種教學法中最為人樂道的是：美國教育哲學家布魯納。

布魯納認為人與動物最大的不同在於心靈能力，這是一種可以透過向他人學習而發展的能力。擁有這樣的能力，學習者因而是主動的建構者，他透過與外界的交互作用，以及經驗之間的對話，而達到自我成長。由此，課程的作用就不只在傳遞某種知識而已，更重在提供創造新知識與新意義的途徑。同時，教育的目的非為填塞一些破碎零散的訊息，更應該是藉由有系統地教導各學科的知識結構，向學習者展示各種考察事物的方法，讓學生擁有認識世界的不

同工具與管道，最終並能建構自己與外界的聯繫。所以，布魯納的學說促成新的教育觀的產生：學校中的教學重點由過去的知識導向，轉而注重學科特有的求知性質、思維方法與技能。

換言之，布魯納的眼中，學校課程必須以激發學生主動建構意義和考察事物為宗旨，但這種能力的培養，有賴於各個學科特有的認識世界之方法與觀照角度。

㈡**畢恩的統整觀點**：前已提及畢恩宣揚統整知識不遺餘力，他的著作也屢為國內學者所引用。畢恩認為知識是活潑的工具、是一種力量，讓人們得以探觸生活中的各種議題、掌握自己的生活。畢恩從現實之用來思考知識的呈現，因此批判學校課程分科安排之過細。但是，值得注意的，許多讀者往往只知擷取畢恩的統整取向為要，卻忽略了他對於統整與學科（the discipline of knowledge）關係的關切。畢恩說：他絕無棄絕學科知識之意。

畢恩提到這兩者之間的關係時，特意表明要導正視聽。他說：審慎的追求有價值和有公信力的統整課程時，學科不是敵人；相反的，它們是有用和必要的同志。因為一個學科包含了許多有價值的關於我們自身和這個世界的知識，以及建構意義和溝通傳達意義的方式。畢恩澄清，真正的問題不在學科，而在學校中所分割的那些科目（subject），「科目」和「學科」並不能劃上等號。他指出，學校課程內所教導的一些科目往往只是學科中最不重要的部分，譬如歷史。有些科目如生物、代數或家政管理也只是學科的分支，且是屬於較邊緣的範疇；另有些科目如生涯教育和語文，雖常被歸入某些學科的範圍如經濟、社會，但其實根本無所關連。

由此可見，畢恩真正反對的是學校課程科目劃分的方式（尤其

他指的是美國中小學特殊的課程規劃），而不是學科本身。畢恩除了針對學校科目無法符應學科這個問題之外，他的抨擊還落在美國中小學教學實況上。他認為許多科目的教學往往只要求學生去背誦特殊語彙或練習雕蟲小技，卻未真正教導每個學科的內涵及其關切重心。

　　總而言之，畢恩遺憾的是，美國中小學課程的規劃方式與教學內容已經背離各「學科」的特質。他並未主張要把學科從統整課程中排擠出去。

　　㈢**溫伯格**（Sam Wineburg）**的認知觀點**：任教史丹佛大學的溫伯格在當今美國的教學理論和歷史認知研究上舉足輕重。他曾與另一位教育學者柯羅斯曼（Pam Grossman）合編一本論文集：《跨學科課程》（*Interdisciplinary Curriculum*），呈現美國這種新課程的優缺。在這本書的前言中，溫伯格和柯羅斯曼觀察到統整課程的興盛其來有自：世界本來就不是由一個個包裝完好的學科（discipline）所構成，許多議題的解決的確有待各種觀念和知識體的統合；而在今天知識爆炸的時代，跨學科可以平衡過度專業化後的狹隘，讓學生從混亂中看出某些模式（pattern），並且能讓他們穿透表面的細節而看到大的宏觀圖像（the big picture），由此還可促使老師們自我思考，在教室中應該教什麼和學什麼。

　　但是，在兩位學者的評估中，統整課程除了在初級學校和少數中等學校外，大體說來並不算成功。溫伯格和柯羅斯曼指出，這些所謂「跨學科」式課程多半出現於「前學科」（pre-disciplinary）教育階段（如小學）的一些日常議題。而在這類課程中，學科經常淪為倉庫（storehouses），專事收納一些課堂活動的相關主題。溫伯格和柯羅斯曼舉歷史和英文的跨學科課程為例，歷史最後只是成了尋找

美國革命等資料的地點,而不是可讓學生學習到歷史知識奠基於證據要點、歷史中持續和變遷力量的拉距、歷史學說的暫時性特質,或是歷史家為何和如何改變他們對過去的看法等問題之園地。兩位學者非常惋惜,在跨學科或統整學科課程中,「學科的訓練」這部分流失不見了,所謂的學科只成了一個「資料體」(a body of information),但學生卻沒能學到任何工具可以評估這些資料的品質和可信性。

溫伯格和柯羅斯曼的結論是:跨學科課程不應該脫離學科,反而要用學科作為資源,為學生開創學習的機會。

㈣《美國社會科課程標準》:美國社會科協會(NCSS)在 1994 年出版的《美國社會科課程標準》導言中提及,社會科有兩個特徵:一為增進公民能力,一為統整。但「統整」之意,卻非排斥各學科的知識特性。以下這段說明可以為證:

> 社會科課程在協助學生從各種學科中取材,以建構知識和態度基礎,作為看待社會實體的特殊方法。每一門學科都是從一個特殊的角度出發,並運用特殊的認知歷程,來研究社會實體。例如,歷史運用時間的角度,來探討過去發生的事件的因和果……。對學習社會科的學生而言,開始了解、評價和應用取自各種學科的知識技能和態度是很重要的事,……。

這裡顯示:美國社會科的規劃與各學科之間的關係不是互斥,而是互補相容,結合各種不同學科的探索之道,才能讓學生對問題的把

握更為完整。

上述所列四個觀點，國內教界人士對他們的名字不至於太過陌生。這些教育理論無論談的重心是學生學習能力、跨學科課程或統整，全都肯定學科在新式課程中的重要性。他們一致表明：不但不應該取消學科，反倒需要藉由學科的輔助，落實創新的教學理念。

不獨美國，英國更在前半世紀歷經教育改革之路，期間也從未聽聞有取消學科的言說。臺灣自創一格，究竟為何？結果又是如何？

三、統整與學科的割裂——臺灣經驗

九年一貫課程的改革之所以不斷強調要走出「分科的思維」，打破「學科本位」，個人以為恐怕是源自下列數項錯誤的認知：

㈠誤認學校中的「科目」為「學科」

前述提及，畢恩的統整理論針對的是美國中小學中劃分太細且和「學科」的關聯極微的「科目」如歷史、家政管理、生涯教育、各式語文等，他從未聲稱學科存在的不當。倒是國內學者援引如畢恩的主張之餘，或許沒能察知這兩者的區別，以及畢恩思考的背景。

㈡誤認「學科」就是「資料」

九年一貫課程規劃小組從知識的實用性著眼，意欲打破學科，以議題為導向，統整各種相關的資料。但誠如溫伯格所言，此思維背後，乃是將「學科」矮化為「資料」。事實上，「資料」絕非中性、自明存在，資料乃對應特殊的問題意識而來，並得自特殊的收集途徑和特殊的批判、鑑別方法。這些途徑方法，正是各學科的特

質甚至精髓所在。反過來說，什麼是學科？學科之名，絕不是一堆零散無關連知識的綜合，而是一套建構知識和看待世界的方式。例如歷史學，面對的是過去，強調從時代脈絡去考查過往的人事，也常以變遷和延續、因果關係等思考角度理解紛雜的史事，而這些知識的建構又必須依賴一套檢驗資料和確認證據的原則。許多課程改革者卻有意或無意的把歷史「學科」當成各式各樣的資料庫。

㈢誤認「如何教」和「教什麼」同為一事

前項誤解很可能導因於對臺灣長期教學景況所得的印象。無可諱言，過去我們中小學教育的機制下，所謂學習就是去背誦很多枯燥繁瑣的資料。這讓許多有心的教育人士亟思改革之餘，以為根本之弊在於各科自行其是、無法統合，以致無所用於現實。我們必須承認，某些新課程設計者的確帶著理想與期望而行，但可惜誤判了癥結所在。亦即，長期以來的教育問題究竟是出於課程結構，或是教學的內容與方法？前者與後者無疑是兩件不同的事情，顯然九年一貫課程改革者一逕判定是課程結構的陳腐過時才是根本的弊病所在，而欲就此全盤改正。套用溫伯格的話，這可能是把「如何教」和「教什麼」兩者混為一談了。

㈣誤解「統整課程」的意義

「統整課程」的流行源自知識和生活連結的要求，假定知識的最終目的在於瞭解、掌握自己以及周遭的世界。可想而知，這類課程，無論是稱跨學科（interdisciplinary）或稱超學科（transdisciplinary）模式，必定以培養學生成為積極的行動者為目標。課程的設計也必然以實作的、實踐的過程為特色。畢恩以下這段話當可看出統整課程的真義：

課程的設立是為了（for）年少學生，也以他們（with）為中心。這從考察問題、議題以及生活中值得關切的事開始，然後由此探索，整理出中心議題或主題。藉由處理這些主題，去增廣和加深我們對自己世界的理解，然後傳達其中意義。在這一過程中我們必須汲取學科知識。這樣的統整課程是有目的和方向的，不只是發現問題，更要起而行，讓知識動起來。

　　依畢恩之見，整個統整課程的進行，從發現問題、解決問題、知識的統合、表達成果，這一連串階段中，學生是以行動者的角色參與其中，如此才能引導學生思考問題、培養他們解決問題的能力。根據這種統整理念，即使是由教師主導統整的議題與架構，學生也必得擔起思考其中意義和連結意義的工作，才足以實踐這類課程的價值。然而這樣的理念卻與國內專家學者所建議的「主題」統整──責成各科教師擬出議題、統整各式資料，再交由學生記憶背誦的方式──相去甚遠。

　　此外，統整型態的課程既是基於彌補學科之間聯繫不足的缺憾而來，當然就絕不是要全盤取代學科，反而得在學校中與各學科課程並立，始能凸顯其存在的價值。

四、取消學科之後

　　九年一貫教改實施以來，從高懸課程統整、領域教學，到嗟嘆「協同教學」、「合科教學」之背離原意，最後無奈承認「分科教學」的現實。這一連串的退讓，顯示了統整課程意欲全面取代學科

教學，理念與實際產生了巨大的落差。這樣的現實絕非是教師「無法」跳脫「分科思維」所致；應該反過來思考：是因為沒有了學科，統整就不成其意義使然。

然而，除了現實面無法貫徹之外，整個統整課程的思維更是構築在自我矛盾的基石上。如前所述，九年一貫課程改革原以培養學生以及未來公民的能力為先，由此而設定「十大基本能力」作為中小學生的成就標的，同時藉由取消學科、劃定領域等方式重組課程，以達目的。然而，細覽九年一貫課程所列舉的十大能力如表現、創新、溝通、分享、探究、組織、獨立思考……等等，有哪一項是無法在學科教學中完成的？或者應該說，有哪一項能完全脫離學科教學而獨立養成？能力的培養必須藉助於知識，而各學科知識的建立有其過程。從特殊的問題意識開始，到蒐集資料、判讀資料、分析資料、建立知識、呈現知識為止，每個環節中學科因應方式有不相同、也有重疊之處。學生正需要由學習各種致知方法和思維，獲得各種的能力。如果學生無法先於學科教學中習得重要的思維能力，如何能在統整性的課程內展現積極參與、規劃實踐的行動力？

相對而言，九年一貫課程規劃小組所推動的「主題式」統整課程真正可以培養出什麼能力呢？比方說「探索芝山岩」這樣的議題下，所謂的統整，不難想見就是各個教師把地理科有關此一景觀和地形探查的資料、歷史科有關此地過去發展的研究成果、以及公民科對於此景觀與居民社區認同問題所作的調查等內容，彙編起來，然後傳達給學生。那麼學生在此過程中獲得了什麼樣的能力？充其量是剪貼和整併資料的能力而已。此與過去分科教學的成效何異？

　　除了上述形式的統整，還可能達到其他更高層次的統整嗎？不妨看看近三年來，民間教科書面對「統整」問題的嘔心瀝血。各家出版社延攬的編輯人員多半都是教育界的菁英或至少是資歷甚深的教師。然而以社會領域而言，一些教科書作者為了取消學科，達到整合，不知做過多少嘗試，最終所能做到的統整就是「彙整」各科知識於一本，頂多是避免某些議題如現代社會的發展，在歷史、地理、公民內容中重複出現罷了。連素有經驗的教學者都只能如此，遑論一般的教師或者學生。問題並不在他們不為也，而是勢不能也。

結語：回歸學科教學以培養基本能力

　　九年一貫課程改革動力之一即是要打破「學科本位知識」，希望學校教育不再強硬灌輸學科專家的研究，而應切合兒童的需要，讓兒童真正有所學。這一理想中確有值得肯定之處。但是新課程的規劃卻是走錯了方向，以取消「學科」為手段，改以領域統整，強迫重劃學校中的教學版圖。實行至今，如大家所見，已然引發諸多的難題，也證明這是一條走不通的路。就其目的和期待來考量，整個課程改革更是奠定在自我衝突的基礎上。是以統整課程雖訂定十大能力為最高目標，施行之後所得到的結果和「傳統」教學方式下的成效相差無幾。遺憾的是，至今仍有許多實務教師和各學校單位，必須背負「分科」教學之罪，這真是非戰之罪。

　　本文的直言剖陳並無意全盤否定九年一貫教育改革的價值。它畢竟讓我們正視教學最根本的問題，逼使我們重新省思和釐清解決的手段。我們必須承認，我們未必比教改前輩更加聰明深思，只因

為相較於他們當初，我們如今站在一個可能更有利於遠眺和綜觀的位置上，而能看到不同的景象。如果我們承認，以上這一面對過去幾年「教改」的態度和思考是理性的，也有助於彼此的瞭解和籌思未來的發展，那麼這樣的思維和態度，難以得自「統整」課程，更多是要從歷史這門學科面對過去時的琢磨和學習而來。所以，容我呼籲：為讓學生獲得帶得走的能力，請回歸「學科」教學，並且加強研發落實「學科」教學之法。

附錄二

年齡、知識或觀念
──試探兒童對多元歷史記述的反應*

前　言

　　本文試圖從十至十四歲兒童面對「一段歷史、兩種敘述」時的反應，探索兒童如何看待多元「歷史記述」（historical account），藉以了解兒童思考歷史的特質和方式。所謂「記述」指的是對某件事情發生過程的口頭或文字描述（description）；記述若以文字表達，包含了故事性風格的記述和分析式風格的記述。本文則聚焦於兒童看待故事性歷史記述的問題。至於「一段歷史、兩種敘述」所使用的「歷史」一詞，指涉的是廣義所言，即是「過去」。對於兒童來說，「歷史」即是「歷史學」，這樣的概念恐怕還相當陌生。而其實，觀看兒童如何設想「歷史」，也正是本文研究過程中重要的課題之一。

　　本文採用的分析資料皆來自 1999 年八月至 2001 年十二月期間，由蔣經國基金會贊助所進行的「臺英兒童歷史認知模式的分析：歷史敘述與歷史理解」（Children's Ideas about Historical Narrative:

*　本文原發表於《東吳歷史學報》第十期（2003 年 12 月），頁 307-346。

Understanding Historical Accounts，簡稱 CHIN）計劃。❶這個計劃的主要目的在探測十到十四歲兒童對歷史記述（account）的理解。計劃之初，原擬透過臺灣與英國倫敦大學李彼得（Peter Lee）等教授的合作，比較臺灣英國兩地兒童的歷史思考，探測兒童思維與文化背景的關係。然因經費所限，後改為臺灣實驗、英國諮詢的研究案。

壹、兒童歷史認知的研究趨勢

近年來歷史教育的研究重心之一，是探討兒童的認知和思考。尤其英美國家的學者投入這個領域中耕耘已有多年，而且成就不斐。譬如英國方面，從 1950 年代末受到心理學家皮亞傑（Jean Piaget, 1896-1980）影響，兒童歷史認知的研究風氣逐步展開。迄 1980 年代為止，有關兒童研習歷史的意義、兒童學習歷史這門學科的困難和障礙、學校歷史教學的功能和配合等問題，都是英國學者長期探索的議題。這些研發的成果甚且在 1990 年代英國教育改革中發揮作用，形塑了現今英國歷史教育的基本面貌。❷

自 1990 年代以來，兒童歷史認知和思考這個領域的研究，又開拓了更多元而深入的範疇。❸其中兩股趨勢清晰可見。❹其一

---

❶ 本計劃另外兩位主持人是清華大學歷史研究所張元教授、成功大學歷史系劉靜貞教授。

❷ 關於英國多年來兒童歷史認知的研究狀況，請參考林慈淑，〈歷史教與學的鴻溝──英國兒童歷史認知的探究（1960's-1990's）〉，《東吳歷史學報》第 8 期（2002）：頁 153-190。

❸ 溫伯格（Sam Wineburg）認為兒童歷史認知研究方向在 1990 年代歷經重大改變。因為先前二十年，認知心理學家多數集中心力於探討兒童在數理或新興的電腦、經濟學科中的思考模式，而忽略兒童的歷史思維。直到 1990 年後，

是過去的研究多專注於兒童應該獲得哪些歷史學科概念、或者兒童對某些抽象概念的認知深淺等問題，最近則進而轉求探索兒童理解歷史的「過程」，以及探測兒童進行思考時，盤旋在他們心中的是哪些念頭和想法。此一研究趨向隱含的前提是：兒童面對歷史並非如同空白的紙張，他們腦中存有各種從其他管道獲得的某些概念，其中一些似是而非的念頭往往左右了兒童理解歷史的方式，甚至妨礙他們對新的歷史觀念的吸收和接受。❺如何讓這些連兒童都不自覺的念頭曝光，透過引導疏正，以提高歷史教育的實效，是許多有心歷史教研工作的學者努力的動力之一。特別是在英國，承續過去研究的傳統，倫敦教育學院的李彼得、艾許碧（Ros Ashby）和狄更遜（Alarick Dickinson），近些年來致力於鑽研兒童在理解歷史的過

才有各種針對兒童歷史思考的研究出現。整體而言，溫伯格的評估似乎較偏重美國的研究經驗，而忽略英國對兒童歷史思考的長時探究。事實上，英國廿世紀中葉已有學者關注兒童的歷史思維，雖然早期深受皮亞傑的影響，但從 1970 年代開始，回歸兒童的「歷史」思維一直是許多英國學者致力的目標，即使要擺脫皮亞傑的餘威並非容易之事。Sam Wineburg, *Historical Thinking and Other Unnatural Things* (Philadelphia: Temple University Press, 2001), p.44. 林慈淑，〈歷史教與學的鴻溝——英國近半世紀來兒童歷史認知的發展〉，頁 153-190。

❹　溫伯格認為除了這兩個趨勢外，還有一個趨勢也屬於認知研究，值得注意：教師的歷史專業知識和教學的關係。Sam Wineburg, *Historical Thinking and Other Unnatural Things*, pp.44-50.

❺　李彼得指出，兒童那些隱而未宣（tacit）的念頭，不單單是尚未言喻，而且兒童本身也很少意識過它們的存在。P. Lee, A. Dickinson, R. Ashby, "There were no facts in those days: children's ideas about historical explanation," in Martin Hughes (ed.), *Teaching and Learning in Changing Times* (Oxford: Blackwell Publishers Ltd., 1996), p.173.

程中，如何運用如證據、歷史解釋、因果關係、歷史記述等歷史學科的概念。❻另外，德國方面也有余琛（Joern Ruesen）、馮波瑞斯（Bodo Von Borries）從歷史意識著眼，探究青少年學生的歷史解釋和價值判斷模式。❼

　　兒童歷史認知研究的第二個發展趨勢，是環繞兒童閱讀歷史教科書的問題。或許因應後現代主義的風潮，文本解讀中的主客體互動問題，激發了知識各界的興趣，也引起美國許多歷史教育學者，開始關心兒童究竟如何閱讀與他們最是關係密切的教科書。這方面的分析逐漸形成兩個研究取向：一則檢視歷史教科書的編排與兒童背景知識的關係，一則考察歷史教科書中，文句的安排和表達是否利於讀者的親近，對於兒童的理解是提供了幫助，或者反倒構成阻礙。❽

　　上述英美的研究趨向顯示，歷史教育的研究工作已從較片面地討論「應該」教給學生什麼，逐漸重視起兒童──歷史教學中的學習主體，他們「能夠」學些什麼。此一發展顯然是期待歷史教學的理想，最終能與兒童的認知能力切合。相信這將對歷史教育的未來

---

❻　林慈淑，〈歷史教與學的鴻溝──英國兒童歷史認知的探究（1960's-1990's）〉，頁178-186。

❼　Joern Ruesen，陳中芷譯，〈歷史意識作為歷史教科書研究之事項〉，載於張元、周樑楷編，《方法論：歷史意識與歷史教科書的分析編寫國際研討會論文集》（新竹：清華大學歷史研究所，1998），頁22-29。

❽　M. G. Mckeown & I. L. Beck, "Making Sense of Accounts of History: Why Young Students Don't and How They Might," in G. Leinhardt & L. Beck and C. Stainton (eds.), *Teaching and Learning in History* (New Jersey: Lawrence Erlbaum Associates, 1994), pp. 2-3.

產生長遠深刻的影響。

　　相對於國外的進展，臺灣在這個領域的開發顯得較為緩進，1980 年代末期，雖陸續有探討兒童歷史意識的研究專案，但主要是以兒童對某些抽象概念的認識進行考評，於了解兒童的歷史思維能力或者實際教學的幫助甚為有限。❾倒是近幾年來，隨著教育鬆綁的潮流，國定課程綱要重新修訂和教科書市場的自由化，有關教科書的研究頗為活絡，相關的學位論文篇數顯有增加的趨勢。不過，這些學位論著多半偏向教材的立場分析與內容份量的討論，譬如考察某些歷史人物在教科書中如何呈現的問題，❿或者評述現行

---

❾　民國 78 年，柯華葳等在國科會支持下進行「兒童歷史概念研究」，該研究主題是探索國小學生是否具有「歷史學習中的三個重要概念」：演進（history as evolution）、借鏡、重演（history as a repeating cycle）。此外也順帶測試學童能否認識「歷史時間」，亦即年代的先後順序。至於方法方面，則是利用數套圖片讓受測試學童排列順序，接著把圖片次序顛倒後，再詢問學童的意見，以期測出他們是否明白：歷史是不斷改變或進步的、人類的歷史一再重複發生、歷史具有借鏡作用等觀念。參見柯華葳、周經媛、張健妤、洪若烈，〈兒童歷史概念研究〉，《國教學》第 2 期（1989）：頁 127-152。不過這個研究所探測的演進、借鏡、重演，應該是屬於「史觀」，而非歷史這門學科所專有的能力或概念。相關的批評參見徐雪霞，〈我國國小歷史教育研究的回顧與展望〉，《人文及社會科教學通訊》第 2 卷，第 5 期（1992）：頁 47-51。徐文中，從「抽離時空的誤解」、「名詞界定的模糊」兩大方向批評該研究不當之處，並指出該研究所設計的圖片內容如：吃飯、睡覺、刷牙的順序與歷史探討的重心無關。

❿　袁筱梅，〈國中歷史教科書中歷史人物的選擇與撰述──以秦漢史為範圍〉，臺師大史研所碩士論文，1999。張靜芬，〈論隋唐史人物與歷史教學〉，臺師大史研所碩士論文，2002。林淑惠，〈臺灣民主化對高中歷史教科書人物選擇的影響──以中國現代史為例〉，臺師大歷史研究所碩士論

教材中某些主題安排的適量與否。⓫整體來看，有關臺灣歷史教育的議題，的確已引起更多關注。但目前思考的焦點仍未及兒童的思考能力，這與國外的研究導向，顯然還有一段距離。

　　CHIN 計劃以歷史記述為題，考察兒童面對一段歷史、兩個故事的看法，擬藉此和兒童歷史思考的研究領域，有所對話和交流。

貳、「一段歷史兩個故事」的設計源起

　　閱讀是一件涉及複雜心理和高難度思考的過程，而讀者對於文義的理解是止於字面上的了解和記憶，或是能夠達到更深入的透視，並提出詮釋，這其中層次的分別，正是近年來流行的文本分析（text processing）所興趣的課題。⓬可以想見，閱讀歷史記述所面臨的難度更高。歷史記述談到的都是發生在時空遙遠的過去，尤其有些內容主題根本超乎兒童日常經驗。如何使歷史記述與兒童的理解能力相互配合，正是近來教科書分析勃興的原因之一。

　　兒童理解歷史記述誠然不易，面對一段歷史卻出現兩個故事，對於我們年輕的學子來說，恐怕更是一項挑戰。不過，最大的挑戰並不只是面對「歷史（過去）」的多元記述而已。環顧當今，兒童所身處的已是個資訊充斥的時代，各種論述並陳、甚至互相衝突的

文，2002。

⓫　劉曉芬，〈我國中學歷史教科書中臺灣史教材的分析〉，政大教研碩士論文，1991。呂枝益，〈國小社會科教科書中原住民內涵之分析研究〉，臺師大教研所碩士論文，1999。

⓬　M. G. McKeown & I. L. Beck, "Making Sense of Accounts of History: Why Young Students Don't and How They Might," pp. 3-4.

現象，早已成為他們生活中的「現實」。因此，「尊重多元觀點」、「多元化教育」、「學習多元的價值觀」的呼聲，總在各種談論當前與未來教育理想的場合中，多所聽聞。即使是新制定的九年一貫課程內，也不時出現這樣的學習要求。譬如現今九年一貫課程「人與時間」這個領域的能力指標，特別在國中階段規劃，學童應該學習理解：「因時代、處境、角色的不同，所作的歷史解釋的多元性。」另在「意義與價值」領域，同樣是國中階段的第二條，也列有類似的學習指標：「在面對爭議性問題時，能從多元的觀點與他人進行理性的辯證，並為自己的理由與判斷提出好理由。」❸

　　的確，在種種紛沓而來的訊息中，如何辨別各個論述觀點之間的關係、如何從中辨明好的事實陳述或無效的事實陳述，這樣的理性思考和態度絕非容易之事，唯有透過長期紮根才能養成。然而這幅新的教改藍圖中，有關這方面能力的培養，卻似乎是宣示多過實際提出導引學習的策略，以及教導執行的方法。更重要的是，引導的基礎在於了解，而我們是否了解年輕世代如何看待多元甚至衝突的論述、價值觀？我們是否清楚主導他們判別的因素是什麼？多元和多樣對他們而言，帶來的是更多的選擇、智慧的增進，或者更多的不確定感？如果我們無法預先掌握上述問題，所謂引導和培養，很可能只會流於高論而已。

　　由此看來，從兒童對於多元並存的歷史記述反應著手，了解他們思考的特點與限制，進而能在歷史教學的課程中適當引導，讓兒

---

❸　教育部，《國民中小學九年一貫課程綱要：社會學習領域》（臺北：教育部，1993）。

童培養面對多元記述時的適宜之道，是有其現實意義。英國倫敦大學的李彼得、狄更遜、艾許碧在 1992 年至 1996 年所主持的 CHATA 計畫（Concepts of History and Teaching Approaches: 7-14，「7 到 14 歲兒童的歷史概念與教學取向」）中，即將此問題納入他們的研究中。❹ CHATA 以三個英國史的主題設計出三對、六個故事，讓 320 名學童閱讀推論，目的是從中歸納出兒童的各種反應類型，觀察年齡或其他因素對於認知的影響，藉此掌握兒童思考歷史的特質。❺在臺灣我們所進行的 CHIN 計劃，從 CHATA 獲得了啟發，同樣採用一段歷史兩個故事為測試主題，但是在研究方式和旨趣上仍然有所區別。

---

❹　1992 年，英國「經濟與社會科學研究諮議會」（ESRC）（Economic and Social Science Research Council）委託倫敦大學教育研究所進行一項為期四年、探討兒童歷史概念發展的大型研究，名為 CHATA 計畫（Concepts of History and Teaching Approaches: 7-14，「7 到 14 歲兒童的歷史概念與教學取向」）。CHATA 的主持群是在這領域中鑽研已久的三位學者李彼得、狄更遜、艾許碧以及博士候選人周孟玲。計畫主持人李彼得表示，CHATA 成立的主要動機除了是延續並深化他們先前對於兒童思路歷程的探究外，更是因應英國 1990 年代，新的歷史課程實施後，在評估兒童學習的成效上，缺乏一套立基於堅實理論的準則。因此希望該計劃的進行和探討成果，對此缺憾有所補足。CHATA 所探究的歷史概念共劃分成兩大範疇，第一組範疇：證據概念和歷史探究（enquiry），第二組範疇：歷史解釋和歷史理解（understanding）。在第二組範疇中就包括了歷史記述的子題。詳見林慈淑：〈歷史教與學的鴻溝──英國兒童歷史認知的探究（1960's-1990's）〉，178-184。

❺　Peter Lee，周孟玲譯，〈兒童對歷史記述的性質和狀況的觀念〉，載於張元、周樑楷編，《方法論：歷史意識與歷史教科書的分析編寫國際研討會論文集》（新竹：清華大學歷史研究所，1998），頁 201-249。

參、CHIN 計劃的實驗設計與考量

　　CHIN 計畫探索兒童對「歷史記述」的看法，並且以「一段歷史、兩個故事」作為設計主軸。由於人力與經費所限，我們只設計兩個主題、四個故事，運用筆測和訪問方式進行考察。

　　以故事為引，設計某些重要問題，讓兒童進行思考，這樣的測試形式有其前因。1980 年代英國里茲大學施密特（Denis Shemilt）曾以單刀直入的方式，詢問兒童對於歷史學科概念如因果、必然性、變遷等的看法。❶施密特對兒童歷史思維的探索誠有重大突破，但是他所採用的直接探問法卻忽略了：兒童看似具備觀念是一回事，實際能否運用可能又是另一回事。關於這一點，李彼得和狄更遜亦指出，兒童的「思考歷程」遠比兒童的「思考結果」更難以掌握；詢問兒童對於某些概念的看法，得到的是兒童思考所得，卻很可能錯失掉兒童在推論過程中的各種考量和許多隱藏的念頭。因此非直接的探索方式更合適兒童的思考質性。基於上述考量，CHIN 計畫一如 CHATA，都是利用故事性或家庭作業形式的內容，以及具有衝突意味的問題，試圖引發兒童探索的興趣，期待藉此切實把握兒童理解的歷程。

　　CHIN 計畫用以測試的兩個歷史主題，一個是採用臺灣學生多數陌生、CHATA 也曾經用過的「羅馬人在不列顛」歷史，一個是選取多數學生學過或聽過的「秦始皇」的歷史。每個主題下各自包

---

❶　詳見林慈淑，〈歷史教與學的鴻溝——英國兒童歷史認知的探究（1960's-1990's）〉，頁 178-184。D. Shemilt, *History 13-16 Evaluation Study* (Edingburg: Holmes Mcdougall Ltd, 1980).

含兩個故事，兩個故事並呈現出三方面的區隔，以利於試探出兒童的反應。試以「羅馬人在不列顛」的兩個故事為例，表列如下（並請參考附件）：

風格差別＼兩個故事	羅馬人故事一	羅馬人故事二
敘述語氣	對羅馬人的統治偏向正面敘述	對羅馬人的統治偏向負面敘述
內容取向	側重羅馬人為不列顛帶來的物質建設	側重羅馬人對不列顛原始文化的壓制
涵蓋時段	較短──只談及羅馬人離開後物質建設荒廢	較長──談及羅馬人的觀念流傳久遠

同樣的，「秦始皇」故事一批評的意態較為明顯，故事二則認為秦始皇的統治有其正面作用。「秦始皇」故事一著眼他「暴虐」事蹟，故事二則述及始皇理政之勤和可取之處。最後「秦始皇」故事一以秦朝十五年即亡作為結束，故事二總結秦始皇立下的制度仍為後世承襲沿用。

除了測試內容以故事為考量外，讓兒童真正經歷「面對歷史」到「思考歷史」的過程，還需輔以另一個重要環節──問題設計。CHIN 計畫用來筆測和口訪的問題編排有其考慮。譬如以「羅馬人在不列顛」故事的筆測卷為例，共擬出八個問題探問兒童。第一題詢問兩個故事有何不同，先行了解兒童對這兩個故事差異的認知程度。接著探問兒童：為什麼同樣是不列顛的歷史，卻會出現兩個故事。緊接著題三，進一步以抽離時空的方式提問：一段歷史出現了兩個故事是否重要。然後第四題，又回到兩個故事的結尾，讓兒童說明兩段並列文句的意義。第五、六題再以抽離問題，探測兒童對

於歷史和故事的想法，以及史家若無說謊，調查同樣的事情，寫出的故事會否一樣。第七題再次把問題焦點拉回具體的羅馬人在不列顛的故事上，讓兒童勾選他對於兩個故事存在的想法是什麼。第八題則讓兒童寫出，最可能採用哪些方式來確定某些歷史故事。

國外研究多已顯示，兒童的思考迂迴間接，不易掌握。針對此因，乃有上述透過具體事例、抽離提問的交叉探詢，以及環環相扣的設計，作為筆測和口訪問題架構的基本原則。同時，為幫助學生更容易掌握故事重點，兩組故事並都配上圖畫。（參見附錄）

在測試方法上，分從筆試和口訪兩方面進行。學生先完成書面問卷，在不超過兩天的時間內接著安排進行半設定好的訪談。訪談方向是以書面問卷所收集的資料為基礎，進一步追蹤他們的思考。學童會被問及：為何選擇某項答案，這項答案是否正如其所想，如果不是，再要求他（她）做進一步解釋。另一組故事的訪測則於其後的一星期內進行、完成。

CHIN 計劃總共收集 54 名兒童的筆試和訪談資料。❼這 54 名兒童分屬三個年級：國二（十四歲）、國小六（十二歲）、國小四（十歲）。由於國小四年級學生開始學習歷史（社會科），因此以這個年齡層為起點，觀察每間隔兩年的這三個年齡層，思維的發展和變化。

至於樣本選擇方面，研究者最初希望能夠顧及城、鄉地區，同

---

❼　CHIN 計劃另外還挑選了 18 位學童，三人為一組，讓他們以自由討論方式回答「羅馬人在不列顛」和「秦始皇」的測試題。討論全程都以錄影、音機錄下，並製成文字稿。這個實驗方式借取自英國的 CHATA，主要的目的是從團體互動的談話中，查證他們思考的過程。但這 18 位學童的資料不在本文分析之列。

時受測者的學業成績如能平均分佈於前、中、後段，將更有利於分析和推論。當然，選樣過程中還必須配合學校的受訪意願和交通便利。不過，上述的考量在實際作業中，似有難以落實之處。我們發現，以臺灣現況來說，地區間的差異雖然存在，但差異的指標並無統一標準，所謂「城」、「鄉」的定義亦無通論。至於學業成績前、中、後段的區別，頗有困難。據所接觸的小學老師指出，許多國小學生成績的起伏變動很大，往往一次考試就會從前段落至後段，或從後段躍至前段。再以國中學生來說，成績計分不以名次、原始成績為主，而採等第式的考評方式，且各科成績獨立計算，並無綜合表現的評分。最後，研究者也只能洽請任課教師斟酌，提供選樣名單。由於這些無法把握的狀況，本文在分析和討論時，將暫時排除「地區差異」、和「學業成績」的因素。

　　最後，CHIN 計劃的 54 名學生分別取自臺北市、縣以及新竹市、苗栗縣等地區的八所中小學：

地　區	學　校	小四生數	小六生數	國二生數
臺　北	國小甲（市－中心）	6 名	6 名	
	國小乙（縣－板橋）	6 名	6 名	
	國中戊（市－中心）			6 名
	國中己（縣－板橋）			6 名
新　竹	國小丙（市－中心）	3 名	3 名	
	國小丁（苗栗縣）	3 名	3 名	
	國中庚（市－中心）			3 名
	國中辛（市－偏遠）			3 名
合計 54 名				

　　不過，由於某些兒童的回答明顯抄自其他受訪者，口頭回答亦

不清楚而無法採用。另有幾位小四兒童完全無法理解故事和問題，也未提出有效的看法。因此共計有五份資料列為無效樣本，包括：小六 1 位、小四 4 位。也就是說，本文實際上採用的有效資料來源計有 49 位兒童：國二生 18 位、小六生 17 位、小四生 14 位。每位兒童各完成兩份筆測卷共計 98 份，兩份口訪卷亦計 98 份，因此樣本資料採得總數為 196 份：

年級＼數量	學生數	筆測資料	口訪資料
小四	14 名	28 份	28 份
小六	17 名	34 份	34 份
國二	18 名	36 份	36 份
總計	**49 名**	**98 份**	**98 份**

　　以訪測學生人數而言，CHIN 計劃算是個小規模的實證研究。除了經費的限制外，主要的考量在於過去臺灣相關的研究不多，兒童歷史思維的實證探查所累積經驗有限，小規模的實驗較易於掌握，並適合基礎的研究。此外，也正因著過往研究背景的薄弱，對於臺灣兒童的歷史思考質性，研究者仍處於陌生和摸索的階段，CHIN 計劃的實驗目的因而側重的是熟悉、了解兒童的基本反應，如此則精要而深入的實驗模式應該較能達成這樣的目標。同時，這也是本計劃除了筆測之外，還針對每一位受試學童進行詳細深入口訪的原因。⓲

⓲　英國的 CHATA 並未全面口訪受試者。他們共有 320 位受訪學生，其中只有 122 位接受口訪，主要是七歲和八歲的兒童。根據主持人李彼得的解釋，他們進行口訪，乃是緣於年幼學生的書寫能力較弱，單靠文字無法判斷學童的

肆、分析與討論

　　以下將根據 49 位學童的資料記錄，鎖定「一段歷史、兩個故事」為分析基點，分析兒童的情緒反應、推論和理解，並探索兒童對歷史的熟悉度和他們的理解之間有何關係。

㈠「怎麼會有兩個故事？」

　　受測兒童面對一段歷史、兩個故事的初始反應，的確有些不同。有些受訪兒童看來頗能接受兩個故事同時存在。但是，所有受訪生中，持有這樣態度的占居少數。大多數兒童都曾經表示，無法接受一段歷史出現兩個故事的事實。當他們被問及：「**同樣一段歷史出現了兩個<u>不同</u>的故事，你覺得這點重不重要？**」時，許多兒童的反應是無法置信、以為不可。例如小四 11405 李同學發出疑惑之問：「好奇怪……怎麼會有兩個故事？」而小四 14401 黃同學簡潔的判定說，這會「**破壞歷史的、歷史故事的重要**」，「歷史要尊重它」。小六 11601 陳同學認為：出現兩個故事這點很重要，「因為最主要是真相……因為歷史的答案沒有兩個只有一個，若有兩個故事會讓人懷疑這個是真的，還是這個是真的。」另外，國二

思考。因此，基本上 CHATA 是以筆測樣本作為分析基礎，又恐有誤認兒童反應之虞，乃設計三組故事測試以為周全，每個受訪者的反應必須至少同時表現在兩個測試題上，這份反應才能予以採計。不過，我們以為，運用口訪方式，以把握兒童的思考和理解，有其重要性，因為書寫能力不能夠充分表達兒童想法的問題，不僅見於年幼的小四學生，即使國二學生也有同樣的困擾。尤其有些兒童的思考速度較為緩慢，但筆測通常要求在較短的時間內完成，如能透過彈性空間較大的口頭訪問，將可以讓受訪兒童有充裕的時間進行思考。

14201 傅同學也提出質疑：「因為**哪一個是真的**？」「就是有兩個歷史故事，哪一個才是事實啊！」

　　從上述兒童的疑惑中，不難窺出，兒童心中既有的觀念受到了挑戰，這個既有觀念是：「歷史」等於「一個正確故事」、「最後的真相」。此一根深蒂固的想法與眼前存在的兩個故事，似乎出現矛盾和衝突，以致兒童感到困惑和難解。

　　另由列舉的例子來看，三個年齡層的兒童中都可找到類似的反應。然而有意思的是，多數兒童倒不會自限於這個困境內。筆測卷或口訪的記錄中，顯示許多兒童在疑拒之後，似乎不得不去正視，眼前「羅馬人在不列顛」以及「秦始皇」的確有兩個故事存在。他們會接著展開某種思考的過程，嘗試去調解自己固有的想法和現實之間的矛盾，好為眼前的現象建構合理的解釋，以達成自我的理解。

　　這一現象，在李彼得和狄更遜的研究中也有同樣的呈現。Lee和 Dickinson 看到，兒童對歷史資料的反應似有模式可循。他們第一個反應通常是感到驚訝、困惑、甚至嘲笑，將過去所發生的種種事情斥為荒謬、愚蠢。但，緊接著兒童會開始探索其中某些具體的細節，嘗試提出說明，建立意義。❶❾

---

❶❾　李彼得和狄更遜在〈建構歷史的意義〉（Making Sense of History）這篇文章中，以古代撒克遜人的神判（ordeal）為主題，測試兒童對於和今天司法制度、心態模式極為不同的習俗的反應。A. K. Dickinson and P. Lee, "Making Sense of History," in A. K. Dickinson, P. Lee and P. J. Rogers (eds.), *Learning History* (London: Heinemann Educational Books Ltd, 1984), pp.136-145. 另請參考林慈淑，〈歷史教與學的鴻溝──英國兒童歷史認知的探究（1960's-

　　當然，每個學童所歷經的「建構意義」過程並不都順利平穩，有些受訪兒童深陷在兩個故事所引發的難題中，如小四23402彭同學提到：「太多故事會很亂」，而在其他各個問題內，他也一直不斷繞著「無法確定哪個故事才是真的」這個思緒點上轉，顯得不知所措。也有受訪兒童，在尋求合理性的過程中一度顯得猶疑難決。例如小四14404袁同學說：「比如說羅馬人這個故事有兩篇，也許可能第一篇發生了，過了很久第二篇又真正發生……也許可能只有一篇是真的。」從這樣不確定的語氣中，多少看到兒童思考的「掙扎」過程。

　　無論如何，我們還是目睹：在學習的過程中，兒童絕非只是被動地接收外來的任何知識訊息。他們自有面對之道，會以自己的方式轉化、容納。也就是說，兒童是具有思考能力的主體，「建構意義」（make sense）並非屬於成人的專利。對於任何奇特、怪異的事情，他們自會提出自己的一套解釋，其中的複雜度經常超乎我們的想像。所以歷史教與學之間，如果是一個單向灌輸的關係，忽視了兒童內在往往會自我解套的思考機制，那麼任何歷史教育理想的落實很可能會大打折扣。

　　對許多兒童來說，「歷史」等同於「絕對正確的故事」以及「最後的真相」，這是毋庸多辯的事實。問題在於，兒童若無「教學」的引導下，他們如何自我圓說？這些圓說，距離歷史教師或史家所期望他們獲得的史學觀念，究竟有多遠？

───────────────────

1990's）〉，頁180。

㈡兒童的五種推論

在嘗試為兒童針對「一段歷史、兩個故事」的解說進行分類時，吾人的確見證了學生思考迂迴不一的特性，這種出入尤其表現在兩方面：一是筆測和口訪之間的落差，二是兒童真正的想法和語詞表達之間的差誤。由以下所舉數例來看，辨識兒童的思考層次實非容易，必須多加斟酌推敲。如果僅僅靠著一份筆試資料，率以判定兒童的思考，那麼所掌握的可能比錯失的部分更多。

就第一方面來說，某些學生在書面答案上寫明兩個故事很重要，「可以讓我們學習更多東西」、「才能讓我們學習到正確的歷史」。可是一到口訪，同樣的問題，兒童的回答卻南轅北轍，從重要改口成不太重要、無關緊要，甚且表示：為何要浪費筆墨，印兩個故事。其實，測試前，工作人員均已再三向他們說明，這份測試的目的無關考試，旨在了解受訪者的想法，希望學生能夠如實作答。然而，學生在筆測時似乎仍是有所忌諱或保留。尤其值得注意的是，他們最後表達出的對於歷史、對於眼前兩個故事的感想，都是負面多於正面的評價，難道這正是他們怯於說出所想的原因？或者，那背後還有更深刻的文化意義？其實值得日後進一步釐清。無論如何，這樣前後不一致的反應的確加深判別上的難度。所幸每位受訪兒童的兩份筆測加上兩份深度訪問紀錄，讓分析和研究時，得以從不同的角度反覆推論，儘可能接近兒童心中所想。

其次，關於兒童的語彙有限，或者用詞上的寬鬆，使得他們說出、寫出的，與實際所想的之間迭有差距，那更是分析時普遍遇見的難題。例如小四 14402 鄧同學說：「因為一個是說羅馬人來之後的和平狀況。一個是說羅馬人來之後不列顛的生活。」「……有時

候一個歷史弄兩個真的故事。……譬如像不列顛，說一個是戰爭，一個是生活方式，一個是進步。」這些表達所予人的印象是，就讀小四的鄧同學已經達到較為抽象的思考水平，他似乎可大略看出兩個故事「各自的著眼點」，比如說故事一強調羅馬人帶來和平和進步。但進一步比對他的口訪紀錄後，才確定鄧同學言下所指，兩個故事是「分述不同的題材」。因為鄧同學在另外一個問題中確信，如果兩位史家調查同樣的東西，兩人所寫出來的故事就會大致一樣。面對兩個故事，鄧同學想到的是材料、內容的不同，而不是史家的觀點差異。

另外，國二 23201 萬同學在筆測中，關於為什麼會有兩個不列顛的故事，萬同學回答：「兩個（歷史）學家有些地方用想像連接，或者是考古的方法不同、找到的資料不同。」萬同學首先提及「想像」，不免讓人以為，他已能夠了解：史家的想像在歷史研究過程中有其積極作用，是填補史料不足所不可或缺的因素。但是，經過仔細查閱他的口訪紀錄後，原先的判斷卻大幅改觀。萬同學所謂的「想像」其實是近於看法、想法或意見（opinion），而在別的問題中，並未見他再有強調，史家的想像或意見對於歷史知識形成的主導性。他反倒數度肯定：史家若調查同樣的事，讀同樣的東西，也未說謊，那麼寫出來的東西也一定會大致相同。足見在這位同學眼中，「找到的資料不同」，才是他看重的原因。

不過，兒童的思考儘管如此難以捉摸，還是可以條理出某些他們的基本想法。在這些受測學生給予「一段歷史、兩個故事」的各種解釋中，共可區分出以下五種類型：

1.不同的故事是來自人們不同的想法

2.不同的故事所著眼的層面不同

3.不同的故事是用來提供學習和啟示

4.不同的故事各自談及事情的不同內容

5.兩個故事中必有真假和對錯

以下則針對這五種解釋類型的思考特質加以分析。此處暫不考慮各類型的人數多寡，討論的重點在於，兒童曾經出現過的任何想法以及他們觀察多元敘述的各種角度，我們都有深入了解的必要，這是與兒童進行有效溝通的基礎。

1.不同的故事是來自人們不同的想法

認為兩個故事的存在，是出自人們的不同想法，這類思考平均顯現於三個年級內，雖然人數只在一、二個之間。國二 14206 的詹同學表示：「每種故事就代表說，每一個人的認為，所以……這很重要。」他承認，並無方法知道兩個故事是否都為正確，但他覺得：「要尊重每一個人的觀點。」看來這大概是現代社會下的一種自然反應，也就是視「民主」為每個人有權表達己見，而且每種看法都該具有同等的價值。後來當訪員進一步追問，如何在眾多意見中抉擇的問題時，詹同學的回答是：「……他（老師）會把他（少數人認為）先淘汰，然後再尊重多數的人。」

此處令人擔憂的是，以數量來決定接受某些思想與否，其中所包含的危險性。詹同學看似對多種記述開放接納，其實也可說是缺乏真正判別思想觀點的準則。也就是說，學童並不了解某些個人隨意的想法或意見（opinion），與奠基於證據、並經過嚴格論證程序的觀點（viewpoint）之間有別。雖然詹同學的確提到：「每個人的想法、觀點和論點，這三個東西都不一樣，所以寫出來的東西會不

一樣。」但是，他顯然不清楚所謂「觀點」的要義，才只得訴諸「少數服從多數」的「民主鐵則」，作為解決眾說紛紜的方法。

正因不知悉有更客觀、更理性的檢驗標準以檢視各種看法，另一種極可能的結果是：落入空無的相對主義。有位小六 11606 黃同學即表現出這樣消極的態度。黃同學同樣提到各個故事是來自「各人有各人的想法」，但他以為這點或兩個故事的存在並不重要，「因為這有可能是人**想出來的**。」這位受訪同學大抵把所有想法鄙為主觀臆測，以致全盤懷疑和否定。

如上所見，從完全開放到全然懷疑，兩種極端其實只有一線之隔。由此，我們目睹了當兒童面對各種充斥的言論和意見時，如果未得適當的指引，所可能產生的兩種危險態度。

2.不同的故事著眼於不同層面

在兒童所有表達的意見之中，這種想法應該是最屬合宜有效，最為貼近史家或教育者期待的看待方式。遺憾的是，受訪學生能夠展現這類思考者也有如鳳毛麟角。試看國二曾同學說：

「因為歷史是需要許多的證據才能接近事實，有些事情**從不同的角度**去看，所呈現的會有差異，所以知道多一點，對事情的了解會更深刻。」

單就這段話而言，受訪者應該具有相當高的理解程度。不過，值得注意的是，這位受訪者在回答某些問題時，並不都能始終維持著這樣的思考層次。譬如她認為「兩位歷史學家的想法不一定相同，也許從相同的事情，調查到的事物卻有所差異，寫出來的故事，當然就不一樣。」這樣的回答其實有曖昧之處，因為兒童真正想的究竟是「著眼於不同層面」，或者只是「調查到不同的事

物」，不易判別。尤其曾同學又舉學者研究恐龍化石，可能找到的成分不同為例，更加令人生疑。幸好在秦始皇故事中，受訪兒童較明白的說出：「……萬里長城……有些歷史學家站在軍事方面去想，就覺得很有用。那有些歷史學家站在老百姓方面去想，就覺得他是很沒有天理的。」這位受訪者的思考的確已達「著眼層面、角度」不同的水平。

從曾同學的思考仍有游移的情況來看，證明兒童要從「不同材料和內容」的理解躍升至「不同觀點、角度」的認知，應是一項困難的挑戰。所謂著眼層面不同、觀點角度不同，不但涉及資料內容的選擇，還涵蓋了論者的目的、論證的方向。對兒童而言，去把握論述的整體意涵和具備綜觀之見，是屬於高難度的認知能力，但是，這項能力在面對多元觀點的今天，又極為需要，必須要靠長期漸進的培養而來。

3.不同的故事是用來提供學習和啟示

三個年級中有位小六受訪小朋友認為：故事的重要意義就是提供讀者啟示之用，不同的故事正可以帶來各種不同意涵，以資參考。11605 林同學說：「一個故事是告訴我們，之前過得不好，但最後有人會來幫助你們，就會過得比較好……另一個就可以告訴我們說，你們之前的努力會有結果啊！」。林同學提及，他無法確定故事是否真確發生過，不過，在某種退而求其次的轉折下，他認為只要故事具有訓示價值，兩個故事的出現並不會讓他困擾。由於這位學童轉向故事的啟示作用，不以兩個故事為忤，對於「歷史」和「一般故事」之間的分際自然也不那麼看重。因此，如何在這類兒童的思考中，加強歷史教育的意義，似乎是有待努力之事。

4.不同的故事各自談及事情的不同內容

當眼前陳列著兩個故事時，許多兒童直接推想到：這兩個故事分別敘述的是某件事情的不同內容，也就是說，因為事情發生在不一樣的人身上，或者不同的時間、地點，才會產生兩個不同的故事。國二 11203 張同學如是說：「……藉由兩個故事，可以知道可能是兩個地方。」小六 22602 黃同學也這麼說：「它可能兩個故事都有發生，……可能不列顛島分兩邊吧。這邊發生的事和那邊發生的事都不一樣。」。而小四 22402 鄭同學則推測故事是一前一後的事：「故事一是先講他們開始，在做什麼，故事二是說他們已經開始攻打歐洲。……到第二次……」

無論認為兩個故事描述的是不同的人，或者先後時間、不同地點所發生的情景，這些小朋友的思考中明顯有個基本觀念：的確存在著一個完整正確的故事，而兩個故事其實是一個更大故事中的分段。兒童因此認為，把兩個故事合起來就是一個完整的故事了。誠如小六 14604 黃同學說的：「這兩個故事是不一樣的故事，只是把它分開來了，他是一個正確故事中的兩部分。」小四 11403 的蔡同學也主張，把羅馬人在不列顛的兩個故事「這樣（拼起來）就變成四段，這樣就完整了。」而說到秦始皇的兩個故事時，他也表示：「這兩個故事合起來剛好是一個完整的。」

在受訪兒童的觀念中，兩個故事各是大的「整體」故事中的「部分」，整體既可以拆散，不完整的部分也可以組合起來。這樣的思考模式讓人聯想到有如數學中的恒定等式：$A+B=C$，等式的兩邊可以相互替換，量卻不因此而改變。於是歷史事件也同樣可以切分成不同的量，衍伸出許多小故事來，但最重要的還是那個大

而完整的故事。

5.兩個故事中必有真假和對錯

　　許多小朋友，眼見兩個故事時，考慮的重點一樣在內容，不過是關於內容的品質問題。他們假定：因為某種錯誤，導致故事失真，於是變造出兩個甚至多個並立的故事。他們多半判斷，不列顛和秦始皇的兩組故事中，必有一個為真或各有真假對錯的部分。小六23602黃同學說：「……歷史不可能會發生兩種歷史故事，可能有一個是真的，有一個是編造出來的。」而小四14401黃同學也表示，不列顛兩個故事不可能都發生過，因為他覺得「歷史故事只有一種」，「可能是編書的人想騙你們。」

　　兒童會朝向故事的真假對錯尋求意義，顯示了他們堅固相信「一個正確真實的故事」。許多受訪學生會進而舉出各種導致不真實或虛假的原因，包括：時間久遠、傳說、編造、欺騙、偏袒等。但是，他們對於真假對錯能否有效解決和判別，態度倒不一。

　　有些受訪兒童確信釐清對錯、辨明真實可以達成。他們樂觀地相信，透過「綜合」或「比較」、「查證」兩個故事，就可以找出真實。在支持綜合法的學生當中，小六14605周同學的看法很具代表性：「可能他們有幾個是錯的，然後**只要把他們幾個融合在一起，就可以找出比較正確的。**」有趣的是，提及「綜合」或「融合」方式的多屬小六、小四的受訪者，國二學生則多偏向「查證」或「比對」。這是否顯示，年齡低的國小兒童較偏向以「量」取勝，到了國中階段，則逐步朝向「質」的核對和考量？值得未來進一步觀察。

　　然而，另有些受訪學生對於是否能夠確定歷史故事中的真假對

錯，懷抱著消極甚至悲觀的態度。國二 22203 彭同學說：「要找出一個真正的答案的話，除非你是……**當事人啊**……**否則根本沒有正確的答案。**」而六年級的 11604 胡同學更清楚的談到自己的觀點：

「因為那是過去的，**沒有人可以從那個時代活到現在告訴我們說所發生的正確的歷史**，那沒有人知道，**我們是靠著很模糊的證據去**，……因為他們找出來的，因為很迷糊，再加上自己的想法。」

在這類看法的背後，學生們基本上有個共同的假定：由於缺乏當時的人或物作證，過去的真相難以大白；或者自己並未活在那個時代，並不足以判別其中真假。換言之，他們悲觀地以為過去與現在之間，因為缺乏直接的信息，而橫亙著無法跨越的鴻溝。這些兒童尚未理解，文獻或文物並不等同於過去或現在，有了文獻或遺物，也並非就能直接呈現過去。同時，歷史的證據永遠不會有齊全之時，我們也並不因為生在當代，而對當代社會的任何現象就有更多的了解。

無論如何，在上述所引的話裡，兒童面對過去的無力感表露無疑。還有些兒童面對真假難辨時，充滿了困頓疑惑。國二 14202 高同學在受訪的過程中表明：「因為我不知哪一段是真哪一段是假，然後也沒有證明，所以很難……不知道。」「應該會有一個是真的，或兩個都是真的，不知道。」在迭聲的「不知道」中，受訪者顯然被困在兩個故事的迷宮內進退不得。

當兒童對於故事真假對錯的澄清不抱以希望的時候，他們的後續心情又是什麼？有些兒童直接了當地宣告：「沒有真憑實據，然

後一直去討論他，我覺得這**沒有甚麼意義。**」國二的 11201 王同學由此認為，羅馬人入侵不列顛或者秦始皇出現兩個故事沒啥意義。他甚至說：「因為這些歷史，也就是**以前的事沒有辦法影響到我們現在，跟我們現在不會有很大的聯繫。**」如此這般負面的看待兩個故事乃至歷史，令人憂心。換言之，當兒童面對過去的疑問無從解決時，最終他可能轉而質疑甚至全盤否定認識過去（歷史）的意義。

　　至於同屬國二生的 22202 許同學代表了另一種態度。他說：「既然是歷史就應該要……是真正發生過的事，**況且我們也不知道他們發生過幾個故事，誰對誰錯**，對於歷史學家可能會比較重要，對**我們**而言，**雖然並不是很重要**，但最主要的原因，既然有故事我們就**應該**去了解它。」我們很難說，這樣的看法究竟是積極或無奈？雖然受訪學生妥協式的表現出對歷史的「配合態度」，但凡任教歷史的老師看到這段話，恐怕是很難因此引為安慰。

　　而有些同學認定無法得知真假後，捨真假問題轉而從現實作用肯定故事的價值。先前提到的國二彭同學，他在筆測卷上寫著：「只要是好的歷史能對人類有很大的幫助我覺得就好了。」小六 14602 鄒同學也認為出現兩個故事並不重要，因為：「㈠都是歷史，只要對我們的知識有幫助就可以了。㈡對我們來說，兩個故事都可以幫助我們。」這倒頗為弔詭：繞了一圈之後，兒童還是轉回第三種思考類型：「提供學習和啟示」以為解決。問題是：「歷史」若只是「好故事」，不再是真正的「歷史」，又如何提供「歷史的」教訓？

　　以上是兒童思考「一段歷史、兩個故事」的五種結果。整體來

看，屬於第一、二種反應的兒童，傾向於以個人想法和思考的主動性，解釋故事多元的現象。而第三、四、五種反應則著重故事內容的意義和質量問題。更簡約來說，前一類側重的是說者或寫者的人的因素，而後一類側重的是內容因素。若與英國 CHATA 計劃作比較，李彼得在研究英國 7 至 14 歲學生，對於「一段歷史兩個故事」的看法時，也提出兒童五種思考模式：❷

    1.「記述是一樣的，差別只是怎樣地去講述故事」

    2.「差別是因為掌握過去的知識有困難」

    3.「故事各自關於不同的事物、時間與地點而出現差別」

    4.「因為這些記述是不同的作者寫的」

    5.「是記述的性質使得差別出現」。

此處李彼得的歸納裡，第二、三、四種模式與臺灣的兒童一樣，都是屬於知識內容和作者因素的思考方向。但和臺灣研究結果最大的不同在於，英國兒童所能達到的最高層級是：能夠了解「記述性質」是造成故事多元化的主因，認識沒有任何敘述是絕對完整或可以宣稱是最後的定論，以及任何的敘述或故事本來就是根據不同的出發點和選擇的標準而產生的。唯這個層級並未出現在我們 CHIN 計劃所考察的任何樣本資料中。

進一步來看，CHIN 計劃根據 49 名兒童所整合出的五種反應內，前兩種反應分別認為故事源自人們的各種想法和著眼的層面不同，提出這些解釋的小朋友，面對多重的歷史敘述時，表現出坦然

---

❷   Peter Lee，周孟玲譯，〈兒童對歷史記述的性質和狀況的觀念〉，頁 230-231。

接受的態度。至於後三種反應其實都與「一個正確故事」的基本想法有關。以第三種反應而言，兒童轉從故事的啟示價值試求兩個故事並存的合理性。第四種反應則以述及「不同內容」的方式定位兩個故事。至於第五種反應，兒童同樣是在「一個正確故事」的執著下，質疑「內容有誤」。從某個角度來說，屬於後三種反應的兒童，始終維持著「一個正確故事」的觀念框架，因此基本上並無法接受一段歷史、出現兩個故事的事實，以致會去力求調和解決。在最後一種反應分析中，吾人的確看到兒童面對真假難分、對錯無解時的難處。

那麼 49 名兒童內究竟有多少能夠接受和不能接受兩個故事的情況？三個年齡層上的分布狀況如何？年紀是否影響兒童的思考判斷？透過數量化分析，或許會從中看出其它意義。

㈢人數與年齡層的分布

以下是 49 名兒童在「羅馬人在不列顛」故事的筆試和口訪中，表現出的五種思考反應和人數分布：

五種反應的人數分布表

如何看待兩個故事	國二	小六	小四	合　計
故事是來自人們不同的想法	2 14206/11201	0	1 23401	**3**
故事著眼的層面不同	2 22201/23202	1 22601	0	**3**
故事是用來提供學習和啟示	0	1 11605	0	**1**
故事各自關於事情的不同內容	7 11202/11203/	8 11601/11602/	8 11401/11406/	**23**

	22202/22203/ 14205/14203/ 14202	11603/11604/ 14603/14604/ 22602/22603/	14402/14403/ 14404/14406/ 22401/22402/	
兩個故事中必有真 假和對錯	7 11204/11205 11206/14204/ 23201/23203/ 14201	7 11606/14601/ 14602/14605/ 14606/23602/ 23603	5 11402/11403/ 14401/23402/ 23403	**19**
合　計	**18**	**17**	**14**	**49**

由以上這個表列顯示：

　　1.五種思考反應中，最後兩種反應所佔人數高達 42 人，若再加上第三種類型，則共有 43 位小朋友，基本上不能接受一段歷史兩個故事的存在。相對而言，前兩項「個人的想法」和「故事著眼的層面不同」內，總計只有各 3 位小朋友符合表現。若以百分比計，前兩種思考和後三種環繞內容問題的學生人數，各佔的百分比分別約是：12%、88%。看到如此多的學生堅信「只能有一個正確真實的故事」，而只有 3 名學童能夠指出故事的著眼觀點和角度不同，這樣懸殊的人數對比，不能不令人驚訝。或謂，是否中小學生程度本當如此？然而對照英國 CHATA 研究的結果：320 位受訪者中，七歲到十四歲的受訪兒童中有將近 20% 的學生，明確支持作者的解釋角度和觀點為導致兩個故事出現的主因；另有至少 10% 的學生能夠從記述的性質思考故事的差異原由。[21]反觀 CHIN 計劃

---

[21]　P. Lee, R. Ashby, "Progression in Historical Understanding among Students Ages 7-14," in P. N. Stearns, P. Seixas, & S. Wineburg (eds), *Knowing, Teaching and Learning History* (New York: New York University, 2000), pp.121-122.

中，只有 6% 受訪兒童談及解釋角度。這是出自文化教育背景而來的差距嗎？頗有深入尋思之必要。

　　2.從年齡分布來看，小四到國二學生，三個年級在各個類型反應上的分布出乎意料之外的平均，小四人數雖略少，是因其有效樣本只有 14 位。由此看來，年齡對於學童看待一段歷史兩個故事的影響並不明顯。以下利用長條圖示，更易於觀察：

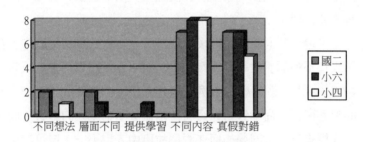

五種反應的年級分布比例圖

　　三個年級學生在每個類型的分布上看來相差無幾，這似乎顯現了「年齡」因素並未在兒童面對兩個故事的因應方式上，有絕對的決定性。那麼，如果把兒童對「秦始皇」故事的反應納入一併考慮，或許可以再進一步試探：對歷史的「熟悉度」是否會主導兒童解釋兩個故事的傾向。

(四)**對故事的熟悉度**

　　兩組故事設計之初，採用一為臺灣兒童較不熟悉的不列顛歷史，一為多數學生聽聞過，甚至課本內、課外讀物中也接觸過的秦始皇。如此安排的主要考量是，某些學者曾經指出，兒童的背景知

識，以及對某段歷史陌生或熟悉，會影響兒童的思考和理解能力。麥凱萬（M. G. McKeown）和貝科（I. L. Beck）從事教科書與背景知識關係的探討時，即總結說：具備充分的背景知識會提高兒童對於文本（text）的理解力；兒童對故事內涵愈是熟悉，就愈能掌握相關論述的旨意。❷這樣的論點是否也能夠適用於兒童對兩個並存記述的理解上？如果兒童確實在兩組故事中的表現歧異者多，則或許可以假定，背景知識在兒童理解一段歷史、兩個故事的過程中，的確具有重要作用。

不過，經過統計整理後發現，三個年級的受訪學生中，在「羅馬人在不列顛」故事和「秦始皇」故事反應出現不一者只有：國二2例、小六5例、小四1例，總共8例。由這個數據看來，對故事的熟悉與否，尚不致對兒童看待兩個故事構成大的影響。而如果再深入探查這8位同學如何在兩個故事中表現不一，還可發現其中極為有趣的現象。

比較這八位同學的差異反應後，我們看到其中竟然有七位受訪者的思考模式雷同至可以簡化成兩大類。第一類有四位受訪學生，他們對不列顛兩個故事的判斷都是「故事各自關於事情的不同內容」，在秦始皇歷史則轉而認為「故事中必有真假對錯」。他們共同的思考方向在於：「一個時間內只能有一個正確的故事」，但是不列顛的歷史包含了「很長一段」時間，而兩個故事又「如此不同」，因此是分別發生在漫長的「時間」內，不同人、地的事情。

---

❷　M. G. McKeown & I. L. Beck, "Making Sense of Accounts of History: Why Young Students Don't and How They Might," pp.4.

以此推論，二個甚至多個正確故事的存在，確有可能。至於秦始皇，兒童認為：這「一個人」不可能展現兩種脾氣性格，何況秦始皇在位的時間那麼短，也不可能有不同的事情發生。所以，關於秦始皇，就只能有一個正確的故事存在。小四 23403 的吳同學說到秦始皇的兩個故事：「如果故事有兩個的話，一個人……不可能一半好一半壞……一定會有其中一篇會是真的，如果沒有調查清楚的話，寫了也沒用，寫了人家也不確定是不是真正的歷史。」

另一類看法包括三位學童，他們的思考恰恰與前述相反。他們對不列顛的兩個故事提出的解釋是：「故事中必有真假對錯」，但認定秦始皇故事為「故事各自關於事情的不同內容」。這三位兒童的思考邏輯是：的確「一個時間內只能發生一件事情」，而不列顛兩個故事看來「太不一樣了」，不可能同時發生，顯然其中必有真假之分。國二 11206 許同學就堅定的說：「如果這兩個事情是同一個時間發生，那有一個一定是真的。」至於秦始皇部分，他們基本上相信，一個人一生中有前期後期，也會有許多不同的表現，因此兩個故事是描寫不同時間以及秦始皇做過的不同事情，若把兩個故事合成起來，就是那個最完整正確的故事了。

這類學生中很具代表性的例子是國二的萬同學。他在不列顛故事裡，認定兩個故事不可能都發生過，「因為原因和結果都不一樣」，所以其中必定有錯誤部分，需要加以考察。但在秦始皇故事中，他卻指出：「……它們是寫好的和壞的，但是分成兩個方式寫的……所以現在需要統合吧」也就是說，他以為兩個秦始皇的故事並非正確錯誤的問題，而是各自敘述好壞不同的部分，應該加以綜合，求得更為完整的故事。考察萬同學何以兩組故事上的回答有此

出入，原來萬同學看到，不列顛的兩個故事原因和結果都不一樣，是兩個「差距很大」的記述。而秦始皇兩個故事則說的是「同一個人」、只是談的內容有些差異罷了。萬同學因此推論，如果同一段時間、一段歷史下，出現兩個「很不相同」的故事，那其中必有正確錯誤之處。若兩個故事「大同小異」，那是因為「有些事情發生的話，不一定每個（事情）都（被）知道，而且有可能被分成兩部分。」那麼兩段記述有可能並存不悖。

我們可以從上面兩大類思考模式看到些什麼？表面上，這兩類推論模式是悖反而行，但實質上，這些兒童的想法卻是萬變不離其宗，他們都是繞著「同個時間內，只能有一個正確故事」而轉。無可否認，從這七位同學一致感覺「羅馬人在不列顛」的兩個故事看起來「很不一樣」，說明了這段歷史對他們來說可能真是遙遠而陌生。但是，在兩組故事中，他們所以選擇「不同的故事各自關於事情的不同內容」，或者選擇「故事中必有真假對錯」，則和認不認識羅馬人或秦始皇的歷史，關係並不大。反倒全賴他們如何針對眼前兩組的兩個故事進行圓說，以配合：「同個時間內，只能有一個正確故事」的既有觀念。

除了這 7 名學生之外，還發現有數名小四兒童對兩組故事內容看來幾乎無法領會，卻依然可以「憑空」提出他對於兩個故事並存的看法。譬如 14403 的蔡同學，在兩個故事有何不同的問題內，兩份筆測卷都只能回答：「顏色句子不同」。但是談及兩個故事何以能同時並列時，他都表示：那是前後發生的事情。另一方面，有些學生其實已能抓到故事的某些要點，譬如國二陳同學看出：「第一個故事說大眾的建設和物質。第二是說文化方面上。」若從這句回

答來看，這位同學理解程度應該頗高，但是一觸及可不可能兩個故事都存在、發生過時，這位學生在兩組故事裡都同樣強調：不可能，事情只能有一個結果，是某些歷史學家有偏見，或傳說有問題所致。

　　由這些案例可見，背景知識其實並未對學童看待兩個故事存在的意義，產生決定性的作用。無論這兩個故事談的是他們熟知的或陌生的主題，受訪學生思考兩個故事，主要受到他們心中某些基本的、根深蒂固想法的影響。「同個時間內，只能有一個正確故事」的想法，導致他們難以接受兩個故事同時存在，他們所試圖努力做的是，去調和這個價值信念和事實呈現之間的衝突。

伍、結論——重新思考歷史教育

　　綜論以上所述，我們從「一段歷史、兩個故事」的這個課題入手，將 49 名學生的反應整理出五種思考類型，並進一步考察年齡因素和故事熟悉度對於兒童思考的影響。由分析結果來看，從小四到國二的年齡差別，以及對「羅馬人」或「秦始皇」故事內容的熟悉與否，並不致主導兒童思考的方向。事實上，全部受訪學生中，也只有 12% 的學生認為故事涉及人們的想法和著眼層面的不同，因此可以接受兩個故事的並存。其餘 88% 的多數學童在「同個時間，只能有一個正確故事」的觀念框架下，不能接受兩個故事的同時存在。這些兒童在思考歷程中，努力地提出各種解釋，正是試圖為「一個正確故事」的基本信念與眼前的兩個故事尋求調和，以達成自我的理解。因此，年齡或者背景知識不是大問題，是兒童既有的觀念，深深影響著兒童看待多元歷史記述的方式。

　　這樣的研究結果，具有什麼樣的意義？長久以來，歷史教學的目標總以增進兒童歷史知識為第一要務，相對而言，有關歷史學概念如歷史解釋的多元性、因果關係、變遷和延續、證據效用等等，這方面的教導則多從略。此一教學偏略的背後或許有著某些基本的假設：第一，認為兒童只要具備足夠的史學知識，隨著年齡增長，自然而然就會理解、運用那些重要的史學概念。第二，以為兒童年紀尚小，那些史學概念非他們所能領會，無須過早傳授。

　　然而，根據我們的研究顯示，知識的成長與兒童思考能力的提昇並無直接關係，嫻熟秦始皇故事未必有益於兒童以更合宜的態度去面對多元記述。檢閱資料時，研究者的確發現，背景知識對於兒童了解單一故事的事實意涵是有幫助（此問題且容另文討論）。但是，只要問題一拉高至兩個故事的關係上時，兒童心中「一個正確真實的故事」的基本想法立刻左右了他的思考意向。

　　當然，本文研究採樣不多，此處論證有待未來更大規模實驗的進一步檢核。不過至目前為止，也有其他國家的研究提出類似的發現。美國的溫伯格（Sam Wineburg）做過一個實驗，讓一些史家和高中學生閱讀同樣的史料。受測的史家對於史料內容並不熟悉，倒是所選取的高中生在校成績優等，且對史料的歷史有較為豐富的背景知識。溫伯格希望觀察史家和高中學生如何考量、處理這些史料。溫伯格發現，即使史家面對的史料非他熟悉的領域或課題，仍能直指該史料的背景問題去思考其意義。相反的，受測學生雖然能夠答出許多歷史知識性的問題，對於史料的知識熟悉度甚至超過受測史家，卻仍只能運用一般閱讀策略，將其中事實材料加以彙整歸納。也就是說，那些成績優異的高中學生處理的方式至多停留於字面意

義或資訊層面的抓取，而無法進階到「文本之下」（subtext）的問題如作者的觀點立場、時空背景等，當然也就無法看出字裡行間潛藏的衝突矛盾。❷溫伯格以此證明，是學科訓練出的思考方式而非相關知識的多寡，決定史家和學生對史料的不同探索取向。

此外，德國的馮波瑞探討青少年的歷史意識，也同樣得出結論：青少年的歷史知識與他們詮釋歷史的能力沒有顯著關係。換言之，知識累積並未讓他們在理解人類世界時，會更具有歷史性的眼光。❷

這些學者的結論與本文研究所得若合符節。期待兒童因為攝取歷史知識多了，自然就能提高思考事務的能力，顯然不易落實。同時，認為年齡增長，兒童自然而然會具備多元思考的修養，恐怕也是有待商榷的假定。證諸一元化的思考以及非理性的溝通方式仍充斥在現今社會中的各個角落，而不時出現的多元觀點的呼聲，恰恰反映了對這個事實的焦慮。

依上所見，觀念主導著兒童「看待」歷史記述的方式，而觀念的移除和接受又極為困難，那很少是自然生成的結果。因此藉助有計劃的、階段性的教育培養，或許是打破兒童腦中似是而非的觀念，以及提昇他們思考層次的重要之途。溫伯格也呼籲，必須把歷史的重要學科概念適當地放入課程和教學中，兒童的思考習性才能有所扭轉。❷而歷史學中如此豐富多樣的史實解釋，正是提供兒童

---

❷　Sam Wineburg, *Historical Thinking and Other Unnatural Things*, pp.63-88.

❷　Joern Ruesen，陳中芷譯，〈歷史意識作為歷史教科書研究之事項〉，頁 29。

❷　Sam Wineburg, *Historical Thinking and Other Unnatural Things*, pp.67-69.

思維訓練的不二之選。

　　以本文訪測的學生來說，如欲破除他們心中「一個正確真實歷史」的框架，唯有先引導他們了解歷史學與過去的關係。過去已經一去不返，乃有歷史學承擔建構過去之責。但是歷史學家的研究必然包含自身關切的重點和個人獨特的角度，並以此串連過去遺留下的可用史料和證據，從而雕塑出部分的過去。因此任何一段歷史都容許以不同的角度解釋，前提是這些解釋必須符合嚴謹的論證程序。學生具有這樣的認知，始能進一步學習探索各個論述的觀點所在，辨別其中的差異好壞。

　　最後，本文意欲提醒的是：兒童並非生活於真空之中，他並無法隔絕生活週遭中的許多說法和意見。面對這些帶有立場、甚至意識型態的論說，兒童如果缺乏有力的思考系統因應，只好如文中的受訪學生，或是提出自以為是的解釋，或是斷然否定，漠然以對，或甚至陷入困惑茫然，不知所措。因此，在歷史教學中引進史學觀念，改變兒童看待事物的視野，在現今社會中，不但必要，更且是當務之急。歷史教育的現實意義也即在此。

　　至於如何以符合兒童心智發展的教學方法，因材施教，去傳達歷史學科知識的概念，這是屬於技術面的問題。前提是，我們必得肯定，在歷史教學中，除了教導史實之外，適當教導歷史學特有的一些知識概念，有其重要性。

附　錄　一

小朋友，這裡有兩個關於「羅馬人在不列顛」的故事。
請你讀一讀。

故事一

　　很早以前，歐洲西北方的<u>不列顛</u>島上，人們住在木造的房子裡，他們沒有城鎮，很少人識字。<u>不列顛</u>人常常互相打來打去。

　　後來，強大的<u>羅馬</u>人來到<u>不列顛</u>，佔據了大部份地方。<u>羅馬</u>人使<u>不列顛</u>不再互相攻擊。

　　<u>羅馬</u>人建造了鄉鎮和城市，有的房子還有取暖設備。許多<u>不列顛</u>人過著比以前舒適的生活。有些人學會了讀書識字。

　　幾百年後，<u>羅馬</u>人因外敵入侵，把軍隊撤出<u>不列顛</u>去保護別的土地。

　　許多<u>不列顛</u>的鄉鎮和城市都成了廢墟，就好像<u>羅馬</u>人從未來過一樣。此後，有一段很長的時間，<u>不列顛</u>島上的人無法過得像<u>羅馬</u>人在時那樣的舒適。

故事二

很早以前，歐洲西北方的<u>不列顛</u>島上，人們有自己的生活方式。他們很會製作各種飾品和工具。很少人識字。

後來，強大的<u>羅馬人</u>佔據了<u>不列顛</u>。他們攻打那些想要反抗的<u>不列顛</u>人。

<u>羅馬人</u>把<u>不列顛</u>改變了，改變成跟<u>羅馬人</u>居住的其它地區一樣。<u>不列顛</u>人過著與<u>羅馬人</u>同樣的生活。有些人學會了讀書識字。

幾百年後，<u>羅馬人</u>因外敵入侵，把軍隊撤出<u>不列顛</u>去保護別的土地。

<u>羅馬人</u>離開之後，住在<u>不列顛</u>島上的人們逐漸融合，形成一個國家。經過一段時間，人們仍然記得<u>羅馬人</u>的觀念。有些<u>羅馬人</u>的觀念還沿用至今。

附 錄 二

這裡有兩段有關秦始皇的**敘述**，請仔細閱讀它們。

故事一

秦始皇是中國歷史上第一個皇帝。

他原來是秦國的國王。

當時中國分成七個國家，他們各有各的文字、語言和生活方式。

在這些國家中，秦的武力最強。最後秦滅了其他六國，成立了大秦帝國，秦始皇成為全中國唯一的統治者。

大秦帝國建立後，秦始皇規定所有人民使用同一種文字與度量衡單位。他不許人民私有兵器，燒掉了民間的藏書，他的命令人民必須遵守，批評他的人被抓去處死。他還徵調各地人民來為他修築宮殿。

秦始皇五十歲的時候死了，以前被他滅掉的六國人民起來反抗。大秦帝國只有短短的十五年就結束了。秦始皇也被後來的人看作是中國歷史上最可怕的暴君。

故事一

秦始皇是中國歷史上第一個皇帝。

他原來是秦國的國王。

當時中國分成七個國家，他們之間沒有共同的語言、文字，還常常互相攻打。每個國家的國王都野心勃勃地希望併吞其他國家。

最後秦始皇滅了其他六個國家，做了皇帝。

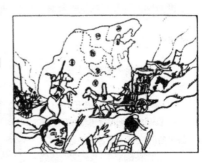

秦始皇做了皇帝以後，讓全國人民使用同一種文字和度量單位，並且修建了聯絡全國的道路網。他的命令可以傳達到全國各地，而且確實執行，他也很努力工作，每天一定要看完 120 斤寫在竹片上的公文才能休息。

秦始皇五十歲的時候死了，秦帝國也很快就結束了。但是秦始皇所立的一些制度留了下來。從此以後中國各地的人都使用同一種的文字溝通。

附錄三
「羅馬人在不列顛」筆測題目

1、　這兩個故事所說的，有什麼<u>不同的地方</u>？（除了字面和<u>圖畫上</u>的不同）

2、　為什麼<u>同樣</u>說的是「羅馬人在不列顛」的歷史，卻會有兩個<u>不同的故事</u>呢？

3、　<u>同樣</u>一段歷史出現了兩個<u>不同</u>的故事，你覺得這點重不重要？為什麼？
　　　□　重要。
　　　□　不重要。

4、　故事一結尾說：「就像羅馬人從未到過（不列顛）一樣。
　　　故事二結尾說：「一些羅馬人的觀念還沿用至今。」
　　　這兩種說法相不相同？
　　　□　相同。
　　　□　不相同。
　　　為什麼？

5、　「歷史」故事和別種故事有什麼不同？

6、 如果有兩位歷史學家讀同樣的東西，調查同樣的事，也都沒有
   說謊，那他們所寫出的故事將會大致相同。請用打勾方式選擇
   □　我同意，故事會大致相同。
   □　我不同意。
   為什麼？

7、 當你看到「羅馬人在不列顛」這段歷史，同時出現了兩個故
   事，你的想法是什麼？請在空格中勾選接近你的想法的答案。
   （可以多選）
   □　其中一個是正確的故事。
   □　兩個故事說的都發生過。
   □　兩個故事都不正確。
   □　可能有很多「羅馬人在不列顛」的故事，但總有一個才是
   　　正確的故事。
   □　可能有很多個「羅馬人在不列顛」的故事，而且其中讓人
   　　相信的故事不只一個。
   □　不會有真正正確的「羅馬人在不列顛」的故事，因為我們
   　　根本無法確定。
   說說看，你的理由是：

8、 如果我們想要確定「歷史」所告訴我們的一些故事，你會怎麼
   做呢？

附錄四
「秦始皇」筆測題目

1、　這兩段敘述所說的，有什麼不同？（除了字面和圖畫上的不同）

2、　你覺得歷史學家是怎樣寫出秦始皇的故事？
　　　在你認為最重要的原因前面的空格中寫上　1，其次重要的寫上
　　　2，再其次重要的寫上 3，……最後寫上 6。
　　　□　從一些比較重要的，記載過去的書中找到的。
　　　□　從那些知道很多過去的事的人那裡問來的。
　　　□　從那些親眼看到故事發生，並把事情寫下來的人那裡得來
　　　　　的。
　　　□　挖掘或是調查一些過去留下來的東西，從那些東西知道過
　　　　　去發生過的事情。
　　　□　寫故事的人把所有過去流傳下來的事都寫進去。
　　　□　故事是人想出來的，寫故事的人根據過去留下來的事物整
　　　　　理出適當的故事。
　　　除了上面這些原因，你還有其他的原因嗎？

3、　「歷史是真正發生過的事，而且它的發生語經過的過程只有一
　　　種，所以秦始皇的歷史故事只有一種。」
　　　你同意這樣的說法？請在□中打勾。
　　　□　我同意。
　　　□　我不同意。

為什麼？

4、 故事一的中間說：「他（秦始皇）不許人民私有兵器，燒掉了民間的藏書他的命令人民必須遵守，批評他的人被抓去處死。他還徵調各地人民來為他修築宮殿。」

故事二的中間說：「（秦始皇）修建了聯絡全國的道路網，他的命令可以傳達到全國各地，而且確實執行，他也很努力工作，還要求自己每天一定要看完 120 斤寫在竹片上的公文才能休息。」

你覺得這兩個故事中說的，都是秦始皇做過的事嗎？請在□中打勾。

　　□　都是。

　　□　故事一是，故事二不是。

　　□　故事二是，故事一不是。

　　□　都不是。

秦始皇為什麼這樣做？或是你認為秦始皇不可能這樣做，為什麼？

5、一位秦始皇，歷史學家為什麼會寫出兩個不同的故事？

在你認為最重要的原因前面的空格中寫上 1，其次重要的寫上 2，再其次重要的寫上 3，……最後寫上 6。

　　□　寫歷史故事的人有不同的目的，因此不會只有一個故事。

　　□　有一些歷史學家有偏見。

　　□　有時候歷史學家無法從書中找到所有過去的事，或是無法

挖掘到所有古代的東西，所以只能寫出他們知道的那些事情。

☐　那只是歷史學家的想法而已，因為我們無法真正知道過去真正發生過的事情。

☐　有時候親眼看見歷史的人，沒有留下記錄，所以歷史學家只能用猜的。

☐　歷史故事是針對不同的問題去寫的。

除了上面這些原因，你還有其他的想法嗎？

6、　在上一題中，為什麼你將1填在那個句子前面？或是你覺得你想到的理由比題目中的那些更好？為什麼？

7、　你知道其他有關秦始皇的故事嗎？如果你覺得這些秦始皇的故事很奇怪，你會怎麼做？

在你認為最重要的原因前面的空格中寫上　1，其次重要的寫上2，再其次重要的寫上3，……最後寫上6。

☐　去查一些比較有名的，記載過去的書。

☐　去問那些知道很多過去的事的人。

☐　去看那些和秦始皇一起做事的人留下來的記錄。

☐　去挖掘或是調查秦始皇留下來的東西。

☐　去問歷史老師或是去看歷史學家是怎麼寫的。

☐　檢查所有的書是不是都有同樣的看法。

8、　在上一題中，為什麼你將1填在那個句子前面？為什麼你覺得那個辦法最好？你還想到其他的辦法嗎？

參考書目

英文書目

Aldrich, R. E., "New History: An Historical Perspective," in A. K. Dickinson, P. J. Lee, and R. J. Rogers (eds.), *Learning History*, London: Heinemann Educational Books Ltd, 1984.

Aldrich, Richard (ed.), *History in the National Curriculum*, London: The Institute of Education, University of London, 1991.

Aldrich, Richard and Dean, Dennis, "The Historical Dimension," in Richard Aldrich (ed.), *History in the National Curriculum*, London: The Institute of Education, University of London, 1991.

Anglin, Jeremy M., "Introduction," in Jerome S. Brunner, *Beyond the Information Given*, London: George Allen & Unwin, 1980.

Appleby, Joyce, Hunt, Lynn & Jacob, Margaret, *Telling the Truth About History*, New York: W. W. Norton & Company, Inc., 1995.

Arkell, Tom, "History's Role in the School Curriculum," *Journal of Education Policy*, Vol.3-1 (1986).

Armstrong, David G., *Social Studies in Secondary Education*, New York: Macmillan Publishing Co., Inc., 1980.

Arnold, John H., *History: A Very Short of Introduction*, Oxford: Oxford University Press, 2000.

Arthur, J., Davies, I., Wrenn, A., Haydn, T. and Kerr, D., *Citizenship through Secondary History*, London: Routledge Falmer, 2001.

Arthur, James, "What Are the Issues in the Teaching of History?" in J. Arthur and R. Phillips (eds.), *Issues in History Teaching*, London: Routledge, 2000.

Arthur, James, and Phillips, Robert (eds.), *Issues in History Teaching*, London: Routledge, 2000.

Bage, Grant, *Thinking History 4-14: Teaching, Learning, Curricula and Communities*, London: Routledge Falmer, 2000.

Ball, S. J., *Politics and Policy Making in Education: Explorations in Policy Sociology*, New York: Routledge, 1990.

Ballard, Martin (ed.), *New Movements in the Study and Teaching of History*, Bloomington: Indiana University Press, 1970.

Barthes, Roland, "Historical Discourse," in Michael Lane (ed.), *Structuralism: A Reader*, London: Jonathan Cape LTD, 1970.

Barthes, Roland, *S/Z*, New York: Hill and Wang, 1974.

Barton, K., "'I Just kinda Know': Elementary student's ideas about historical evidence," *Theory and Research in Social Education* 24 (1997).

Barton, K., "Narrative Simplification in Elementary Students' Historical Thinking," in J. Brophy (ed.), *Advances in Research on Teaching: Teaching and Learning History*, Vol.6 (1996).

Barton, Keith, C., "A sociocultural Perspective on Children's Understanding of Historical Change: Comparative Findings From Northern Ireland and the United States," *American Educational Research Journd*, Vol.38, No.38 (2001).

Barton, Keith C. and Levstik, S. Linda, *Teaching History For The Common Good*, London: Lawrence Erlbaum Associates Inc., 2004.

Barton, Keith C., "The Denial of Desire: How to Make History Education Meaningless," in Linda Symcox and Arie Wilschut (eds.), *National History Standard: The Problem of The Canon and The Future of Teaching History*, North Carolina: Information Age Publishing, Inc., 2009.

Beane, James, A., *Curriculum Intergration*, New York: Teachers College Press, 1997.

Becker, Carl, "Everyman His Own Historian," *American Historical Review*, 37 (1931-1932).

Bennett, T., *Outside Literature*, London: Routledge, 1991.

Bentley, Michael (ed.), *Companion to Historiography*, London: Routledge, 2003.

Bentley, Michael, *Modern Historiography: An Introduction*, New York: Routledg, 1999.

Berger, Stefen, Donovan, Mark and Passmore, Kevin, "Apologias for the nation-state in Western Europe since 1800," in Stefen Berger, Mark Donovan and Kevin Passmore (ed.), *Writing National Histories*, New York: Routledge, 1999.

Berghahn, Volker R. and Schissler, Hanna (eds.), *Perceptions of History: International Textbook Research on Britain, Germany, and the United States*, New York: St. Martin's Press, 1987.

Beyer, London E. and Apple, W., Michael (eds.), *The Curriculum: Problems, Politics, and Possibilities*, Albany: State University of New York Press, 1988.

Block, Marc, *The Historian's Craft*, Manchester: Manchester University Press, 1963.

Bloom, Allan, *The Closing of the American Mind*, New York: Simon and Schuster, 1987.

Booth, Alan, *Teaching history at University: Enhancing Learning and Understanding*, London and New York: Routledge, 2003.

Booth, Martin B., "England, Wales and Northern Ireland," in Pellens Karl, Siegreed Quandt and Hans Sussmuth (eds.), *Historical Culture-Historical Communication: International Bibliography*, Main: Frankfurt, 1994.

Booth, Martin, "Ages and Concepts: A Critique of the Piagetian Approach to

History Teaching," in Christopher Portal (ed.), *The History Curriculum for Teacher*, London: The Falmer Press, 1987.

Bourdillon, Hilary (ed.), *Teaching History*, London: Routledge, 1994.

Braudel, Fernand, *On History*, Chicago: The University of Chicago Press, 1980.

Bruner, Jerome S., *Beyond the Information Given*, London: George Allen & Unwin, 1980.

Burke, Peter, "History of Events and the Revival of Narrative," in Peter Burke (ed.), *New Perspectives on Historical Writing*, Pennsylvania: The Pennsylvania State University Press, 1991.

Burston, W. H., "The Place of History in Education," in W. H. Burston and C. W. Green (eds.), *Handbook for History Teachers*, London: Methuen Educational, 1972.

Burston, W. H., "The Syllabus in the Secondary School," in W. H. Burston & C. W. Green (eds.), *Handbook for History Teachers*, London: Methuen Educational, 1972.

Burston, W. H., and W., Green, C. (eds.), *Handbook for History Teachers*, London: Methuen Educational, 1972.

Burton, Antoinette, "Who Needs the Nation? Interrogating 'British' History," *Journal of Historical Sociology*, Vol.10, No.3 (Sept., 1997).

Bury, J. B., "The Science of History," in Harold Temperley (ed.), *Selected Essays of J. B. Bury*, Cambridge: University Press, 1930.

Butts, R. Freeman, "History and Civic Education," in Bernard R. Gifford (ed.), *History in the School: What Shall We Teach?*, New York: Collier Macmillan Publishers, 1988.

Carr, David, *Time, Narrative and History*, Indianapolis: Indiana University Press, 1986.

Carr, E. H., *What is History*, London: Penguin Books, 1990.

Carretero, Mario, Jacott, Liliana, Limón, Margarita, López-Manjón, Aaunción, and

León, Jose A., "Historical Knowledge: Cognitive and Instructional Implications," in Mario Carretero and James F. Voss (eds.), *Cognitive and Instructional Processes in History and the Social Sciences*, New Jersey: Hillsdale, 1994.

Chambers, Christopher, "Teaching Causal Reasoning, " in Martin Hunt (ed.), *A Practical Guide to Teaching History in the Secondary School*, Oxon: Routledge, 2007.

Chapman, Arthur, "Camel, Diamonds and Counterfactuals: a Model for Teaching Causal Reasoning," *Teaching History* 112 (Sept., 2003).

Cheney, L. V., *American Memory: A Report on the Humanities in the Nation's Public School*, Washington, DC: National Endowment for the Humanities, 1987.

Clark, G. Kitson, *The Critical Historians*, New York: Basic Books, INC. Publishers, 1967.

Clark, Jonathan, "Will History Do a Bunk?," *The Times* (March 23, 1990).

Collingwood, R. G., *The Idea of History*, New York: Oxford University Press, 1965.

Coltham, J. B., *The Development of Thinking and The Learning of History*, London: The Historical Association, 1975.

Cooper, Hilary, "Historical Thinking and Cognitive Development In the Teaching of History," in Hilary Bourdillon (ed.), *Teaching History*, London: Routledge, 1994.

Cooper, Hilary, *The Teaching of History*, London: David Fulton Publishers, 1992.

Counsell, Christine, "Historical knowledge and historical skills: A distracting dichotomy," in James Arthur and Robert Phillips (eds.), *Issues in History Teaching*, London: Routledge, 2000.

Coveney, Peter and Highfield, Roger, *The Arrow of Time: A Voyage Through Science to Solve Time's Greatest Mystery*, New York: Ballantine Books, 1991.

Curthoys, A. and J. Docker, *Is History Fiction?*, Sydney: University of New South Wales Press, 2006.

Danto, Arthur C., *Narration and Knowledge*, New York: Columbia University Press, 1985.

Dickinson, A. K. and Lee, P., "Making Sense of History," in A. K. Dickinson, P. Lee and P. J. Rogers (eds.), *Learning History*, London: Heinemann Educational Books Ltd, 1984.

Dickinson, A. K., Lee, P. J. and Rogers, R. J. (eds.), *Learning History*, London: Heinemann Educational Books Ltd, 1984.

Diggins, J. P., "The National History Standard," in E. Fox-Genovese and E. Lasch-Quinn (eds.), *Reconstructing History: The Emergence of a New Historical Society*, New York: Routledge, 1999.

Domínguez, Jesús and Pozo, Juan Ignacio, " Promoting the Learning of Causal Explanations in History Through Different Teaching Strategies," in J. F. Voss and Mario Carretero (eds.), *International Review of History Education vol. 2: Learning and Reasoning in History*, London: Woburn Press, 1998.

Donovan, M. Suzanne and Bransford, John D. (eds.), *How Students Learn History in the Classroom*, Washington D. C.: The National Academies press, 2005.

Drake, Frederick D. and Nelson, Lynn R., *Engagement in Teaching History: Theory and Practices for Middle and Secondary Teachers*, New Jersey: Pearson Education, Inc., 2005.

Duara, Prasenjit, *Rescuing History from the Nation: Questioning Narratives of Modern China*, Chicago: The University of Chicago Press, 1995.

Elton, G. R., "What Sort of History Should We Teach?" in Martin Ballard (ed.), *New Movements in the Study and Teaching of History*, Bloomington: Indiana University Press, 1970.

Elton, G. R., *The Practice of History*, London: Fontana Press, 1987.

Ermarth, Elizabeth, *Sequel to History: Postmodernism and the Crisis of*

Representational Time, New Jersey: Princeton University Press, 1992.

Evans, R. W., *Social Studies War: What Should We Teach the Children?*, New York: Teachers College Press, 2004.

Evans, Richard J., "Prologue: What is History? – Now," in David Cannadine (ed.), *What is History Now*, Hampshire: Palgrave Macmillan Ltd.,2002.

Evans, Richard J., *In defense of History*, New York: W. W. Norton & Company, Inc., 2000.

Farmer, Alan and Knight, Peter, *Active History in Key Stages 3 and 4*, London: David Fulton Publishers, 1995.

Fenton, Edwin, *Teaching the New Social Studies in Secondary Schools: an Inductive Approach*, New York: Holt, Rinehart and Winston, INC., 1966.

Fernández-Armesto, Felipe, "Epilogue: What is History Now?" in David Cannadine (ed.), *What is History Now*, Hampshire: Palgrave Macmillan Ltd., 2002.

Fines, John, "Making Sense Out of the Content of the History Curriculum," in Christopher Porter (ed.), *The History Curriculum for Teachers*, London: The Falmer Press, 1987.

Foss, James V., Carretero, Mario, Kennet Joel, and Silfies, Laurid Ney, "The Collapse of the Soviet Union: A Case Study in Causal Reasoning," in Mario Carretero and James F. Voss (eds.), *Cognitive and Instructional Processes in History and the Social Sciences*, New Jersey: Lawrence Erlbaum Associates, Inc., 1994.

Foster, S. J., Politics, parallels and perennial curriculum questions: the battle over school history in England and the United States, *The Curriculum Journal*, Vol.9, No.2 (1998).

Fox-Genovese, E. and Lasch-Quinn, E. (eds.), *Reconstructing History: The Emergence of a New Historical Society*, New York: Routledge, 1999.

Füredi, F., *Mythical Past, Elusive Future*, Colorado: Pluto Press, 1993.

Gardiner, Juliet (ed.), *History Debate*, London: Collins & Brown Limited, 1990.

Gell, A., *The Anthropology of Time: Culture Constructions of Temporal Maps and Lmages*, Oxford: Berg, 1992.

Gifford, Bernard R., "Introduction: Thinking about History Teaching and Learning," in Bernard R. Gifford (ed.), *History in the School: What Shall We Teach?*, New York: Collier Macmillan Publishers, 1988.

Gilderhus, Mark T., *History and Historians*, New Jersey: Prentice-Hall Inc., 2000.

Gitlin, Todd, *The Twilight of Common Dreams: Why America Is Wracked by Culture War*, New York: Henry Holt and Company, 1995.

Goodson, I., "New Views of History: From Innovation to Implementation," in A. K. Dickinson and P. J. Lee (eds.), *History Teaching and Historical Understanding*, London: Heinemann Educational Books Ltd., 1978.

Gould, Stephen Jay, *Time's Arrow Time's Cycle: Myth and Metaphor in the Discovery of Geological Time*, Cambridge: Harvard University Press, 1987.

Gurvitch, G., "Varieties of Social-Time," in J. Hassard (ed.), *The Sociology of Time*, New York: St. Martin's Press, 1990.

Hallam, R. N., "Piaget and Thinking in History" in Martin Ballard (ed.), *New Movements in the Study and Teaching of History*, Bloomington: Indiana University Press, 1970.

Harlan, David, "Intellectual History and the Return of Literature," *American Historical Review* 94 (1989).

Haydn, Terry, Arthur, James and Hunt, Martin, *Learning to Teach History in the Secondary School*, London: Routledge, 1997.

Hemerow, T. S., *Reflections on History and Historians*, Wisconsin: The University of Wisconsin Press, 1987.

Hempel, C. G., "The Function of General Laws In History," in Patrick Gardiner (ed.), *Theories of History*, New York: Free Press, 1959.

Hertzberg, Hazel Whitman, "Are Method and Content Enemies?" in Bernard R. Gifford (ed.), *History in the School: What Shall We Teach?*, New York:

Collier Macmillan Publishers, 1988.

History: The National Curriculum for England, London: Department of Education and Employment, 1999.

Hodkinson, Alan, "Historical Time and The National Curriculum," *Teaching History* 79 (Apr., 1995).

Holt, Tom, *Thinking Historically*, New York: College Entrance Examination Board, 1995.

Huggins, Nathan I., "American History and the Idea of Common Culture," in Bernard R. Gifford (ed.), *History in the School: What Shall We Teach?*, New York: Collier Macmillan Publishers, 1988.

Hunt, Lynn, "Introduction: History, Culture, and Text," in Lynn Hunt (ed.), *The New Cultural History*, California: University of California Press, 1989.

Hunt, Martin (ed.), *A Practical Guide to Teaching History in the Secondary School*, London: Routledge, 2007.

Husbands, A., Kitson, A. and Pendry, A., *Understanding History Teaching*, Meidenhead: Open University Press, 2003.

Husbands, Chris, *What is History Teaching?*, Buckingham: Open University Press, 1998.

Iggers, Georg G., *Historiography in the Twentieth Century*, Hanover: Wesleyan University, 1997.

Iggers, Georg G., "Nationalism and Historiography, 1789-1996: The German example in historical perspective," in Stefen Berger, Mark Donovan and Kevin Passmore (ed.), *Writing National Histories*, New York: Routledge, 1999.

Jahoda, Gustav, "Children's Concepts of Time and History," *Educational Review* Vol.15, No.2 (1963).

Jenkins, K., *From Carr and Elton to Rorty and White*, London: Routledge, 1995.

Jenkins, K., *Rethinking History*, London: Routledge, 1995.

Jones, Elin, "Sharing the Bed with an Elephant: Teaching History in Wales," in Joke Van Der Leeuw-Roord (ed.), *History for Today and Tomorrow: What Does Europe Mean for School History*, Körber-Stiftung, 2001.

Jones, G. E. and Ward, L. (eds.), *New History Old Problems: Studies in History Teaching*, Swansea: University College of Swansea, 1973.

Jones, G. E., "Traditional and New History Teaching: Toward a Synthesis," in G. E. Jones and L. Ward (eds.), *New History Old Problems: Studies in History Teaching*, Swansea: University College of Swanse, 1973.

Jones, R. B. (ed.), *Practical Approaches to the New History*, London: Hutchinson, 1973.

Jones, R. B., "Introduction: the New History," in R. B. Jones (ed.), *Practical Approaches to the New History*, London: Hutchinson, 1973.

Jordanova, Ludmilla, *History in Practice*, London: Oxford University Press, 2000.

Kaye, Harvey J., "Whose History Is It ?" *Monthly Review* (Nov., 1996).

Kearney, Hugh, "Four Nations or Ones?" in Hilary Bourdillon (ed.), *Teaching History*, London: Routledge, 1994.

Kliebard, Herbert M., "The Effort to Reconstruct the Modern American Curriculum," in London E. Beyer and Michael W. Apple (eds.), *The Curriculum: Problems, Politics, and Possibilities*, Albany: State University of New York Press, 1988.

Lamont, W., "The Uses and Abuses of Examination," in M. Ballard (ed.), *New Movements in the Study and Teaching of History*, London: Indiana University Press, 1971.

Lamont, William, "William Lamont," in Juliet Gardiner (ed.), *History Debate*, London: Collins & Brown Limited, 1990.

Lee, Peter, "Review and Comment to Stewart Deuchar History and GCSE History," *History Teaching* 37 (1987).

Lee, Peter, "Historical Knowledge and the National Curriculum," in Richard

Aldrich (ed.), *History in the National Curriculum*, London: Institute of Education, 1991.

Lee, Peter, "History in School: Aims, Purposes and Approaches, A Reply to John White," *in The London File: The Aims of School History: The National Curriculum and Beyond*, London: The Tufnell Press, 1992.

Lee, Peter, "History, Autonomy and Education or History Helps Your Students Be Autonomous Five Ways (with apologies to PAL dog food)," *Teaching History* 77 (Oct., 1994).

Lee, Peter, "Historical Knowledge and the National Curriculum," in Hilary Bourdillon (ed.), *Teaching History*, London: Routledge, 1994.

Lee, Peter., Dickinson, A., Ashby, R., "There were no facts in those days: children's ideas about historical explanation," in Martin Hughes (ed.), *Teaching and Learning in Changing Times*, Oxford: Blackwell Publishers Ltd., 1996.

Lee, Peter, Dickinson, Alaric and Ashby, Rosalyn, "Researching Children's Ideas about History," in James F.Voss and Mario Carretero (eds), *Learning and Reasoning in History*, London: Woburn Press, 1998.

Lee, Peter and Ashby, Rosalyn, "Progression in Historical Understanding among Students Ages 7-14," in P. N. Stearns, P. Seixas, & S. Wineburg (eds.), *Knowing, Teaching and Learning History*, New York: New York University, 2000.

Lee, Peter, Ashby, Rosayln and Dickinson, Alaric, "Signs of the Times: The State of History Education in the UK," in A. K. Dickinson, P. Gordon and P. J. Lee (eds), *Raising Standards in History Education, International Review of History Education, Volume 3*, London: Woburn Press, 2001.

Lee, Peter, "Understanding History, " in Peter Seixas (ed.), *Theorizing Historical Consciousness*, Toronto: University of Toronto Press Incorporated, 2004.

Lee, Peter, "Putting Principles into Practice: Understanding History," in M. Suzanne Donovan and John D. Bansford (eds.), *How Students Learn History in the*

Classroom, Washington D. C.: The National Academies press, 2005.

Lee, Peter and Shemilt, Denis, "New alchemy or fatal Attraction?: History and Citizenship," in *Teaching History* 129 (Dec., 2007).

Lee, Peter and Howson, Jonathan, "'Two Out of Five Did Not Know That Henry VIII Had Six Wives': History Education, Historical Literacy, and Historical Consciousness," in Linda Symcox and Arie Wilschut (eds.), *National History Standard: The Problem of The Canon and The Future of Teaching History*, North Carolina: Information Age Publishing, Inc., 2009.

Leeuw-Roord, Joke Van Der, "Europe in the Learning and Teaching of History: An Introduction," in Joke Van Der Leeuw-Roord (ed.), *History for Today and Tomorrow: What Does Europe Mean for School History?*, Körber-Stiftung, 2001.

Leeuw-Roord, Van Der, Joke (ed.), *History for Today and Tomorrow: What Does Europe Mean for School History*, Körber-Stiftung, 2001.

Létoruneau, Jocelyn and Moisan, Sabrina, " Young People's Assimilation of a Collective Historical Memory: A Case Study of Quebeckers of French-Canadian Heritage," in Peter Seixas (ed.), *Theorizing Historical Consciousness*, Toronto: University of Toronto Press Incorporated, 2004.

Levesque, S., In search of a purpose for school history, *Journal of Curriculum Studies*, Vol.37 No.3 (2005).

Levistik, Linda. S. and Barton, Keith C., *Doing History: Investigating With Children in Elementary and Middle Schools*, New Jersey: Lawrence Erlbaum Association, Publishers, 2001.

Leinhardt, G. & Beck, L. and Stainton, C. (eds.), *Teaching and Learning in History*, New Jersey: Lawrence Erlbaum Associates, 1994.

Lewis, Terry C., "The National Curriculum and History: Consensus or Prescription?" in Volker R. Berghahn and Hanna Schissler (eds.), *Perceptions of History: International Textbook Research on Britain,*

Germany, and the United States, New York: St. Martin's Press, 1987.

Little, V., A national curriculum in history: A very contentious issue. *British Journal of Educational Studies*, Vol.38, No.4 (1990).

Lomas, T., *Teaching and Assessing Historical Understanding*, London: Historical Association, 1990.

Lowenthal, D., *The Past is a foreign country*, Cambridge: Cambridge University Press, 1997.

Lowenthal, David, *The Heritage Crusades and the Spoils of History*, Cambridge: Cambridge of University Press, 1998.

Manning, Patrick, *Navigating World History*, New York: Palgrave Macmillan, 2003.

Martin, Jean-Clément, "European History and Old French Habits," in Joke Van Der Leeuw-Roord (ed.), *History for Today and Tomorrow: What Does Europe Mean for School History*, Körber-Stiftung, 2001.

Marwick, Arthur, *The Nature of History*, Bristle: Western Printing Services LTD, 1970.

Marwick, Arthur, *British Sociey since 1945*, London: Penguin Books Ltd., 1982.

Mcdiarmid, Williamson G. and Vinten-Johansen, Peter, "A Catwalk across the Great Divide: Redesigning the History Teaching Methods Course," in Peter N. Sterns, Peter Seixas, and Sam Winburg (eds.), *History Teaching and Learning History*, New York and London: New York University Press, 2000.

Mcdougall, W. A., "Whose History? Whose Standards," in E. Fox-Genovese and E. Lasch-Quinn (eds.), *Reconstructing History: The Emergence of a New Historical Society*, New York: Routledge, 1999.

Mckeown, M. G. & Beck, I. L., "Making Sense of Accounts of History: Why Young Students Don't and How They Might," in G. Leinhardt & L. Beck and C. Stainton (eds), *Teaching and Learning in History*, New Jersey: Lawrence Erlbaum Associates, 1994.

McNeill, William H., "Why Study History?" American Historical Association, http://www.historians.org/pubs/archives/WHMcNeillWhyStudyHistory.htm.

Medley, Robert and White, Carol, "Assessing the National Curriculum: Lessons from Assessing History," in Hilary Bourdillon (ed.), *Teaching History*, London: Routledge, 1994.

Megill, Allan, "Recounting the Past: 'Description,' Explanation, and Narrative in Historiography, "*American Historical Review* 94 (1984).

Megill, Allan, *Historical Knowledge, Historical Error: A Contemporary Guide to Practice*, London: The University of Chicago Press, 2007.

Michael, Lane (ed.), *Structuralism: A Reader*, London: Jonathan Cape LTD, 1970.

Morton, Desmond, "Teaching and Learning History in Canada," in Peter N. Stearns, Peter Seixas, and Sam Wineburg (eds.), *Knowing, Teaching and Learning History*, New York and London: New York University Press, 2000.

Munz, Peter, "The Historical Narrative," in Michael Bentley (ed.), *Companion to Historiography*, London: Routledge, 2003.

Nash, Gary B., Crabtree, Charlotte, and Dunn, Ross E., *History on Trial*, New York: Vintage Books, 2000.

National Curriculum History Working Group and National Curriculum History Committee for Wales, "National Curriculum Working Group Final Report (England and Wales)," in Hilary Bourdillon (ed.), *Teaching History*, London: Routledge, 1994.

Novick, Peter, *That Noble Dream: The "Objectivity Question" and the American Historical Profession*, New York: Cambridge University Press, 1996.

O'Keeffe, D. (ed.), *The Wayward Curriculum: A Case for Parents' Concern?*, London: Social Affairs Unit, 1986.

Osborne, K., "Teaching History in School: A Canadian Debate," *Curriculum Studies*,Vol.35, No.5 (2003).

Oakeshott, Michael, *On History and Other Essays*, Oxford: Basil Blackwell, 1985.

Partington, Geoffrey, "History: Re-written to Ideological Fashion," in D. O'Keeffe (ed.), *The Wayward Curriculum: A Case for Parents' Concern?*, London: Social Affairs Unit, 1986.

Pellens, Karl, Quandt, Siegreed and Sussmuth, Hans (eds.), *Historical Culture-Historical Communication: International Bibliography*, Main: Frankfurt, 1994.

Phillips, Robert, *History Teaching, Nationhood and the State: A Study in Educational Politics*, London: Wellington House, 1998.

Phillips, Robert,"Government Policies, the State and the Teaching of History," in James Arthur and Robert Phillips (eds.), *Issues in History Teaching*, London: Routledge, 2000.

Piaget, Jean, *The Growth of Logical Thinking from Childhood to Adolescence*, United States of America: Basic Books, Inc., 1959.

Plumb, J. H., *Crisis in the Humanities?*, Baltimore: Penguin Books, 1964.

Christopher, Porter (ed.), *The History Curriculum for Teacher*, London: The Falmer Press, 1987.

Qualifications and Curriculum Authority, *History in the National Curriculum*, London: HMSO, 1995.

Ravitch, Diane, "From History to Social Studies: Dilemmas and Problems," in Bernard R. Gifford (ed.), *History in the School: What Shall We Teach?*, New York: Collier Macmillan Publishers, 1988.

Reinhard, Wolfgang, "The Idea of Early Modern History," in Michael Bentley (ed.), *Companion to Historiography*, London: Routledge, 2003.

Revitch, A., "The Controversy over National History Standards," in E. Fox-Genovese and E. Lasch-Quinn (eds.), *Reconstructing History: The Emergence of a New Historical Society*, New York: Routledge, 1999.

Robert, A. and Berkhofer, J. R., *Beyond the Great Story: History as Text and Discourse*, Massachusetts: Harvard University Press, 1997.

Robinson, J. H., *The New History*, New York: The Macmillan Company, 1965.

Rogers, Peter, "The Past as a Frame of Reference," in Christopher Porter (ed.), *The History Curriculum for Teachers*, Philadelphia: The Falmer Press, 1987.

Rosenzweig, Roy, "How Americans Use and Think about the Past: Implications from a National Survey for the Teaching of History," in Peter N. Stearns, Peter Seixas and Sam Wineburg, *Knowing, Teaching and Learning History: National and International Perspective*, New York: New York University Press, 2000.

School Council Publication, *A New Look at History*. SCHP, Edinburgh: Holmes Mcdougall, 1976.

Seixas, Peter, "Parallel Crises: History and the Social Studies Curriculum in the USA," *Journal of Curriculum Studies*, Vol.25, No.3 (1993).

Seixas, Peter, "Schweigen! DieKinder! Or, Does Postmodern History Have a Place in the School?" in Peter N. Stearns, Peter Seixas, and Sam Wineburg (eds.), *Knowing, Teaching and Learning History*, New York: New York University Press, 2000.

Seixas, Peter (ed.), *Theorizing Historical Consciousness*, Toronto: University of Toronto Press Incorporated, 2004.

Seixas, Peter, *Benchmarks of Historical Thinking: A framework for assessment in Canada*. Vancouver: Centre for the Study of Historical Consciousness, University of British Columbia, 2006.

Shaffer, J., "What History Should We Teach?" in R. B. Jones (ed.), *Practical Approaches to the New History*, London: Hutchinson, 1973.

Shemilt, Denis, *History 13-16 Evaluation Study*, Edingburg: Holmes McDougall Ltd., 1980.

Shemilt, Denis, "The Devil's Locomotive," *History and Theory*, Vol.22, No.4 (1983).

Shemilt, Denis, "The Caliph's Coin: The Currency of Narrative Framework in History Teaching," in Peter N. Stearns, Peter Seixas and Sam Wineburg (eds.), *Knowing, Teaching and Learning History*, New York: New York University Press, 2000.

Shemilt, Denis, "Drinking an Ocean and Pissing a Cupful: How Adolescents Make Sense of History," in Linda Symcox and Arie Wilschut (eds.), *National History Standards: The Problem of The Canon and The Future of Teaching History*, North Carolina: Information Age Publishing, Inc., 2009.

Sirotnik, Kenneth A., "What Goes On in Classrooms? Is This the Way We Want It?" in London E. Beyer and Michael W. Apple (eds.), *The Curriculum: Problems, Politics, and Possibilities*, Albany: State University of New York Press, 1988.

Simpson, I. and C. Halse, "Illusions of consensus: New South Wales stakeholders' constructions of the identity of history," *Curriculum Journal*, Vol.17, No.4 (2006).

Skikdelsky, Robert, "Battle of Britain's Past Times," *The Independent* 22 (August, 1989).

Skikdelsky, Robert, "Make Them Learn the Landmarks," *The Times* (April 4, 1990).

Slater, John, *The Politics of History: a humanity dehumanized?*, London: University of London, 1989.

Slater, John, "History in the National Curriculum: The Final Report of the History Working Group," in Richard Aldrich (ed.), *History in the National Curriculum*, London: University of London, 1991.

Slater, John, "Where There Is Dogma, Let Us Sow Doubt," in *the London File: The Aims of School Hisotry: The Naitonal Curriculum and Beyond*, London: The Tufnell Press, 1992.

Slater, John, *Teaching History in the New Europe*, London: Cassell, 1995.

Stanford, Michael, *A Companion to the Study of History*, Oxford: Blackwell Publishers, 1994.

Stauchtey, Bendtikt, "Literature, liberty and life of the nation: British historiography from Macaulay to Trevelyan," in Stefen Berger, Mark Donovan and Kevin Passmore (ed.), *Writing National Histories*, New York: Routledge, 1999.

Stearns, Peter N., "Goals in History Teaching," in James F.Voss and Mario Carretero (eds.), *Learning and Reasoning in History*, London: Woburn Press, 1998.

Stearns, Peter N., Seixas, Peter, and Wineburg, Sam (eds.), *Knowing, Teaching and Learning History*, New York: New York University Press, 2000.

Sterns, Peter N., "Why Study History?" American Historical Association, http://www.historians.org/pubs/free/WhyStudyHistory.htm.

Stone, Lawrence, "The Revival of Narrative: Reflections on a New Old History," in Lawrence Stone, *The Past and the Present Revisited*, London: Routledge & Kegan Paul, 1987.

Stow, W. and Haydn, T., "Issues in the Teaching of Chronology," in J. Arthur and R. Phillips (eds.), *Issues in History Teaching*, London: Routledge, 2000.

Sylvester, David, "Change and Continuity in History Teaching," in Hilary Bourdillon (ed.), *Teaching History*, London: Routledge, 1994.

Symcox, Linda, *Whose History? The Struggle for National Standards in American Classrooms*, New York: Teachers College Press, 2002.

Symcox, Linda, "Internationalizing The U.S. History Curriculum: From Nationalism to Cosmopolitanism," in Linda Symcox and Arie Wilschut (eds.), *National History Standard: The Problem of The Canon and The Future of Teaching History*, North Carolina: Information Age Publishing, Inc., 2009.

Symcox, Linda and Wilschut, Arie (eds.), *National History Standards: The Problem of The Canon and The Future of Teaching History*, North Carolina: Information Age Publishing, Inc., 2009.

The Bradley Commission on History in School, "Building a History Curriculum: Guidelines for Teaching History in School," *The History Teacher*, Vol.23,

No.1 (Nov., 1989).

Thompson, D., "Understanding the Past: Procedures and Content," in A. K. Dickinson, P. J. Lee and R. J. Rogers (eds.), *Learning History*, London: Heinemann Educational Books Ltd, 1984.

Thornton, Stephen J. and Vukelich, Ronald, "Effects of Children's Understanding of Time Concepts on Historical Understanding," *Theory and Research in Social Education*, XVI.1 (1988).

Tosh, John, *The Pursuit of History: Aims, Methods and New Directions in the Study of Modern History*, London: Longman Group Limited, 1991.

VanSledright, Bruce, *In Search of American's Past: Learninig to Read History in Elementary School*, New York: Teachers College Press, 2002.

Visram, Rozina, "British History: Whose History? Black Perspectives on British History," in Hilary Bourdillon (ed.), *Teaching History*, London: Routledge, 1994.

Voss, James F. and Carretero, Mario (eds.), *Learning and Reasoning in History*, London: Woburn Press, 1981.

Voss, James F., Ciarrochi, Joseph and Carretero, Mario, "Causality in History: On the 'Intuitive' Understanding of the Concepts of Sufficiency and Necessity," in James F. Voss and Mario Carretero (eds.), *International Review of History Education Volume 2: Learning and Reasoning in History*, London: Woburn Press, 1998.

Wake, R., "History as a Separate Discipline: the Case," *Teaching History*, Vol.1 No.3 (1970).

Watts, Ruth and Grosvenor, Ian (eds.), *Crossing the Key Stages of History*, London: David Fulton Publishers Ltd, 1995.

Weintraub, Shelly, " What's This New Crap? What's Wrong with the Old Crap? Changing History Teaching in Oakland, California," in Peter N. Stearns, Peter Seixas, and Sam Wineburg (eds.), *History Teaching and Learning*

History, New York: New York University Press, 2000.

White, Hayden, *Tropics of Discourse: Essays in Cultural Criticism*, Baltimore: The John Hopkins University Press, 1987.

White, John, "The Purpose of School History: Has The National Curriculum Got It Right?" *in The London File: The Aims of School History: The National Curriculum and Beyond*, London: The Tufnell Press, 1992.

White, John, "The Aims of School History," *Teaching History* 74 (Jan., 1994).

Willentz, S., "Clio? Battles over History in the School," in E. Fox-Genovese and E. Lasch-Quinn (eds.), *Reconstructing History: The Emergence of a New Historical Society*, New York: Routledge, 1999.

Williams, Nick, "The Schools Council Project: History 13-16: The First Ten Years of Examination," *Teaching History* 46 (1986).

Wilson, Norman J., *History in Crisis: Recent Directions in Historiography*, New Jersey: Prentice Hall, Inc., 1999.

Wineburg Sam and Crossman Pam (eds.), *Interdisciplinary Curriculum*, New York: Teachers College Press, 2000.

Wineburg, Sam with Wilson, Suzanne M.,"Peering at History Through Different Lenses: The Role of Disciplinary Perspectives in Teaching History," in Sam Wineburg, *Historical Thinking and Other Unnatural Acts: Charting the Future of Teaching the Past*, Philadelphia: Temple University Press, 2001.

Wineburg, Sam, *Historical Thinking and Other Unnatural Acts: Charting the Future of Teaching the Past*, Philadelphia: Temple University Press, 2001.

Wollenberg, Charles, "A Usable History for a Multicultural State," in Bernard R. Gifford (ed.), *History in the School: What Shall We Teach?* New York: Collier Macmillan Publishers, 1988.

Zimmerman, Jonathan, *Whose America? culture wars in the public schools*, Cambridge, Mass.: Harvard University Press, 2002.

中文書目

Alan, Bloom，戰旭英譯，《美國精神的封閉》，南京：譯林出版社，2007。

Anderson, Benedict，吳叡人譯，《想像的共同體：民族主義的起源與散佈》，臺北：時報出版社，1999。

Blow, Frances, "Progression in British Students Understanding of Change and Development in History,"《「歷史教學與評量」國際工作坊」》，臺北：國家教育研究院籌備處，2009。

Bransford, John D.，鄭谷苑、郭俊賢譯，《學習原理：心智、經驗與學校》，臺北：遠流出版社，2004。

Braudel, Fernand，劉北成譯，《論歷史》，臺北：五南出版社，1991。

Bruner, Jerome S.，邵瑞珍譯，《教育的歷程》，臺北：五南出版社，1995。

Cannadine, David 編，梁永安譯，《今日，何謂歷史？》，臺北：立緒出版社，2008。

Carr, E. H.，王任光譯，《歷史論集》，臺北：幼獅文化事業公司，1995。

Dickinson, A.，周孟玲譯，〈理性的理解：兒童歷史的理念的探討〉，載於張元、周樑楷編，《方法論：歷史意識與歷史教科書的分析編寫國際研討會論文集》，新竹：清華大學歷史研究所，1998。

Doll, W. E.，王紅宇譯，《後現代課程觀》，臺北：桂冠出版社，1999。

Evans, Richard，潘振泰譯，《為歷史辯護》，臺北：巨流出版社，2002。

Evans, Ronald, W.，陳巨擘譯，《社會科的戰爭：我們應該教孩子什麼內容？》，臺北：巨流圖書公司，2008。

Hawking, Stephen, W.，許明賢、吳忠超譯，《時間簡史》，長沙：湖南科學技術出版社，1996。

Iggers, Georg G.，楊豫譯，《二十世紀的史學》，臺北：昭明出版社，2003。

Jenkins, Keith，賈士蘅譯，《歷史的再思考》，臺北：麥田出版社，1996。

John H. Amod，李里峰譯，《歷史之源》，南京：譯林出版社，2008。

Leduc, Jean，林錚譯，《史家與時間》，臺北：麥田出版社，2004。

Lee, Peter，周孟玲譯，〈兒童學習歷史的進程〉，《清華歷史教學》第 3

期,1994。

Lee, Peter,周孟玲譯,〈為什麼學習歷史?〉,《清華歷史教學》第 8 期,1998。

Lee, Peter,周孟玲譯,〈兒童對歷史記述的性質和狀況的觀念〉,載於張元、周樑楷編,《方法論:歷史意識與歷史教科書的分析編寫國際研討會論文集》,新竹:清華大學歷史研究所,1998。

Levine, Robert,馮克芸、黃芳田、陳玲瓏譯,《時間地圖》,臺北:商務印書館,1998。

Lister, Ian,陳炯章譯,〈英國學校界的人文學科教育〉,收於 J. H. Plumb 編,黃絲嘉等譯,《人文學科的危機》,臺北:環宇出版社,1971。

Marwick, Arthur,馬傳禧等譯《一九四五年以來的英國社會》,北京:商務印書館,1992。

Phillips, J. L.,王文科譯,《皮亞傑理論初階》,臺北:國立編譯館,1983。

Plumb, J. H.編,黃絲嘉等譯,《人文學科的危機》,臺北:環宇出版社,1971。

Postman, Neil,吳韻儀譯,《通往未來的過去:與十八世紀接軌的一座新橋》,臺北:臺灣商務印書館,2000。

Ruesen, Joern,陳中芷譯,〈歷史意識作為歷史教科書研究之事項〉,載於張元、周樑楷編,《方法論:歷史意識與歷史教科書的分析編寫國際研討會論文集》,新竹:清華大學歷史研究所,1998。

Seixas, Peter,彼得‧塞沙斯,〈歷史與學校──論傳授和學習歷史過程中意圖與偶然的關係〉,收於哈拉爾德‧韋爾策編,季斌、王立君、白錫堃譯,《社會記憶:歷史、回憶、傳承》,北京:北京大學出版社,2007。

Shafer, Robert, John,趙干城、鮑世奮譯,《史學方法論》,臺北:五南出版社,1996。

Slater, John,〈歷史教學中的權力競逐───門背離人性的學科?〉,《東吳歷史學報》第 7 期,2001。

Spengler, Oswald，陳曉林譯，《西方的沒落》，臺北：遠流出版社，1989。

Tanner, Daniel，林寶山編譯，〈徘徊在十字路口的美國中學〉，收於林寶山編譯《國家在危機之中：美國的教育改革計畫》，高雄：復文出版社，1984。

Walsh, W. H.，王任光譯，《歷史哲學》，臺北：幼獅文化事業公司，1970。

Weintraub, Shelly，蕭憶梅譯，〈「這是什麼新把戲？舊把戲有什麼問題？」──加州奧克蘭區的歷史教學改革〉，《清華歷史教學》第 14 期，2003。

Wineburg, S.，薩姆‧溫伯格，〈製造意義：世代之間的回憶是如何形成的？〉，收於哈拉德‧韋爾策編，季斌、王立君、白錫堃譯，《社會記憶：歷史、回憶、傳承》，北京：北京大學出版社，2007。

王仲孚，《歷史教育論集》，臺北：商鼎文化，1997。

王壽南、張哲郎，《中華民國大學院校中國歷史教學研討會論文集》，臺北：中國歷史學會、國立政治大學歷史系，1992。

布魯納，〈教育的歷程再探〉，收於 Jerome S. Bruner，邵瑞珍譯，《教育的歷程》，臺北：五南出版社，1995。

朱際鎰，〈歷史教育的獨特性及其在教學上應有的認識〉，《中等教育》32：5，1981。

艾瑞克‧霍布斯邦，李金梅譯，《民族與民族主義》，臺北：麥田出版社，1997。

吳翎君，《歷史教學理論與實務》，臺北：五南書局，2003。

宋佩芬，〈社會學習領域中之歷史教學〉，載於黃炳煌編，《社會學習領域之教學內涵及其示例 1-30》，臺北：師大書苑，2004。

宋佩芬，〈培養「帶得走的能力」：再思統整與學科知識〉，《教育研究月刊》115，2003。

宋佩芬，〈漸進改革？九年一貫社會領域教學之調查研究〉，《教育研究學報》41(2)，2007。

宋佩芬，〈講述中的歷史思維教學：一些可能與問題〉，《師大學報：教育

類》53(1)，2008。

李稚勇，〈美國學校歷史課程改革論析〉，《外國中小學教育》第 9 期，2007。

李維－史特勞斯，李幼蒸譯，《野性的思維》，臺北：聯經出版社，1989。

李鑑慧，〈知者無罪：海登懷特的歷史哲學〉，《臺灣社會研究季刊》第 52 期，2003。

杜威，《學校與教育‧兒童與課程》，臺北：五南出版社，1992。

周孟玲，〈知識與實際：英國歷史機學改革的成果與問題淺析〉，《清華歷史教學》第 5 期，1996。

周孟玲，〈英國近二十年中學歷史教育狀況及研究成果〉，《歷史教學》第 10 期，1988。

周孟玲譯，〈為什麼學習歷史？〉《清華歷史教學》第 8 期，1998。

周樑楷，〈教育改革應以學科本質為重〉，《清華歷史教學》第 5 期，1996。

周樑楷，〈高中歷史思維與教學目標：高中『世界文化（歷史篇）』課程大綱的擬定〉，《清華歷史教學》第 5 期，1996。

周樑楷，〈歐洲和西方：高中歷史教科書研究分析的基本問題〉，「方法論：歷史意識與歷史教科書的分析編寫國際學術研討」，新竹：清華大學歷史研究所主辦，1998。

帕特里克‧加登納（Patrick Gardiner）著，江怡譯，《歷史解釋的性質》，北京：文津出版社，2004。

林淑華整理，〈九年一貫社會科課程下的歷史教育——座談會紀錄〉，《歷史教育半年刊》4，1999。

林慈淑，《一個文人英雄的誕生——卡萊爾的思想與時代（1840-1830）》，臺北：稻禾出版社，1998。

林慈淑，〈歷史與歷史教育的目的——試析倫敦大學兩位學者的爭議〉，《東吳歷史學報》第 5 期，1999。

林慈淑，〈「學歷史」與「歷史學」之間——九年一貫「人與時間」領域的規劃的商榷〉，《東吳大學歷史學報》第 7 期，2001。

林慈淑，〈史家？偵探？或紀錄？——10-14 歲兒童對歷史記述的一些想法〉，東吳大學歷史系編，《史學與文獻（三）》，臺北：東吳大學，2001。

林慈淑，〈歷史教與學的鴻溝：英國近半世紀來兒童歷史認知的探究（1960s-1990s）〉，《東吳歷史學報》第 8 期，2002。

林慈淑，〈變遷概念與歷史教學〉，臺灣歷史學會編，《歷史意識與歷史教科書論文集》，臺北：稻鄉出版社，2003。

林慈淑，〈柏林與史家論「道德判斷」——兼談二十世紀英國史學的若干發展〉，《臺大歷史學報》第 38 期，2006。

林寶山編譯，《國家在危機之中：美國的教育改革計畫》，高雄：復文出版社，1984。

肯・貝恩著，傅士哲譯，《如何訂做一個好老師》，臺北：大塊文化，2005。

哈拉爾德・韋爾策編，季斌、王立君、白錫堃譯，《社會記憶：歷史、回憶、傳承》，北京：北京大學出版社，2007。

柯華崴、周經媛、張健好、洪若烈，〈兒童歷史概念研究〉，《國教學報》第 2 期，1989。

柯靈烏著，陳明福譯，《歷史的理念》，臺北：桂冠出版社，1982。

美國加州大學洛杉磯分校全國學校歷史科教學中心，郭時渝譯，《美國歷史科國家課程標準——探討美國經驗》，臺北：教育部，1996。

耶律亞德 I.，楊儒賓譯，《宇宙與歷史：永恆回歸的神話》，臺北：聯經出版社，2000。

胡昌智，《歷史知識與社會變遷》，臺北：聯經出版社，1988。

夏春祥，〈論時間——人文及社會研究過程之探討〉，《思與言》第 37 卷第 1 期，1999。

徐雪霞，〈我國國小歷史教育研究的回顧與展望〉，《人文及社會科教學通訊》第二卷第五期，1992。

馬克・布洛克，張和聲、程郁譯，《歷史學家的技藝》，上海：上海社會學院出版社，1992。

高明士，〈歷史教育與教育目的〉，《歷史教育》第 14 期，2009。

張元，《談歷史話教學》，臺北：三民書局，1998。

張元、周樑楷主編，《方法論：歷史意識與歷史教科書的分析編寫國際學術研討會論文集》，新竹：清華大學歷史研究所，1998。

張元，〈讀 Teaching History 四篇〉，《清華歷史教學》第 15 期，2004。

張元，〈加強歷史教學深度的一些看法〉，《清華歷史教學》第 16 期，2005。

張元，〈如何帶孩子學習歷史？〉，《人本教育札記》第 202 期，2006。

張元，〈教歷史，要教歷史知識的結構與方法〉，《歷史月刊》第 223 期，2006。

張元，〈懷念狄更遜先生兼談歷史教育的研究〉，《清華歷史教學》第 17 期，2006。

陳冠華，《追尋更有意義的歷史課：英國中學歷史教育改革》，臺北：龍騰文化，2001。

陳麗華、王鳳敏譯，《美國社會科課程標準》，臺北：教育部，1996。

麥克‧史丹福（Michael Stanford），劉世安譯，《歷史研究導論》，臺北：麥田出版社，2001。

勞倫斯‧史東，古偉瀛譯，〈歷史敘述的復興：對一種新的老歷史的反省〉，收於陳恒、耿相新編，《新文化史》，臺北：胡桃木文化，2007。

喬依絲‧艾坡比、琳‧亨特、瑪格麗特‧傑考著，薛絢譯，《歷史的真相》，臺北：正中書局，1996。

菲力‧費爾南德斯－阿梅斯托，〈跋：今日何謂歷史？〉，收於 David Cannadine 編，梁永安譯，《今日，何謂歷史？》，臺北：立緒出版社，2008。

雅克‧勒高夫等著，姚蒙／李幽蘭編譯，《法國當代新史學》，臺北：遠流出版公司，1993。

黃俊傑，〈論歷史研究與歷史教學之關係〉，《中華民國大學院校中國歷史

教學研討會論文集》，臺北：中國歷史學會、國立政治大學歷史系，
　　1992。

黃炳煌，〈邁向二十一世紀的臺灣社會科課程改革〉。林淑華整理，〈九年
　　一貫社會科課程下的歷史教育——座談會紀錄〉，《歷史教育半年
　　刊》4，1999。

黃炳煌編，《社會學習領域課程設計與教學策略》，臺北：師大書苑，2002。

黃煜文譯，《論歷史》，臺北：麥田出版社，2002。

楊思偉、溫明麗合譯，《課程‧政治——現代教育改革與國定課程》，臺
　　北：師大書苑，1997。

溫明麗譯，〈官方知識的政治運作策略：國定課程的意義何在？〉，收於楊
　　思偉、溫明麗合譯，《課程‧政治——現代教育改革與國定課程》，
　　臺北：師大書苑，1997。

葉小兵譯，〈理解過去：程序與內容〉，《清華歷史教學》第7期，2006。

劉德美譯，《美國歷史科——世界史國家課程標準》，臺北：教育部，1996。

劉靜貞，〈10-16歲學生對歷史記述的認知初探——三人組討論方式的嘗試
　　——〉，東吳大學歷史系編，《史學與文獻（三）》，臺北：東吳大
　　學，2001。

鄭培凱，〈多元文化真難〉，《當代》第66期，1991。

韓雪，〈美國社會科課程的歷史嬗變〉，《首都師範大學學報（社會科學
　　版）》第149期，2002。

索 引

國家圖書館出版品預行編目資料

歷史，要教什麼？
——英、美歷史教育的爭議

林慈淑著.－初版.－臺北市：臺灣學生，2010.08
面；公分
參考書目：面

ISBN 978-957-15-1499-4(平裝)

1. 歷史教育 2. 英國 3. 美國

603.30941   99015716

歷史，要教什麼？—英、美歷史教育的爭議

著　作　者：林　　　慈　　　淑
出　版　者：臺 灣 學 生 書 局 有 限 公 司
發　行　人：楊　　　雲　　　龍
發　行　所：臺 灣 學 生 書 局 有 限 公 司
　　　　　　臺北市和平東路一段七十五巷十一號
　　　　　　郵 政 劃 撥 帳 號：0 0 0 2 4 6 6 8
　　　　　　電　話：(0 2) 2 3 9 2 8 1 8 5
　　　　　　傳　眞：(0 2) 2 3 9 2 8 1 0 5
　　　　　　E-mail：student.book@msa.hinet.net
　　　　　　http：//www.studentbook.com.tw
本 書 局 登
記 證 字 號：行政院新聞局局版北市業字第玖捌壹號

印　刷　所：長 欣 印 刷 企 業 社
　　　　　　新北市中和區永和路三六三巷四二號
　　　　　　電　話：(0 2) 2 2 2 6 8 8 5 3

定價：新臺幣五八〇元

西 元 二 〇 一 〇 年 八 月 初 版
西 元 二 〇 一 二 年 十 二 月 初 版 二 刷

60301　　　有著作權·侵害必究
ISBN 978-957-15-1499-4 (平裝)